谨以此书献给长沙市长郡双语实验中学建校10周年

湖南省教育科学“十三五”规划重点课题
“基于学生核心素养培育的初中课程重构与实施”研究成果
（课题批准号：XJK17AZXX011）

长郡双语三型活力课程的构建与实施

徐铁刚 等著

湖南师范大学出版社

图书在版编目（CIP）数据

长郡双语三型活力课程的构建与实施 / 徐铁刚等著. —长沙：湖南师范大学出版社，2019. 10

ISBN 978 - 7 - 5648 - 3707 - 5

Ⅰ. ①长… Ⅱ. ①徐… Ⅲ. ①课堂教学—教学研究—中学 Ⅳ. ①G632. 421

中国版本图书馆 CIP 数据核字（2019）第 214536 号

长郡双语三型活力课程的构建与实施

Changjun Shuangyu San Xing Huoli Kecheng de Goujian yu Shishi

徐铁刚　等著

◇责任编辑：孙雪姣
◇责任校对：胡晓军　李　航
◇出版发行：湖南师范大学出版社
地址：长沙岳麓山　邮编：410081
电话：0731 - 88873070　88873071　传真：0731 - 88872636
网址：http：//press. hunnu. edu. cn
◇经销：湖南省新华书店
◇印刷：长沙印通印刷有限公司
◇开本：787 mm × 1092 mm　1/16
◇印张：18
◇字数：400 千字
◇版次：2019 年 10 月第 1 版
◇印次：2019 年 10 月第 1 次印刷
◇书号：ISBN 978 - 7 - 5648 - 3707 - 5
◇定价：56. 00 元

撰写委员会

顾　问	赵雄辉	雷　芳	刘翠鸿			
主　任	徐铁刚					
副主任	向　星	黄　宁	莫　方			
委　员	崔应忠	杨小华	舒　童	张慧敏	曾统坤	魏　燕
	黄湘峰	罗蓬勃	李明威	王　翔	谭　君	刘莉娜
	黄　浩	孔纯辉	朱娜妮	黄　玲	袁红兵	朱文娟
	毛德凤	曾晓奇	罗　汉	刘蓉芳	叶建祥	宁治中
	孙甜甜	郑　进	罗　丽	李薇璐	朱志华	李　慧
	毛　芳	李晓婷	汤玲玲	王　庄	刘四保	胡萍萍
	谢　芳	段　玮	傅　瑶	吴艳萍	邢　丽	胡凯来
	魏灿姿	付　茉	许　瑞	张志华	李静峰	廖永明
	石　敏	刘　琳	唐益东	邱　芳	李年军	

序

十年磨一剑。本书是长郡双语实验中学为落实立德树人根本任务、培育学生核心素养十年“磨”出来的经验，也是湖南省教育科学“十三五”规划重点资助课题“基于学生核心素养培育的初中课程重构与实施”的研究成果。

自2009年创办伊始，长郡双语实验中学便把学校定位为要“办一所领航三湘、全国一流的具有国际视野的高水平现代化学校”，如此高远的教育追求，意味着长郡双语人致力于用质量赢取口碑、用改革赢取未来的决心。如今他们的努力付出有了丰硕的收获，长郡双语确实成了长沙市乃至湖南省对外开放的窗口学校。

作为一所年轻的学校，她在如火如荼的新一轮基础教育课程改革中诞生，没有太多的陈腐思想与历史的沉疴负担，可以书写最新最美的篇章，因而充满着梦想与活力，在“以人为本，激扬活力，追求卓越”的办学理念下顺应教育变革创新之潮流阔步前行；作为一所长郡教育集团内的学校，她又承袭了“朴实沉毅”之校训，与百年长郡同宗同源，一脉相承，在深厚的历史底蕴与湖湘文化沃土滋养下凸显其与众不同的人文与科技气质、双语与多元特色。沐中西文明而立，扬古今文化之光。在历任校长的宏观决策与领导下，学校逐渐形成了“活力教育”的办学思想与办学目标，致力于创活力校园，塑活力教师，践活力课程，育活力学生。

长郡双语实验中学的三型活力课程体系，主要包括基础型课程、拓展型课程和实践型课程。基础型课程是依据课程标准，通过学科品质课堂建设，慕课—翻转课堂实验研究，微课制作及应用研究等方式，探索核心素养在课堂教学中的落地策略；拓展型课程主要是为了发展学生兴趣与个性，每学期以校为本开设40门左右，分为人文素养、科学素养、生活技能、身心素养、艺术修养、信息技术、学科竞赛等类别，每年开展一次拓展课程学习成果校园嘉年华展示活动；实践型课程，将学生带入工作、生活的具体社会场景，引导学生在历事中锻炼实践能力与培育创新精神，增强社会责任感，依托志愿服务、研学旅行、职业体验、主题实践等形式，将实践活动课程化。

三型活力课程是国家、地方与校本课程的优化与重组，是各学科课程的多样重组，有利于落实学生的选课自主权。此课程体系的建设，挖掘的是整个课程结构的潜力，而不仅仅是单一课堂教学的潜力；挖掘的是整个学校所有老师的潜力，而不仅仅是主课老师的潜力。多层级多样化的课程为不同的学生发展提供不一样的课程支持，满足了不同学生发展的潜力与需要。三型活力课程体系具有以下四个方面的特征：

首先是生命性。长郡双语的课程坚持以生命为教育的基点。幽美的校园环境、现代化的多媒体教室、省一类标准实验室，还有功能齐全、典雅大气的体育馆、真草皮标准足球场、创客教育中心和外语交流中心等教育教学园地，均遵循生命的特性，以学生为中心。学校始终把学生的身心健康摆在重要的位置，除了课间跑操等阳光体育运动，学校还开设了一系列身心健康类课程，如团体操、篮球、足球、羽毛球、乒乓球、健美操、太极拳、武术等课程。教师在课堂教学与学科活动中，注重生命在场，尊重学生的个体差异，理解、包容、成全每个生命个体，注重信息技术与教育教学的深度融合，用科技赋能教育，实现学习的精准供给，不断地为生命的成长创造条件，促进生命的完善，提升生命的价值。

其次是动态性。课程实施作为一个动态的过程而存在。陈鹤琴的活教育理论认为：课程是根据儿童的心理和社会的需要来编订的，课程是有伸缩性的。三型活力课程，无论是学校的整体课程构建还是具体到一门课程的实施，都是一个根据生源特点、学生发展需求、师资现状及社会、时代发展而不断进行校本化的调整、完善的过程。从校园“五节”、校外“五走向”，到校园“六节”、校外“六走向”，从单一课程到学科群建设，体现了学校严谨的科研态度与不断探寻“适切教育”的用心。在综合素质评价方面，学校对评价实施流程不断完善优化，形成了时间主线上的“日常评价”“阶段评价”“毕业评价”三类评价方式，建立《学生成长手册》，利用人人通平台实施每个学期末的阶段评价，反映出学生综合素质发展轨迹，既激励学生更好地自我完善，也为高中录取提供了全面客观的依据。

再次是开放性。学校应该是一个开放的组织系统，要建立与真实世界的联系，把整个社会变成学生成长的大课堂。三型活力课程体现了一种开放的教育理念。在课程实施上以“活力”为核心，基础型课程在遵循课程标准的前提下，强调教学内容、学习时空、教学媒介的开放性，教学方法、学习方式、评价手段的灵活性，着力培养爱生活、乐求知、勤修身、勇担当的时代新人。拓展型课程开发了“大家的日语”“你好德国”“初级法语”“韩语”“英文电影台词例析和配音模仿”“英语戏剧赏析表演”等课程，体现了“双语”学校特色。在实践型课程中，学校还组织学生到英国、美国、法国、德国、澳大利亚等进行研学旅行，与国际学校开展经常性的教学与学术交流，让学生在认同中华文化的同时，了解并尊重多元文化，增强国际视野和全球意识；学校每年组织“校园六走向”活动课程：走向军营、走向自然、走向农村、走向工厂、走向社区、走向世界，使学生能够关爱他人、关爱社会、关注生态环境的可持续发展，积极参与社会实践、勇于承担社会责任。

最后是创新性。三型活力课程在教学中挖掘素材，创造活动机会，培养学生的创新精神与实践能力；开发了能发展学生思维、激活学生创新潜能的拓展型课程，如“乐高机器人”“无人机”“中鸣机器人”“小创客玩转3D设计与3D打印”“纸艺社”；实践型课程倡导课程创生取向，即把课程实施视为师生在具体的课堂情境中共同合作、创造新的教育经验的过程。正是这些课程的开设，长郡双语学子在全国青少年信息学奥林匹克、机器人比赛、国际奥林匹克青少年智能机器人竞赛、湖南省和长沙市中小学机器人竞赛中频获佳绩。

忧殷启圣，本书从素质教育的实践出发，从培养德智体美劳全面发展的社会主义建设者和接班人的初心出发，在探索初中课程改革的过程中，不断从中外课程与教学理论、学习与评价理论、课改前沿中汲取养料，最终形成了具有长郡双语特色的课程管理、结构、模式、策略与评估体系。它是徐铁刚校长和全校老师们辛勤劳动、长期研究的智慧结晶，老师们也在研究中实现了从课堂教学向课程建设、从学科教学到学科教育的转变，课程意识得到增强，课程开发与实施能力都得到了极大的提升，彰显了“活力教师”与时俱进的应然状态与灵动魅力。相信本书能为兄弟学校提供一份珍贵的借鉴样本，能为未来学校的课程构建提供颇有价值的实践参考。

湖南省教育科学研究院副院长　赵雄辉

2019年9月10日

目录

引　论 / 1

第一章　三型活力课程构建的基础与理念 / 9

第一节　三型活力课程构建的时代背景 / 9
第二节　三型活力课程构建的现实基础 / 24
第三节　三型活力课程构建的理论依据 / 38
第四节　三型活力课程构建的结构框架 / 44

第二章　基础型课程的理解与实施 / 49

第一节　国家课程的全面理解 / 50
第二节　基础型课程资源的开发 / 78
第三节　基础型课程的高效实施 / 97

第三章　拓展型课程的开发与实施 / 128

第一节　拓展型课程的开发与组织 / 128
第二节　拓展型课程的整体规划 / 137
第三节　拓展型课程的实施纲要 / 144
第四节　拓展型课程的教学实施 / 170
第五节　拓展型课程的学业评价 / 178

第四章　实践型课程的开发与实施 / 194

第一节　实践型课程的整体构建方案 / 194
第二节　志愿服务类实践型课程的开发与实施 / 202

第三节 研学旅行类实践型课程的开发与实施 / 215
第四节 职业体验类实践型课程的开发与实施 / 226
第五节 主题实践类实践型课程的开发与实施 / 235

第五章 学生综合素质评价与学校课程建设 / 245

第一节 学生综合素质评价实施办法 / 245
第二节 学生综合素质评价与三型活力课程发展现状 / 257
第三节 学生综合素质评价与三型活力课程建设实施成果 / 261
第四节 学生综合素质评价与三型活力课程推进方向 / 267

参考文献 / 272

后记 / 276

引 论

著名教育家苏霍姆林斯基提出："世界上没有才能的人是没有的。问题在于教育者要去发现每一位学生的禀赋、兴趣、爱好和特长，为他们的表现和发展提供充分的条件和正确引导。"学校教育就是为不同阶段学生的发展提供合适的学习内容支持和学习方法引导。长沙市长郡双语实验中学（以下简称"长郡双语"）自创办以来，一直致力于探索支持和引导每位学生发展的课程体系。经过十年的探索创新，逐步构建起有助于学生全面而又有个性发展的基础型课程、拓展型课程和实践型课程为主体的三型活力课程体系。

本书是在长郡双语开展湖南省教育科学"十三五"规划重点课题"基于学生核心素养培育的初中课程重构与实施"研究成果基础上编著的，研究主要聚焦于时代发展和课程改革需求背景之下的学校课程建设。

随着世界多极化、经济全球化、文化多样化、社会信息化的深入发展，世界各国都在思考一个前瞻性战略问题：21世纪的学生应具备哪些素养或者素质才能成功适应未来社会？随着日趋激烈的国际竞争，核心素养研究浪潮席卷全球，如世界经济合作与发展组织（OECD）的21世纪核心素养、美国的21世纪技能、日本的21世纪型能力、欧盟的关键素养等，体现出世界对未来社会发展的应对。

在时代大潮的席卷下，我们发现，基础教育的变与不变成为社会中最为吊诡的现象。一方面，学校硬件建设不断升级，教育信息化投入不断增加，各种课程改革理论和教学模式层出不穷，从这个角度来说，教育发生了翻天覆地的变化。另一方面，依旧是传统的班级授课方式，纸笔测试是唯一的测评手段，抓知识过关是教师的工作重心，以学科知识为本位的教学模式更是未曾变动，从这个角度来说，教育似乎又没有发生什么变化。著名的钱学森之问：为什么我们的学校总是培养不出杰出人才？还有李希贵之问：学校办出了特色，学生却没有了特点。这两个著名的叩问，恰恰是对教育的质疑与挑战！

2014年，教育部印发《关于全面深化课程改革落实立德树人根本任务的意见》，提出"教育部将组织研究提出各学段学生发展核心素养体系，明确学生应具备的适应终身发展和社会发展需要的必备品格和关键能力"。经过专家、学者近三年的广泛调研，2016年9月在"中国学生发展核心素养研究成果发布会"发布研究成果，国内教育界基本达成发展学生核心素养的共识。高中新课程标准也于2017年正式发布。核心素养的提出，是中国教育应对时代变迁和课程改革的逻辑结果。

培育学生核心素养是一个统领性的目标，是一个系统工程，受多种因素的影响。在这些因素中，课程是不可或缺的重要载体。有人曾经打过一个比方：把学校比作一家饭店，教师就是大厨，什么才是这家店的“招牌菜”呢？毫无疑问，就是学校的课程。课程承载着教育教学的目标，是教育教学的内容，课程结构影响素养结构，只有整体性课程才能培育整体的素养，如何建立并实施建立在各学段学生特点和学校实际的基础上，以“学生核心素养”为统领的课程体系将是每个学校无法回避的问题。

为了方便大家阅读，我们对本书的核心概念“三型活力课程”进行如下界定：长郡双语实验中学课程体系，是基于学校提出活力教育特色构建的基础型、拓展型、实践型课程体系。基础型课程由各学习领域体现共同基础要求的学科课程组成，是全体学生必修的课程。拓展型课程是以基础型课程为依托，满足学生个性发展与自主发展的需求，具有一定开放性的课程。实践型课程在教师的指导下，基于学生经验，密切联系学生的生活和社会实际，体现对知识综合应用的实践活动课程。

长郡双语课程建设起步于2009年，从国家课程校本化实施，到校本课程系统化构建，再到省级重点课题引领课程建设，十年来，学校课程改革不断深化，经历了从迷茫到清晰，从单一到多元，从分散到系统的发展过程，初步为学生成长构建起课程支撑体系。长郡双语十年课程建设探索和实践过程，大体上可以分为以下三个发展阶段：

一、起步阶段（2009—2014年）

每所学校都有属于自己的办学传统和文化积淀，包括已有的培养理念、已有的课程结构、已有的学校氛围等，这些传统和积淀，是学校发展的原生逻辑，也是实现学生核心素养培养的起点。建校伊始，长郡双语秉承长郡的文化与传统，如“朴实沉毅”的校训，“以人为本，激扬活力，追求卓越”的办学理念，“成才先成人”的育人观，以及由老长郡带来的纯正长郡人的工作作风。同时立足长郡双语实际，能够紧紧把握住时代脉搏，找准自身发展定位与优势，不断开拓进取。

长郡双语课程建设研究起步阶段主要聚集在基础课程领域，围绕课堂教学开展大量研究，举办每周集体备课教研活动、行政领导推门听课、十分钟片段教学比赛、骨干教师示范课、同课异构课例研修、师徒汇报课、课件制作比赛等。

为深入研究高效课堂，提高课堂教学有效性，2012年12月14日，长郡双语举办了首届“高效课堂”研讨会。会上各教研组总结一年多来的探索思考，就不同课型教学模式、教学组织形式、学科特色教研做法等展开了讨论。这次会议是长郡双语高效课堂建设具有里程碑意义的大事，时任校长邓智刚提出了“每个教研组在三年内要形成高效课堂模式”的要求。2013年第二届“高效课堂”研讨会以“提高课堂效率，构建高效课堂”为主题，通过课例研究，展示各学科在高效课堂模式构建方面取得的进展，并首次将参与对象推广到全校教职工。2014年举办第三届“高效课堂”成果展示会，为加快现代信息技术与学科教学的深度融合，积极推进“慕课—翻转课堂”教学改革实验，围绕“技术与科研提升教学质量”，建构基于学生有效学习的教学模式。从中可以很清楚地看出，“高效课堂”研讨会在继承基础上不断开拓创新，成为推进基础课程建设的主要抓手。

长郡双语既重视课堂教学又重视课外活动。学校课程建设的另一阵地就是活动课程，这主要是继承和发扬了长郡中学“五节”“五走进”品牌活动。“五节”即“体育节”“艺术节”“读书节”“科技节”“社团节”，“五走进”即“走进军营”“走进社区”“走进自然”“走进工厂”“走进农村”。“五节”要求有主题、有计划、有组织地开展活动，力求活动实效性并特色化发展。“五走进”要求结合研究性学习，带着问题走进，带着思考体验，带着成果汇报。“五节”“五走进”多元舞台让学生在广阔的平台上发展兴趣、展现才华。学生社团活动异彩纷呈，20 多个校级社团为学生提供了个性发展的舞台。以志愿者服务为载体的“长郡义工”服务队深入学校、社区、农村，开展形式多样的志愿者活动，在全省范围内具有很大的影响，成为了长郡双语形象的一大品牌。

二、发展阶段（2014—2017 年）

为了培养学生个性特长，促进学生综合素质发展，整合社团活动资源，丰富校本课程内容，更好地贯彻《国家基础教育课程改革纲要》，全面推进课程改革，长郡双语充分挖掘整合教学资源和学科特色，组织开发与实施校本选修课。2014 年 9 月，《长郡双语实验中学校本选修课实施方案》出台，方案从课程目的、课程原则、课程内容、课程开设流程、评价等五个方面建构，这也是建校以来的第一个校本课程建设系统实施方案。

2014 年下学期组织开发与实施校本选修课，主要在初一年级开设 40 门左右课程。选修课由全校音、体、美、劳、信以及初一非班主任文化科目老师开发，同时还外聘相关专业教师和法、德、日、韩等小语种教师。上课打破原班级建制，实行走班制教学。已开设课程按培养目标分为人文素养、科学素养、生活技能、身心素养、艺术修养、信息技术、学科竞赛七大类。课程开发教师自选或者编订校本选修课教材。每学期组织一次形式多样、内容丰富的校本选修课成果展，如“我最喜爱的校本选修课”“校园嘉年华”等。徜徉在这不同类型的选修课程之中，学生的个性发展与兴趣爱好得到了极大的保护，开阔了视野，锻炼了能力。校本选修课已经成为双语学子每周非常期待的课程。

“五节”“五走进”系列活动继续开展，并逐渐发展成为“六节”“六走向”系列实践课程。“六节”即在原有“体育节”“艺术节”“读书节”“科技节”“社团节”基础上增设“外语节”，彰显双语特色。“六走向”即在原有“走向军营”“走向社区”“走向自然”“走向工厂”“走向农村”基础上增设“走向世界”，拓展学生国际视野。活动课程建设朝综合实践活动课程迈进，着力提高学生的综合实践和运用能力。为了确保活动课程有序开展，为每一位学生搭建个性化展示平台，长郡双语着手统筹“六节”在每一学年中的时间，每学期开展“三节”，同时每年下半年组织一次“六走向”活动的展示活动。

校本选修课和活动序列化推进，是这一阶段课程建设一大亮点。同时，高效课堂建设也取得了进一步发展，在信息技术与学科融合研究方面走在全省前列。2015 年第四届“高效课堂”成果展示会，以“信息技术助推高效课堂”为主题，全面总结前三年实践和探索，提出各学科翻转课堂模式。2016 年中国学生发展核心素养研究成果发布，成为课程改革风向标。第五届“高效课堂”研讨会举办，以基于“核心素养”培养的高效课堂模式为主体，积极探索核心素养时代下学生有效学习的教学模式。

三、深化阶段（2017 年至今）

2017 年是长郡双语课程建设史上的关键一年，徐铁刚校长主持的“基于学生核心素养培育的初中课程重构与实施”获批准为 2017 年度湖南省教育科学“十三五”规划重点课题，课题编号为 XJK17AZXX011。该课题不仅是学校首个省级规划重点课题，更是首个以课程建设为研究核心的课题，标志着长郡双语课程建设步入规范化、系统化阶段。在徐校长整体规划下，课程建设分为四个步骤：

第一步是全面布局。学校完成系统化实施方案，根据素养属性、学段特征等将核心素养、学校育人目标分解融入和转化至学校课程目标之中。形成基础型课程、拓展型课程、实践型课程三大研究子课题。各处室针对存在的问题制订相应方案，各教研组在前期课程基础上初步构建学科的课程体系。基础课程改革继续深入，启动实施新的校本拓展课程（定课程、定教师、定教材），实践课程进一步序列化。

第二步是各个击破。对基础型课程、拓展型课程、实践型课程进行二轮实践，充分挖掘不同课程在培育核心素养上不可替代的独特作用。在校长主持下，由三位校领导领衔的三大子课题全面推进，各处室分管落实对应的课程，各教研组负责本学科基础型课程、拓展型课程、实践型课程的开发与实施，研制校本课程的课程标准和评价标准，形成优质的校本教材、教学案例等课程资源库。各研究部门在子课题之下设立子项目和子单元，力求每门课程在培育学生核心素养目标上有的放矢，各有突破。每年度召开一次学校课程建设成果汇报会。

第三步是深度整合。各处室、各教研组围绕学生核心素养培育的主线，将各方面工作管理与课程实施连成一片，研究进一步优化和完善学校课程体系。将个子课题研究成果进行系统集成，对总课题设计的方法进行反馈和微调。培育学生核心素养既需借助各种课程、各个学科的特点，也需深入分析各种途径的整合点，做到深度融合。尤其注重跨学科主题的整合、不同思维层次学生的整合、校内外教学资源的整合、总课题与子课题的整合此四项整合。定期组织跨学科、不同课程教师开展基于特定主题的研讨，让师生跳出学科局限，能用更广阔的视野解决问题，提升核心素养。

第四步是总结提升。对长郡双语课程体系总结分析，删减效益不佳的子项目或子单元，适当增加研究前景较好的子项目，进行第三轮实践，完善学校课程体系架构和课程质量评价方法。各处室、各教研组总结相应的研究成果。

基础型课程以国家课程校本化、高效课堂建设、中考复习研讨、信息化教学探索为主要抓手，促进学生的文化基础不断得到夯实。2017 年第六届“高效课堂”研讨会，以“课堂观察助力高效课堂”，引入课堂观察法，探索课堂评价新模式。2018 年第七届“高效课堂”研讨会，以“核心素养在课堂教学中落地”为主题旗帜鲜明地提出：为进一步推进学校基础型课程建设，探究学生核心素养培育在课堂的落地。

拓展型课程采用教师自主开发与外聘引进等方式形成拓展课程超市，以课程选学生与学生选课程相结合，为学生个性发展与自主发展提供了多元化选择。学生更多采用自主学习、合作探究等开展学习活动。教科室组织开课教师制定了规范的课程实施方案，通过每周开课检查、教学督导、教学常规检查、拓展课沙龙、学生问卷调查、优质课例评选、优秀成果评选等方式，推动拓展型课程有效实施。

实践型课程分为校本必修类和校本选修类，进一步完善为志愿服务、职业体验、研学旅行、主题实践四大体系。课程主要任务是全面激活学生的社会参与意识，引导学生处理好自我与社会的关系，增强社会责任感，提升创新精神和实践能力。实践型课程按序列分布在每年度的不同时期，最大限度地调动每位学生参与，实施过程有即时的评价与反馈，学校定期召开社会实践活动汇报展示。在教育处组织下，实践型课程最先完成了课程实施方案制订。

为提升学生核心素养，构建完善、优质的课程体系，展示各学科在课程建设方面的成果，交流探索经验，进一步明确方向和方法，2018 年 7 月 13 日，长郡双语召开首届课程建设成果展示会，全面总结各教研组基于学生核心素养培育的学科课程建设的研究进展、主要成果、存在问题，全景式展示了各学科的课程建设。2019 年 7 月 13 日，召开第二届课程建设成果展示会，以“基于学生核心素养培育的学科精品课程建设”为主题，围绕学科课程三个精品案例，从开发背景及意义、课程目标、课程结构与内容、课程实施、课程评价等五个方面展开了充分讨论，由首届全景式展示到第二届精品课程打造，有效促进了各学科交流课程建设探索经验，打造精品的学科课程案例，提升教师课程开发与实施能力，在构建与实施三型课程，全面促进学生综合素质发展的道路上有着重要的推动作用。

长郡双语继承长郡中学的核心理念和课程文化，努力构建和实施既具有长郡中学基因，又有长郡双语特色的学校课程体系。自创办十年来，学校课程从无到有，从少到多，参与课程师生从少数到全体，从单学科教学到多学科融合，从课堂教学走向课程建设，从学科教学走向学科教育，从教室内教学为主到室内校内校外相结合，从单纯的学校课程实施到学校课程实施与综合素质评价相互促进。丰富多元、结构合理的学校课程深受师生喜爱，学校课程实施取得了显著效果，学生综合素质得到全面而有个性的发展。短短的十年，长郡双语在全市、全省乃至全国赫赫有名，教育、教学、教研、管理各项工作齐头并进，成为莘莘学子向往的求学乐园。

反思十年来学校课程构建与实施工作，长郡双语也还存在着不足，展望未来学校课程构建与实施之路，亟待探索提升：

（一）课程构建与核心理念还需进一步契合

培养学生发展核心素养，即培养学生能适应终身发展和社会发展需要的必备品格和关键能力，是学校教育的最终目的，学校课程的构建和实施也必须服从和服务于这个目的。长郡双语省级重点课题“基于学生核心素养培育的初中课程重构与实施”强调，学校课程构建与实施，必须注重学生核心素养的培育，要从“文化基础、自主发展、社会参与”3 个方面，“人文底蕴、科学精神、学会学习、健康生活、责任担当、实践创新”6 大要素，及“国家认同”等 18 大基本要点出发，构建基础型、拓展型、实践型课程，聚焦于核心素养的培育，落实学科核心素养的提升，体现课程与核心素养培育的对应关系。

课程标准应该要体现学科的核心素养培养。长郡双语基础型课程所涉及的国家课程已有课程标准，教师的主要任务是对国家课程的内容重组、拓展、延伸及教法的变革，以及学习效果评价等校本化实施。拓展型、实践型是学校校本课程，长郡双语自行研制课程标准，包括课程目标、课程结构和内容、课程实施、课程评价、课程反思等部分。

教育部于 2017 年发布普通高中课程标准，规定了普通高中学科核心素养，但初中义务教育课程标准还没有更新，还是沿用 2011 年版的。教育部没有对义务教育阶段的学科核心素养给出明确规定，而是颁布《教育部关于加强和改进普通高中学生综合素质评价的意见》，确立了“思想品德、学业水平、身心健康、艺术修养、社会实践”5 个维度和 25 个评价要点，明确实施流程和结果运用。基于上述国家政策背景，长郡双语三型活力课程构建和实施中对学科核心素养强调不多，课程实施目标对应学科核心素养体现不够，而着重强调与综合素质评价 5 个维度和 25 个评价要点上，好在核心素养与综合素质在实质上并不冲突。

在后续的实践研究中，长郡双语要进一步关注学科核心素养的培养。在国家未尚出台新义务教育课程标准之前，主要以国家综合素质评价 5 个维度和 25 个评价要点为依据，进一步结合普通高中课程标准中确立的学科核心素养，制定学校课程实施目标。若国家颁布新义务教育课程标准，则要结合义务教育学科核心素养和综合素质评价标准，制定学校课程实施目标。

（二）课程实施效果评价还需进一步加强

学校课程效果如何，学生素质是否显著提高，绝对不是举办一两次活动或上一两堂课即能感受到，更难以从考试成绩中作出定量判断。在考试指挥棒影响下，长久以来对学生、教师评价标准往往就是考试成绩。然而，核心素养的 18 个基本点和综合素质评价 5 个维度、25 个评价要点很难通过考试测量出来。目前长郡双语采用的课程实施效果评价，主要采用如下方式：

1. 对任课老师的评价

（1）组织参与该课程学习的学生针对课程实施情况进行满意度调查，搜集学生对任课老师的意见和建议，以此了解学生对所参加的学校课程实施的意见。

（2）学校组织对教师课程实施的教学常规如计划、教案、学生课后活动或成果、学生到位率等进行定性评价。

2. 对参与课程的学生的评价

（1）任课老师对课程实施过程中，学生到课率、课堂表现、作品呈现、对该课程的贡献等进行定量等级评价。

（2）文化科目课程的考试成绩，以及艺术中考、体育中考、英语口语人机对话、理化生实验考查等成绩直接作为评价课程实施效果的依据，进行定量评价。

3. 使用综合素质评价对学生进行评价

长郡双语依据教育部综合素质评价标准和长沙市综合素质评价实施意见，制定了《长郡双语实验中学学生综合素质评价实施方案》，形成了时间主线上的“日常评价”“阶段评价”“毕业评价”三类评价。首先是利用《学生成长手册》《学生课堂情况登记本》《班级日志》《学生常规操行分评定细则》《阶段性评价实施方案》，充分利用班级周刊等平台建立起日常评价。这个评价为期末阶段评价奠定基础、积累素材。其次是利用“人人通”平台实时上传课程实施过程素材和标志性成果，每个学期末进行阶段评价。这个评价结果又为毕业评价提供支撑。再次是利用长沙市综合素质评价云平台进行初三第二学期毕业前的毕业评价。市教育局对学校评价结果进行抽样评价，长郡双语再按市局抽样比例确定学生的毕业评价等第，这个评价等第作为高中阶段招生的重要依据。

在评价主体上也有三类评价，即“自评、互评、师评”。首先是在实施综合素质评价过程中充分尊重学生主体地位，激发学生自我教育，引导学生做好自我评价。其次是通过开展学生团队建设，做好学生间互相评价，激励学生互相督促、互相欣赏。最后是班主任老师、科任老师、家长根据学生在教育教学过程的表现，对学生进行教师评价。

这种内容多元、方法多元、主体多元的评价模式注重教会学生做人做事、合作、学习，能较全面地评价学生综合素质发展情况。但它不好评价学生参与的学校课程设施效果，不好区分学生参与的学校课程对其综合素质提升所作出的贡献。

长郡双语将致力于研究基于核心素养培养和综合素质评价的课程质量评价标准，借鉴目前国际上成熟测评工具，如 PISA 项目等，细致分析和科学论证，明确对象，确定要素，选择观测点，开发测评工具，丰富测评手段，并注意测评的连续性。

（三）课程构建实施待更多理论总结提升

十年学校课程的建构和实施，长郡双语构建了三型活力课程体系，设计门类繁多的课程，研制了课程标准，确定了课程目标、课程结构和内容、课程实施、课程评价、课程反思等课程要素，编写了多本校本教材，认真系统地实施了学校课程，将学生综合素质评价与学校课程实施相结合，理顺了二者的关系。学校课程实施对学生综合素质的培养起到了十分重要的作用，对长郡双语的快速高位发展作出了贡献。

关于如何加强学校课程构建和实施的理论指导，在十年实践中探索出了一些经验进行理论提升，对存在的不足进行改进完善，是面临的紧迫任务。为此，长郡双语计划从以下几方面着手改进：

第一，加强对课程构建理论研究。

要以湖南省教育科学“十三五”规划重点课题“基于学生核心素养培育的初中课程重构与实施”的研究为契机，采用走出去、请进来的方式，课题组研究人员进行课程构建和实施方面的理论学习，积极参加本课题研究，提高自己在学校课程构建和实施的理论水平，减少课程建设和实施的随意性、盲目性。

第二，加强对综合素质评价理论研究。

长郡双语依据教育部综合素质评价标准和长沙市初中学生综合素质评价实施意见，制定了学校综合素质评价实施方案，进行了近十年的综合素质评价实践和研究，取得了优异成绩，得到了教育部领导、长沙市教育局领导的充分肯定。长郡双语作为教育部综合素质评价课题校，以教育部课题“基于‘三型’学校课程的初中学校综合素质评价的研究与实践”参与到全国综合素质评价实践研究中。长郡双语要借助于教育部这个平台，多向兄弟院校学习借鉴，加强与专家们的联系，争取专家的理论指导，积极参加课题的实践研究，努力提升依托综合素质评价实现学校课程实施评价的理论和实践水平。

第三，加强教师课程构建和实施经验总结。

十年的课程构建和实施，长郡双语教师积累了许多宝贵经验，也遭遇过不少的挫折。若能从理论的高度，分析课程构建和实施的成功经验与失败教训，使老师们相互交流、相互借鉴、相互学习、相互提升，并将学校课程构建和实施的经验与兄弟学校同行分享，将是十分有意义的事情。要实现这一目标，积极撰写研究论文将是最佳途径。长郡双语将从绩效评价上予以鼓励，从发表平台上提供帮助，从经济待遇上给予奖励，促进浓厚教研风气的形成，实现教师向研究型、学者型、专家型转变，实现学校教育教学质量的再跨越。

第一章
三型活力课程构建的基础与理念

第一节　三型活力课程构建的时代背景

课程是教育内容与优秀文化的重要载体，是影响学校发展的重要因素。课程结构承载并影响着课程的价值与功能。一所学校有什么样的课程结构，就意味着有什么样的人才观和人才素养结构。因而可以说教育改革的核心环节就是课程改革。课程改革已经成为21世纪国家战略议题。世界各国无不在寻求“用什么样的课程培养面向未来的人才以提升本国竞争力”的答案，并探索适合本国国情的课程改革。钟启泉曾指出，课程开发有不同的层级：国家一级的，地方一级的，学校一级的。这三者的关系各国是大不相同的。不过，今日的一般趋势是，学校在课程开发中起着创造性的作用，开发的主体是一线的教师。长沙市长郡双语实验中学创建之初，正值我国新一轮基础教育课程改革方殷，在十年的实践与探索、沉淀与优化中，长郡双语将学校办学定位与时代发展需求相结合，创造性地提出基础型、拓展型、实践型三型活力课程体系，三种类型的课程具有内在的联系，发挥着整体育人的功能，构建起独特的充满生命活力与创新活力的学校课程文化系统、课程育人系统和课程管理系统，体现了教育领域改革的新特点、新动向。

一、基于我国立德树人的根本任务

课程因学生而存在。任何的课程构建都应从教育的初心出发，即遵循人的成长规律与教育规律，促进人的全面而个性的发展。立德树人作为我国教育的根本任务，它源于对中华优秀传统文化和德育思想的深刻理解、对马克思人学理论的科学把握、对实现中华民族伟大复兴人才诉求的深邃思考，是极具历史逻辑、理论逻辑和现实逻辑的教育观念，是学校课程构建的行动指南。长郡双语的课程构建，无论是最初的尝试还是后来的调整、优化，都指向立德树人目标，并致力于不断精细化与科学化。

（一）新时期我国立德树人的相关教育政策

我国历来高度重视教育领域的立德树人工作。党的十八大以来，“立德树人”多次被提上党和国家的重大会议议程，并将其确立为我国教育事业的一项根本任务来规划建设。2014 年 3 月，教育部颁布《关于全面深化课程改革落实立德树人根本任务的意见》。十九大报告更是主旨鲜明地提出要“落实立德树人根本任务”，“培养德智体美全面发展的社会主义建设者和接班人”。这标志着新时代我国教育的总方向和总目标的确定，体现着立德树人已被提升到新的战略性高度。

2018 年 9 月，习近平总书记在全国教育大会的讲话中指出，要努力构建德智体美劳全面培养的教育体系，形成更高水平的人才培养体系。要把立德树人融入思想道德教育、文化知识教育、社会实践教育各环节，贯穿基础教育、职业教育、高等教育各领域，学科体系、教学体系、教材体系、管理体系要围绕这个目标来设计，教师要围绕这个目标来教，学生要围绕这个目标来学。落实习近平总书记讲话精神，学校要躬身实践，努力构建系统科学的教育体系。

立德树人在本质上是对当前我国教育“培养什么样的人、如何培养人以及为谁培养人”这一根本问题的总结、凝练和回答。从 2015 年 7 月教育部等三部委发布《关于加强中小学劳动教育的意见》，到 2016 年 5 月国务院办公厅印发《关于强化学校体育促进学生身心健康全面发展的意见》，再到 2019 年 6 月教育部办公厅发布《关于开展体育美育浸润行动计划的通知》，这一系列文件通知的出台，均要求学校分别从劳动教育、体育、美育等方面为学生全面发展补齐“短板”。2019 年 6 月，中共中央、国务院印发了《关于深化教育教学改革全面提高义务教育质量的意见》，这是第一个聚焦义务教育阶段教育教学改革的重要文件，也是新时代我国深化教育教学改革、全面提高义务教育质量的纲领性文件。文件中再次强调，坚持德、智、体、美、劳“五育”并举，德育为先，全面发展素质教育。这是教育的回归，也是新时期新起点的再出发。无论何种结构的课程体系，都必须旗帜鲜明地认真贯彻落实国家的教育方针与政策。

长郡双语实验中学在制定《学校年度课程实施方案》《学校课程常规管理细则》《学校教师绩效考核方案》等过程中，均把立德树人作为各项方案与制度的重要指导思想和目标任务。学校一方面注重加强师德师风建设，提升教师文明道德修养，另一方面以社会主义核心价值观为价值基础、以中华传统美德为精神滋养，对学生进行道德教育，使学生成为“有道德”的自觉主体。三型活力课程强调对人主体性的尊重与生命性的关怀，让每一位学生、每一位教师都在各门课程的学与教中充满激情与活力，获得远行的力量，既感受当下学习的快乐与充盈，又树立为民族复兴担当重任的远大理想，掌握未来适应社会、创造美好生活所必备的知识与能力。

（二）立德树人的价值意蕴及课程实践路径

立德树人的涵义非常丰富，体现着鲜明的针对性、迫切性、时代性和历史性特点。我国在几千年的发展过程中形成了非常丰富、充满价值的育人文化与思想，这是立德树人论述的文化基因。

从词源语义上来说，“立德”与“树人”独立存在，各有其意。《辞源》解释“立”为“树立”，“立德”为“树立圣人之德”；解释“树”为“种、植”，“树人”

为“培植人才”。从文献来看，“立德”语出《左传·襄公二十四年》之“大上有立德”，“树人”语出《管子权修》之“终身之计，莫如树人”。

有人把立德树人简单地理解为培养思想道德素质高的人，这是对其内涵的窄化与误解。诚然，坚持以德为先是教育最本质的内容，也是学生成人成才的重要保证，但立德树人应该关注的是学生德智体美劳的全面发展。

“立德”“树人”二者是辩证统一的关系。“才者，德之资也；德者，才之帅也。”“立德”回答了教育“立何德”“何以立德”等问题，这也是一个师生双主体、多层面的论题。对教育者来说，自身应修德性、成德业，发挥道德示范引领作用，即所谓“德高为师，身正为范”。对学生来说，最根本的就是明大德、守公德、严私德：明大德就要坚定理想信念，立志报效祖国，为实现中华民族伟大复兴而不懈努力；守公德就要培养公德意识，提升公民素养，争做社会公德的示范者、公序良俗的维护者；严私德就要继承中华传统美德，养成良好个人品行。“树人”回答了教育“树何人”“以何树人”等问题，“树人”强调个性发展、全面发展与终身发展的结合，其最根本的指向是培养德智体美劳全面发展的社会主义建设者和接班人。从整体来看，“立德树人”体现了将国家目标、社会理想与个人修养予以整合，是个体成功、社会进步与国家富强的统一，它改变了“只教不育”“重分不重人”的错误做法，以正确价值观为导向培养学生的个体习性、人格品质、社会责任与担当精神。

课程育人是长郡双语落实立德树人任务的重要途径。首先，学校依据课程标准的要求落实好道德与法治、语文、数学等国家基础课程，分学科构建了基于学生有效学习的课堂模式，并加入全国 C20 慕课联盟，率先探索信息化时代背景下的“慕课—翻转课堂”教学实验，促进信息技术与课堂深度融合，同时学校还开设了校本必修课程，夯实学生的基础学力；其次，学校利用传统优势和现有社区资源，根据学生兴趣与个性发展需求，开发了机器人教育、STEAM 教育、植物的奥秘、资源与环保、近代历史遗迹等多门拓展型课程供学生自主选择；再次，为了激活学生的社会参与意识，引导学生处理好自我与社会的关系，增强社会责任感，提升创新精神和实践能力，学校开发了社区志愿服务、研学之旅、职业体验、科技探究等实践型课程。从哲学上讲，实践是人的存在方式。对学业繁重的初中生来说，实践型课程丰富了他们的学习生活，不仅增长见识、丰富学识，还使课内所学转化为能力与素养，反过来也促进了学生对基础型课程知识的理解与内化。

（三）探寻充满活力的三型高质量课程体系

究竟是什么“课程”？课程一词源自古罗马战车竞赛的“跑道”，拉丁语的“跑”（currere）是其词源。后来又衍生了“人生阅历”的含义。课程首次作为教育术语是在 1582 年荷兰的莱顿大学，意指制度上所规定的学科课程。到 20 世纪初的美国，随着进步主义教育的成立与普及，教育行政所规定的教育内容与学校的教师所创造的教育内容被加以区分，教育行政所规定的教学大纲被称为“课程标准（course of study）”,而把学校中由教师所创造，学生所经历、体验的教育内容的课程叫作“课程

(curriculum)”。“学习经验的总和”这一“课程”定义就是在这个过程中确立起来的。

但是将“课程”的概念完全解读为学习经验是具有片面性的。虽然课程问题的核心是每一名学习者的“学习经验”，但是那些如何从管理和制度层面组织“学习经验”的教育课程的问题、如何将教育内容进行有计划有步骤实施的教学计划的问题，以及站在学校层面如何确定教学方案与进行课程管理、如何对学习经验获得的状况进行评估的问题，也都是需要教育工作者具体审视的问题。

为什么要关注课程而不仅仅是课堂？改革开放以来，我国基础教育界对课堂教学的质量的提升已经取得了骄人的成果，从各种教学竞赛来看就会发现对课堂质量的追求蔚为壮观，教师们不厌其烦地研究课堂教学的每个细节，努力打造尽善尽美的课堂教学。这一全国性的理念和行动构成了中国特色的教学经验，让世界瞩目，甚至吸引了国外的教育考察团前来参观。对这一经验，首都师范大学石鸥教授把它概括为“课堂教学本位”或“课堂教学中心”。他指出，这种大规模教学大规模培养人，培养同规格的人的优点，潜伏着极大的隐患。

现在西方学者提出了一个术语，叫作中国学习者悖论。何谓中国学习者悖论？我们的老师教学水平高，我们的学生考试成绩好，整个奥赛、国际测验我们成绩都很好，但是我们的创造性人才少，杰出成果少，公民素养没有得到相应的提升，杰出人才、顶级成果都不够，和我们这么大的国家不相匹配。据调查，世界杰出人才，美国约占了52%，德国、英国约各占15%，中国占5%多一点。从中美贸易战中一块小小的芯片大家就可管窥核心技术、高尖端人才的差距。原因之一也许就是我们严重忽视课程建设，忽视促进不同学生发展需要的不同的课程建设，而把全部精力投注于培养大一统人才的课堂教学。因此，我们必须超越课堂教学，把课堂质量的提高建立在高质量的课程基础之上。

课堂教学水平再高，都无法满足每个具体的人的独有天赋潜能，这就是课堂教学的本体局限。为此，我们的改革要立足课堂，但又要超越课堂。这种超越是建立在课程基础上的超越。这正是长郡双语课程构建的初衷。三种类型的课程之间相互渗透、相互影响，共同指向学会选择、学会创造、多元开放的课程理念。学生不仅有选择学习方式、学习顺序等学习自由，而且就某些学科而言，学生还有选择学习内容的自由，比如艺术类学科和体育类学科。构建学校自己独特的课程体系，让教师成为课程领导者，是一所名校走向专业化、品牌化的基本标志。

长郡双语三型活力课程的核心是国家、地方与校本课程的优化与重组，各学科课程的多样重组，落实学生的选课自主权。此课程体系的建设，挖掘的是整个课程结构的潜力而不仅仅是单一课堂教学的潜力，挖掘的是整个学校所有老师的潜力而不仅仅是主课老师的潜力。多层级多样化的课程为不同的学生发展提供不一样的课程支持，满足了不同学生发展的潜力与需要。

然而，当前部分教师仍然习惯于在教学时以本为本，或做零散的课程拓展与补充，对于如何从学科教学走向课程建设，从课程执行者走向课程开发者，却缺乏自信与历练。《第五项修炼》的作者、美国著名的管理学大师彼得·圣吉奥认为，在层级式的管理体制中，一个人最终将晋升到他不能胜任的职位。当一位员工晋升到他不能胜任的阶层时，没有什么事比成功更失败的了。这就是著名的“彼得原理”。基于此，长郡双语创造首席名师、名师、骨干教师等荣誉，给每一位教师创造成长与成功的机会：互动互学的教研教改活动、同课异构教学比武活动、名优示范课活动、教学开放周（日）、中考复习研讨会、集团联考联评等“大戏”不断上演，特别是一年一度的课程建设成果展示会，让每一门课程都有机会展示，引领教师走一条属于自己的个性化发展道路。

二、基于对学生核心素养的培育

如果说“立德树人”系顶层设计，“核心素养”的培育则如基层探索的实践路径。联合国教科文组织国际教育局在2015年发表的工作文件中明确提出，如今课程的定位应该是从单纯的技术问题转向国家教育发展的核心要素。核心素养正是当前我国教育改革的“核心”，新课标的“源头”，中高考评价的“风向标”。三型活力课程作为一种动态发展的课程体系，始终围绕学生核心素养的培育来建设与完善。

（一）关于学生核心素养的国内外研究背景

研究学生发展核心素养是落实立德树人根本任务的一项重要举措，也是适应世界教育改革发展趋势、提升我国教育国际竞争力的迫切需要。当前，“核心素养”风靡全球。早在1997年年底，世界经济合作与发展组织（OECD）和瑞士联邦统计署（SFSO）赞助了一个跨界合作项目，即“素养的界定与选择：理论和概念的基础”。该项目由社会学家、评价专家、哲学家、人类学家、心理学家、经济学家、历史学家、统计学家、教育学家以及决策者等共21人组成，出版了关于核心素养的系列研究报告。OECD认为，素养不只是知识与技能，它是在特定情境中，通过使用和调动心理社会资源（包括技能和态度），以满足复杂需求的能力。例如，有效交往的能力是一种素养，它使用了个体的语言知识、实用的IT技能，以及对其交往对象的态度。最终，OECD确定与选择了三大类核心素养：互动地运用工具（如语言、技术）、与异质群体互动、自主行动。进而，将每个核心素养分解成三种能力，再将每种能力以列举的方式分解成具体的行为和技能。

OECD据此发展出后续的核心素养国际调查与评价，即国际学生学业成就项目，通常所说的PISA。基于上述框架，PISA确定了阅读素养、数学素养与科学素养，进而根据对各学科素养的界定，建立6级水平量表。

我国专家团队在基础理论、国际比较与教育政策研究，以及传统文化和课程标准分析的基础上，于2016年9月正式发布《中国学生发展核心素养》，该文件精练地表达出“核心素养”的含义，主要指学生应具备的，能够适应终身发展和社会发展需要的必备品格和关键能力。中国学生发展核心素养以培养“全面发展的人”为核心，分为文化基础、自主发展、社会参与3个方面，综合表现为人文底蕴、科学精神、学会学习、健康生活、责任担当、实践创新等 6 大素养，具体细化为国家认同等 18 个基本要点。人文底蕴包括人文积淀、人文情怀和审美情趣；科学精神包括理性思维、批判质疑和勇于探究；学会学习包括乐学善学、勤于反思和信息意识；健康生活包括珍爱生命、健全人格和自我管理；责任担当包括社会责任、国家认同和国际理解；实践创新包括劳动意识、问题解决和技术应用。基本要点各素养之间相互联系、互相补充、相互促进，在不同情境中整体发挥作用。

在中国学生发展核心素养的基础上，为建立核心素养与课程教学的内在联系，新修订的高中学科课程标准基于学科本质凝练了“学科核心素养”，明确了学生学习该学科课程后应达成的正确价值观念、必备品格和关键能力。同时，研制了学业质量标准，各学科明确学生完成本学科学习任务后，学科核心素养应该达到的水平，各水平的关键表现构成评价学业质量的标准。这也为初中国家课程标准的修订和学业质量标准的研制提供了参照。总之，各门课程将更加注重培养学生核心素养，更加强调提高学生综合运用知识解决实际问题的能力，同时促进教、学、考有机衔接，形成育人合力。

长郡双语实验中学在课程建设中，敏锐地抓住核心素养这一改革方向，于 2016 年就开展了“基于学生核心素养培育的初中课程重构与实施”的课题申报准备工作，2017 年成功立项为湖南省教育科学“十三五”规划重点资助课题。在学校课程整体构架的基础上，学校每学年有计划地以开展基于学生核心素养培育的学科课程建设主题研修，各学科教研组通过读书漂流、网络学习、专家讲座等形式，组织学科教师认真学习课程与教学论、学科课程精品案例等理论与实践内容，如《核心素养导向的课堂教学》、《基于核心素养的学科能力研究》、中国大学 MOOC《课程与教学论》等，进一步优化教师课程理念，提高课程开发力与执行力。结合学情和校情分析，学校深入开展课程目标、内容、实施、评价、资源等实践探索，如核心素养落地的课堂教学研究，慕课—翻转课堂实验研究，微课制作及应用研究，拓展型课程学习成果校园嘉年华活动。每学年末，学校都会举行全体教师参与的课程成果展示会。

（二）未来社会人才结构对学校课程的诉求

今天的学校肩负着培养未来人才的使命。当前，信息技术、人工智能的突飞猛进，正深刻地改变人们生活的方方面面，个性化学习能力、持续的生涯发展能力、创新能力必定是未来人才最重要的关键能力。人类独自工作和生活的方式正在成为过去，接下来，人类必须更多地去探索机器无法预测与应对的未知领域，同时必将和人工智能携手，面对未来世界的变数。

著名未来学家丹尼尔·平克认为未来是那些跨领域型人才、故事型人才、创意型人才的天下。他在《全新思维》一书中指出，在机械自动化、智能化的背景下，人们越来越追求创意、情感、意义等终极生活目标，未来属于那些拥有与众不同思维的人，唯有拥有右脑时代的 6 大全新思维能力，即设计感、娱乐感、意义感、故事力、交响力、共情力，即“三感三力”，才能决胜于未来。这些能力与我国学生发展核心素养中如人文情怀、审美情趣、社会责任等部分是一致的，只是侧重点和表述不同而已。

综上所述，学校课程建设必将面临来自于数字化、网络化、智能化的挑战，来自于教育教学方法与培养目标之间错位的挑战，来自于教师主体与学生受众之间适应性不足的挑战。

因此，学校课程一方面要在已有课程的基础上增设与信息化、新技术相关的课程，另一方面要赋予课堂教学新的内涵，利用网络技术实施互动式教学、三维立体教学、仿真式实践教学等，使学生的学习活动具备更为便捷灵活的互动方式。近年来，长郡双语研发了具有自主知识产权的集教室系统、课程系统、评价系统、管理系统为一体的翻转课堂云平台。整个学校的课程结构兼顾为专业性人才、复合型人才、故事型人才、创意型人才等的培养奠基，开设有利于发展学生的基础性学力、发展性学力和创新性学力的各类课程。

如长郡双语信息技术教研组在上好信息技术课程的同时，开发了 ScrachPi 图形化编程、无人机、3D 打印等课程，形成了分科课程与跨学科课程相结合的课程群。老师们采取分层教学和合作学习机制，促进了不同层次不同潜能学生的发展，培养了学生的设计感、意义感、数据力及创造力。

再如美术教研组，按照“像美术家一样创作”的原则，探索“主题 + 单元”的教学模式。同时，开发了服装设计、陶艺、卡魅艺术、国画等拓展型课程，再通过艺术节、社团节的方式予以展出，或将作品进行爱心义卖。这一系列课程促使学生的图像识读、美术表现、审美判断、创意实践和文化理解等核心素养得到了显著的发展。

基于未来社会形态对人和人才的客观要求，依据儿童的知识经验、认知水平、学习动机，长郡双语的课程体系聚焦学生发展核心素养的要求，科学协调课程与教学的关系，重构学科教材与各种活动和环境因素，形成了“创新与传统相融，科技与人文互进，全面而个性发展”的鲜明特征。

（三）长郡双语核心素养培育的校本解读

从宏观来看，长郡双语实验中学坚持“养正毓德，博学笃行”的育人思想，明确了“爱生活、乐求知、勤修身、勇担当”的育人目标，对国家课程、地方课程、校本课程进行校本化的重组，构建三型活力课程的整体框架：基础性课程基本主要对应学生发展核心素质之“文化基础”维度，突出“乐求知、勤修身”的育人目标；拓展型课程主要对应“自主发展”维度，突出“爱生活、乐求知”的育人目标；实践型课程主要对应“社会参与”维度，突出“勤修身、勇担当”的育人目标。当然，三型课程的培养目标也不是单一的，而是综合的，只是侧重点不同而已。三型课程之间是相辅相成的，是一种生长性、互为补充的关系，属“螺旋式课程”的组织方式。在基础型课程之上生长出拓展型课程、实践型课程，拓展型课程和实践型课程又是对基础型课程的补充或提升，呼应着学生学科核心素养的不同发展等级，在学习方式上体现出“反复探究、不断实践”的诉求。比如有的学生对玩牌感兴趣，数学老师便开发桥牌课程，让学生通过推理游戏、图像感知、互动协作去感受数学的思维方式，引导他们尝试用数学的眼光看待事物规律，在娱乐和竞技的方式中培养其团结合作意识，锻炼人际交往能力；有的学生在物理、化学、数学、信息等学科方面表现出超乎同年级的潜能，学校开设了学科竞赛类拓展课程；有的学生具有像郎朗一样的艺术天赋，学校开设了器乐演奏和名曲演唱拓展课程；有的学生动手能力与探究能力很强，学校专门开辟了创客教室，由专任教师指导……为了满足不同学生的发展需求，学校发挥每一位教师的专长，并外聘教师或挖掘非遗传承人、高等院校学者、企业精英、大学志愿者、社区人士等参与学校的课程开发与实施。

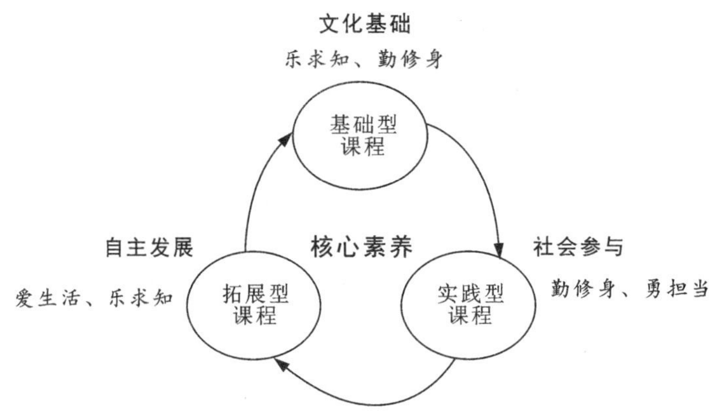

三型活力课程的整体框架图

从中观来看，长郡双语发挥每一个业务精湛的学科教研组实力，以课程群的方式，在保证按照国家课程计划开好国家课程的基础上，再进行拓展与延伸。如化学教研组的老师，在上好化学课程的同时，开发了化学魔法师、玩转化学小实验、垃圾分类等拓展型课程，形成以化学老师为开发主体的化学课程群，以培养学生的宏观辨识与微观探析、变化观念与平衡思想、证据推理与模型认知、实验探究与创新意识、科学精神与社会责任。再如英语教研组的老师，在完成英语课程标准要求的教学内容之外，还开发了法语、日语、德语、西班牙语、韩语等小语种精品拓展课程，形成了以英语为主体的外语课程群。经过一年的学习，学生能进行简单的日常会话，会演唱一到两首小语种经典歌曲，会阅读简单的绘本故事，朗诵诗歌或表演短剧，领略了小语种国家的自然风光和人文背景。外语课程群不仅传播了语言知识，更为学生的人生开启了了解世界、走向世界的大门，增强了学生的“国际理解”素养，也体现了作为一所以双语命名的学校之特色。

从微观来看，学科核心素养是学科教育之“家”，每门课程应从学科本质及特点、课标、教材出发，充分挖掘各种显性与隐性的育人元素，整体设计学习活动，实现教学与教育的自然融合。以语文为例，语文教研组的老师在日常备课中加强对核心素养的研讨，有针对性地研发代表性课例，将四大核心素养各自分解成小目标落实到日常教学，围绕核心素养的培养形成序列化的单元整体教学的语文课堂；同时，探索形成了语文翻转课堂的课型，开发了语文学科专题微课。在语文教学的探索中，逐渐形成了“课前检测—整体感知—赏析品读—拓展延伸—课堂小结”的教学模式。其他基础型课程也纷纷构建了基于学生有效学习的课堂模式，并在教学实践中不断总结、优化。比较成熟的课堂教学模式有：化学学科的“2S－5C”模式，“2S”意为self-study（自学微视频），self-test by gaming（游戏化的自我检测），“5C”意为I can construct（我会构建），I can cooperate（我会合作），I can extend（我会拓展），I can promote（我会提升），I can introspect（我会反思），这一模式充分体现了学生学习的自主性。地理学科的“三环五步”模式，“三环”指课前、课堂、课后，“五步”为预习自测—质疑释疑—合作探究—课堂检测—总结升华。此外，还有生物学科的“激·探·创”模式，政治学科的“导学—展示—训练—反馈”模式等。

这些模式并不是一成不变的，而是可以根据教学单元或教学内容的不同进行调整。长郡双语对课程的探索，体现了人作为教育对象这一主体性养成的不断发现、人的主体性能力不断提升、人的价值不断彰显的过程，也体现了教师对全面教育质量观的关注和对核心素养培育此消彼长的尝试。当教师把课程、师生、学习时空、学科目标、育人目标等核心元素有效统整，课程便在充满活力的动态发展过程中日臻完善。

三、基于长郡双语师生发展的实际需要

教育的本质是发展人，是促进人的成长。优质的学校教育是使每一个学生都能获得最大发展的教育，优质的学校教育也是能让每一个教师获得最大发展的教育。教育要回归生命的价值，提高学生的核心素养与综合素质，激活每一位教师的智慧与创造力。2009年，长郡双语创办以来，立足于师生发展的实际需求，经过十年探索，从长郡校训“朴实沉毅”的文化沃土中渐渐孕育出了具有长郡双语特色的“活力教育”，并凝练出学校“活力教育”理念，即在“以人为本”的基础上，通过“激扬活力”，达到“追求卓越”的目标。

（一）塑造活力教师的实际需求

百年大计，教育为本。教育大计，教师为本。教师是教育的实践者，从某种意义上说，学校的发展很大程度上取决于教师的发展。

1. 教师队伍建设的时代与现实要求

教育部《中学教师专业标准（试行）》指出：“中学教师是履行中学教育工作职责的专业人员，需要经过严格的培养与培训，具有良好的职业道德，掌握系统的专业知识和专业技能。”国务院《国家中长期教育改革和发展规划纲要（2010—2020年）》提出，有好的教师，才有好的教育。建设高素质教师队伍，“严格教师资质，提升教师素质，努力造就一支师德高尚、业务精湛、结构合理、充满活力的高素质专业化教师队伍”。

新课程改革以来，如果说课程建设是学校的基础建设，那么教师就是基础建设中的基础力量。长期以来，受到中高考指挥棒的影响，教师重视抓学生考试成绩，重视纸笔测试技巧的提高，课程开设与课堂教学均紧紧围绕升学考试这一主要目标。有的地方甚至削足适履，没有按照要求开足开齐国家课程。习近平总书记在2018年全国教

育大会上明确提出“要深化教育体制改革，健全立德树人落实机制，扭转不科学的教育评价导向，坚决克服唯分数、唯升学、唯文凭、唯论文、唯帽子的顽瘴痼疾，从根本上解决教育评价指挥棒问题”。这对教师队伍建设和专业发展提出了更高的要求。

长郡双语开办之初，由长郡中学组建行政力量，并从长郡中学调来了一批优秀初中骨干教师，虽然不多，但是成为各学科把关教师，奠定了长郡双语发展的底色。学校的主要师资力量是招聘的大学毕业生，35 岁以下年轻教师占比达 80%，他们构成了长郡双语发展的基石。骨干教师少，但经验丰富，爱岗敬业，乐于奉献，成为中坚力量；青年教师多，富有活力，敢于拼搏，具有很强的可塑性。这是长郡双语教师发展最大的现实。

在长郡双语《十三五（2016—2020 年）改革与发展规划》中明确提出：以师德建设为核心，以提升人文素养和教书育人能力为重点，成立“教师发展中心”，落实“青蓝工程”青年教师培养计划和“学校品牌教师（名师）培养计划”，优化教师结构，提升教师素质，突出抓好干部队伍和党员教师队伍建设，努力造就一支师德高尚、业务精湛、身心健康、结构合理的教师队伍，达到①师德师风高尚——敬业爱生，热爱学习，严格遵守教师职业道德规范，无违规违纪行为；②年龄结构合理——平均年龄 35 岁左右，以中青年教师为主体，教师年龄结构合理，男女比例协调，身心健康，充满活力；③专业结构合理——专任教师 100% 具有本科及以上学历，具有硕士研究生学历的教师占 30%，拥有博士学位者占 1%；④职称结构合理——高级教师占 15%，其中 1% 的教师具有正高职称或特级教师称号，中级教师占 60%。各学科师资力量趋于均衡、合理，每学科至少拥有 1 名市级骨干教师或学科带头人，每学科有 1 ~ 2 名课改新秀在省内甚至全国有一定的影响力。成立 3 个以上的校级名师工作室。

2. 长郡双语教师队伍建设的具体实施策略

教育是培养人的事业，只有人才能培养人，学校必须将教师的培养与发展放在各项工作的首位。在十年探索中，长郡双语逐渐形成了狠抓师德建设、打造发展平台、强化校本教研、关注身心健康、科学合理评价“五位一体”的教师队伍建设框架。

（1）狠抓师德建设

俗语云：德高为师，身正为范。孔子曰：其身正，不令而行。其身不正，虽令不从。习近平总书记提出四有好教师标准：有理想信念，有道德情操，有扎实学识，有仁爱之心。可见，师德建设是教师队伍建设的核心和基础。

①强师德教育，明确职业境界。长郡双语积极开展各种形式的师德教育，把集中学习、讨论交流与个人自学结合起来，把专题教育与常规教育管理结合起来，通过举办师德论坛，专题讲座、专题报告等形式，大力加强教师职业道德教育、法制教育。

②树先进典型，坚定教育理想。长郡双语组织教师学习理解长郡教师的五种精神：终身从教的敬业精神、刻苦钻研的探索精神、爱生如子的园丁精神、不甘落后的拼搏精神、不计得失的奉献精神。通过老长郡教师的榜样示范，抓好青年教师的长郡精神的传承。每年开展优秀共产党员、魅力教师、优秀德育工作者、优秀青年教师等评选

活动，通过官方微信、宣传橱窗和表彰会等方式挖掘典型事迹，大力宣传，一大批师德水平高、业务素质好的教职员工脱颖而出，成为郡园师生心目中的偶像和榜样。

③立师德红线，营造清正氛围。长郡双语严格落实上级教育行政部门的要求，要求老师们“守住底线、不触红线、远离高压线”。通过纪检委、督导室、阳光服务中心等多管齐下，行政干部值班网络化巡查制度，加大对家教家养、有偿补课、乱订教辅资料、收受礼品礼金等违纪行为查处惩罚力度。建立健全师德师风考评制度，将师德考核结果作为教师绩效考核、评优评先、职称评聘的重要依据。逐步建立起学校监督、学生监督、舆论监督和社会监督的网络，营造风清气正的良好氛围。

（2）打造发展平台

一所学校，合理的教师结构基本上各种年龄层次和经验层次均应具备。一枝独秀不是春，百花齐放春满园。整体性推进教师培养，形成合理的梯度与矩阵，才能够让学校保持持续发展的动力。刚入职的教师，进行岗前培训，明确发展定位，打造以“四子工程”和“出师”制度为核心引领的“青蓝工程”培养体系，使之迅速胜任教育教学工作。经验稍长的教师，以各级骨干教师遴选与培养为引领，以各级名师工作室建设为依托，在教育、教学、教研等方面提出更高的要求，进一步促进专业成长。

①青蓝工程——青年教师培养。基于青年教师人数众多这一校情，长郡双语一直把“青年教师发展”作为核心竞争力。为探索青年教师队伍建设的方法，学校于2012年成功申报湖南省“十二五”规划课题“名校托管的新学校青年教师群体发展研究与实践——以长郡双语实验中学为例”，不断探索与实践，逐步形成了一套行之有效的培养模式。课题最终顺利结题，并获评为省级优秀课题。长郡双语将青年教师的发展目标定位为“三年成型、六年成才、十年成名”，打造以“四子工程”和“出师”制度为核心引领的“青蓝工程”培养体系。“四子工程”，首先是“树样子”，给青年教师树立发展典型，发挥榜样示范作用，确定成长目标与要求；其次是“结对子”，签订师徒结对合同，明确师徒任务，倡导“一徒多师”“一师多徒”，发挥骨干教师引领作用；再次是“压担子”，信任青年教师，安排重要的教学工作、班主任工作等任务，提供较为自由的施展平台；最后是“搭台子”，组织参加各级教育行政部门教学比武与各类竞赛活动，推选优秀作品与论文发表，推荐教师在教师论坛上介绍成长体验，给青年教师表现的舞台。“出师”制度，即每位新入职教师要跟着师傅学习三年，满足如下条件方可出师：

> 拜师三年必须有当班主任或参与学校教育管理工作（开设校本课程、社团指导、年级学生专干）的经历；常规三年没有教学事故；教学成绩：带毕业班A数居年级平均值以上（生、地会考居年级平均分以上）；赛课：校一等奖或以上；论文：市一等奖以上或发表在公开刊物；课题：主持或参与课题研究获校一等奖以上。（前三项同时满足，后三项任选其二）

②名师工程——骨干教师培养。随着学校发展，需要进一步创新人才培养机制，尤其是加强骨干教师培育，形成以名师为核心的高层次骨干教师和专家型研究群体。走名师强校发展之路，推动学校整体师资队伍的快速建设，推进教育改革与发展，并通过名师的外围效应提高学校办学的品位和影响力。长郡双语以省市级骨干教师遴选和卓越教师建设为契机，通过每学期的教师论坛、教研培训课程、教研组长引领课、骨干教师示范课、教学开放日等活动，推出各学科的骨干教师，发挥骨干教师的示范引领作用，打造各学科的教学名师。2019 年上学期，学校建立首个校级名师工作室——长郡双语实验中学物理名师工作室，由物理教研组长黄浩老师担任首席名师，并在整个长郡教育集团初中课程中心组建工作室团队。

（3）强化校本教研

大教育家杜威曾说："作为教师，他考虑的是怎样使教材变成经验的一部分，他自己的教材知识怎样可以帮助解释儿童的需要和行动，并确定儿童应处的环境，以便使他的成长获得适当的指导。"教研是学校与教师发展的内驱力，从学校出发，解决学校和教师面临实际问题的校本教研，更是学校与教师发展的重要工作。

①构建校本研训体系。打造"专家引领、同伴互助、个人反思"三位一体校本研训模式。专家引领，即"请专家进来"与"走出去学习"相结合，接受专业引领。同伴互助，即通过集体备课、师徒结对、同课异构、推门听课等活动实现互帮互助，共同成长，同时还挖掘校内优秀教师定期开展教师论坛和教研培训，引领示范。个人反思，即"变常规性工作为反思性工作，变经验性工作为研究性工作"，以教案、备课等常规要求促反思，以假期作业形式提升反思。2017 年下学期以来，长郡双语教科室开设的教研培训系列课程共有 10 多期，如"一起玩微课吧""青年教师专业成长""从随意听到定向观的转身""研学旅行活动课程开发与实施""教育科研论文的写作与投稿""课题研究入门""让课程促进学生的生命成长""互联网时代的教师专业发展""左手 Camtasia Studio，右手 Focusky""学校课程建设的实践性探索""希沃白板融合运用入门"等，教研培训针对学校工作的重点和教师专业发展的痛点，设定主题，外请专家引领或者内推优秀教师讲座，起到了很好的效果。

②打造系列化教研活动。长郡双语每年定期举办高效课堂研讨会、中考研讨会、德育研讨会大型教研活动，举办两次教师论坛，多次举行班主任沙龙、校本课程研讨沙龙、翻转课堂研讨沙龙等小型研讨活动，每年开展两次全方位展示的学校课堂教学改革教学开放日活动，开展一届学校课程建设成功展示会。每年 10 月至 12 月为教学科研月，集中举办十分钟片段教学比赛、两笔字比赛、微课制作比赛、校级微型课题的开题与结题、骨干教师示范课、教研组读书漂流等教研活动。以课题研究为例，学校已经有五项省级课题结题，"名校托管的新学校青年教师群体发展研究与实践——以长郡双语实验中学为例""中学中华经典诵读校本教材建设与教学研究"等获评为优秀课题。目前有 1 项教育部课题、4 项省级课题、2 项市级课题在研。每年均有 20 多个校级微型课题在研。课题研究聚焦真问题，立足于教育教学行为改进，宽进严出，

严格按照课题申报、开题论证、中期汇报、结题鉴定等环节开展，学校研究风气日渐浓郁，极大提高了教师们的教研水平。

③提高教师信息素养。“互联网 +”时代悄然到来，信息技术深刻影响未来社会的发展，教育也不例外。怎样的教师，才能满足未来教育的发展需要？能够紧跟时代潮流，勇于探索，敢于创新应该是未来教师塑造的题中之意。长郡双语于 2013 年学校成为华东师范大学 C20 慕课联盟创始学校之一，积极探索信息技术与课堂教学的有机结合，开展“慕课”“翻转课堂”课堂教学研究。2017 年学校翻转课堂教学改革获批为长沙市特色教育创建项目，2018 年被长沙市确立为微课程建设学校。学校组建微课制作团队，翻转课堂实验团队，打造信息化与学科融合骨干教师，积极开展微课制作与应用、翻转课堂教学改革、在线网络直播课堂、教学 App 应用、交互式白板教学等信息化教研教改活动，取得了较为显著的成绩。微课、翻转课堂研究走在全省前列。2018 年湖南省中小学教师信息技术与学科融合在线集体备课大赛中学校教研团队斩获 3 个特等奖、4 个二等奖、2 个三等奖。

（4）关注身心健康

长郡双语坚持以人为本，树立全心全意为教职工服务的理念，深入教职工，诚心诚意听取意见和建议，解决一线实际问题和教职工实际困难。建设好教职工社团，引导教职工努力工作之余，选择健康有益的业余生活，陶冶情操，传递正能量。定期组织健康有益的体育竞赛，增强教职工的身体素质，提升教职工的凝聚力和团队意识。开展传统节日联谊活动，增进教职工之间的情感交流，促进教职工家庭和谐。心理健康中心有计划地开展教师心理健康知识讲座和减压培训，帮助教职工积极面对工作挑战，及时排解工作压力。学校积极为教师发展解除后顾之忧，保障教师权益和身心健康，为专业发展保驾护航。

（5）科学合理评价

无论是现有教师梯度式的培养，还是面向未来的创新型教师塑造，教师队伍建设离不开合理的评价机制。长郡双语构建了各类考评、考核、评选制度，如《绩效考核方案》《岗位晋级方案》《教科研奖励方案》《师徒结对实施方案》《出师制度》《优秀青年教师评选方案》《魅力教师评选方案》《卓越教师遴选与考核方案》《名师工作室考核办法》等，并汇编成《长郡双语教师发展手册》，以制度建设规范管理与评价。学生成绩固然是评价的一个重要指标，但绝对不是全部。只有建构多元化评价机制，把定性评价和定量评价相结合，把结果性评价与过程性评价相结合，把教师自评与他评相结合，全面客观看待教师的成长与发展，才能真正激活教师的积极性，让更多教师脱颖而出。需要注意的是，对于一些敢于突破传统和常规的教学方式，具有鲜明个性风格的教师，给予必要的理解与支持，保护好积极性。容忍失败，允许试错，兼容并蓄，更是学校教师队伍建设的大气魄和大格局。

教育是培养人的事业，只有人才能培养人。只有具备核心素养的教师，才能发展学生的核心素养。积极转换教师角色，由知识的传授者转换为知识的提供者、引导者，由课程的执行者转换为课程的构建者、开发者。由知识本位的教育教学，转变为能力本位、素养本位的教育教学。创新型教师的塑造，教师课程开发与实施能力的提升，应该是未来教师培养关注的焦点。学校始终要将教师的培养与发展放在各项工作的首位，只要解决了这个关键问题，教育教学中其他问题自会迎刃而解。

（二）培育活力学生的目标愿景

一直以来，长郡双语都非常重视学生的生命成长，致力于培养“完整的人”，逐步确立了“爱生活、乐求知、勤修身、勇担当”的育人目标，明确了“学生培养阶段目标（班级文化核心任务）”，努力实现“让每一个孩子得到全面而有个性的发展”。

1.“爱生活、乐求知、勤修身、勇担当”

这一目标是长郡双语基于“成才先成人”“以人为本，激扬活力，追求卓越”的教育理念下的提炼。“爱生活、乐求知、勤修身、勇担当”当中的“爱、乐、勤、勇”都是给学生们传递的情感态度、价值观。这个 12 字目标包含了两个层面：“爱生活、善求知、乐修身”，然后“勇担当”。在社会生活中，担当是一种负责的行为，是一种自觉的状态，是一种舍我其谁的精气神，也是动力、智慧、勇气、能力的有机统一。“疾风知劲草，板荡识诚臣。”面对生活学习中的挫折，勇于承担；面对生活学习中的困境，勇于挑战。“勇担当”不仅仅是一种胆识，更是一种认知，“格物致知”是“担当”的前提条件。正如老子所言：“上士闻道，勤而行之。”王阳明所言：“知而不行，只是未知。”一个人如果真的体悟到什么是好的、善的，那他一定会去做，取其知识的营养，体悟于心，得以修身。每个学生不一定都会成为科学家、金融家、政治家，但无论在哪个平凡的岗位上，都应该有所担当，承担起应承的责任，把这种责任带到生活、学习、工作中去，并做到极致，这样的学生就是不平凡的，就是勇于担当的人。

2.“学生培养阶段目标”（班级文化核心任务）

根据长郡双语“朴实沉毅”的校训、“以人为本，激扬活力，追求卓越”的办学理念、“养正毓德，博学笃行”的育人思想、“活力教育”等理念，提炼出“活学知礼”“活思启志”“活行达理”三个学生培养阶段成长目标，作为学校初中三个年级和高中年级班级文化建设的核心任务。三个成长目标从各个年级来看好似各自独立，循序相进，但从双语学子的终生发展来看实则相辅相成，相互包容。

初一的学生，刚刚从小学迈入中学阶段，有一个小升初的适应过程。学校认为双语学子在这一个阶段里重点要养成两个特点，一个是“学”，初中跟小学不同，学科多了，内容难了，思维广了，思想活了，所以要让学生学会学习；一个是“礼”，礼为以德育人的根本，让学生做一个知礼懂礼、受人尊重的人。

进入初二年级，学生最大的成长特点就是进入青春期后变得特别容易躁动不安。基于此特点，学校认为双语学子在此阶段要学会“三思而后行”，遇事不妨多思考，多考虑，做一个善思、深思的人。习总书记强调，要在坚定理想信念上下工夫，教育引导学生树立共产主义远大理想和中国特色社会主义共同理想，增强学生的中国特色社会主义道路自信、理论自信、制度自信、文化自信，立志肩负起民族复兴的时代重任。学生在小学阶段的和初一时期对于“志向”还属于“萌发”状态，没有经过深思熟虑，志向各种各样，所以此阶段可称为“萌志”阶段。学校以为，初二年级的孩子有一定的能力来思考、认清自己的志向问题，真正意义上开始树立自己的远大理想和抱负，这一阶段可以称为“启志”阶段，在活学活思的教育引领下帮助初二年级的学生树立起有责任有担当的高远志向。

初三年级和高中，学习压力大，学习目标非常明确，但光有目标不行，“千里之行，始于足下”，只有坚毅地迈向自己的目标，不论前方艰难险阻，荆棘密布，都要沉勇前行。即便最终的目的地不是自己想要的地方，但在长郡双语走过、看过的“风景”都将成为每一个双语学子人生里一笔宝贵的精神财富。学校希望双语学子逐渐成长为一个沉勇坚毅的“行者”，而沉勇坚毅的“行者”一定是一个达理明义之人。《吕氏春秋・不屈》：“察而以达理明义，则察为福矣；察而以饰非惑愚，则察为祸矣。”古往今来，善执天下者必达理明义。学校坚定地认为，应试教育使学生只能接受书本知识灌输，没有社会知识感悟；只有题海战术演练，没有实践能力锻炼；只有课堂黑板教育，没有窗外人生教育。这样的教育下培养出来的学生会带有先天性的缺陷，知书而不达理，与当前的育人导向和培养目标是不符合的。

3. “让每一个孩子得到全面而有个性的发展”

“让每一个孩子得到全面而有个性的发展”是长郡双语坚持的课程建设目标，学校构建了基础型、拓展型、实践型三型活力课程，为学生发展提供多元平台与课程超市。以学校艺体、信息等学科实践成果为例，坚持推行阳光体育运动，在开足体育课之外，每天还开设两个大课间跑操和文体活动课，保障学生每天锻炼一个小时，帮助学生在体育锻炼中享受乐趣，增强体质，健全人格，锤炼意志。从 2012 年至今，双语学生在初三体育中考测试中稳居全市前列。田径、乒乓球、篮球、羽毛球等运动代表队都在全市、全省乃至全国各项大赛中荣获佳绩，学校被评为“全国篮球特色学校”“全国体育传统项目学校”“全国乒乓球传统项目学校”。学校狠抓艺术教学，促进学生艺术素养的提高。学生合唱团、交响乐团、舞蹈队多次获省市大奖，并参加全国艺术展演；多次参加长沙市班级合奏比赛、合唱比赛获长沙市初中组一等奖第一名，并晋级湖南省赛；学生参加长沙市三独比赛的，获奖人数一直名列全市前茅。学生在 2016—2018 年“长沙市中小学校园文化艺术节美术比赛活动”中获得 184 个一等奖（2016 年 55 个、2017 年 72 个、2018 年 47 个）；学生于 2017、2018 年参加第四届、第五届“国际环保杯四联漫画大赛”中收获 4 项金奖；在 2018 年“长沙市中小学漫画大赛”中共获得 4 个一等奖。学生在全国青少年信息学奥林匹克竞赛、机器人比赛、科技创新比赛中，每年获省市奖人数在全市都位居全市前列。

办学十年来，长郡双语的学生在市教育局学生综合素质评价指标中各维度 A 率在全市稳定领先。八届学生参加中考，全 A 学生总人数达 2805 人，位居长沙市前列。有五届毕业学子参加高考，146 人被清华、北大录取。学校还涌现出了全国“最美中学生”刘顺天、全国“宋庆龄奖学金”获得者周雨琢、长沙市“新时代好少年”汪葆宁、“诚信友善好少年”唐翊缘、“感动长沙十佳美德少年”刘柯贝、“美德之星”万芙蓉等一批优秀学子。

第二节　三型活力课程构建的现实基础

一、长郡中学的文化传承

（一）长郡中学文化内核

长郡中学创建于 1904 年，是当时湖南长沙第一所府属公立学校。一百多年来，她为国家和社会输送了八万多名优秀毕业生，不仅成就了徐特立、李维汉、陈子展、周世钊等一代名师，还孕育了李立三、李富春、郭亮、罗章龙、欧阳钦、任弼时、萧劲光、陈赓、曾三等老一辈无产阶级革命家及党和国家领导人，从这里走出了张孝骞、沈其震等十三位中国工程院院士和中国科学院院士，走出了著名美学家蔡仪、音乐家吕骥、青年歌唱家张也等一大批学者、名家以及各行各业的风流人物。

1912 年，在辛亥革命成功、民国建立、府制废除的情况下，当时长沙府属十二州县所设驻省中学在长沙府中学堂的基础上建立湖南省长郡公立中学校，简称长郡公学。早年受黄兴革命思想和胡元倓“磨血”精神影响、具有教育兴邦远见的彭国钧任长郡公学第一任校长。彭国钧深感国家积弱亟须改变，认为教育首先要改变人的精神。他以爱国主义为思想教育总纲，制订校训“朴实沉毅”，训诫师生生活要俭朴，为人要诚实，做事要沉着，面对困难要坚毅。这一校训不但独特，更在于它蕴含了丰富的道德价值原则：在修己立身方面引导学生保住本真、朴实无华、厚德载物；在求学行事方面引导学生自强不息、追求卓越、止于至善；在为人处事方面引导学生谦虚务实、勇于担当、服务社会。彭国钧校长组织创作校歌，由教师黄铭功作校歌词，特别提出“中华兴复，共道湘人多造就……看长沙子弟，精神运五洲”，意在激发学生热爱祖国，“以天下为己任”之雄心壮志。长郡校歌一直传唱至今，激励着一代又一代长郡人心系祖国，发奋图强。长郡的校训和校歌，体现了对中华民族优秀品德及爱国主义精神的传承，而这，正是学校所追求的道德价值取向，是作为一个“人”应具有的品质，是长郡中学师生血脉相承的灵魂。也因为这样的教育，长郡才会塑造出一批批为真理和光明浴血奋斗、前仆后继的革命英烈；长郡才会滋养了一个个为民族和国家征战南北、功绩卓著的开国元勋。

1913 年，彭国钧校长赴日考察教育，深感日本之强盛，关键在于重视教育，特别赞赏日本教育界把身体锻炼与科学研究摆在同等重要地位的做法。他回国之后，加强了体育课的教学，除兵式体操外，还外聘教练进行技术体操、武术、田径、球类等教学，学校先后涌现出了“八大球王”“八小球王”。李富春、萧劲光都是其中之佼佼者。1913 年 5 月中旬，长郡举行了第一届学校运动会，也是湖南中学界第一次校办运动会。长郡对学生体育的重视，一直延续到今天。

1928 年初，著名教育家王季范由省政府派任长郡校长。王季范继承了彭国钧“强国强身”思想，并提出“成材必先成人”的育人主张，教导学生要“明大义而有专长”。“强身”“明大义”成为学校工作的重要内容。“成材必先成人”成为长郡的育人主张。后来，历任校长不断丰富了“成材必先成人”的内涵。

新中国成立后，特别是改革开放以来，长郡中学实现跨越式发展。学校将“培养完整的人”的思想融入校训的内涵之中，对校训作了新的阐释，学校将“培养完整的人”的思想具体化为“爱生活、善求知、忧天下、有作为”的育人目标。在此核心文化的引领下，尊重、理解、诚信、互敬互谅、自尊自爱弥漫于校园中，成为长郡人的交往文化；团结协作、文明守纪，渗透在校园中，成为长郡的自律文化；自主、合作、探究、实践洋溢在课堂上，成为长郡的课程文化。

（二）长郡中学的课程文化

为了落实核心文化、构建课程文化，长郡中学变革传统的课堂教学模式，设计包含基础型必修课程、拓展型选修课程、主题节会型课程和实践活动型课程四大板块的课程模式，各板块具有相对完备的内容体系和独特的价值追求。

基础型必修课程——包括国家课程和校本必选课程两大板块。对于国家课程始终坚持两点：一是开齐开足必修课程，保证学生全面发展，均衡发展。特别是多年来坚持开齐开足音乐、体育、劳动技术等课程，实行分模块教学的方式。二是注重国家课程的二次开发问题。学校启动了“有效教学”校级专项课题研究，先后有 18 个课题立项开题，经过 3 年的研究，有 12 个课题完整结题，有 6 个课题被评为优秀课题。校本必选课程，目前开设了 3 门，内容各有特色，《成长导航》以心理健康知识和人生规划为主要内容，《湖湘文化撷英》以湖南乡土文化为主要内容，《长郡大讲坛》以理想前途教育为主要内容。

拓展型选修课程——学校共开出了 52 门自选型课程，组成“选修课超市”供学生根据自己的个性、爱好自由选择，以求培养学生的兴趣爱好，发展学生个性特长。学校引导成立了学科奥赛、科技创新、体育、艺术、文学等近 20 个兴趣小组，为学生搭建了展现个性、特长的大舞台。

主题节会型课程——校园“五节”。校园“五节”是学生最向往、最欢乐、最自我的节日。在浓郁的节日氛围里，在热情的参与角逐中，长郡学子获得文化滋养，铺就生命的底色，培养生活的情趣，张扬个性与特长。

科技节——含科普讲座、航模表演、机器人表演、魔方 PK 赛、扑克牌结构搭建设计比赛、水火箭比赛、“卫星”发射和回收设计制作比赛等。

读书节——含国旗下演讲、主题班会、图书漂流等活动形式，让校园飘满书香。

社团节——通过“魅力大比拼、人气大比拼、火爆大比拼”，在社团活动的无限创意中，实践能力得到提高。

体育节——含个人竞技项目，还有以集体参与为主体的项目，如阳光伙伴、迎面接力、篮球比赛、拔河比赛、长绳比赛等。

艺术节——含经典电影配音比赛、校园 K 歌赛、英语辩论赛、德育剧编排、游艺晚会、摄影、美术、书法作品展览等活动。

实践活动型课程——校外“五走进”。学校根据不同年级学生的实际特点和身心发展规律，设置了“五走进”，让学生在丰富多彩的实践课程中做创新型的体验者。

走进军营——学校在新生入学之初开展军训，让学生得到基本的军事训练。

走进自然——学校每学年都会组织每个年级的春游、秋游活动，每年暑假组织生物兴趣小组的学生参加“绿色之旅”活动，带领学生考察祖国各地原始生态。

走进社区——学校将社区服务和社会实践活动结合，利用周末和假期开展活动，如社区服务、社区调查、社区文艺演出等。

走进农村——让学生走入农村这块广阔的天地，丰富他们的阅历，磨砺他们的意志，促使他们关注、思考中国的三农问题，了解新农村建设的现状。

走进工厂——通过走进工厂，让学生近距离感受现代工业，通过观摩工人劳动的过程，了解现代企业先进的企业文化。

学校以独有的“长郡文化”和丰富的学校课程，引领师生完善人格，发展个性，实现精神自我成长。经过多年的探索，形成了以学校引导、文化浸润、自主管理为特色的育人系统，形成了民主、平等、宽松、和谐的氛围，学生对自我有了清晰的认识，对事情有了理性的思考，学会了自主判断、自主选择、勇于承担责任。这种自主性、独立性既是个性张扬的重要表征，更是作为“完整的人”的基本品质。

二、长郡双语的办学条件

2009 年 8 月，为了满足广大人民群众日益增长的对优质教育的迫切需求，长沙市人民政府投资 3 亿多元，在长沙市岳麓区望岳街道八方小区开办了市教育局直属、长郡中学托管的长郡双语实验中学。学校占地 150 亩，建有教学楼、艺术楼、科学馆、图书馆、体育馆、学生公寓等校舍 12 栋，总建筑面积 8 万多平方米。校园总体布局借鉴岳麓书院的中轴对称、纵深多进的院落形式，错落有致，庄严素雅，现代厚重。学校现有学生 3300 余人，教师近 260 人。

作为长郡中学的新校区，长郡双语注重传承百年长郡文化，在传承的基础上发展，构建了既有长郡基因又有双语特色的学校文化体系。

（一）长郡双语文化核心

1. 校训：朴实沉毅

作为学校文化的核心，长郡双语继承了长郡中学的校训和校歌。“朴实沉毅”校训不仅是长郡的风格，也是长郡双语的风格，是所有长郡人的魂。它标志着长郡双语这所现代化新学校的“源”，诠释着长郡双语与长郡中学千丝万缕的紧密联系，凸显着长郡双语的历史文化与百年长郡同宗同源，一脉相承。“朴实沉毅”校训蕴藏着时代精神，完全符合学校新时代发展的要求，长郡双语对校训作了新的阐释，那就是“面对自身以‘朴拙’为本真，面对工作以‘务实’为作风，面对困难以‘沉勇’求出路，面对挑战以‘坚毅’求卓越”。而长郡校歌那古朴的曲调，饱含浓浓的家国情怀、洋溢青春正能量的歌词，使之值得长郡双语学子作为校歌用心吟唱。

2. 办学理念：以人为本，激扬活力，追求卓越

在长郡中学核心文化的感召下，长郡双语确立了“以人为本，激扬活力，追求卓越”的办学理念。教育的本质是发展人，是促进人的成长；优质的学校教育是使每一个学生都能获得最大发展的教育。教育要回归生命的价值，点亮人性的光辉，立德树人，以德铸魂，提高学生的综合素质，促进学生的全面发展，增强学生的创新创造活力。2009 年建校以来，长郡双语以朝气蓬勃、充满活力的姿态展现在全市人民面前。十年，宛如一个轮回，在这十年的发展过程中，长郡双语从校训“朴实沉毅”的文化沃土中渐渐孕育出了具有自身特色的“活力教育”，凝练出“活力教育”理念，在“以人为本”的基础上，通过“激扬活力”，达到“追求卓越”的目标。

3. 育人思想：养正毓德，博学笃行

“养正毓德”出自《易经》。《易经·蒙卦·彖辞》曰：“蒙以养正，圣功也。”《易经·蒙卦·象辞》曰：“蒙，君子以果行育德。”毓，即育。《易经·蒙卦》提出的“养正”教育理念，即希望教育者注重培养学生端正的心性及行为。培德育人，养正至关重要。“正”，代表真善美价值取向、行为习惯，是正道，是千古人间光明之途。“德”是品德，代表着人类恒久向往和追求的真善美和谐的至高理想。“博学笃行”出自于儒家经典《中庸》“博学之，审问之，慎思之，明辨之，笃行之”，包含的内容非常丰富，“博学”“笃行”相辅相成。“博学”，告诫我们的师生要在增长知识见识上下功夫。“笃行”就是要培养学生履行所学，脚踏实地履行学问。“博学笃行”的核心意思是希望老师要帮助学生树立起社会责任担当的高尚志向，要培养学生德智体美劳全面发展，培养师生好学的精神、创新的意识和实践能力，知行合一，成为社会主义建设者和接班人。我们旗帜鲜明地弘扬“养正毓德”的育人思想，引导学生传承民族美德精华，锤炼品格，健全人格，强健体魄，做一个完整意义上的“人”。

4. 育人目标：爱生活、乐求知、勤修身、勇担当

长郡双语基于“以人为本，激扬活力，追求卓越”的教育理念，提炼出了“爱生活、乐求知、勤修身、勇担当”的育人目标。其中的“爱”“乐”“勤”“勇”显示了双语学子要达到的积极进取、充满活力的精神状态，给学生们传递的都是向上向善的情感态度、价值观。“生活”“求知”“修身”显示学生丰富多元的校园生活；而“担当”则要求学生要有家国情怀和责任意识，它不仅仅是一种胆识，更是一种认知。面对生活学习中的挫折，勇于承担；面对生活学习中的困境，勇于挑战。

（二）长郡双语的“活力教育”特色

长郡双语人十年的上下求索，十年的拼搏奋斗，学校形成活力课程、活力校园、活力教师、活力学生的“活力教育”特色。

1. 活力课程

湖南省教育厅发布的义务教育课程计划，对初中阶段课程的按课程设计和编审主体进行分类，分别是国家课程，包含语文、数学、英语、物理、化学、道德与法治、历史、地理、生物、音乐、美术、体育12科，以及综合实践课程（主题活动、信息技术）；地方课程，包含湖南地方文化常识、生命与健康常识；学校课程，包含学校自主开发或选用。长郡双语在继承和发展长郡中学的学校课程文化的基础上，根据自身的实际情况，以省“十三五”规划重点课题“基于学生核心素养培育的初中课程重构与实施”研究为引领，逐步构建起有助于学生发展的由基础型课程、拓展型课程和实践型课程构成的“三型”学校课程体系。“三型”课程是按照课程类型分类的，与上述国际课程、地方课程、学校课程的分类方式不完全一致，存在交叉。具体是基础型课程，包含国家课程中的语文、数学、英语、物理、化学、道德与法治、历史、地理、生物、音乐、美术、体育12科，及信息技术、劳动技术，还有地方课程中的湖南地方文化常识、生命与健康常识；拓展课程，包含学校课程中的学校自主开发或选用的课程；实践型课程，包含国家课程中综合实践课程中规定的主题活动，及学校自主开发的综合实践课程。

为促进学校课程体系的建立和高校实施，长郡双语按教育部关于初中学生综合素质评价实施框架，依据长沙市关于初中学生综合素质评价的实施方案，明确学校课程与学生综合素质评价的关系，即“以学校课程实施促进综合素质培养是目的，综合素质评价促进综合素质培养是手段，以评价促培养”，制定了“以立德树人、培养学生核心素养为目的，以综合素质评价为导向，以学校课程体系的构建和实施为工作重点，大力促进学生全面而有个性地发展”的学校工作指导思想，构建了“三重领导、三级目标、三型课程、三种平台、三类评价”的综合素质培养和评价的体系，依靠综合素质评价工作有序、有效地实施了学校课程体系，促进了学生综合素质的提高。

2. 活力校园

长郡双语校园设计科学，布局合理，分为教学办公区、生活服务区、运动健康区；建筑错落有致，格调高雅；环境幽美，树木茂盛，春来花香鸟语，秋至桂栀飘香，彰显勃勃生机，享有“花园式学校”之美誉。

学校教育教学设施先进，配套齐全，不仅拥有先进的、现代化的多媒体教室，省一类标准实验室，还有功能齐全、典雅大气的体育馆以及标准化、环保型塑胶跑道和天然草皮标准足球场。校园信息化基础设施完备，校园有线和无线网络全覆盖，校园一卡通为师生生活和学习提供便捷服务。学校课程实施所需要的功能房门类齐全，设备先进。学校校园文化建设规划合理，管理到位。完善的硬件和软件环境，使得校园充满生机和活力。

长郡双语2015年作为长沙市唯一中学代表获评长沙市两型示范单位，2016年获评长沙市文明标兵单位，在2019年3月中国知名教育智囊“校友会”公布的2018年中国百强初中排名中获全国第十九名、湖南省第一名，2019年6月获“湖南省文明标兵校园”称号，是莘莘学子求学的理想乐园。

3. 活力教师

长郡双语自建校以来，引进了大批的年轻教师。为促进教师的专业成长，学校实施教师专业成长“青蓝工程”“名师工程”，建立严格的制度及评价反馈措施，组织青年教师向有经验的老师拜师，以老带新，师徒结对，形成了一种比、学、赶、帮、超的富有活力的良性竞争氛围，造就了一支年轻化、专业化的充满活力的教师队伍，为学校在短短的十年时间内跻身全省一流初中学校作出了杰出贡献。以这支充满活力和战斗力的教师队伍为坚强后盾，长郡双语作为长郡教育集团初中课程中心的主任单位，引领集团近三十所初中学校实现了共同快速发展，为长沙市义务教育优质均衡发展作出了杰出贡献。

4. 活力学生

一直以来，长郡双语非常重视学生的生命成长，致力于培养“完整的人”。学校认真构建和实施学校课程体系，推动了育人时空从单一的课堂，到课堂与课后相结合、校内与校外相结合、学校与社会相结合、线上与线下相结合、书本与生活相结合的变化，激发了学生的学习兴趣，丰富了学生的校园生活，孕育了学生的激情和活力，培养了学生的综合素质。长郡双语创办十年来，学生在体育、音乐、美术、科技创新等领域的群体性活动和竞技性比赛中均获得了优异的成绩，学校被评为“全国篮球特色学校”“全国体育传统项目学校”“全国乒乓球传统项目学校”“全国青少年人工智能活动特色单位”。

（三）学校课程资源

1. 校内课程资源

除了常规的硬件软件实施设备外，长郡双语还建设了如下富有特色教育教学园地，为学校课程的实施奠定了基础。

（1）学校智慧校园系统

为落实《教育信息化 2.0 行动计划》，建设适应学校课程实施需要的教育信息化体系，长郡双语以智慧校园建设理念为蓝图，初步搭建起集智慧办公、智慧教学及智慧管理等为一体的信息化平台，基本实现如下功能：

①为管理者提供智慧管理服务。实时监控任一教室和功能室及室外场地的教育教学情况；生成任意时间段学校的运行状况（教学、管理、安全等）数据；生成学校的教育发展统计报表；全面掌控校园安全状况。

②为教师提供智慧教学服务。教师全面掌握学生的学习成绩和出勤分析数据，开展针对性教学；加入教师社群，快速获取、加工和集成教学资源，开展网络教研活动和网络备课；灵活控制学习终端，实时向学生推送相关学习资源；登录个人教学空间，动态获取系统推送的优质教学资源。

③为学生提供智慧学习服务。学生及时与教师、同学沟通交流，解决学习、生活中遇到的难题；登录个人学习空间，动态获取系统推送的个性化、优质的学习资源；

将学习过程中的关键信息存入个人空间，开展综合素质评价；享受互动学习、消费、考勤、借阅等一卡通服务。

④为家长提供智慧沟通服务。家长可以及时查收学校、教师发布的教学、考试、出勤等信息，随时查看孩子在学校的学习情况，及时了解孩子的学习成绩和变化情况，了解学校最新信息等。

（2）创客教育中心

为让学生从小开始接受STEAM教育，培养学生从科学、技术、工程、艺术、数学等学科综合思考的角度，去探索问题、提出问题、分析问题，解决问题、验证问题的能力，以及学生动手能力、协作能力等，长郡双语建设了800多平方米的创客教育中心，创建了“智能机器人”“无人机”“3D打印”“卡魅艺术”“卡魅电子”“纸模服装”“电子制作”等创客空间，开设了相应的创客教育课程，深受学生喜爱。

（3）外语交流中心

长郡双语建设了外语交流中心，创建了“德语园”“法语园”“日语园”“韩语园”“西语园”等小语种教学园地，开设了小语种拓展型课程；创建了“英语口语双师云课堂”，运用现代信息技术，实现外教和学生远程实时交互学习；创办外语节，让师生分享和交流外语学习的经验体会，提升外语交流能力，展示外语学习成果，做好了长郡双语的“双语”文章。

（4）书香阅读中心

长郡双语成立了书香阅读中心，由语文组牵头开设阅读指导课、阅读展示课、阅读探究课，务求给学生高效务实的阅读指导。深入开展名著阅读活动，开创性地设计了序列化的三大阅读教学课型。学校获评人民教育出版社“名著阅读基地校”。长郡双语组织了“校园读书节”，举办了一系列读书活动：中华诗词大会，广播站每日“为你而读”活动，以“我为祖国点赞”为主题的征文活动、朗诵活动，初一“图说时政”，初二“口述历史”“用心陪伴成长，阅读汲取智慧”家长沙龙活动，国际部经典阅读海报展，等等，丰富多彩。

（5）新闻传媒中心

长郡双语成立新闻传媒中心，下设校园电视台和校园广播站。各处室、年级组、党支部、教研组推选通讯员担任中心成员，邀请新闻媒体专家对通讯员进行新闻写作培训，进行季度和年度新闻宣传工作评比。新闻传媒中心成立以来，师生聚焦学校课程实施的方方面面，报道课程实施的点点滴滴，分享课程实施的成果，剖析课程实施的不足，有效提升课程实施的效果。

2. 校外课程资源

（1）社区课程资源

长郡双语地处观沙岭街道和望岳街道交界处，周边有观沙岭街道的钰龙社区，望岳街道的八方社区和恒华社区。按照就近入学的原则，长郡双语的学生基本上来自这三个社区的配套入学和电脑派位。长郡双语加强与上述三个社区的合作共建关系，使社区成为学校师生实施学校课程、开展综合实践活动的重要基地。三个社区简介如下：

①钰龙社区。长沙市岳麓区观沙岭街道钰龙社区东接郡兴路，南接茶子山中路，西接金星北路，北与观沙岭村毗邻。总占地面积为0.4平方公里。钰龙社区目前现有服务用房1000平方米，工作人员9人，直管党员54人，在职党员300余人。设有学雷锋志愿者服务站、社区社会组织服务站、电子阅览室、心理健康辅导站、未成年人活动室、健身室、乒乓球室等，全面完善社区基层基础设施。多年来，钰龙社区与长郡双语等学校开展了“垃圾分类，你我同行”、“助力蓝天保卫战，青年志愿者先行”、“弘扬社区正能量，我是小小宣传员”、“青春梦想齐飞扬，垃圾分类共参与”、“安全巡逻员·文明小使者”等志愿服务活动，“怀着梦想，勇往直前”未成年人心理团队辅导、“弘扬红色精神，聆听革命故事”中国梦实践、“健康伴我成长”、“抵制校园暴力”、“安全伴我行”、“科技探索进社区，奇思妙想变‘创客’”、“长沙蓝——生活垃圾分类”等主题教育活动，让社区未成年人参与社区志愿服务和道德实践活动。同时也准备了“春光美如斯，正是读书时”家庭教育读书分享、“音乐之声”家庭教育咨询、助力孩子茁壮成长——小儿推拿及婴幼儿急救知识讲座、“学海领航”学生志愿填报及政策咨询会等家庭教育。这些活动的开展促进了孩子、家长、社区之间的情感联系，为学生创造了社会实践的机会。

②八方社区。八方社区成立于2010年11月，位于市政府周边，西临金星大道、东接岳华路、北临茶子山路、南接杜鹃路，隶属于岳麓区望岳街道办事处。辖区面积0.8平方公里，常住人口近4万人，是一个集居住、教育、休闲于一体的综合型多功能型新社区。多年来，八方社区与长郡双语师生共同开展志愿服务、社会实践活动20余次。如“别样迎新春，义卖来助力”爱心活动、“保护地球、清洁地球”宣传活动、“绿色嘉年华、争当环保小卫士”社会实践活动等。

③恒华社区。岳麓区望岳街道恒华社区辖恒大华府、北京御园两个居民小区，居民6071户，已入住居民1.6万余人，辖区单位10余家，社区内休闲会所、健身中心、商业街区等配套设施一应俱全，是集教育、娱乐、休闲于一体的现代化宜居社区。社区党支部与长郡双语党委结对共建“风信子青少成长计划项目”项目，内容如下：

A. 社会实践服务：根据本辖区青少年成长特点，结合长郡双语要求、家长需求，以践行和培育社会主义核心价值观为重点，为青少年做好寒暑假社区服务和社会实践服务。

B. 学习成长指导：由长郡双语师生为辖区青少年提供兴趣、学业、人际交往、心理咨询等专业指导，并帮助有困难的青少年解决实际问题，助力健康成长。

C. 亲子关系指导：由长郡双语师生为辖区居民提供亲子关系咨询和引导服务，共同解决辖区家庭中亲子沟通不畅、父母角色缺失等引起的叛逆、厌学等情况，通过改善亲子关系，帮助青少年建立自信心、树立正确人生价值观、提升情商和社会交往等技能。

D. 就业创业指导：为辖区毕业青年提供就业岗位、职场规划指导、创业启动资金资助和创业理论和实操指导等。

（2）研学基地（营地）和承办机构

中小学生研学旅行是学校教育和校外教育衔接的创新形式，是学校课程的重要组成部分。根据长沙市教育局等 11 部门《关于推进长沙市中小学研学旅行的实施意见》，长沙市教育局联合市发改委、市旅游局对申报长沙市研学旅行基地的单位进行了现场考查。确立了第一批 11 个中小学研学旅行基地（营地），如长沙市综合实践示范基地（营地）、长沙市博物馆（基地）、胡耀邦故里旅游区（基地）、长沙柏乐园（营地）等；第二批 36 个中小学生研学旅行基地（营地），如湖南省森林植物园、关山古镇、雨花非遗馆、稻花香里农耕文化园、石燕湖公园等；并推荐了一批长沙市中小学生国内研学旅行承办机构。

三、长郡双语的师资特色

著名教育家雅斯贝尔斯曾说：教育的本质意味着，一棵树摇动另一棵树，一朵云推动另一朵云，一个灵魂唤醒另一个灵魂。那么，究竟是怎样的一棵树、一朵云、一个灵魂在摇动、推动、唤醒呢？毋庸置疑，就是教师。建校以来，长郡双语引进了大批的年轻教师，构建了以长郡中学初中部教师为基础，新进骨干教师为中坚力量，大批高校毕业生为主体的“老中青结合”的师资队伍。十年培育与磨炼，形成了鲜明独特的师资特色。

第一，传承百年长郡文化，定位高远，做“四让”教师。秉承长郡的办学理念，发扬长郡的优良传统，是长郡双语发展的前提和基础。从起步之初，长郡双语就做到了与长郡中学的四统一：统一品牌文化、统一管理制度、统一教师招聘、统一入职培训。学校坚守“朴实沉毅”的长郡文化核心，在制度管理上追求“严”“实”，在效率管理上追求“活”“新”，在人本管理上追求“情”“理”，在常规管理上追求“精”“细”，在教育教学工作上践行“让学生喜欢、让家长满意、让同行认可、让学校放心”的“四让”标准。每一个教师从入职培训开始，就要理解并汲取长郡文化的精髓，在工作中不断充实与完善，以形成长郡人的共同特质。为了实现教师发展的“四让”标准，长郡双语遵循教师专业发展规律和成长规律，提出“三年成型、六年成才、十年成名”的教师发展目标。“三年成型”即经过初中完整一轮教育教学打磨，能够胜任学科教学班主任工作，达到出师标准。“六年成才”即带着第一轮探索经验进行二轮实践，并在实践中不断完善，开始形成个性化教育教学风格。“十年成名”即经过三轮打磨，教师教育教学风格成熟，能够提出自己的教育教学主张，成长为德育或教学领域中有专业影响力的教师。这是理想化的目标，如何实现呢？徐铁刚校长多次强调：教师要忠诚于自己的专业，尊重、精通、献身于专业，把教育当作事业、兴趣而非职业。他还明确提出实现目标的五个路径：一要虚心学习领悟，在借鉴他人中超越自己；二要落实工作常规，在常规教学中成长自己；三要学习教育理论，在理性认识中丰富自己；四要投身教学研究，在把握规律中提高自己；五要善处同事关系，在交流协作中完善自己。

第二，沉淀长郡双语基因，敬业乐业，做育人良师。长郡双语以“以人为本，激扬活力，追求卓越”为办学理念，形成“活力教育”特色。大儒朱熹有诗云：问渠哪得清如许？为有源头活水来。那么，长郡双语教师的活力源头在哪里？源头就在全体长郡双语人共同凝练形成的“心不苦，不辛苦”工作信条与作风之中。众所周知，基础教育领域的教师，教育教学任务重，升学压力大，工作时间长，加之其他各项检查，普遍非常辛苦。在这种状态下，只有怀揣着对教育的热情与执着，着眼于学生未来发展，内心澄静，才能够苦中作乐，甘之如饴。只有“心不苦”，方能“不辛苦”，这是十年以来全体长郡双语人智慧与汗水的结晶，更是全体长郡双语人共同拼搏的集体记忆和价值取向。“心不苦，不辛苦”外显为爱岗敬业，乐业奉献，成为长郡双语教师的“标配”，也成为社会各界对长郡双语教师高度一致的认可与评价。比如长郡双语每次考试的试卷批阅从不过夜，无论阅卷到多晚，当日考试科目当晚一定会出成绩，为次日试卷讲评和学生学情分析打下坚实的基础。比如面批答疑，一直以来，教师对学生作业是详批详改，不合格者要求进行面批答疑，尤其是临近中考，全体初三教师迎着晨曦而来，踏着月光而去，不管时间多短暂，不管距离多遥远，在讲台、办公室、走廊上利用一切时间为学生面批答疑。

第三，青年教师成长迅速，勇挑大梁，做探索先锋。针对青年教师众多这一最大师资特点，长郡双语通过省级课题研究为引领，积极探索青年教师培育方法，形成了卓有成效的“青蓝工程”培育体系，组织青年教师向有经验的老师拜师，师徒结对，以老带新。长郡双语创设众多平台推进青年教师的专业发展。加强对青年教师的师德教育，引导青年教师关爱学生，严谨笃学，淡泊名利，自尊自律，以人格魅力和学识魅力教育感染学生，做学生健康成长的指导者和引路人；以慕课、翻转课堂等研究为抓手，让青年教师以先进的教学理念武装头脑，并与时俱进掌握信息化教育教学手段，促进教育教学特色发展。相对于其他学校的师徒结对，长郡双语“青蓝工程”最大的优势与特色就是严格要求出师标准，每位新入职教师要跟着师傅学习 3 年，须在教学、教育、教研三方面有所建树才能填写《出师申请表》，向学校申请“出师”，经学校评审合格后，方获准“出师”。十年来，有 80 位青年教师实现 3 年顺利“出师”，不少青年教师迅速成长为教学能手、优秀班主任和中层干部。2012 年在代表长沙市最高教学比武技能水平的星城杯比赛中，黄湘峰老师获得决赛一等奖，记市二等功，教师团队获团体总分第一名。2019 年星城杯钟争兰老师斩获决赛特等奖，付茉获决赛一等奖。《中国教育报》撰文《青年教师成长的“秘密武器”》，报道了学校青年教师培养经验。年轻的教师队伍本身就是一支充满活力与新思想的师资力量，他们的活力成为学校一道亮丽的风景。

第四，骨干教师示范引领，持续发展，做学校中坚。为了进一步激活教师们的内在活力，长郡双语打造“名师工程”，骨干教师与时俱进，紧跟时代发展的步伐，每学期承担示范课教学，开展专题讲座或业务培训，主持或承担学校课题项目，带领青年教师从成形走向成熟。同时，骨干教师不断超越自我，克服职业倦怠和高原区，通过骨干教师与卓越教师遴选、名师工作室建设等，焕发出新的活力。十年以来，长郡双语各学科教师在各自专业领域的影响力与日俱增，市级以上骨干教师增加至 16 人，市级卓越教师 12 人，包括市级学科带头人 1 名，市级优秀骨干教师 5 名，市级教学能手 6 名。仅 2017、2018 两年教师受邀在区县级以上送教送培、国省培计划及培训中担任讲座授课超过 100 人次，尤其是崔应忠、刘蓉芳两位教师在信息技术与历史学科融合，微课制作与应用等领域有着深刻且广泛的影响力，经常代表学校乃至长沙市到全省全国各地开展“教学信息化”的相关讲座。由于学校影响力与辐射力不断增强，来自省内外兄弟学校领导老师来校交流和跟班学习已成常态，平均每个星期都有一次接待交流。

第五，立足教育科研素养，聚焦“三课”，做专业教师。质量是教师的生命线，科研是教师的水平线。专业成长是教师安身立命的坚实基础，教育科研是教师专业成长的不竭动力。真正有生命力的教师，是研究型教师。上海市唯一的“双特”教师（中学数学特级教师、教育科研特级教师）祝庆东教授曾说，上海基础教育领先全国的一个重要原因是用科研态度做教研。长郡双语自建校以来，非常重视开展教学科研活动，不遗余力提升教师教科研水平。如每周的集体备课会、班主任沙龙；每月教研组长、备课组长交流；每学期教研组研讨；定期开展公开课、示范课、展示课；定期开展专家讲座、教师论坛、教研培训、外出学习；每年开展片段教学比赛、微课制作比赛、师徒汇报课比赛，举办高效课堂研讨会、中考研讨会、德育研讨会、课程建设成果展示会；引领撰写论文，开展各级各类课题研究。众多教研活动明显集中在“三课”之上，即课堂、课程、课题。课堂教学是教书育人主阵地，课程建设是学校育人的主要载体，课题研究是解决教育教学问题的关键方法，建校十年以来，长郡双语教师专业发展成果显著，共著书 10 本，论文 900 多篇，各类技能比赛获奖 200 多人次。已有 4 个省级课题顺利结题，3 个获评为优秀课题，目前在研课题国家级 1 个，省级 4 个，市级 2 个，每年在研校级微型课题 20 个左右。

长郡双语教师正以满腔的活力面对工作，将这种饱满的精神状态春风化雨、润物无声地浸润到教育教学当中去，为学校在短短的十年时间内跻身全省一流初中学校作出了杰出贡献，为学校课程建设打下了坚实基础。

四、长郡双语的学生特点

长郡双语实验中学学生在学校活力教育特色和“爱生活、乐求知、勤修身、勇担当”的育人目标指引下，人格得到有效完善，个性得到充分展示，能力得到全面发展，呈现出独一无二的整体发展特点。

第一，长郡双语学生有着良好的家庭成长环境。家庭教育是国民教育体系的重要组成部分，是社会和学校教育的基础、补充和延伸。教育家蔡元培先生说：“家庭者，人生最初之学校也。”家庭是人生的第一所学校，家长是孩子的第一任老师。家庭教育在潜移默化、耳濡目染中对人的一生发挥着独特而必要的基始性作用，奠定了一个人世界观、人生观、价值观的雏形。通过家庭教育，人的梦想得以起航，精神得以慰藉，思想得以提升。习近平总书记在会见第一届全国文明家庭代表时的讲话时强调："无论时代如何变化，无论经济社会如何发展，对一个社会来说，家庭的生活依托都不可替代，家庭的社会功能都不可替代，家庭的文明作用都不可替代。无论过去、现在还是将来，绝大多数人都生活在家庭之中。"毫不夸张地讲，家庭教育通过长远影响最终决定了整个社会的价值取向。教育部陈宝生部长在2019年全国教育工作会议上也强调了家庭和家长的重要性。由此可见，良好的家庭教育对学生的成长而言，是至关重要的。

在长沙市教育局全面实施阳光招生政策下，长郡双语学生主要来源于学校周边楼盘配套入学，主要对应的小区为钰龙天下、旭辉藏郡、八方小区。这些小区居民整体素质相对较高，较多的家长群体自身接受过良好的教育，对教育本身有着较为科学的认知，形成了较为清晰的教育理念，普遍重视孩子的教育问题。因此，学生在成长过程中，能够受到来自家庭的各方面的关注和帮助，学生个体的基本品质和素养在这种家长环境中得到了较好的发展，学生的人生观、价值观、世界观得到了很好的塑造。尤其是八方小区为长沙市公务员小区，家长的眼界较为开阔，对教育问题有更多的思考和计划，在孩子的成长过程中倾注大量时间和精力，从孩子入学起就给予较为系统的优良的教育资源，注重培养能力、特长等，使得学生在思想品德、意志品质、视野格局、能力素养等方面，有较为明显的优势。

有着良好家庭教育背景的学生们，在个人发展上有更多和更明确的诉求，也有更好的能力基础，能够积极主动地参与到各类课程中来，同时能够落实课程的相关要求。家长们热心关注学生和学校发展，对有助于学生的发展的各类举措抱有积极支持的态度，能够主动发挥自身作用，为课程开设提供各类丰富的社会资源，这为学校课程建设提供了强有力的保障。

第二，学生有着较好的学校教育背景。作为人生中的重要启蒙，小学教育奠定了其少年阶段的身心和健康的发展，也提供了其接受更多更高级的教育的条件。从国家的发展层面来考虑，小学教育在国民素质的提高、各类人才的培养以及实现国家的富强和民主都贡献巨大，因此也一直有"少年强则国强"的说法。作为义务教育的开端，小学教育是一项义务性，同时兼具全面性的全民族的教育工程。小学教育阶段正是少年各种习惯、智力以及能力形成的最佳阶段，长郡双语学生在进入初中阶段之前，大多在长沙市较为有名的小学中进行学习，主要有长沙市实验小学、长沙市麓山国际实验小学、岳麓区实验小学、博才小学等。这些小学有着较为悠久的办学历史和成熟的办学理念，对前沿的教育教学理论和方法把握到位，有丰富的课程体系和各类社会资源及锻炼平台，既注重对学生的学习习惯、学习能力等方面的要求和培养，也注重对学生道德品质、综合能力和个人素养的培养。这些学校的培养，一方面奠定了学生较好的知识基础和学业水平，提升了理解和认知能力，培养了良好的行为习惯和学习习惯；另一方面，学生们在学校丰富的课程和活动中得到了全方位的锻炼和提升，个性发展更加鲜明，能力发展更为全面，为进入初中的学习生活打下了良好的基础。同时，在这些小学的学习生活经历，赋予他们对人生理想、价值信念等更多的思考，对个人未来发展有更多的希冀和追求，他们期待有更为宽阔的舞台和更为丰富的机会塑造自我、展现自我、成就自我。因此，进入初中阶段后，随着身心发育高峰期的到来，自我意识进一步强化，学生们对个体发展力求上进和进一步自我完善上呈现出从小学到中学的一脉相承性，有着强烈的自觉自主，这为学校课程建设提供了最佳的动力需求。

第三，学生有着良好的道德品质。习近平总书记在全国教育大会上指出，要“坚持把立德树人作为根本任务”，“要在加强品德修养上下功夫，教育引导学生培育和践行社会主义核心价值观，踏踏实实修好品德，成为有大爱大德大情怀的人”。在新的历史条件下，品德教育和品德塑造尤显重要。

在长郡双语，学生们一方面因受到了良好的家庭教育而奠定了品德基础，另一方面因深受学校朴实沉毅文化熏陶和优良校风影响，在个人品德方面表现出明显区别于其他群体的较高品德素养。如学生虽普遍家庭经济基础较好，但并不在意物质方面的享受，他们高度认同学校文化，遵守学校仪表要求，不过度重视外在装扮，而是更加注重自身的内涵发展，乐于把中学生的青春与活力彰显于各类学生活动之中。学生们普遍纯真质朴，与人为善，讲诚信，拒绝沾染不良习气，在近十年的发展历程中，没有一位学生有违法犯罪记录，有较多学生在美德少年、文明少年、诚信少年、孝心少年等评选中获奖。在校园内，他们热情友善，团结同学，尊敬师长，班级与班级之间、年级与年级之间和谐相处，学生在校内捡到他人物品，总会在第一时间上交学校寻找失主，遇到需要帮助的人总会毫不犹豫地伸出援助之手，爱心义卖、爱心雨伞等暖心举动从未间断；在社会公共生活中，他们的文明礼貌、热心助人、诚信待人总是能受到社会各界的普遍赞誉，他们经常到社区、福利院、图书馆、地铁站、火车站等开展各类志愿服务活动、义工活动，他们为需要帮助的人筹集善款，定点援助贫困山区学校和贫困儿童，他们慰问抗战老兵，为弱势群体送去温暖等，处处彰显出双语学子勇于担当社会责任的高贵品质。他们通过自己的点滴努力，为他人提供力所能及的帮助，给社会传递了很多正能量。学生们不功利、有大爱、勇担当的良好道德品德为学校课程建设的构建指引了方向，也为课程建设的效果提供了最有效的印证。

第四，学生有着较高的综合素养。学校较多学生学有一项或几项艺体类特长，在“六节”，即科技节、读书节、外语节、社团节、体育节、艺术节，展现出极高的个人素养，如在参与科技节的各类科技竞赛活动中，学生的创新意识和创新能力得到了展示；在参与读书节活动中，学生的阅读能力和知识储备广度、深度得到了体现；在参与外语节活动中，学生的国际视野和语言表达能力让人惊叹；在参与体育节活动中，学生的身体素质和竞技能力夺人眼球；在参与艺术节的活动中，学生的艺术素养和个人表演能力让人叹服。社会实践是课堂教学的延伸和补充，它帮助学生实现理论和实践的结合。在学校的“六走向”活动中，学生的主体性、个性发展、生活理解、实践能力、开放思维等得到了更为充分的展示；学生们在走向军营、走向自然、走向农村、走向工厂、走向社区、走向世界的各类活动中，充分表达出自身对于人与自然、社会及生活的联系和对世界的整体认知理解；他们打破学科壁垒，团结协作，发现问题解决问题的能力、学以致用的能力、调研和报告撰写的能力表现得淋漓尽致。长郡双语学生在语言表达能力、舞台表现力、艺术素养、实践动手能力、价值体悟能力等方面表现出的较高素养一方面对课程建设提出了更高的要求，课程内容的设计要求更为科学和完善，课程评价的体系要更为多元和开放，对学生素养的提升要有更为针对性的作用；另一方面，学生较高的综合素养也为长郡双语三型活力课程的有效实施奠定了良好基础，一些复杂课程的实施和完成具备了可能性。

第五，学生有着较清晰的理想信念。理想信念形成于人的实践活动中，它是人的知、情、意三方面平衡发展的结果。长郡双语学子在理想信念上的明确和追求主要受到这些因素的影响：一是家庭环境对个体的期待和要求，家长们不但在孩子的求学阶段目标上有明确期待，在孩子的人生理想、生涯规划、价值实现等方面，也有着较高的期待。二是在成长过程中，因为有着较好的平台和开阔的视野，学生自我也逐步开启了对自身目标、理想信念等方面的思考和探索，形成了较为清晰的人生追求。在学业方面，绝大部分学生都能够积极主动完成自己的学习任务，根据自己的实际情况，开展有针对性的自主学习和自我提升，力求精进，大部分学生都会以名校高中作为自己的短期目标，希望能够在更好的学习环境中继续深造；在能力方面，绝大部分学生会积极主动参与学校各项活动，争取机会担当学生干部，在不同的岗位上锻炼自己的能力，力求通过这些锻炼，让自己的团队协作精神、服务意识和管理能力再上新台阶；在活动方面，绝大部分学生都会积极主动报名参与到各项活动中，有强烈的集体荣誉感，有勇气、有智慧在活动过程中去积极表达和表现自己，呈现出最佳的状态；在长远规划方面，绝大部分学生对自己有较高的期待和要求，他们希望能够在社会中担当重任，有自我价值实现的追求，也有深厚的家国情怀，希望能够对社会和国家发展做出自己的贡献和努力。理想信念贯穿于人的精神生活之中，它来源于现实又高于现实。如果把社会历史比作大海，把个体人生比作小舟，那么理想就是引领航向的灯塔，信念则是催舟奋进的风帆。学生们清晰的理想信念体现着课程建设的价值追求，也是课程建设最终价值的体现。

当然，学生整体上也存在着一些不足，还需要学校教育从高处着眼，从具体措施入手，来帮助学生实现良性发展。学生整体主要不足表现在：

第一，学生的抗挫折、抗压力的能力不足。独生子女在成长过程中，习惯以自我为中心，得到了太过于精心的呵护，因此在面对学业和人际交往中的困境时，部分学生表现出情绪调控能力差、心理调适方法欠缺等不足，抗挫折的能力还需要不断磨砺和提高。二孩政策的到来，也导致进入青春期的学生在家庭整体结构发生变化、父母关注焦点有所转移时，表现出难以适应性，出现一些与家庭难以融合、性格急剧变化等问题。这些都需要进一步关注和想办法解决。

第二，学生存在一定的依赖心理。由于大部分学生家庭条件较好，很多家长没有把握好培育的尺度，在教育孩子的过程中，包办了很多孩子本应该亲身体验和尝试的事情，代替了孩子的部分成长。学生的独立思考能力没有得到充分发展，对学生的体验和感悟经验非常欠缺。部分学生在进入初中阶段后，出现了思维上的依赖、行动上的依赖，这种依赖渗透到学习和活动中，就表现为学生对知识的理解不到位，被动接受各种安排时，表现较好，但需要主动思考和规划、独自处理和应对一些问题时，学生就会表现得无所适从，无法完成。这种思维独立性的欠缺发展下去，将会严重阻碍学生后续发展，因而要想方设法实行家校联动，培育学生的独立思考能力。

长郡双语三型活力课程体系构建的基础和出发点，正是基于对学生的现有基础、明显优势、存在的不足、要改进的方向等科学而准确的分析，致力于通过课程体系的构建，为问题的解决提供渠道和途径，为立德树人目标的实现提供方式和方法，为人的全面而有个性的发展提供可能。

第三节　三型活力课程构建的理论依据

思想是行动的先导，理论是实践的指南。长郡双语实验中学三型活力课程的构建主要以陈鹤琴的“活教育”理论、人本主义理论、多元智能理论以及 SOLO 分类评价理论等为指导，以落实立德树人任务和核心素养、学校的育人目标及面向未来的可持续可深度发展的课程体系为方向，构造开放灵动的学习空间，构建灵活多元的学习方式，创造开放融合的课程形态，使校园洋溢着青春的活力，绽放出生命的精彩。

一、“活教育”理论

陈鹤琴是我国现代著名教育家和儿童教育专家，被誉为“中国的福禄培尔”。他于1940 年在江西省立实验幼稚师范学校时提出“活教育”理论。他认为，要了解儿童心理，认识儿童，才能谈教育儿童，这是“活的教育”。他指出，要“教活书，活教书，教书活；读活书，活读书，读书活”。活教育理论包括目的论、课程论和方法论，以及 17 条教学原则和 13 条训育原则。这一理论体系是陈鹤琴长期教育实践的概括和总结，诚然，他在赴美留学时受以杜威为代表的进步教育思想的影响，因而也可以说是中西文化与教育思想融合的产物。

“活教育”的特征主要有：一切设施、一切活动以儿童为中心；教育的目的在培养做人的态度，养成优良的习惯，发现内在的兴趣，获得求知的方法，训练人生的基本技能；一切教学，集中在做，做中学，做中教，做中求进步；分组学习，共同研讨；以爱以德来感化儿童；儿童自订法则来管理自己；课程是根据儿童的心理和社会的需要来编订的，教材也是根据儿童的心理和社会的需要来选定的，所以课程有伸缩性，教材是有活动性而可随时更改的；等等。

“活教育”的三大目标是“做人，做中国人，做现代中国人”“做中学，做中教，做中求进步”“大自然、大社会都是活教材”。这三大目标分别构成他的“活教育”的目的论、方法论和课程论。

“活教育”的目的就在于“做人，做中国人，做现代中国人”。这一目的论全面而深刻地概括了做人的内涵——做一个具有现代综合素质的新人，体现了陈鹤琴的爱国主义精神和人文终极关怀。他认为，今天的中国人应具备这样五个条件：

第一是要有健全的身体。一个健康的人，他有理想，乐观积极，有毅力，他能担当起大事；而一个不健康的人，往往消沉，遇事灰心，即便他有理想，想负荷重任，而他的身体精神吃不消，所以健康是非常重要的。

第二是要有创造的能力。要提倡培养创造能力，并且从儿童时期培养起。怎样训练呢？首先要有劳动的身手，一切创造，并不是从空中造楼阁，而是需要劳动，需要做，要从做中学，做中求创造；其次是要有科学的头脑，认识大自然运动的法则，认识大社会发展的方向，用科学的方法去做，去劳动。

第三是要有服务的精神。要爱国家，爱人类，爱真理，便要为国家服务，为全世界的人类服务，为真理服务，如果只有知识技能而不服务，只知自私自利，就失去了教育的目的。因此，必须培养儿童服务的精神，指导儿童去帮助别人，去了解大我的意义，肯服务，这才配做一个现代中国人，现代世界人。

第四是要有合作的态度。有些人个性很强，喜欢各自为政，在团体活动中，常常缺乏合作能力。许多工作需要分工合作，互相容让，互相商量，甚至牺牲小我，以成全大我。所以，谈做人，做现代中国人，首先应培养合作态度。

第五是要有世界的眼光。我们要有对世界的正确看法，不惧外、媚外、排外，必须要了解世界，认识到大自然、大社会是与人生息息相关的。唯有认识世界，才能眼光远大，不计较于个人的利害得失。因此，要让儿童在日常生活中去观察体验，必须与大自然大社会去接触，探究大自然大社会的运动和发展。

中国是世界的一环，不能脱离世界关系而孤立自存。因此活教育要求进一步做现代世界人。如何做世界人呢？主要的条件便是“爱国家、爱人类、爱真理”。

今天，陈鹤琴的教育思想依然有其强盛的生命力。它将随着时代的前进而不断发展。

长郡双语的三型活力课程，正是基于陈鹤琴先生的活教育理论，坚持“养正毓德，博学笃行”的育人理念，在“爱生活、乐求知、勤修身、勇担当”的育人目标指引下，由系列化的课程目标、课程内容及学习活动方式组成的，具有复杂结构和运行活力的，用以促进学生核心素质持续发展的体系。三型活力课程体系的特征具体体现在以下四个方面：

首先是生命性。长郡双语的课程坚持以生命为教育的基点，“让学生拥有健全的身体”，“一切设施、一切活动以学生为中心”，遵循生命的特性，尊重、理解、包容、成全每个生命个体，不断地为生命的成长创造条件，促进生命的完善，提升生命的价值。拓展型课程开设了一系列身心健康类课程，就是把学生的身心健康摆在重要的位置。基础型课程注重生命在场的课堂教学，尊重学生的个体差异，将教学内容联系学生生活实际。

其次是动态性。活教育理论认为课程是根据儿童的心理和社会的需要来编订的，课程是有伸缩性的。课程实施作为一个动态的过程而存在。三型活力课程，无论是学校的整体课程构建还是具体到一门课程的实施，都是一个根据生源特点、学生发展需求、师资现状及时代发展而不断进行校本化的调整、完善的过程。

再次是开放性。活教育理论认为，“大自然、大社会都是活教材”，呼吁“要有世界的眼光”，体现的是一种开放的教育理念。三型活力课程在课程实施上以“活力”为核心，基础型课程在遵循课程标准的前提下，强调教学内容、学习时空、教学媒介的开放性，教学方法、学习方式、评价手段的灵活性；在课程目标上着力培养具有民族自信、国际视野的能担当民族复兴大任的时代新人。

最后是创新性。活教育的方法论是“做中学，做中教，做中求进步”，关注培养学生的创造能力。三型活力课程的创新性体现在三个层面：其一是在教学中挖掘素材、创造活动机会，培养学生的创新精神与实践能力；其二是开发能发展学生思维、激活学生创新潜能的拓展型课程；其三是实践型课程倡导课程创生取向，即把课程实施视为师生在具体的课堂情境中共同合作、创造新的教育经验的过程。

二、人本主义理论

人本主义理论是美国当代心理学主要流派之一，由美国心理学家 A. H. 马斯洛创立。马斯洛充分肯定人的尊严和价值，积极倡导人的潜能的实现。人本主义理论的另一位重要代表人物罗杰斯，同样强调人的自我表现、情感与主体性接纳。他认为教育的目标是要培养健全的人格，必须创造出一个积极的成长环境。他在归纳的十条学习原则中提到：当学生觉察到学习内容与他自身目的有关时，意义学习便发生了；当学生负责任地参与学习过程时，就会促进学习；涉及学习者整个人（包括情感与理智）的自我发起的学习，是最持久、最深刻的；当学生以自我批判和自我评价为主要依据，把他人评价放在次要地位时，独立性、创造性和自主性就会得到促进；在现代社会中最有用的学习是了解学习过程、对经验始终持开放态度，并把它们结合进自己的变化过程去。

人本主义的教学思想关注的不仅是教学中认知的发展，更关注教学中学生情感、兴趣、动机的发展规律，注重对学生内在心理世界的了解，以顺应学生的兴趣、需要、经验以及个性差异，达到开发学生的潜能、激发起其认知与情感的相互作用，重视创造能力、认知、动机、情感等心理方面对行为的制约作用。

人本主义的学习理论认为只有了解人、尊重人、以人为本才能教育人、完善人，最终达到“人的自我实现”。它要求以学习者为中心构建学习情景，强调学习者在学习中的一种自主、自决的学习，是从自我实现的倾向中产生的一种学习，并试图将情感因素和认知因素在学习中结合起来。人本主义学习理论不是简单地把教学过程理解为学生获得某一知识的过程，而是在教学过程应体现出学习者的主体地位，重视学习者的个别差异和个人价值观。

为此，教师要了解学生的学习处境与现有水平，为学生提供丰富、广泛的学习资料，注重因材施教，让学生知道学什么，怎样掌握学习内容，学生在教师指导下实现自我激发、自我促进和自我评价。以语文组一位老师的作文教学为例：

当下作文教学所面临的尴尬众所周知，写作困难户一周的时间甚至写不出600字的文章；要写真话时，不少学生要不满本网络词汇，要不事无巨细、篇无节制……在此种尴尬境地，笔者尝试从“体验”入手，带领学生克服障碍，走出瓶颈。

首先，我布置学生拍摄照片，无需特意去景区，就在自己走过的某条路上，随意取景，有条件的同学，则可以在拍照的同时录下十秒左右的小视频，并写一篇不限篇幅的随笔，要求介绍拍摄地以及与自己的关系，点明为什么会走到这里。这样的任务学生很乐意完成，这就像发一条朋友圈，只是暂时没有点赞和留言。

周一收上来随笔，我便圈画出精彩语句，标明语意不明的句子，记录下全篇表达不清晰的作者和篇目，留待一对一面批面改。然后在星期三连堂课的第一节，由每一位同学在教室屏幕上展示各自的照片或小视频，集体选择印象深刻的作品进行范例讲评。而后，回看照片或视频，由其他学生提问，帮助该生回忆当时所听到的声音、闻到的气味、看到的色彩、身体的触觉，甚至是口中的味道，唤醒记忆。最后由教师创设问题，引导学生将事物与人、物联系起来。

在课堂上利用学生合作探究、教师指导点拨解决了大部分语言的问题，我就顺理成章地列出作文题，要求学生将这篇随笔，扩充成一篇600字以上的作文，文题即为《在路上》。学生经过之前的拍照分享，文字难点的突破，物与人的融合，写作起来自是思如泉涌，不必担心思想假大空，文字繁难涩了。

（王文玉）

三、多元智能理论

多元智能理论是由美国哈佛大学著名心理学家霍华德·加德纳在1983年提出的。他把智能定义为：（1）在实际生活中解决所面临的实际问题的能力；（2）提出并解决新问题的能力；（3）对自己所属文化提供有价值的创造和服务的能力。加德纳认为人具有多种智能，而且人的多种智能都与特定的认知领域或知识范畴紧密相关且独立存在，并先后提出九种智能：言语—语言智能、逻辑—数理智能、音乐—节奏智能、视觉—空间智能、身体—运动智能、自知—自省智能、交流—人际交往智能、自然探索智能和存在智能。

多元智能理论认为，每个人具有不同的智能倾向，不同的智能倾向又非均衡发展，因而教育要尊重学生的个别差异，给他们提供锻炼和成长的机会；多种智能在个体的智能结构中都占有重要的位置，处于同等的地位，片面地训练或发展某一种智能是不可取的。

在多元智能理论指导下，长郡双语三型活力课程的实践坚持做到了以下几点：

第一，树立科学的学生观，承认并尊重每一位学生的发展潜能。每一位学生都是独一无二的，由于个体的遗传因素、生活环境及所受教育的不同，他们在智能方面的发展存在差异性是十分自然的。教师应看到学生是不断发展的个体，要对每一位学生充满信心，以发展的动态的眼光去看待哪怕是在某方面暂时落后的学生，切不可以学生当下的表现而断言其将来的发展。我们要时刻牢记陶行知的告诫："在你的教鞭下有瓦特，你的冷眼里有牛顿，你的讥笑中有爱迪生。"因而，教师在教育过程中强求一致的做法是不符合科学事实和学生发展规律的。教师应采取多元化的方式来评价学生，用赏识和发现的目光去看待学生，改变用一把尺子来衡量、评判学生的标准。教育不是为了消除差异，而是使学生各得其所，各有发展，创造适合学生的教育。

第二，确立正确的人才观，设置适合不同学生智能的多样化课程。社会的发展需要多方面的人才，人才应该是多规格、多种类型、多种层次的。在人才观上，多元智能理论认为几乎每个人都是聪明的，但聪明的范畴和性质呈现出差异。不同的人会有不同的智能组合，例如：建筑师及雕塑家的空间智能比较强、运动员和芭蕾舞演员的肢体运作智能较强、公关的人际智能较强、作家的内省智能较强等。长郡双语开设了门类丰富的拓展型课程和实践型课程，既有科学合理适合资优生的学科竞赛类课程，也有艺术修养类、信息技术类等课程，给不同智能优势的学生提供发展的平台。

第三，重新定位教学观，尊重学生的智能差异进而因材施教。在教学方法上，多元智能理论强调应该根据每个学生的智能优势和智能弱势选择最适合学生个体的方法，即孔子所言"因材施教"。教学中，教师要关注学生差异，善待学生的差异，采用多种方式和手段呈现用"多元智能"来教学的策略，实施多样化教学是因为不同学生具有不同的智能结构，因此，教师要采用多样化的教学策略与方法，以满足不同学生学习风格的要求，以适合的教学方式使学生理解与掌握教学内容，促进其智能的发展。

如长郡双语化学教研组创建的"2S－5C"翻转课堂教学模式，其中"2C"指自学微视频和自我检测，"5C"指"我会建构—我会合作—我会拓展—我会提升—我会反思"，重点关注学生自然探索智能、自省智能、人际交往智能等的发展。在语文阅读教学中，语言智能更多地表现为对文本的理解与赏析、创造性阐释及批判，以及思想的讨论、交流和分享。在英语教研组，由于学生在语言智能、知识基础层次不同，教师本着分类指导、分层设计的原则，采取分层式的阅读教学活动，合理设计初中英语阅读教学的内容和活动，采用阶梯式的方式提问，对学生所学课文一般事实、其他领域相关知识、学习生活实际情况都有涉及，让学生在互动中读懂、读深、读透文本，并结合自己的观点，形成创造性思维。

四、SOLO 分类评价理论

学生发展核心素养影响了整个课程体系，使得评价变得更加复杂和多元，学业测评开始从知识立意走向素养立意。学科核心素养的评价也是当前核心素养落实的关键性问题。核心素养的培育要求更加强调评价的生成性、过程性和多样性，以应对素养体系的分化与综合。但由于人们看问题的角度、方法不同，更由于教育评价在理论和实践上都处于探索和研究阶段，如行为目标评价、系统分析评价、阐释性评价、增值评价等，对学生发展核心素养的评价没有形成一个确切的、严谨的、被一致接受的科学定义。

SOLO 分类评价理论起源于皮亚杰的发生认识论，是一种学生学业评价方法，是一种以等级描述为基本特征的质性评价方法，具有结构形态严谨、信度效度高、适应教学与改善教学、一致等效的通用性、广泛的适用性等优势。SOLO 是英文 Structure of the Observed Learning Outcome 首字母的缩写，意思是“可观察的学习成果结构”。1982 年，教育心理学家比格斯和科利斯在合著的《评价学习的质量——SOLO 分类法》一书中系统阐述了 SOLO 分类理论。比格斯认为学生个体的认知发展是有阶段的，各认知发展阶段之间存在质的跃进的假设，即可以从能力、思维操作、一致性与闭合和应答方式四个方面区分，每一方面按学生个体表现出的层次特点确认五个思维水平层次：

其一，前结构层次。学生基本上无法理解问题和解决问题，只提供了一些逻辑混乱、没有论据支撑的答案。

其二，单点结构层次。学生找到了一个解决问题的思路，但就此收敛，单凭一点论据就跳到答案上去。

其三，多点结构层次。学生找到了多个解决问题的思路，却未能把这些思路有机地整合起来。

其四，关联结构层次。学生找到了多个解决问题的思路，并且能够把这些思路结合起来思考。

其五，抽象拓展层次。学生能够对问题进行抽象的概括，从理论的高度来分析问题，而且能够深化问题，使问题本身的意义得到拓展。

SOLO 理论“四维度五水平”的螺旋式上升的动态层级结构符合人类的总体认知规律，具有较强的操作性，有利于教师制订教学目标，并按照循序渐进的方法逐步提高学生的思维水平，也有利于教师检测教学效果，因而适合将其运用于课堂教学实践之中。诚然，用 SOLO 理论评价学生的学习，并不能反映学生学习的各个方面，例如学生的情感、态度的变化等，因此还需要和其他的评估方法结合使用，才能全面评价学生的学习。

如数学教研组对于学生基础课程的学习效果，每一单元或知识模块的学习结束后会采用 SOLO 理论进行测试，同时采取多元多层次的评价：在初一进行计算能力竞赛，引起学生对运算的重视，通过比赛的方式激发好胜心促进运算能力的培养；初二，进行几何一题多解能力比赛，促进学生直观想象、逻辑推理和数学抽象能力的进一步发展；初三，举办“我来讲综合题”比赛，促进知识整合与综合能力的提升。

第四节　三型活力课程构建的结构框架

一、三型活力课程的总体目标

教育部《关于全面深化课程改革落实立德树人根本任务的意见》指出：课程是教育思想、教育目标和教育内容的主要载体，集中体现国家意志和社会主义核心价值观，是学校教育教学活动的基本依据，直接影响人才培养质量。习近平总书记在全国教育大会上明确提出："要在增强综合素质上下功夫，教育引导学生培养综合能力，培养创新思维。"学校课程构建必须基于时代发展的需要，基于学校发展的需要，基于学生发展的需要。经过十年探索实践，学校形成了"以人为本，激扬活力，追求卓越"的办学理念，并在此基础上构建了三型活力课程体系。

总体目标定位

学校秉承"以人为本，激扬活力，追求卓越"的办学理念，以课程改革作为学校新一轮发展的主引擎，培育学生的核心素养，为学生未来发展奠基。学校课程建设的基本思路为：着眼于每位学生全面而有个性地发展，夯实根基，基础课程高效化，培养特长，拓展课程多样化，历练能力，实践课程序列化；构建依托百年长郡文化、具有长郡双语特色、适应时代发展需要、满足学生多元发展需求、体现活力教育理念的课程体系。

目标一：追求每位学生全面有个性地发展

长郡双语的核心办学理念是：以人为本。我们始终坚持教育的终极目的是培养人，把以学生为本放在教育教学的首位。每位学生天赋不同，秉性各异，都是独特的生命个体，同时未来社会发展对人才的多样化需求和创新实践人才的渴求也要求学校课程开发和实施以学生为本，努力为每一位学生创造适合发展的课程，激发学生内驱力和活力，满足学生个性化发展需要，不断追求卓越。

目标二：成就面向未来教育的专业型教师

由于时代发展，知识来源不再单一，知识占有不再稀缺，教师传统角色变成了资源整合者、促进者，思维引导者、训练者。学生发展核心素养的提出，更是给教师提出了严峻的挑战。专业主要指专业精神和专业技能，专业精神包括专业方法和专业态度，专业技能主要体现为课程的开发与实施能力。学校课程建设以教师为本，激活教师设计、执行能力，成就学生全面有个性发展的同时，实现教师的卓越发展。

目标三：建设特色鲜明的现代化示范中学

建校之初，长郡双语便定位为配合全市教育发展的需要，加强长沙优质教育资源辐射，建设百年长郡中学河西新校区。“十三五”发展期间，学校更是明确了改革与发展的总体目标为：秉承百年长郡的优良传统，紧扣当代教育发展的脉搏，全面提升学校品牌影响，将学校办成省内领先，国内知名，有一定国际影响力的现代化示范中学。构建长郡双语实验中学三型活力课程体系，为学校在高位运行下实现高品质发展奠定了坚实基础。

学校课程建设是一个系统工程，三元活力课程体系设计定位主要体现了基础性、选择性、实践性、时代性、开放性等特点。基础型课程在于夯实学生发展的基础，推进学生全面发展；拓展型课程在于为学生提供尽可能多的选择平台，实现学生个性发展；实践型课程着眼于引入真实社会实践场景，提高学生实践能力和可持续发展能力；课程内容顺应时代发展潮流，设置 STEAM 创客、学科融合等课程；课程开放与实施具有开放性，自主开发与外聘引进相结合，传统文化与小语种课程并行，具有极强的包容性。

二、三型活力课程的大致结构

建校以来，学校致力于推进课程建设服务于学生发展、教师发展和学校发展，课程建设大致经历了起步（2009—2014 年）、发展（2014—2017 年）、深化（2017 年至今）三个阶段，在学校“朴实沉毅”校训和“以人为本，激扬活力，追求卓越”办学理念的统摄下，围绕学生培育核心素养与发展综合素质目标，逐渐形成了三型活力课程。

（一）课程结构图解

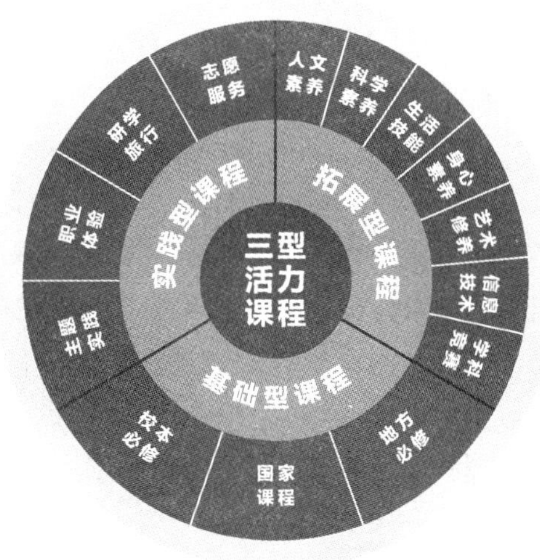

三型活力课程结构图

基础型课程，主要为落实国家课程、地方必修课程和校本必修课程。学校以国家课程校本化、高效课堂建设、中考复习研讨、信息化教学探索为主要抓手，通过常规管理和绩效考核等有力的管理措施，推进基础型课程得以全面高效落实，学生的文化基础不断得到夯实。为了确保基础课程实施效果，学校成立了由校内外教育专家、教研骨干组成的高效课堂研究中心，为学校提高基础课程的实施效果提供了技术保障。同时通过推门听课、推门听会、集体备课、骨干教师示范课、课题研究、教研会议等常规管理与绩效考核方式来落实。

拓展型课程，是以基础型课程为依托，满足学生个性发展与自主发展的需求，具有一定开放性的课程，分为人文素养、科学素养、生活技能、身心素养、艺术修养、信息技术、学科竞赛七大类别，以校本选修课、社团活动、拓展培训等方式开展，采用教师自主开发与外聘引进等方式形成拓展课程超市，以课程选学生与学生选课程相结合，为学生个性发展与自主发展提供多元化选择。学校通过每周开课检查、教学督导、教学常规检查，拓展课沙龙、学生问卷调查、优质课例评选、优秀成果评选等方式，推动拓展课程有效实施。

实践型课程，是在教师的指导下，基于学生经验，密切联系学生的生活和社会实际，体现对知识综合应用的实践活动课程。课程主要任务是全面激活学生的社会参与意识，引导学生处理好自我与社会的关系，增强社会责任感，提升创新精神和实践能力。实践型课程分为志愿服务、研学旅行、职业体验、主题实践四大类别，最大限度地调动每位学生参与，基本实现了为每一位学生搭建自我展示、自我发展的舞台的初衷。实践型课程的实施过程有即时的评价与反馈，评价结果记入档案，成为学生综合素质测评的重要依据。

（二）分类建构及实施

1. 夯实根基，基础课程高效化

《老子》有云："合抱之木，生于毫末；九层之台，起于垒土；千里之行，始于足下。"可见，基础是每个人安身立命的根本，也是每个人成长发展的逻辑起点。基础教育的主要功能就是打基础，即为学生发展奠基。无论是过去强调的"双基"，还是后来提出的"三维目标"，到而今突出的"核心素养"，打基础都是最重要的环节。

为了确保基础课程的实施效果，为学生一生的发展打牢基础，学校以教研组为单位，积极开展课堂教学研究，分学科构建了基于学生有效学习的课堂模式，并在教学实践中不断总结、优化。比较成熟的课堂教学模式有地理学科的"三环五步"模式，物理学科的"三案四步"模式，化学学科的"2S－5C"模式，生物学科的"激·探·创"模式，政治学科的"导学—展示—训练—反馈"模式，语文学科的"课前检测—整体感知—赏析品读—拓展延伸—课堂小结"模式等。

这些课堂模式强调对自主学习意识和合作学习能力的培养，让学生在自主探究中训练思维能力和意志力。比如地理学科的"三环五步"模式，"三环"指课前、课堂、课后，"五步"为预习自测—质疑释疑—合作探究—课堂检测—总结升华，"三环五步"让地理课堂实现了由以教师"教"为主向以学生"学"为主的系统转变。再如化学学科的"2S－5C"模式，"2S"意为 self-study（自学微视频），self-test by gaming（游戏化的自我检测），"5C"意为 I can construct（我会构建），I can cooperate（我会

合作），I can extend（我会拓展），I can promote（我会提升），I can introspect（我会反思），这一模式充分发挥了学生学习的自主性。

随着“互联网+”时代到来，信息技术已经深刻影响到课堂教学的变革，并对基础课程实施带来机遇和挑战。学校顺应时代潮流，作为湖南省唯一的初级中学加入全国C20慕课联盟，率先探索“慕课—翻转课堂”教学实验，促进信息技术与学校课程的深度融合。同时，长郡双语正在研发具有自主知识产权的集教室系统、课程系统、评价系统、管理系统为一体的翻转课堂云平台，目前已经雏形初具。

为了进一步推进课堂教学改革，学校成立了由校内外教育专家、教研骨干组成的高效课堂研究中心，为学校提高基础课程的实施效果提供了技术保障。

2. 培养特长，拓展课程多样化

徐铁刚校长认为，学生身心发展的不平衡性和个体差异性是客观存在的，传统班级整齐划一的要求存在明显的局限性。相对于目标统一的基础课程，灵活多样的校本拓展课程有利于培养学生的个性，发展学生的兴趣和特长。

基于这种认识，学校组织开发校本拓展课程。学校鼓励教师自主申报，申报内容包括课程目标、内容及特色等，申报课程经学校组织审定通过后形成“课程菜单”，上传至网络选课平台供学生自主选择。目前，学校每学期开发40门拓展课程，按培养目标则可分为人文素养、科学素养、生活技能、身心素养、艺术修养、信息技术、学科竞赛七大类。此外，学校还聘请校外教师在学校开设拓展课程，比如演讲与口才、播音与主持、法语、德语、日语、韩语等课程。

拓展课程采用多元化的实施方式，有班级授课，有野外拓展，也有活动竞赛；学生的学习方式也是多样化的，有自主学习型、合作探究型、实证研究型等。师生每学期组织一次校本拓展课成果展，如“我最喜爱的校本选修课”“校园嘉年华”等活动。经过几年探索，长郡双语的不少拓展课程已经相对成熟，目前学校教师已经编订《中华经典诵读本》《资源与环保》《美在民间永不朽》《趣味橡皮章》《走进陶艺》《手工之美》《合唱大舞台，有你更精彩》等多本校本教材。

校本拓展课程开阔了学生视野，锻炼了学生能力，培养了学生的特长。学校涌现了一大批学有所长、个性鲜明的学子。曾才展同学发明的“太阳能日夜型彩色发光、反光标志”（专利201220527064.3），在巴黎国际发明展览会荣获铜奖，并且已经投入生产。曾静思同学发明的“卫生调羹收纳盒”、李幕梓同学发明的“书法学习工具袋”均在“第30届长沙市青少年科技创新大赛”中获奖。黄逸轩是湖南省书法家协会最年轻的会员，曾在湖湘会馆举行书法展暨爱心义卖会。董沿岑同学在湖南图书馆成功举办“董沿岑书法习作展览”……

校本拓展课程已经是学校课程改革的一张靓丽名片，赢得了社会的广泛赞誉。有学生家长给校长信箱留言说：原来听闻长郡学生死读书，开始还有些担心，真没有想到素质教育竟然搞得这么好，完全不是谣传的那样，现在我们完全放心了。

3. 历练能力，实践课程序列化

著名教育家叶圣陶曾说：“受教育的人绝非没有生命的泥团，谁要是像那个师傅一样只管把他们往模子里按，他的失败是肯定无疑的。”无论是夯实文化基础，还是培养学生个性，归根到底学生要通过自觉成长，主动发展，才能充分开发自然禀赋，达成预设目标。在学校的课程体系中，实践课程将学生带入工作、生活的具体社会场景，引导学生在历事中锻炼实践能力，并在历事交往中处理好自己与他人、个体与集体关系，增强社会责任感与奉献精神。

长郡双语的实践课程共分为四大类别。

第一是“志愿服务”类实践课程。本课程以学生为主体，通过各类志愿服务活动的开展提升中学生精神文明指数、志愿服务能力和综合社会实践能力。学校号召全体学生加入“长郡义工”，每个班级成立“义工中队”，定期开展各类志愿服务活动，主要有走进社区志愿服务、尊老爱幼志愿服务、文明风尚宣传教育、“读在星城”图书志愿服务、大型赛会志愿服务、城乡手拉手等项目。

第二是“研学旅行”类实践课程。本课程使学生能够关注自然、体验生活、走向社会，致力于培养学生积极参与社会实践、勇于承担社会责任和义务的态度，培养合作精神和自我发展意识。“研学旅行”共有六大项目，由各个年级负责实施的“春秋研学”“国际研学”，团委负责实施的“红色之旅”，生物、地理教研组负责实施的“绿色之旅”，语文教研组负责实施的“文学之旅”，历史教研组负责实施的“文化之旅”。

第三是“职业体验”类实践课程。本课程旨在让学生能从个体生活、社会生活及与大自然的接触中获得丰富的实践经验，培养学生活动的自主性、探究性、合作性，使学生在丰富多彩的探究性学习活动中学会发现，学会探究，学会合作，形成发现问题与解决问题的能力，初步形成对未来职业规划的认识，主要有走向工业生产、走向党政机关、走向三产服务、走向社会服务、走向农业生产等项目。

第四是“主题实践”类实践课程。本课程充分发挥学校的资源，引导学生利用校内外资源，广泛开展各类主题实践活动，带领学生进行探究和学习，旨在使学生在各种实践课程中，建立道德认知，提高思维能力，丰富人生体验，促进良好习惯和优良品行的养成，培养符合新时代需要、社会主义建设需求的综合型、复合型人才。主要包括党史教育、传统文化教育、法制教育、生命安全教育、国防教育、科技探究等项目。

实践课程分为校本必修类和校本选修类两大类，按序列分布在每年度的不同时期，最大限度地调动每位学生参与，基本实现了为每一位学生搭建自我展示、自我发展的舞台的初衷。实践课程的实施，让每一位学生在学业考试之外都能够找到自己的兴趣与自信。如1998年出生的学生刘昱妤，从长郡双语的艺术舞台走向世界，已经成长为韩国品牌节目 KPOP STAR 5 词曲创作人和当红歌手。

著名教育家蔡元培曾呼吁：“教育者，非为已往，非为现在，而专为将来。”诚哉斯言！长郡双语将不忘初心，继续前行，开发每位学生的自然禀赋，培养每位学生的个性特长，为学生的多元成长涂抹积极向上的生命底色。

第二章
基础型课程的理解与实施

“九层之台，起于垒土。”基础，是所有发展的根本和起点，而基础型课程就是学生学力发展、全面发展的基础。多年来，长郡双语以高效课堂建设、中考复习研讨、信息化教学、骨干教师示范课、课题研究等一系列教研活动为主要抓手，通过集体备课、推门听课等常规管理以及绩效考核、拜师出师等管理制度，推进基础型课程研究不断向前发展，学生的文化基础不断得到夯实。

正确把握课程标准、深度理解教材，是基础型课程的研究基础。《基础教育课程改革纲要（试行）》明确指出，课程标准是教材编写、教学、评估和考试命题的依据，是国家管理和评价课程的基础，它体现国家对不同阶段的学生在知识与技能、过程与方法、情感态度与价值等方面的基本要求。长郡双语各教研组通过集体备课研讨，做到正确把握学科课程标准的内涵，明确该学科的所有内容以及在知识、技能、过程上学生所要达到的学习表现和学习效果，同时也积极采纳课程标准中的教学建议和评价建议。教研组在正确把握课标的同时还要“吃透”教材，不仅要理清教材中的知识逻辑关系，还要在使用过程中把教材变得立体化、丰富化，从学生的知识水平和心理结构出发把“教材”很好地转化为“学材”，最大限度地促进学生的发展。

多渠道、多层次开发教学资源，是基础型课程的创新需要。教师是课程资源的开发者，而有效的课程资源应从学生的学习需要出发，以培养自主学习的习惯为导向，以提升学科素养为目标，所以好的课程资源是基于学情的。它能有效填补从教材到学生学习和考试评价之间的鸿沟，它有利于学生实现知识的自主构建。几年来，各教研组都积极开发各类教学资源，不仅有符合学校学情的校本作业本，更有融合现代信息技术的微课视频资源，同时部分教师前瞻性地推出微信公众号等新媒体平台为学生提供了大量的学习资源。总的来说，教学资源的开发和应用，是长郡双语基础型课程校本化研究的方向之一，符合教育教学规律，符合新课改理念，符合国家、社会、时代对教育的要求，能使学生广泛受益。

构建各具学科特色的高效课堂，是基础型课程的实施关键。基础型课程的高效实施是落实课改任务、实现课改目标的关键步骤。长郡双语一直以来非常重视高效课堂的建设，2012 年至今，每年都有各种主题的高效课堂研讨会。从“提高课堂效率，构建高效课堂”到“信息技术助推高效课堂”，从“课堂观察助力高效课堂”到“核心素养在课堂教学中落地”……长郡双语还成立了由校内外教育专家、教研骨干组成的高效课堂研究中心，为学校提高基础型课程的实施效果提供了技术保障。经过多年的研究与实践，大部分学科探索出了各具特色的高效课堂模式，如地理学科的“三环五步”模式，物理学科的“三案四步”模式，化学学科的“2S－5C”模式，生物学科的“激·探·创”模式等，基本实现了以传授为中心向以学生发展为中心的转变，由重视结果教学向重视过程教学转变，由程式化教学向个性化教学转变等，为学生的全面发展和终身发展奠定了良好的基础。

第一节　国家课程的全面理解

国家课程也称为“国家统一课程”，它是指自上而下由中央政府负责编制、实施和评价的课程。它体现了国家意志，反映了国家教育标准，是专门为未来公民接受基础教育后所要达到的共同素质而设计的课程。

课程标准，即“国家课程标准”，是教材编写、教学、评估和考试命题的依据，是国家管理和评价课程的基础，体现国家对不同阶段的学生在知识与技能、过程与方法、情感态度与价值观等方面的基本要求，规定各门课程的性质、目标、内容框架，提出教学和评价建议。

核心素养，主要指学生应具备的，能够适应终身发展和社会发展需要的必备品格和关键能力，突出强调个人修养、社会关爱、家国情怀，更加注重自主发展、合作参与、创新实践等。

国家标准教材是国家实施学校教育教学的基本依据，是解决“为谁培养人、培养什么人、怎样培养人”这一根本问题的重要载体，直接关系党的教育方针能否落实、教育目标能否实现。国家的教育思想、教育内容、教育方式等，最后都需要通过标准教材得以传递和呈现。

一、对语文课程的理解和分析

（一）对语文课程标准的理解和分析

《义务教育语文课程标准（2011 年版）》着眼于语文素养的整体提高，具体到义务教育第四学段（7～9 年级），目标及内容包括识字与写字、阅读、写作、口语交际、综合性学习五大项。大项之下又进行细化，确保操作性及可评价性。以阅读为例，课标细分为 12 条，涉及各种阅读方法的习得：朗读、默读、略读、品读等，并在此基础上，要求学生能分析内容，会推敲词句意义和作用，勇于表达自己的心得，运用合作的方式，解决疑难问题，并能了解各种表达方式及文学样式，品味作品语言，领会作品中体现的精神，积累文言词汇，制订阅读计划等。

课标科学细致，给教师教学提出了要求和建议，具体到教学中的落实，长郡双语语文组认为首先要仔细研读课标，在此基础上，转变思维，依据学情，制定合理的课程机制，以确保教学目标顺利达成。以阅读为例，语文组探索为“三化”。

其一，阅读指导序列化。课标较以往更为关注“教材内容”及“单元目标”，按要求逐一落实各种阅读方法教授。同一个单元，也有序列：讲读课文重在教授阅读方法，自读课文重在让学生尝试使用方法，课外阅读重在让学生熟练使用方法，以此可加强单元阅读整体意识。

其二，阅读要求梯度化。应充分关注学情，按不同年级制定不同的阅读任务。以古文为例，文言词汇、结构情节、人物形象、文体特点、文化内涵的考察，由易到难，逐步推进。

其三，阅读评价多元化。以名著阅读为例，可改变“测试”这一单一的评价标准，借助多元化的评价激发学生的阅读兴趣，如制订阅读计划，进行知识竞答、戏剧表演等形式多样的阅读分享，撰写读书心得，拟写人物小传，制作读书卡片，绘制阅读手抄报等。这样的转变可以培养学生的动手能力、思维能力、理解能力及团队合作力。

（二）对语文课程核心素养的理解和分析

《普通高中语文课程标准（2017 版）》指出高中语文学科的核心素养包括语言建构与运用、思维发展与提升、审美鉴赏与创造、文化传承与理解四个方面。初中语文核心素养暂没有官方表述，但语文组认为，义务教育初中阶段衔接小学和高中，初中阶段也必须渗透培育核心素养的意识。为此，语文组从以下方面着手。

其一，语言建构与运用。以阅读为例，阅读中，“读”的有效指导会引发学生对“语言文字”的个性解读，他们再创造性地“写”出个人见解就是语言层面一个较为完整的素养培育过程。基于这一认识，语文组尝试搭建课文的“写作支架”，试图打通“阅读”与“写作”。同时在阅读中，语文组进行诸多方法的教授学习，如圈点批注法、比读法等，对学生语言运用及鉴赏能力的培养产生积极影响。

其二，思维发展与提升。在思维机制的发展、思辨能力的提高方面，语文学科大有作为。语文组经典“课前三分钟”活动就是很好的例子。活动要求每个同学就一个话题发表演说，或时事热点，或社会焦点，或文学作品、文学形象，再由大家评点。前期的准备、临场的讲演、现时的辩论，每一步都能感受到智慧的闪光。

其三，文化传承与理解。这是语文课的天赋。语文组充分借力新教材单元主题编写体例，采用比较阅读、类文阅读、群文阅读的方式，关注文本异同，关注文学特性，关注文化内涵，关注文化延伸。

（三）对语文教材的理解和分析

国家标准教材全称是“教育部编义务教育语文教科书”。语文组认为这套教材具有三个特点，使用中应做到三个注意。

1. 教材的特点

（1）教材选文注重“立德树人”。新教材以“立德树人”为根本，采用集中编排与分散渗透相结合的方式，以教材选文为主要载体，辅以精心设计的语文实践活动，使学生在学习语言文字的过程中潜移默化地受到熏陶感染，逐步树立正确的思想观念和高尚的道德情操，最终使社会主义核心价值观内化为精神追求，外化为自觉行为。

（2）单元结构体现“双线组元”。按照“人文主题”（如“修身正己”“至爱亲情”等）组织单元，形成显性的线索；同时又有另一条线索，即“语文要素”，如写作、口语训练等，目标是德育为先，能力为重，沉淀素养。

（3）课后延伸培养“阅读能力”。部编教材每册课文均有所减少，但每个单元都有三位一体的阅读整体设计，即教读—自读—课外阅读，目的就是倡导学生在海量阅读中奠基人生。

2. 教材使用要注意的问题

（1）注意社会主义核心价值观的渗透。如七下第一单元以“群星闪耀”为主题，第二单元以“家国情怀”为主题，精选了各时代各行业杰出代表的光辉事迹或故事传说，读来让人精神振奋，能增强学生的社会责任感和使命感。教师要把握这些契机，做好立德树人的工作。

（2）注意单元提示的引领。以七上第一单元为例，人文主题是“四季美景”，语文要素是引导学生向课本学写作，品味语言之美。因此，教学应力求落实这两点。

（3）注意阅读策略方法的教授。既然新教材要求进行大量阅读，教师能做的，就是教授方法，让学生举一反三，会读书，多读书。

二、对数学课程的理解和分析

（一）对数学课程标准的理解和分析

《义务教育数学课程标准（2011 年版）》指出，“数学是研究数量关系和空间形式的科学”，同时还指出数学的重要性，“数学是人类文化的重要组成部分，数学素养是现代社会每一个公民应该具备的基本素养”。数学与人类发展和社会进步息息相关，数学教育作为培养学生数学核心素养的关键环节，不仅要让学生获得生活中必备的数学基础知识与基本技能，还要发挥数学在培养人的思维能力和创新能力方面不可替代的作用。

课标提出的课程理念对义务教育阶段的数学课程和教学具有指导作用。数学课程的基本出发点是促进学生全面、持续、和谐的发展，作为培养学生核心素养的基础课程，数学课程具有基础性、普及性和发展性。其内容致力于在符合数学特点的基础上反映社会的需要，选择贴近生活的内容来帮助学生体验与理解、思考与探索。组织形式上既重视结果也关注过程与结果的关系，让学生参与体验结果的形成过程，领会其蕴含的数学思想方法。

（二）对数学课程核心素养的理解和分析

高中数学学科的核心素养包含数学抽象、逻辑推理、数学建模、直观想象、数学运算、数据分析六个方面。这六大素养既相互独立，又相互交融，是一个有机的整体。初中数学核心素养暂没有官方表述，但数学教研组认为，初中阶段衔接小学和高中，初中阶段也必须渗透培育核心素养的意识。数学组在整体规划和具体实施方面制定了以下培养策略：

1. 在整体规划方面

（1）分层次落实核心素养：尊重学生个性差异，满足多样化的学习需要。将课堂分为基础知识、拓展提升、实践活动三个部分，分层次落实核心素养。此外，精心编写校本作业，实现分层布置作业，让所有层次的学生都得以发展。

（2）分学段落实核心素养：初一重点落实数学运算素养，初二重点落实逻辑推理、直观想象素养，初三重点落实数学抽象、数学建模、数据分析素养。

2. 在具体实施方面

（1）重视数学对象的获得过程，发展数学抽象、直观想象素养。数学源于对现实世界的抽象，教学中注重从现实情境出发，让学生经历归纳、概括事物本质的过程。在获得数学对象的过程中发展数学抽象、直观想象的素养。

（2）重视数学对象的研究过程，发展逻辑推理、数学运算的素养。从数学知识的发生、发展过程和学生现有的认知水平出发，注重引导学生掌握数学研究的方法，让学生经历“观察—猜想—探索—论证—总结”的过程，从而发现规律，获得数学性质。

（3）重视数学知识的应用过程，发展数学建模、数据分析的素养。组织丰富的综合实践活动，让学生动手参与，亲自感受数学知识的应用过程。学生通过参与解决实际问题的过程，逐步建立“提出问题—分析问题—建立模型—解决问题”的思维方式，在参与的过程中巩固所学知识，积累数学活动经验，发展数学建模、数据分析的素养。

（三）对数学教材的理解和分析

教材是课程的重要组成部分，是数学教学的核心依据。高效的课堂离不开对教材的深入解读。数学组认为教材具有四个特点，使用中应做到五个注意。

1. 教材的特点

（1）反映科学进步，介绍先进文化，强化核心素养。许多问题涉及人们生产、社会生活以及科学研究的方方面面，如介绍当今应用广泛的误差极小的原子钟、测量天体距离的激光测距仪等，体现数学在现代科技发展中的工具作用。介绍古今数学的发展，折射科学文明的源远流长，使学生认识数学的科学价值和人文价值。

（2）突出学生的主体地位，体现学习方式的转变。强调数学知识的背景，设置丰富的问题情境，注意引导学生从身边的问题说起，更多地进行数学活动和互相交流，在主动学习、探究学习的过程中获得知识，培养能力，体会数学思想方法。

（3）加强现代信息技术的运用。重视现代信息技术的发展对数学和数学教育产生的深远影响，发挥信息技术的力量，有意识地引入计算机（器）、网络等进行信息处理（包括快速计算、自动制表、智能绘图、人机交互等），设置“信息技术应用”专栏（选学内容），为学生提供丰富的教育环境和有力的学习工具。

（4）注重实践与综合应用。“实践与综合应用”是数学课程中一个全新的内容，它不作为独立的一块内容，而是同与其最接近的知识内容相结合，为学生进行实践性、探索性和研究性的学习提供一种课程渠道。

2. 教材使用要注意的问题

（1）灵活使用教材，设计新颖的教学过程。认真研究教材，把握教材的整体结构，理清不同知识之间的联系脉络，帮助学生实现知识的螺旋式上升。深入解读教材的内涵与外延，并与其他版本的教材做比较，优化教学设计。

（2）注重渗透数学思想方法，培养学生数学思维能力，落实数学学科核心素养。让学生经历数学知识的形成、发展和应用的过程，体验如何运用数学思想方法分析和解决问题，更好地理解数学的本质。让学生掌握知识的同时，学会用数学的眼光看待世界。播撒“尊重科学、热爱科学、善于思考、勇于创新”的种子，搭建可持续发展的平台。

（3）合理使用教材中的选学内容。教材中安排了“阅读与思考”“观察与猜想”“实验与探究”“信息技术应用”等选学栏目，这些内容是教材相关内容的拓展、加深、应用，或数学史的介绍，或数学思想的反映，可以用来开阔学生眼界、增长他们的见识，提高运用知识的能力，有利于培养学生严谨求实的科学态度。

（4）充分发挥数学文化的价值。多向学生介绍数学知识背后的故事、数学名人的故事、数学猜想的提出与证明以及至今未能解决的数学问题。这些数学史能够极大地激发学生的学习兴趣，让学生进一步感受数学的魅力。

（5）注重整合不同资源，优化教学方法。教材只是课程资源的一部分，教师应多阅读数学专业书籍，扩大自己的知识面，并运用所学对教学内容进行整合、重组、补充和加工，努力优化课堂教学，强调数学跟现实生活广泛而密切的联系，让数学教学充满生活气息，使学生树立学好数学的信心。

三、对英语课程的理解和分析

（一）对英语课程标准的理解

现行的课标是《义务教育英语课程标准（2011 年版）》。课标根据语言学习的规律和义务教育阶段学生的发展需求，提出三个层次的英语课程的目标设计，即课程总目标、课程分级目标和课程分级标准。义务教育阶段英语课程的总目标是：通过英语学习使学生形成初步的综合语言运用能力，促进心智发展，提高综合人文素养。综合语言运用能力的形成建立在语言技能、语言知识、情感态度、学习策略和文化意识等方面整体发展的基础之上；语言技能和语言知识是综合语言运用能力的基础；文化意识有利于正确地理解语言和得体地使用语言；有效的学习策略有利于提高学习效率和发展自主学习能力；积极的情感态度有利于促进主动学习和持续发展。这五个方面相辅相成，共同促进学生综合语言运用能力的形成与发展。

在课标的基础上，英语组结合英语教学以及学生学情，精心研讨，制定了一系列基础课程开展机制，以推进英语教学目标的实现。如英语听说课堂中，注重强调“三活”教学模式。①“活”学。学生通过图片、歌曲、视频等一系列教学资源的运用，听单词、说感想，开展形式多样的学习活动，身临其境地处理各种语言信息。②“活”动。听说课堂不再是简单的听说活动的开展。活动的形式不再局限于老师与单个学生的互动，更可以是人与人、组与组、个人与团队、团队与团队之间的各种交互活动。③“活”用。在听说课堂上鼓励学生大胆表达，将所学知识进行汇报，或通过对话、短剧、绘画、歌曲等方式进行灵活展示。

（二）对英语课程核心素养的理解和分析

英语课程核心素养包括语言能力、思维品质、文化品格和学习能力四个方面。英语组在贯彻落实新课程标准要求和学科核心素养方面进行了一些初步尝试。以学科核心素养培育为例说明：

（1）语言能力。语言能力主要是指在社会情境中借助语言进行理解和表达的能力。通过多种课堂活动如听歌词、说感言、快速反应、连锁活动等，充分锻炼学生听、说、读、写等语言技能，提升学生语言知识的理解和运用能力，进一步培养语言意识、交际身份意识等。

（2）文化品格。在基础课程中，确立了正确的文化思维导向，通过一系列话题讨论，引导学生感知传统文化、了解外语文化，同时建立正面积极的文化思维内核。

（3）思维品质。强调培养思维的逻辑性、批判性和创造性；注重让学生理解英语概念性词语的内涵和外延，把英语概念性词语与周围世界联系起来，根据所学概念性英语词语和表达句式，学会从不同角度思考和解决问题。

（4）学习能力。英语课程通过精细的教学环节设置，促进学生在学习时积极寻找较好的学习策略完成学习任务。学生不仅需要在学英语、用英语的过程中使用学习策略，而且要培养学习英语的能力，为自主学习和可持续学习创造有利条件。

（三）对英语教材的理解和分析

英语组秉承新课标提出的教学总目标，把培养学生核心素养作为教学活动开展的主要依据，积极推进培养具有国际视野和双语能力的人才。目前，全国范围内通用的人教版初中英语教材是一套具有较强针对性和实用性，符合新课标，重视培育学生素养的教材。以下是教材的特点和使用时要注意的问题：

1. 教材的特点

（1）单元结构化。本套教材每个单元由 Section A（夯实基础）、Section B（拓展综合）和 Self-check（复习提高）三部分构成，从听、说、读、写四方面对学生进行综合训练。听说主要安排在 Section A 和 Section B 的第一课时。读写方面，Section A 和 Section B 各自包含了一篇阅读文章，在教材结构设置内容中还包含了对应的学习策略。结构化的课程内容设计，让不同层次的孩子锻炼到不同层面的英语能力。

（2）内容生动化。本套教材共 61 个话题，有具备生活性的内容：兴趣爱好，介绍家人，讨论天气等；有强调时代性的内容：中国农村的变化，现代科技的进步，智能机器人的作用等；有培养文化意识的内容：端午节，茶艺等；有升华情感的内容：保护熊猫，帮助贫困山区孩子，如何与父母沟通等。由此可见，本套教材注重内容思想性和可读性，紧扣学生生活与时代话题，关注学生情感教育，发展学生人文素养，提高文化交际意识。

2. 教材使用要注意的问题

（1）整体性原则。在使用教材时要注意教材话题设计、语法知识设计、语言运用设计等方面的整体性。不要以单个知识点进行教授，让学生把握好教材的整体性，以培养学生整体英语思维的构建能力和语言能力。

（2）层次性原则。新教材的设计是循序渐进的。对教材的把握也应该遵从学生的认知原则，由浅入深，逐步提高难度，让学生通过阶梯形的教学设计，逐步掌握语言知识，这样更有利于学生把握思维逻辑，培养思维品质。

（3）灵活性原则。教材提供了丰富的教学资源，如果在一堂课上要全部覆盖所有的知识点，不仅无法高效，更容易低质。教师在进行课堂活动时要懂得取舍和筛选，学会利用教材教授重点。学生在学习时也更能抓住学习重点，促进学习能力的发展。

（4）多样性原则。教材只是课程资源的一种，在教学中还应自主开发和利用多种教学资源。如微课资源、阅读材料资源、诗歌材料资源等都可有效运用于教学。在教学活动中，要坚持用好教材，但不受限于教材。在挖掘教材的同时，开发多种校本教学资源，让学生的英语学科核心素养不断提升。

四、对物理课程的理解和分析

（一）对物理课程标准的理解和分析

《义务教育物理课程标准（2011 年版）》是在实验稿的基础上进一步规范“课程内容”的相关表述，增加案例评析，调整实施建议，细化条目，明确要求，增强对教学的指导性，使其性质、理念、目标的表述更准确、更科学。

初中物理课程是一门重视实验的自然科学基础课程。从物理学的发展史、物理学的内涵、学生的认知发展规律来看，物理课程内容应贴近学生生活，增强科学、技术、环境、社会之间的渗透，让他们在探索实践中获得知识、掌握技能、培养兴趣，形成正确的科学思维、态度和精神。因此课程标准提出了五个基本理念，它们分别是：面向全体学生提高科学素养；从生活走向物理、从物理走向社会；注意学科渗透、关心科技发展；提倡学习方式多样化、注重科学探究；注重评价改革导向促进学生发展，并从知识与技能、过程与方法、情感态度与价值观三方面提出物理课程的培养目标。

（二）对物理课程核心素养的理解和分析

物理核心素养是物理学科育人价值的集中体现，它并不等同于物理知识的掌握，而是学生在学习知识掌握方法的过程中逐步形成的，能够个人终身发展和社会发展的必备品格。物理核心素养包括四个方面：物理观念、科学思维、实验探究、科学态度与责任。

课堂教学是培养学生物理核心素养的主阵地，如何培养学生的物理核心素养呢？物理组认为可以从以下几个方面入手：

（1）教师要提高自身科学素养，多学习，转变教学理念和教学方法；

（2）重视科学探究的学习方式，提高学生兴趣，让学生在探究活动中实现科学思维的优化和提升；

（3）多联系社会生活、现代科技，强化学生探究意识；

（4）重视科学前沿，加强学科间的相互联系，关心科技发展对社会的影响，树立正确的世界观；

（5）改变教学评价，注重发展性和过程性；

（6）处理好“部分”与“整体”的关系，根据不同的教学内容可重点培养某一素养。核心素养并不是几个素养指标的简单相加，而是它们面对具体的未知情境时发挥的合力，在教学实践中应对它有一个整体的认识，形成整体的规划。

（三）对物理教材的理解和分析

现在所用的教材是根据《义务教育物理课程标准（2011 年版）》编写的，由教育部审定，人民教育出版社出版，是目前国内主流教材。它由八年级上册、八年级下册、九年级全一册组成，共 391 页，其中知识点所在正文有 334. 5 页，习题共有 56. 5 页。

1. 从内容特点上来看

（1）内容编写融合三维目标，符合学生的认知发展，更具有逻辑性。以电学知识点为例，有关电路的知识点以“电流和电路—电压、电阻—欧姆定律—电功率—生活用电”为线，让学生由浅入深，由表及里，由理论到应用，层层深入，了解电流的产生、影响因素及应用，并与实际结合。

（2）人文与科学并重，激发学生探究意识，树立正确的科学观。在八年级下册第十章浮力第二节阿基米德原理中专门用一段文字来写阿基米德的灵感，增加了内容的趣味性，提高学生兴趣及参与积极性。

（3）注重科学探究，强化学生的科学思维。教材中实验颇多，类型多样，如“动手实验”“想想做做”“动手动脑学物理”等锻炼了学生的实验技能，并多处可见用绿色旁批强调物理科学方法，比如八年级下册第八章第一节牛顿定律内容旁边就批注了科学推理法。

（4）关注科技前沿、学科渗透，培养学生的社会责任感。教材中“科学世界”一栏，增加了教材的可读性，让学生有关注社会的意识，培养其爱国使命感。

2. 从教学特点上来看

（1）根据课程标准，物理内容分为 3 个一级主题、14 个二级主题、63 个三级主题。在三级主题中用“认识”“了解”“理解”“应用”“分析”“评价”“创造”这 7 个行为动词来展示知识点所处目标水平。通过对比发现“认识”“了解”“理解”层次较多，“应用”“分析”“评价”“创造”层次较少，如此学生的能力将得不到全面的培养。

（2）教材中“动手动脑学物理”一栏以习题形式出现，配合教材正文，共同促进学生综合能力的发展。从习题数量上看，每一节 5 个习题左右，稍显不足，从题型上看，以计算为主，开放性习题偏少，不利于学生能力的发展。

3. 教材使用应注意问题

（1）注重科学探究。在进行科学探究活动过程中，要循序渐进，既要整体考虑学生科学探究能力目标的逐步达成，又要分别考虑每次探究活动的侧重点。在进行探究式教学时，教师应创设一定的探究情境，激发学生的探究欲望。在科学探究活动中，应鼓励学生积极、大胆地参与，尽可能将学生的问题转化为课程资源，并将这些资源作为案例帮助学生纠正错误，引导其进行科学探究。要让学生真正经历探究过程，不要为了赶进度而在学生还没有进行足够思考时草率得出结论。

（2）重视过程与方法。在物理概念和规律的教学中，不仅应重视物理概念和规律的具体内容、意义、适用条件等，还应重视学生建立物理概念、学习物理规律的过程，即“过程与方法”目标。这是物理教学和建立物理学科思维和意识的关键，也是物理教师的核心作用。要做到这点，在物理概念和规律教学时，教学内容应尽量取材于学生的生活实际，让学生从熟悉的情境中学习知识。

（3）重视实验教学。无论是演示实验还是学生实验，都尽量让学生明确实验目的，理解实验原理。进行学生实验时，应让学生在理解实验方案的前提下，自己选择实验器材，组合实验装置，自主进行实验。

（4）重视评价的诊断、激励和发展功能。学习评价内容的设置应与课程目标一致，对学生在这三个方面学习目标的达成情况进行具体、准确的评价，倡导多主体参与评价，采用多样化的评价方式。

五、对化学课程的理解和分析

（一）对化学课程标准的理解和分析

《义务教育化学课程标准（2011 年版）》提出：义务教育阶段的化学教育要激发学生学习化学的好奇心，引导学生认识物质世界的变化规律，形成化学的基本观念，引导学生体验科学探究的过程，启迪学生的科学思维，培养学生的实践能力，引导学生认识化学技术、社会环境的相互关系，理解科学的本质，提高学生的科学素养。课程内容包括 5 个一级主题，每个一级主题由若干个二级主题（单元）构成。一级主题包括科学探究，身边的化学物质，物质构成的奥秘，物质的化学变化，化学与社会发展。每个一级主题由若干个二级主题（单元）构成。每个二级主题从“标准”“活动与探究建议”两个维度对学习内容加以说明。

课标科学细致，规定了初中化学的性质和教育目标，是初中化学教学的基本依据。具体到教学中的落实，化学组认为首先要仔细研读课标，然后转变思维，树立新的理念，依据学情，制定合理的课程机制，以确保教学目标顺利达成。

以下为明确应树立的三个新理念：其一，教学设计的新理念：教学设计由重点设计知识传授、教学内容、教师活动、作业布置的单一课时设计转变为基于实际问题师生活动的任务和组织方式的单元统一设计。其二，教学活动过程的新理念：教学活动应是开放的，信息交流是多向的。学生为课堂的主体，学生活动优先，教师指导形式多样，让每一位学生都有提高和进步。其三，教学评价的新理念：由认知性评价转向对核心素养的评价，注重综合性、整体性、过程性、相对性等评价，主要方式为课堂观察等。

（二）对化学课程核心素养的理解和分析

化学核心素养包括“变化守恒”“宏微结合”“实验与探究”“绿色应用”“符号表征”“科学精神和社会责任”等方面。初中化学是化学学习的启蒙阶段，培养学生学习化学的兴趣也同样重要。

化学组对如何将学生学科核心素养培养在课堂中落地进行了一些思考，探讨出一些实施原则和策略。实施原则：（1）面向全体学生；（2）以知识为本位，以素养为导向；（3）从生活走进化学，从化学走向社会。实施策略：（1）改变学生学习方式——自主学习和合作探究；（2）改变教师的教学方式——以探究为主的多样化教学方式；

（3）建构促进学生核心素养发展的多样化评价方式，如初中化学核心素养测查等；（4）引入指向高效教学的教学理念和教学模式，如教学评一体化；（5）紧跟时代潮流，促进信息技术与课堂深度融合。

（三）对化学教材的理解和分析

化学教材是依据化学课程标准编写的，是化学课程理念和化学课程内容按照一定的逻辑体系和一定的呈现形式加以开展和具体化、系统化的材料。现以 2012 年人民教育出版社出版的九年级化学教材为例进行解读。

1. 全面加强化学学科核心素养的培养

（1）将宏观辨识与微观探析有机地联系起来。课程内容编排上，由认识宏观物质到辨别微观粒子，编排顺序符合学生认知发展规律。

（2）体现了变化观念与平衡思想相融合。第一课就涉及了物理变化、化学变化的辨析，让学生认识到化学变化的本质是有新物质的生成。而在学生已经能够从微观角度解释生活中常见现象后，引入质量守恒定律。

（3）渗透证据推理与模型认知的学科思维。如：质量守恒定律的教学中，教材中编排了四个实验：红磷燃烧、铁与硫酸铜溶液反应、镁条燃烧、碳酸钠与盐酸反应，多方面验证了质量守恒，建立质量守恒定律的模型认知。

（4）注重科学探究与创新意识的培养。如：在催化剂的教学中，先以二氧化锰催化过氧化氢的分解为例，认识催化剂概念，教材课后习题安排了探究红砖粉末能否做过氧化氢分解的催化剂的实验，从科学探究的基本思路，培养学生的问题解决能力和创新意识。

（5）注重科学精神与社会责任感的培养。如：在《化学与生活》单元教学中，教材从有机高分子的角度介绍了塑料等材料，让学生认识到化学对社会发展做出的巨大贡献，同时也指出塑料所带来的“白色污染”问题，引导学生关注可持续发展，形成绿色化学的观念，从身边做起，积极践行垃圾分类，培养社会责任感。

2. 符合初中学生实际学情，紧密联系生活，通俗易懂

从教材整体编排看，知识内容与素养要求都是循序渐进，由易到难。以身边的物质和化学现象为内容，将严谨的理论知识包裹上生活的外衣，紧密联系生活实际，吸引学生的注意力，感受化学与生活息息相关，激发学生的求知欲和探索科学的精神，引导学生从化学角度来审视社会，把所学到的知识运用到生活实践中去。

3. 突出化学是一门以实验为基础的学科

上下两册共涉及的重点实验有 46 个演示和 15 个学生实验，丰富的实验素材，引导学生形成科学的思维方法，学会用化学实验这一有效的手段去认识并解决生活中的问题，培养学生的实验素养。

基于以上特点，在使用教材时应注意以下几个原则：

其一，认真研究、吃透教材。在课程标准的指导下，把握教材的整体结构，主次

分明，详略得当。

其二，注重学生核心素养的培养。采取有效的教学策略使学生掌握知识的同时，提高学生学习化学和认识化学的能力，发展化学学科的核心素养。

其三，认真对待教材中的实验。教材中的演示实验，尽可能在教室现场演示给学生看，让学生有身临其境之感，也要尽可能创造机会让学生独立或者小组合作完成；教材中的学生实验，都安排学生到实验室，分小组进行实验，人人动手，人人参与。

其四，正确对待教材中除正文之外的资料卡片与拓展阅读部分。这些小资料可以有效激发学生兴趣，拓展学生的视野，同时也是对教材中重要知识点的补充、拓展和深化。

其五，对于酸、碱、盐等部分较深较难的内容，教师要引导学生把握好度，不宜过度拔高，在学生能掌握好的基础上，对部分接受能力强的学生可以适当提高要求。

六、对道德与法治课程的理解和分析

（一）对道德与法治课程标准的理解和分析

目前使用的课程标准是《义务教育思想道德课程标准（2011 版）》。课程内容围绕三个板块，即“成长中的我”“我与他人和集体”“我与国家和社会”和四个横向学习领域，即“心理健康”“道德”“法律”“国情”进行设计，呈现出螺旋式上升的框架，顺应了初中学生的成长和认知规律。修订时遵循的原则是完善标准——保持大结构不变，注重局部调整、精益求精；与时俱进——紧跟时代步伐，强调价值观引领，充分体现以人为本、为学生成长服务的宗旨。

科学细致的课标，对教师教学提出了具体的要求和建议，落实在教学中，长郡双语道德与法治组认为首先要认真研讨课标，依据学情，落实以下几个教学理念，以确保教学目标顺利达成。

（1）坚持以学生发展为本，推动学科逻辑向生活逻辑转变。这次课程标准修订，坚持以学生发展为本的基本思路，进一步推动学科逻辑向生活逻辑的转变，密切联系学生生活实际，联系社会变迁、科技发展和青少年成长需求，更加生活化地选择教学内容、组织教学活动，尽可能符合初中学生身心发展的特点，改变学校教育中生命价值失落、生命话题缺失的状况，建立以学生人格和谐发展为本的德育课程价值观，真正体现为学生道德与精神成长服务。

（2）重视代际、同伴互动，推动学习方式转变。此次修订强调基于生活的道德教育，也强调德育资源的开放性、丰富性。提倡教师引导学生利用资源，包括师生间、同伴间、亲子间的互动交流，包括走向社区、参与公共事务，关注现实生活中的道德议题，使学生不断扩展关切心、关爱心，发展社会性认知和公共精神。努力使学习和教育过程成为平等对话、相互分享吸纳、代际交流、文化融合的过程，促进成年人和未成年人相互理解、共同成长。

（二）对道德与法治课程核心素养的理解和分析

思想政治学科是面向高中学生进行马克思主义、中国特色社会主义理论体系特别是习近平新时代中国特色社会主义思想，以及社会主义核心价值观教育的主渠道、主阵地。修订组紧紧抓住思想政治学科意识形态属性强这一特点，经过深入研究，广泛征求意见，凝练了政治认同、科学精神、法治意识、公共参与四个学科核心素养。道德与法治教研组在贯彻落实新课程标准要求和学科核心素养方面进行了一些初步尝试。以学科核心素养培育为例说明：

（1）政治认同：四个学科核心素养中，培养学生的政治认同是道法学科最根本的任务。政治认同就是要培养学生对中国共产党和社会主义的真挚情感和理性认同，使学生拥护中国共产党的领导，坚定中国特色社会主义理想信念，弘扬和践行社会主义核心价值观，是其他素养的内在灵魂和共同标识。比如在国情国策的教学当中，我们道德与法治老师注重体现中国特色社会主义制度的优越性，帮助学生增强了道路自信、理论自信、制度自信、文化自信。

（2）科学精神不仅指自然科学学习中应体现的求真务实思想，也指坚持真理、尊重规律、实事求是等，思想政治学科培养科学精神，就是使学生坚持马克思主义世界观和方法论，对个人成长、社会进步、国家发展和人类文明作出正确的价值判断和行为选择，这是达成其他素养的基本条件。道德与法治组老师非常注意培养学生的辩证思维、批判思维，引导学生树立正确的人生观、世界观、价值观，扣好人生的第一粒扣子。

（3）法治意识是法治国家建设的重要内容，思想政治学科培养法治意识，就是要使学生尊法、学法、守法、用法，自觉参加社会主义法治国家建设，是其他素养的必要前提或必然要求。不违法是做人的底线，我们会通过案例分析、模拟法庭等多种途径帮助学生树立规则意识、法治意识、底线意识。

（4）公共参与体现人民当家做主的责任担当，思想政治学科培养公共参与，就要培养学生集体主义精神，乐于为人民服务，积极行使人民当家做主的政治权利、履行义务，是其他素养的行为表现。每个学生将来都要走出校园，他们要参与经济、政治、文化等社会活动，必须具备公共参与的意识和能力，才能适应社会发展的需要。所以在教学中应注重培育学生的公共参与素养，既要增强学生公共参与意识，又要提升学生公共参与能力。

（三）对道德与法治教材的理解和分析

1. 教材的特点

新教材重视大中小学德育课程衔接，合理减轻学生负担。留意与小学高年级及高中政治课程在目标、内容上的衔接，避免出现彼此断裂、互不衔接、简单重复、错位倒挂等问题，尽可能充分根据青春期学生的身心发展特点建设课程，特别关注初中作为一个中间学段的特殊性，在课程目标和内容的安排上注意承前启后，基于生活逐步增强思想性，为高中学段做准备。对与小学高年级及高中课程在内容上有明显不必要重复或放置不当的知识点及其要求，本着减负的精神，做了删减。

2. 教材使用要注意的问题

（1）加强社会主义核心价值体系教育、生命教育、公民意识教育。以社会主义核心价值体系为导向，加强生命教育，加强公民意识教育，其中最重要的是法治教育。

（2）“三维目标”统整，注重情感体验、道德实践。此次思品课标修订，高度认同、尊重德育课程的情感性、体验性、行动性等学科特性，进一步明确和强调情感体验和道德实践对思想品德形成的特殊价值，要求教师关注初中生青春期的认知与情绪情感特征，在教学中善于利用并创设丰富的教育情境，促使学生亲身经历与感悟，在获得情感体验的同时，深化思想认识。

（3）另外，还要求为学生提供直接参与实践的机会，以提高学生道德践行的能力。

七、对历史课程的理解和分析

（一）对历史学科课程标准的理解

《义务教育历史课程标准（2011年版）》指出：“历史课程是人文社会科学中的一门基础课程，对学生的全面发展和终身发展有着重要的意义。”基于此，新课标提出的基本理念更加重视强调社会主义核心价值体系；强调育人为本的教育理念；重视培养学生的历史素养；强调将正确的价值判断渗透在教学过程中，培养具有社会主义核心价值观的公民。

为落实新课标提出的基本理念和课程目标，历史组在认真研读了新课标基础上探索出三大原则：

（1）激趣原则，即激发学生的兴趣。从多方面调动学生学习的积极性，营造课堂气氛，发挥学习的主动性，引发创新思维。

（2）多样化原则，即采用多种教学途径，组织丰富多彩的教学活动。如：使用导学提纲指导学生阅读课文；借助信息技术用生动形象的图片、实物或音像让学生去感知历史；创设情境，将学生融入历史。

（3）拓展原则，即在讲清基础的知识点外，突出历史知识多层次、多领域的联系。如历史发展的纵向联系，同一历史时期的横向联系，历史学科与其他学科知识的联系和渗透等。尤其是历史与现实的联系，历史的价值在于“以史鉴今”，学习历史是为了更好地为现实服务，而且要体现家国情怀，这是历史学科的终极价值所在。

（二）对历史课程核心素养的理解和分析

基于课标以及《普通高中历史课程标准（实验）》和其他关于培养目标的表述，从2014年开始，专家们经过反复研究，多次变化，到2016年8月，正式确定高中历史学科的核心素养为“唯物史观”、“时空观念”、“史料实证”、“历史解释”和“家国情怀”。《普通高中历史课程标准（2017 版）》指出：“唯物史观是诸素养得以达成的理论保证；时空观念是诸素养中学科本质的体现；史料实证是诸素养得以达成的必要途径；历史解释是诸素养中对历史思维与表达能力的要求；家国情怀是诸素养中价值追求的目标。通过诸素养的培育，达到立德树人的要求。”虽然目前初中的历史核心素养尚未出台，但《义务教育历史课程标准》（2011 版）在课程设计思路中提到义务教育要“注意与高中历史教学的衔接，为学生在高中阶段的历史学习打好基础”。同时，无论是初中历史课程还是高中历史课程，最基本和最重要的教育理念都在于落实立德树人的根本任务。因此，初中历史教学也应注重培养和提高学生的历史核心素养。

历史组在如何将核心素养落地方面进行了一些思考，探讨出一些实施策略。

（1）唯物史观：结合历史演进的脉络来培养学生的这一素养；用联系和发展的观点分析历史等。

（2）时空观念：绘制年代尺，以时间轴为线索将知识点连接成线；动手制作大事年表，并结合每个时期的相关史实，总结阶段特征；识别与历史事件有关的动态地图和路线，了解历史发展的空间进程等。

（3）史料实证：用图片、文献资料、文物、影视资料等丰富、多元的材料来重现历史，并尽可能还原历史真相；将历史课堂搬到身边的名山、遗址、博物馆等地，让学生实地感受和搜集资料等。

（4）历史解释：用各种形式帮助学生理解历史概念和历史名词；激发学生批判性思维，促使学生在深刻思考后做出理性判断；绘制思维导图和结构框架等。

（5）家国情怀：通过大量的图片、视频、文字材料，设计层层深入的情感渲染情景，充分调动学生的情绪，从直观的体验中去培养民族自信心和自豪感，培养学生牢记历史、勿忘国耻的社会使命感和责任感，让历史与现实有力对接；通过各种体验活动让学生认识血肉鲜明的历史人物，体会纷繁复杂的人物情感，感受恢弘壮阔的历史瞬间，了解跌宕起伏的历史事件等。

（三）对历史教材的理解和分析

2009 年，中央宣传思想工作领导小组召开会议，指示教育部要组织编写德育、语文、历史三科教材。经过不断修改，新的部编初中历史教材于 2016 年正式开始使用，到今年已经第三年，目前教材还在不断完善中。

1. 部编版初中历史教材的主要特点

（1）全面加强历史学科素养的培养，以唯物史观为指导思想，将正确的价值判断融入历史叙述与阐释中，做到了思想性和科学性的统一。以通史体系介绍历史发展线索，淡化主题，强化历史的时序性。通过培养材料研读能力，让学生学会思考、解释历史。通过内容的选择和安排，最终培养学生的家国情怀。

（2）突出历史教育的时代性。比如教材增加了北京奥运会、中国特色社会主义理论体系、科学发展、社会和谐、中国梦等治国理政的最新理论和实践成果等内容。

（3）符合初中学生实际，突出主干，减少枝杈。教材内容较以往的难度有所下降，知识总量有所降低。如中国古代史上、下两册，总共41课，比原先的教材减少了3课。

（4）注重引导学生更好地理解中华民族多元一体的发展格局，注重弘扬中华优秀传统文化，重视革命传统教育，加强了爱国主义教育、民族团结教育、国家主权意识教育。比如6册教材中有2册集中讲授反映中华优秀传统文化精髓的内容，涉及中国历史文化名人40多人，科技、文学著作30多部。

2. 教材使用要注意的问题

（1）在课程标准的指导下，认真钻研教材，把握教材的整体结构，搞清楚课与课之间的联系，子目与子目之间的联系。帮助学生形成整体性、全局性的历史认识。

（2）采取有效的策略使学生掌握知识的同时，提高学生学习历史和认识历史的能力，发展历史学科的核心素养。

（3）正确使用教材中除正文之外的辅助部分。这些辅助部分可以有效激发学生兴趣，同时也是对课文中重要知识点的补充、拓展和深化。

（4）紧跟新教材步伐，跳出固有观念的束缚。对新教材中一些说法的改变，教师需要不断更新，思路不可僵化。

（5）鉴于新教材高于课程标准，对于部分过深过难的内容，以教师解读为主，学生把握关键字、关键词，不宜过度拔高。

八、对生物课程的理解和分析

（一）对生物课程标准的理解和分析

《义务教育生物课程标准（2011年版）》要求不仅要习得科学基础知识，还要领悟生物学家在研究过程中所持有的观点以及解决问题的思路和方法；应该提高生物科学素养，理解生物科学概念和培养学生科学探究能力；应该倡导探究性学习，要逐步培养学生收集和处理科学信息的能力、获取新知识的能力、分析和解决问题的能力，以及交流与合作的能力等，突出创新精神和实践能力的培养。生物课程的内容包括10个一级主题，这10个一级主题下又分为33个二级主题，127项具体内容。

课标科学细致，给教师教学提出了要求和建议，具体到教学中的落实，长郡双语生物组认为首先要仔细研读课标，并在此基础上，转变思维，依据学情，制定合理的课程机制，以确保教学目标顺利达成。一直以来，生物组积极探索和运用“激·探·创”教学模式，激发兴趣，激活思维，自主学习，合作探究，联系实际，创新应用。以科学探究为例，不仅在课堂上，老师进行演示实验，师生一起探究，或是学生独立或合作进行实验操作、实验设计、情景剧表演等形式的探究，而且在课外还开展了一些自主探究活动，如教材实验的拓展、参观动植物标本馆、校内外植物的识别和调查、植物标本的制作、生物模型制作、食品的制作等生物技术的运用、生态瓶的制作等。

这些活动都注重生物核心素养的培养，注重亲身参与探究过程，习得知识，体验过程，领悟方法，训练思维，养成科学态度，培养社会责任，提高科学探究能力和终身学习的能力。

（二）对生物课程核心素养的理解和分析

生物学科素养包括生物核心素养一：生命观念。生命观念包括以下七个方面：结构与功能相适应、进化与适应观、物质和能量观、人与自然和谐发展观、生命系统观、平衡稳定观、可持续发展观。生物核心素养二：理性思维。理性思维包括分析思维和综合思维、发散思维和集中思维、演绎思维和归纳思维、比较思维和类比思维、批判性思维等。生物核心素养三：科学探究。科学探究又包括操作技能、探究能力和综合能力三方面。生物核心素养四：社会责任。

生物组在贯彻落实新课程标准要求和学科核心素养方面进行了一些初步尝试。以生物学科核心素养培育为例说明。

（1）生命观念。通过制作模型（如肾单位模型、草履虫模型、各种细胞模型、叶片气孔模型、鸟类的双重呼吸模型、关节模型、人体肺泡模型等）、实验、绘图和参观标本馆等形式来培养学生的结构与功能相适应观念和生命系统观；利用教材实验和课外实验（如制作生态瓶、发酵实验、保护色的形成等）、游戏等形式来培养学生的物质和能量观、平衡稳定观、进化与适应观；利用学生表演的小品、生物手抄报、参加“国际植物日”科普系列活动等形式来培养学生的人与自然和谐发展观和可持续发展观。

（2）理性思维。通过实验（如观察各种植物的器官）、画图（包括概念图）、制作模型等形式训练学生的比较思维、类比思维、发散思维、集中思维和归纳思维等；通过作品展示、自我评价、相互点评等形式培养他们的批判性思维等；通过学生设计中考题、制作模型和实验等形式培养他们的分析思维和综合思维等。

（3）科学探究。主要是通过生物实验技能比赛、对照实验的设计和实施、模拟实验的设计和实施、校园植物挂牌、社会调查等形式进行培养，使学生掌握科学探究的一般过程和一些常用的科学探究方法（包括观察法、调查法、实验法、比较法、资料收集和分析法等）。

（4）社会责任。通过植树节活动、学生的角色扮演、手抄报比赛、社会调查、学生设计的小品、老师创设的情境、学生作品设计设想、利用废弃物制作模型和了解一些与生产生活密切相关的生物技术和健康知识等形式培养学生的社会责任。

（三）对生物教材的理解和分析

人教版初中生物新教材于2012年正式开始使用，目前教材还在不断完善中。教材的主要特点和使用时应注意的问题如下：

1. 教材的主要特点

（1）注重构建知识体系，突破以学科为中心的知识体系，构建以生物圈为基本点的新体系。

（2）凸显了生物核心素养的培养，整套教材中安排了系列化、多样化的科学探究活动，重视培养学生主动进行探究式学习的能力。

（3）注重科学方法的教育，了解生物科学史本身就是一种探究过程的重现，帮助学生树立终身学习的理念，培养学习与探究能力。

（4）重视能力培养的梯度设计，培养学生理论联系实际的能力。

（5）注重生物学概念，在“课程内容”中列出了50个重要概念。

2. 教材使用要注意的问题

（1）在新课程标准的指导下，注重从生物圈的视角构建知识体系，利用概念图、思维导图等形式将知识前后联系，形成整体框架。

（2）教师应该给予学生更多的自主学习探究的时间和空间。教师应为探究性学习创设情境，教师可提供相关的图文信息资料、数据，或呈现生物的标本、模型、生活环境，或从学生的生活经验、经历中提出探究性问题，或从社会关注的与生物学有关的热点问题切入等。小组合作探究时，教师应兼顾不同发展水平的学生，成员间要分工明确并定期互换，使每一成员都有机会担任不同的角色，重视探究性学习报告的完成和交流。

（3）加强概念教学。教学方式可以是讲授、演示、实验、模型、资料分析、讨论等。要理清相关概念的关系，把握其内容逻辑联系，以帮助学生形成良好的知识结构。

（4）加强和完善生物学实验教学。生物教师应根据学校的现有条件，创造条件，就地取材，因陋就简地开设好生物学实验。充分开展课外实践教学，包括必要的调查、访问、参观、资料收集整理以及观察记录等。

（5）深挖教材，培养基本生物学科活动经验和基本生物学科思想（生命至上、结构决定功能、整体大于局部等），切实提高学生的生物核心素养。

九、对地理课程的理解和分析

（一）对地理学科课程标准的理解和分析

《义务教育地理课程标准（2011年版）》总目标是：掌握基础的地理知识，获得基本的地理技能和方法，了解地理环境和发展问题，增强爱国主义情感，初步形成全球意识和可持续发展理念。课程目标注重培养学生的地理技能，又注重培养学生的家国情怀，形成一个相互联系的有机整体。

地理课程是一门兼有自然学科和社会学科性质的基础课程，是一门具有区域性、综合性、思想性、生活性和实践性等五种特性的综合性课程。其课程理念和设计思路非常新颖和贴近生活，具有很强的现实性。课标科学细致，给教师教学提出了要求和建议，具体到教学中的落实，长郡双语地理组认为首先要仔细研读课标，并在此基础上，转变思维，依据学情，制定合理的课程机制，以确保教学目标顺利达成。

（二）对地理课程核心素养的理解和分析

根据地理学科看世界的“视角”、我国百年地理课程的“基因”以及地理课程国际发展的趋势，确定了地理学科核心素养：人地协调观、综合思维、区域认知、地理实践力。地理组在如何将学生学科核心素养培养在课堂中落地进行了一些思考，探讨出一些实施方法和策略。以地理实践力为例，地理组进行了以下探索：

（1）基于地理实践力培养的研学活动目标设定。如2018年暑假，长郡双语开启了针对地理和生物两门学科的福建厦门—武夷山研学之旅，通过此次研学活动，希望达到三个目标：一是让学生们初步学会通过多种途径、运用多种手段收集地理信息，尝试运用所学的地理知识和技能对地理信息进行整理、分析，并把地理信息运用于学习过程；二是学会尝试从学习和生活中发现地理问题，提出探究方案，与他人合作，开展调查研究，提出解决问题的对策；三是学生要学会运用适当的方法和手段，表达、交流、反思自己地理学习和探究的体会、见解和成果。

（2）凸显地理实践力培养的研学活动内容设计。如为达成课程目标“学会地图的阅读和使用”，要求同学们以小组为单位，游览厦门大学，打开App“六只脚”记录游览线路，手绘厦门大学的平面图，要求标注好方向、比例尺、图例和注记，并拍摄沿途美景，重点记录沿线标志性建筑，路名等。

（3）基于地理实践力培养的研学活动评价实施。地理研学课程基本做到了“行前有课题、行中有记录、行后有总结”，保障了实践课程在实践中学习和提高能力的目的。

（三）对地理教材的理解和分析

现代社会要求公民能够科学、充分地认识人口、资源、环境和社会等相互协调发展的重要性，树立可持续发展观念，不断探索和遵循科学、文明的生产方式和生活方式。为了使学生的发展能够适应不断发展的社会，初中地理教材不断在改进中。教材的主要特点和使用时要注意的问题如下：

1. 教材的主要特点

（1）具有综合性特点。初中地理教材初步揭示自然环境各要素之间、自然环境与人类活动之间的复杂关系，从不同角度反映地理环境的综合性。

（2）具有区域性特点。初中地理教材以区域地理为主，展现各区域的自然环境和人文环境特点。如七年级上册是学习全球性区域知识，七年级下册是以大洲、地区和国家为区域进行学习，八年级集中学习中国区域的知识。

（3）注重学生核心素养的培养。初中地理教材突出当今社会面临的人口、资源、环境和发展问题，阐明科学的人口观、资源观、环境观和可持续发展的观念。培养学生保护环境、节约资源、低碳的生活理念。

（4）突出生活与地理的联系。初中地理教材紧密联系生活实际，突出反映学生生活中经常遇到的地理现象和可能遇到的地理问题，比如日常生活中方向辨别和乡土地理的学习等。

（5）注重地理知识的实践性。初中地理教材含有非常丰富的实践内容，比如地图的运用、地理图表的绘制、野外考察等，是一门实践性很强的课程。

2. 教材使用要注意的问题

（1）充分运用地图，突出地理事物的空间分布、空间差异和相互联系。要教会学生通过阅读、使用地图和绘制简易地图，掌握阅读、观察地图的基本方法，逐步发展学生从地图中获取地理信息的能力及利用图像说明地理问题的能力。引导学生学会分析地理各要素之间的相互作用和联系。引导学生从容易到复杂，不断理解地理事物的空间差异和空间联系，从地理的视角看待地理现象和地理问题。

（2）丰富地理课堂教学方法，联系生活实际。初中地理教学应坚持启发式教学原则，提倡探究式学习，培养学生的探究意识，可以通过层层设问、生活情景导入等方法，引导学生独立思考、自主学习，体验解决地理问题的过程，逐步掌握分析和解决地理问题的方法；还可以把教材当成阅读材料，培养学生通过筛选材料提取地理信息的能力。

（3）注意对学生创新意识和实践能力的培养。要培养学生独立思考的习惯，鼓励学生大胆质疑并提出自己的观点、看法。

十、对音乐课程的理解和分析

（一）对音乐课程标准的理解和分析

音乐课是人文学科的一个重要领域，是实施美育的主要途径之一，是基础教育阶段的一门必修课。在新的时代背景下，初中音乐课程以音乐审美为核心，使学习内容生动有趣、丰富多彩，有鲜明的时代感和民族性，引导学生主动参与音乐实践，尊重个体的不同音乐体验和学习方式，以提高学生的审美能力，发展学生的创造性思维，形成良好的人文素养，为学生终身喜爱音乐、学习音乐、享受音乐奠定良好的基础。

课标科学细致，给教师教学提出了要求和建议，具体到教学落实，长郡双语音乐组认为要以音乐审美为核心，坚持先进文化导向，按知识的不同类型进行授课，将课程主要分为欣赏课、歌唱课、合唱课等新课教学和初三音乐复习课的高效模式。注重知识的关联性，引导学生树立正确的审美观念，帮助学生培养健康的审美情趣，陶冶情操，提高感受美、鉴赏美、表现美、创造美的能力，以全面提高学生的核心素养。

（二）对音乐课程核心素养的理解和分析

教育部发布的《关于推进学校艺术教育发展的若干意见》，明确指出艺术教育对于立德树人具有独特而重要的作用，学校艺术教育是实施美育的最主要途径和内容，将学生的艺术素质教育作为促进学校美育教学的核心。对于如何促进学生的艺术素质教育，教育部在《关于推进学校艺术教育发展的若干意见》中制定了一系列的保障政策，其中就包括要将艺术课程纳入必修课范畴，要求艺术课程课时不低于总课时的9%。

（三）对音乐教材的理解和分析

音乐教育教科书根据《义务教育音乐课程标准（2011 年版）》编写，由教育部审定，湖南文艺出版社出版，是目前湖南省主流教材。

在湘版初中音乐教材内容里，包含有音乐欣赏、体验演唱、表演、音乐常识等多个领域，而音乐感受与鉴赏是学习的重要领域，这也无疑是培养学生音乐感受能力和审美能力的有效途径，是整个音乐学习活动的基础。音乐基础课程的开设，保障了艺术素质教育的开展，对全面提升学生的艺术修养、审美体验、自信心和艺术表现等方面，有着重要意义。教育是朝着情感、素养为核心的方向实施的，愿景是美好的，教师也应该使用正确的教学方法，排除无关的功利价值观，提高自己的教学水平，才能更好地实现对学生情感层面、审美层面的哲学性音乐教育。音乐组认为这套教材具有三个特点，使用中应做到三个注意。

1. 教材的特点

（1）内容丰富，在“精选”和“比例”方面精心安排。教材中收纳了大量的古今中外的精品，各类音乐作品（民歌、戏曲音乐、说唱音乐、歌舞剧、交响乐、协奏曲等），各种中外历史时期的音乐作品，都在教材中得到了合理的选用和搭配。

（2）按主题分类，逻辑结构严谨，螺旋式排列。教材按九个单元（八个主体单元和一个拓展单元）编写，“八音和鸣”“泥土的歌”“七彩管弦”“梨园百花”“歌剧览胜”“华夏乐章”按程度递增的方式分布在各个学期。

（3）多样化的“活动与思考”环节，为教学提供参考。教材每课后都精心设计了配合学习本课内容的“活动与思考”，可以作为教师教学方法的参考，也可以作为学生课后的活动提示

2. 教材使用要注意的问题

（1）从学情出发，活用教材。目前初中生大多已经有了自己的音乐观念，可以明确自己喜欢听什么音乐，但是他们的音乐认知还并不全面，没有形成一个科学的音乐观念。在教学中需要设计多元、多层次的教学内容。

（2）加强对传统音乐的重视，促进中外音乐融合。在 5 个学期的音乐教学中，出现了传统戏剧、传统音乐的专题教学内容，还包括 20 世纪“中国新音乐”时期的赏析内容。以往，教师在进行教学的过程中，往往会将外国的交响乐、外国音乐进行重点教学，在音乐教学中出现了“西大于中”的现象。

（3）结合多种教学法，提供多元化情景。充分吸收外国的奥尔夫、柯达伊等出色的教学方法并进行本土化的发展。音乐已经不仅仅是一种听觉的艺术，而是视觉、听觉等感觉全方位于一体的教学。加入了音乐欣赏、音乐表演、演唱、器乐合奏等环节，通过培养学生的聆听能力来提升学生的审美认知，如对西方音乐情感的认知、对中国音乐“内在美”的认知等，养成一种正确的审美认知。

十一、对体育课程的理解和分析

（一）对体育课程标准的理解和分析

体育与健康课程标准落实“立德树人”的根本任务，坚持“健康第一”的指导思想，将促进学生身心健康、体魄强健、全面发展作为核心追求，高度重视培养学生的体育与健康学科核心素养。体育教研组有如下思考：

（1）健康意识以健康锻炼为指导思想，贯穿于体育知识和技能的教育之中，使学生在掌握体育知识和技能的过程中形成加强健康锻炼、提高身体素质的意识。

（2）体育文化主要包括体育知识和体育技能两方面。体育知识主要有人体的生理卫生常识、体育的人文知识以及体育锻炼的基本知识。体育技能则包括体育运动的技能、技巧以及体育评价的技能等。

（3）身体素质主要有运动素质和健康素质两个内容。健康素质不仅仅包括生理状态的健康，还有心理状态的健康，它是运动素质的基础保证，在健康素质基础上进行运动锻炼，才能有效提升自己的运动能力、更好地适应体育锻炼。

（4）强烈的体育意识有助于提高学生的体育兴趣，促进锻炼身体的自觉性和主动性，有利于学生养成体育锻炼的习惯。体育意识受到文化水平、认知能力、思维能力以及心理素质等因素影响。

（5）体育品德反映的是个人在体育活动中的心理特征与倾向，是关于体育的道德规范。体育品德的养成可以更好地规范和指导学生进行积极、有效、健康的体育运动。

（二）对体育课程核心素养的理解和分析

体育与健康学科核心素养是学科育人价值的集中体现，是通过体育与健康学科学习而逐步形成的关键能力、必备品格与价值观念。

体育与健康学科核心素养包括运动能力、健康行为和体育品德。

运动能力是体能、技战术能力和心理能力等在身体活动中的综合表现，是人类身体活动的基础。运动能力分为基本运动能力和专项运动能力。基本运动能力是从事生活、劳动和运动所必需的能力，例如田径是所有运动项目中的基础的、基本的项目；专项运动能力是参与某项运动所需要的能力，如参加我校女子篮球队需要在篮球方面有较强的专业能力。初中学生运动能力发展的重点是发展体能、运用技能和提高运动认知。运动能力的具体表现形式为体能状况、运动认知与技战术运用、体育展示与比赛。依据此，每个年级都有不同形式的表现，初一的跑操练习、初二的篮球训练、初三的体育中考项目为主要内容。

健康行为是增进身心健康和积极适应外部环境的综合表现，是改善健康状况并逐渐形成良好生活方式的关键。健康行为包括养成良好的锻炼、饮食、作息和卫生习惯，控制体重，远离不良嗜好，预防运动损伤和疾病，消除运动疲劳，保持良好心态，适应自然和社会环境的能力等。高中学生健康行为养成的重点是锻炼习惯、情绪调控和适应能力。

体育品德是指在体育运动中应当遵循的行为规范以及形成的价值追求和精神风貌，对维护社会规范、树立良好的社会风尚具有积极作用。体育品德包括体育精神、体育道德和体育品格三个方面：体育精神包括自尊自信、勇敢顽强、积极进取、超越自我；体育道德包括遵守规则、诚信自律、公平正义等；体育品格包括文明礼貌、相互尊重、社会责任感、正确的胜负观等。高中学生体育品德培养的重点是积极进取、遵守规则、社会责任感。

三个方面的学科核心素养密切联系，相互影响，在体育与健康教育教学过程中得以全面提升，并在解决复杂情境的实际问题过程中整体发挥作用。

（三）对体育教材的理解和分析

国家标准教材在倡导自主学习、合作学习、探究学习的同时，提出了传授式教学，而教学是学生与教师的共同活动过程，它不是机械的单向的知识传授，它包含了人与人之间复杂的交流关系，具有艺术的特点。此外，教师的思维方式、思想品德、知识结构、学习习惯等，无形当中都对学生起着示范作用。

根据体育学科的课程标准，在使用教材时注意的原则有：

（1）在"坚持'健康第一'的指导思想，促进学生健康成长"的理念中，强调课程要努力构建体育与健康知识与技能、过程与方法、情感态度与价值观有机统一的课程目标和课程结构，并强调在重视体育学科特点的同时，融合与学生健康成长相关的各种知识。

（2）在"激发运动兴趣，培养学生体育锻炼的意识和习惯"的理念中，为了防止教师误解"激发运动兴趣"理念，不重视学生对运动知识和技能的学习，导致"放羊课"教学的现象，在强调激发运动兴趣的同时，提出要"重视对学生正确的体育价值观和责任感的教育，培养学生刻苦锻炼的精神"等。

（3）在"关注地区差异和个体差异，保证每个学生受益"理念中，强调各地各校要在保证国家课程基本要求的基础上，结合实际，创造性地展开教学，形成教学特色，提高教学质量，最终帮助学生达到国家课程提出的基本要求。

十二、对美术课程的理解和分析

（一）对美术课程标准的理解和分析

《普通高中美术课程标准（2017 年版）》将普通高中美术课程定位为"艺术学习领域中的必修课程，既与义务教育阶段美术课程相衔接，又具有自身的突出特点"。其根本任务是立德树人，以美育人，促进学生全面而有个性的发展，帮助他们适应社会生活，为其进入高等教育和职业生涯做准备。

初中美术课程主要体现为美术知识和技能的基础性，是为人的未来或终身发展打基础的。注重发挥美术教育在价值引领、心灵涵养等方面的作用，激发学生的想象力和创造力，促进学生全面而有个性的发展，帮助他们适应社会生活，为其进入高一级教育和职业生涯奠定基础。

（二）对美术课程核心素养的理解和分析

当下的美术教育亟须改变“机械训练 + 死记硬背”的传统学习方式，需要更新课程理念、变革学习方式、改变教育评价策略和方法，以培养学生应具备的、能够适应终身发展和社会发展需要的必备品格和关键能力。因此，美术新课标将 2001 年前的“双基”、2015 年前的“三维目标”修订为美术课程五大核心素养，即“图像识读”“美术表现”“审美判断”“创意实践”和“文化理解”，并界定了其内涵，描述了主要表现。

基于上述思考，美术组始终坚持将贯彻落实学科核心素养的基础型课程建设放在教学首位进行探索。

图像识读是指对美术作品、数字图像、影视作品或生活中各种图像符号的造型、色彩、比例和肌理等形式特征，以及材质、技法和风格特征等的认识、比较与辨别。因此，“图像识读”是基于当今图像传播方式变革的需要而提出的。美术组在基础型课程中有意将一些古今中外经典的、有争议的作品引入课堂，引导学生主动辨识，从而培养学生的对美术学科的学习兴趣和信心。

美术表现是指运用传统与现代的媒介、技术和美术语言，通过构思与反思，创作具有思想和文化内涵的美术作品，或用来表达自己的各种想法与情感。“美术表现”是基于交流和表达的需要而提出的。美术组非常注重培养学生利用各种媒介和手段来表达自己思想和情感的训练，让学生掌握一定的美术表现手段，解决学习、生活中的问题。

审美判断是指根据形式美的原理，感知、分析、比较、诠释美术作品中所隐含各种美的因素，分析和辨别生活中的视觉文化现象，进而做出自己的看法与判断。因此，“审美判断”是基于当今人们对判断美与丑的事物需要而提出的。美术组将培养学生敏锐地观察、领悟世界的意识与审美感，引导学生的审美判断力始终贯穿在基础型课程中。

创意实践是指运用联想、想象和变通的方式进行构想与生成有创意的意图，并利用传统和现代的材、工具与方法进行创造和实践。美术组在设计教学中鼓励学生运用联想、想象和变通等方式，进行创造和实践，从而培养学生的创新意识和创造能力，与时代的需求接轨。

文化理解是指从文化角度来分析、诠释和理解不同国家、民族的文化艺术特点，学会尊重并理解不同国家和民族的文化内涵与含义。美术课程核心素养需要通过美术学习后才能逐渐形成，并最终成为人最有价值的一种关键能力和必备品格。

（三）对美术教材的理解和分析

目前正在使用的湘版美术教材，是在湘版美术实验教材使用几年的基础上进行大幅度修订的版本，从编写思想、课题选择、内容组织、作品遴选、栏目设置、学习活动设计上都进行了较好的探索，对义务教育阶段美术课程标准的实施发挥了重要的作用。现行教材已经使用了十年，在当下日新月异的信息时代，尤其是核心素养成为课程建设、教材编写指导性纲领的今天，还存在着一些问题。

1. 湘版美术教材的编写亮点

（1）将学科知识体系先构建再分化，在不同学段逐步提升学业评价标准。如初中美术学科知识体系大致分为绘画、鉴赏、设计、工艺等板块，如继续细分绘画可以分为速写、水粉、国画、版画等画种，设计又可分为标志、书籍装帧、服装、网页、产品等门类。如果把这些知识体系简单罗列，初中生在学习过程中易于感觉疲倦，所以湘版美术教材采取分化策略，将学科知识体系分散到不同学段，但是又注意了知识体系的难易梯度，使得学生在学习过程中始终有自己的兴趣点。

（2）采取开放式的编写思路，不在教材中过于死板地呈现学科知识，将课堂还给教师和学生。一套教材如果只是呆板地传道授业解惑，而缺乏探究批判验证精神，那就仅仅只是教科书而已。湘版美术教材之所以能在全国占据 1/3 以上的市场份额，就是因为给了教师和学生很大的选择空间，每一个课题教师都可以找到不同的切入点，学生也可以挖掘出不同的知识点深入学习。如在学习活动中设置不同难度的探究活动的环节，在超级链接中为师生提供批判、验证的方法和路径等，给予师生较大的拓展空间，所以得到广大一线教师的广泛好评。

2. 湘版美术教材的问题

（1）十年前编写发行的教材放在今天已略显陈旧，尤其是设计板块的教学内容更加突出。如一些图片已经不合时宜，个别定义也不很严谨，某些课题的版面编排不甚美观等。

（2）基于核心素养的探究在当时是走在其他教材的前面，但现在看来还不够深入。如速写头像，没有引导学生去深入思考以前画人的问题以及需要哪些知识、技能才能真正提升观察、表现能力，所以需要教师对教材有具体的思辨处理。

十三、对信息技术课程的理解和分析

（一）对信息技术课程标准的理解

《义务教育信息技术课程标准（2011 版）》指出：基础教育阶段信息技术课程的总目标是培养和提升学生的信息素养。学生的信息素养的内涵为，利用信息技术工具获取、加工、管理、表达与交流信息的能力；对信息活动的过程、方法、结果进行评价的能力；在熟悉并利用技术条件和环境的基础上发表观点、交流思想、开展合作与解决学习和生活中实际问题的能力；积极探究技术应用给社会生活带来的变化，遵守相关的伦理道德与法律法规，形成与信息社会相适应的价值观和责任感，为适应未来学习型社会提供必要保证。

2017 年 7 月，为抢抓人工智能发展的重大战略机遇，构筑我国人工智能发展的先发优势，加快建设创新型国家和世界科技强国，国务院发布了《新一代人工智能发展规划》，明确提出：实施全民智能教育项目，在中小学阶段设置人工智能相关课程，逐步推广编程教育。随后，《普通高中信息技术课程标准（2017 年版）》颁布。新课标以学科核心素养的分级体系为依据，旨在提升学生的信息意识、计算思维、数字化学习与创新和信息社会责任。总体来说，新标准无论从内容的广度、深度，还是知识的层次结构，都发生了很大的变化，不仅融入了许多信息技术的前沿技术，而且对学生信息处理能力提出了更高要求。

依据高中新课标的修订，湖南省教科院发布了《湖南省义务教育信息技术课程指导纲要（试行）》，指出：发展学生计算思维，提高学生利用信息技术解决问题的能力是信息技术学科重要的内在价值。信息技术课程倡导学科知识技能与学科思维方法的结合，引导学生在不同的问题情境中，运用计算思维来解决问题，并将信息技术学科思维方法合理迁移至日常的生活与学习之中，有效促进学生思维能力的发展。

（二）对信息技术课程核心素养的理解和分析

为使初中生能够与高中信息技术课程教学接轨，养成顺应信息时代发展的信息素养能力，长郡双语信息技术组在贯彻落实新课程标准要求和学科核心素养方面进行了一些尝试。以学科核心素养培育为核心，具体措施如下：

其一，调整课程的目标和要求。以学科核心素养的分级体系为依据，提升学生的信息意识、计算思维、数字化学习与创新和信息社会责任。课程的目标设定为提升学生的信息素养，强调构建具有时代特征的学习内容，兼顾理论学习和实践应用，将知识建构、技能培养与思维发展融入运用数字化工具解决问题过程中，让学生体验知识的社会性建构，成为具有较高信息素养的公民。

其二，选择合适的课程内容和结构。新课标以数据为核心，围绕数据、数据处理、数据应用和项目探究，通过提供丰富资源，帮助学生掌握概念，了解原理，认识价值，学会分析问题，形成多元理解能力，并能利用数字化环境进行学习和创新，从而养成一种新型的学习方式。

其三，对课程进行重新编排和设计，以更贴近时代的脉搏。信息组在设计上，从数据、数据采集、数据分析以及如何利用大数据来获取有用信息出发，通过列举生活中常见的信息技术应用案例，让学生了解隐藏在数据背后的重要信息。

（三）对现行信息技术教材的解读与教材校本化的实施

我国信息技术教育起步晚，各地实施信息技术教育的经费投入、基础设施、师资水平、评价制度等存在较大差异，课程开设情况参差不齐，学生起点差异较大。因此，目前信息技术教材并没有统一的部编教材，而是由各省相关教育主管部门编写或推荐。目前湖南省现行教材的内容与版本的更新速度迟缓，致使教材明显无法突出信息技术课程特有的时代特征与专业特征，不能反映信息技术的发展趋势，无法满足学生的兴趣与需要，也无法实现对学生核心素养的有效培养。

信息技术课程标准中明确指出：教材编写应建立在充分调研的基础上，适应不同地区信息技术教学的基础和条件，同时也鼓励各地各校在达到基本要求的前提下，因地制宜，特色发展，设计和开发具有自身特色的校本教材。

长郡双语信息组通过对《普通高中信息技术课程标准（2017 年版）》和《湖南省义务教育信息技术课程指导纲要（试行）》的解读与研讨，为使学生能够与高中信息技术课程教学接轨，培养顺应信息时代发展必须具备的核心素养，结合信息组长期以来的教育教学实践经验，尝试抛开旧教材的教学方式与内容，尝试通过利用 Scratch 软件及项目式编程教学，以及 Scratch 结合开源硬件编程教学，以培养学生计算思维能力为重点，兼顾对学生的信息意识、数字化学习与创新和信息社会责任的学习，实现信息技术课程核心素养的增强在信息技术课程中的落地。

Scratch 是一款图形化程序设计软件，它很好地解决了学生学习程序设计的种种问题，形象、直观的积木式指令代替了枯燥、难记的代码指令，没有烦琐的语法，减轻了学生的记忆负担。编程如同搭积木，使学生在游戏中轻轻松松就做出各种动画、互动式故事、互动游戏等。在这种有趣的学习任务驱动下，学生不仅会主动、灵活地运用已有知识，更重要的是，能够有序思考、逻辑表达、创新设计，在需求和思维之间不断寻求挑战与平衡。

Arduino 是一款便捷灵活、方便上手的开源硬件产品，考虑到初中生目前的程序设计基础，长郡双语信息组选择支持以 ScratchPi 图形化积木搭建的方式编程的硬件套装，这样的方式使编程的可视化和交互性加强，编程门槛降低，降低学生的学习成本。同时，通过开放的设计平台，以软、硬件结合的方式，将计算思维中的设计概念进一步深化，从软、硬件结合的角度深入了解智能产品原型和应用程序。这种基于开源硬件的项目设计与实施，激发了学生创新的兴趣，培养了学生动手实践的能力，是信息技术课程中实现 STEAM 教育的理想方法。

十四、对劳动技术课程的理解和分析

（一）对劳动技术课程标准的理解与分析

劳动与技术教育是一门综合性强、操作性强的学科。对于贯彻落实党的教育工作方针，深入推进素质教育，重点增益学生的创新精神和实践能力，培养当代社会需要的高素质人才和创新型劳动者有着重要的意义。

在劳动与技术教育中，劳动教育是我国基础教育的一个重要方面，对增益学生的劳动观念、磨炼意志品质、树立艰苦创业的精神以及促进学生多方面的发展具有重要的作用。现代社会日新月异的技术革新又要求劳动教育与技术、家政、职业教育紧密地联系在一起，使学生获得终身进行技术劳动和技术学习的能力，成为未来的合格劳动者。加强劳动与技术教育是提高整个中华民族的科学技术素养、促进经济与社会的可持续发展的有效举措。综合实践活动是义务教育阶段的必修课程，劳动与技术教育是综合实践活动的重要学习领域，它以学生获得各种劳动体验、形成良好的技术素养、增益创新精神和实践能力为目标，强调动手与动脑相结合，以探究性、操作性为特征的一门实践活动课。

（二）对劳动技术课程核心素养的理解和认识

劳动技术学科的教学活动，能使学生接受劳动观念和创新精神的熏陶，养成良好的劳动行为习惯，初步建立技术价值观；形成乐于交流、善于合作的团队意识和不断进取的创新精神；培养学生振兴中华、服务人类的使命感和责任感。劳动技术学科中蕴藏着丰富的民族文化教育资源，教师要挖掘教材中固有的德育资源，紧密结合学生思想实际，发挥劳动技术学科课堂教学在民族文化教育中的主渠道作用。在教学过程中，设计思路要符合民族文化教育的理念，立足学生民族传统的学习能力、应用能力与鉴赏能力的培养。这样能够增强学生对祖国文化的认同，从而自觉传承民族民间技艺，关注个人的人文修养，增强民族自尊心和自豪感。在中国结的编制、布艺等实践操作中都可以很好地找到培养学生爱国主义精神和建立民族文化归属感的切入点。在劳动技术教学中间类似的案例很多，例如中国结、中国传统节日饰品制作等。

（三）对劳动技术教材的理解和认识

目前长郡双语使用的劳动技术教材是依据教育部制定的义务教育课程《综合实践活动指导纲要》编写而成。七年级上册主要内容为营养与烹饪、消费与理财等，七年级下册主要内容为园林花卉、编制与刺绣等。教材内容非常丰富，在授课过程中，对教材案例的选择非常重要。在教学过程中，劳技组始终坚持“教材是最重要的课程资源，但不是唯一的课程资源”，根据学情、校情，结合教学情况编写了《手工之美》教材，辅助教材中案例的选择。现将教材使用情况小结如下：

1. 教材案例的选择

（1）教材案例选择要注意方向。要注重案例的选择要贴近学生的生活，材料要简便易得，技法要简单易操作，让学生能在课堂时间内完成作品，学有所获。

（2）案例选择要符合学情。七年级的学生从小学阶段过渡到初中，学习科目的增多会让学生学习压力比较大，如何提高课堂效率，让学生对本学科有兴趣，需要教师提高课堂魅力，用课程内容吸引学生。由于学生生活经历欠丰富，需要教师谨慎选择课程案例。

（3）教材案例选择要具有实用价值。在应试教育的大环境下，学生从心理上对劳动技术学科的学习呈现一种较轻松的状态。因此，在选择案例教学时，让学生通过学习获得一定的成就感是很有必要的。

2. 教材使用时需注意的问题

（1）时效性的问题。七年级上册第五章《合理支配零用钱》第三节《辨别人民币》的内容是以2005年版第五套人民币为例，目前我国已经出版了最新版本人民币，本章内容已经不具备时效性。

（2）实践操作的难度。七年级上册主要内容是营养与烹饪，主要是讲解食物的营养分析和合理安排膳食等，但从课堂实施和教学效果来看，无论从工具、材料的准备、操作的安全性等都给课堂教学实施带来不便。如果只是单一的理论讲授，学生的学习兴趣就难以调动，教学效果不会理想。七年级下册内容以园林花卉为主，在课堂操作性上实施难度也比较高。

（3）部分内容过于简单，技术含量不高。七年级上册教材第二章烹饪技术基础中讲授厨具的卫生与消毒，择菜、洗菜与切菜以及炉具的实用等。课堂实施上工具材料的准备难度大，课程内容技术含量不高，内容过于简单。

第二节　基础型课程资源的开发

广义的课程资源指有利于实现课程目标的所有因素，是形成课程资源的要素来源，是实施教学直接而必要的条件，是满足课程活动所需要的思想、知识、人力、物力等。狭义的课程资源指形成课程的直接来源。课程资源是与课程目标、内容实施和评价有密切联系的课程外部系统。

基础型课程资源的开发，需要教师富有创造性地工作，积极深入地钻研教材，进行大量的研究，形成个性化的、符合实际情况的教学资源，更好地为教学服务。这有利于学生提高学习热情，丰富学习内容，拓展学习空间，改变学习方式；有利于提高教师的课程意识和教学能力；也有利于丰富学校的基础课程内容，提高教学的实效性。

长郡双语各教研组根据学科的不同特点和学生的实际情况，教研组或者教师个人积极地进行了基础课程资源的开发探索。其主要形式有校本作业、微课、微信公众号及其他新媒体等。在基础课程的教学活动中，老师们灵活运用这些教学资源，取得了良好的教学效果。

一、校本作业的开发

作业是教学过程中非常重要的一个环节，是课堂教学的延续和补充，是教师提高教学质量的重要方式，是学生巩固和运用课堂所学知识、提高技能技巧，培养良好思维品质的必需。同时，作业可以训练和提高学生阅读能力、提取信息的能力以及书面表达能力等多方面能力，是师生沟通的一种非常重要的形式。

作业不是课堂教学的附属，而应是课堂教学的延续，更是重建与提升课程意义的重要手段。每一次作业都是学生成长的生长点，是学习过程中必不可少的重要环节。

为了更好地实现作业的功能，学校一直致力于研究开发具有特色的、符合学生学情的校本作业。作业开发以国家课程标准为依据，以教材的知识为基础，注意重点难点的落实，注重不同年级学生的年龄特点，注重不同层次的学生需求，希望能促进分层作业的落实，减轻学生的课业负担。校本作业的开发，形式多样。力求使学生在作业完成中能找到不同学科的学习方法，提高效率，享受成功，得到发展。

（一）语文

语文组精心打造的校本作业《全 A 宝典（语文）》不仅是课堂学习情况的检测，还是基础型课程建设的一部分，更是学生自我能力提升、素养提升的一种手段。

《全 A 宝典（语文）》七年级的体例为：预习自测（由字音辨析、词义理解、文学常识三个板块组成）、夯实基础（由字音、字形、词语运用、病句、排序五道选择题组成）、阅读理解（即课内语段阅读训练）、拓展提升（由相关链接（课外阅读）、经典诵读（诗词赏析）、名言警句、成语故事四个板块组成）。

七年级衔接小学和初中，夯实基础是第一要务。编写侧重于“语言建构与运用”这一核心素养的培育。语文向来讲究“厚积薄发”，特地设计了体例第四部分“经典诵读”“成语积累”，以此潜移默化、逐步促进核心素养“文化传承与理解”的落地。

八、九年级的体例有调整，在“拓展提升”这一环节删掉了“名言警句”这种抄写性的练习，每册一、二、四、五单元加入“综合探究/综合性学习”板块，三、六单元加入“名著阅读”板块。调整的原因是初二、初三学段，学生学习能力增强，理解能力增强，培养其自主思维能力应提上日程。“思维的发展与提升”这一素养是现阶段必须关注的内容。

语文组还组织编写了《全 A 增刊》，以专题的形式，按照语文试卷的顺序，精选试题，有序复习。2019 年，为了部编版毕业生复习时有本可循，语文组积极响应学校要求，组织人员再次编写中考总复习资料《新考重点》，此资料分两本（《早读集》《练习集》），对中考考点逐一解读，帮助广大师生高效备考。

此外，语文组还编写了初二培优教材《唐代诗歌鉴赏》，用“诗歌”品味“文化”，教授“审美”，以期再次强化“审美鉴赏与创造”“文化传承与理解”的核心素养。《培优补短资料（A、B 版）》《文言文第一轮复习资料》《小题训练》《作文训练》等资料，既指向毕业班升学备考，也全方位地整合了教学重难点，更有针对性地提升了学生的思维能力。

（二）数学

数学校本作业包括同步新授课的《数学校本作业》和一轮复习配套用书《全 A 宝典（数学）》，以及二轮复习配套用书《二轮复习专题突破》。《数学校本作业》与数学教材配套，共分为六册。每课时的作业包括选择题、填空题、解答题和附加题，其中拓展题综合性强，为选做作业。题量约 10 ~ 15 道，完成时间约 10 ~ 20 分钟。章节结束时配有 2 ~ 3 个单元小结和一份单元测试卷。习题的设置注重难易分层，采用梯度化的难度设计来满足不同学生的需求，让不同的学生在数学上得到不同的发展。

《全 A 宝典（数学）》作为中考一轮复习资料，不再局限于教材顺序，老师们创造性地将知识内容进行整合，分为“数与代数”“图形与几何”“统计与概率”三个部分。每一课时内容包括课堂部分和课后作业。课堂部分开设了以下栏目：知识链接（将教材最重要的基础知识用填空题的形式呈现，并将易错点单独重点标记，起到归纳总结、加强记忆的作用）、典例分析（选择不同类型的中考经典真题或模拟题进行剖析，引导学生归纳总结解题技巧与思想方法。每道例题都配有变式题，帮助学生检查掌握情况，做到举一反三）、中考演练（选择典型的中考真题来练习，其中以长沙市历年中考真题为主，使考生体验和感悟中考，明确中考要求）。课后作业以过关练习为主，力求以最少的习题来实现知识的全面覆盖，以最经典的习题来实现方法的全面归类，以最新颖的习题来实现思维的全面拓展。

为了提高复习效率，更有针对性地迎接中考，《二轮复习专题突破》按照往年中考数学知识内容和命题题型来编写，共分为 14 个专题，合计 33 课时。每一专题包含课堂例题和课后作业，多为中考真题或改编题、原创题，旨在帮助学生熟悉中考命题的方向、难度，进一步调整学习方法和策略，帮助学生了解自己的掌握情况，找到学习漏洞，并对其进行针对性的强化训练，提高综合能力。尤其是对令学生感到困难的阅读理解题，老师们做了系统性的复习，来加强学生的阅读理解能力、知识的灵活运用能力，进一步发展学生的核心素养。

数学校本作业既注重基础知识的强化，又重视学生数学思维、核心素养的发展，在数学校本作业的辅助下，教学质量稳步提升。学生的数学学科核心素养得以全面提高。在老师们的不断修订下，数学校本作业必将在教学中发挥更大的作用。

（三）英语

英语校本作业的设计严格遵循了初中不同学年的教材体系，初一侧重语言基础，初二是语言能力，初三则是语言的运用和应试训练。老师们根据每个单元的课时安排，把校本作业分成了 Section A，Section B，Self Check 以及精选题目。事实证明，这样的模块区分是合理的，既精简了作业量又达到了训练的目的。到了初三，由于教材难度的加大和中考的要求，老师们再次进行调整，增加了两个部分——语法专练和阅读训练，旨在强化语法模块的熟练度和训练中考新题型和易失分题型。

在编写英语校本作业的过程中，除了以课本为纲，题目的设置尽量科学合理并且有针对性之外，还重点考虑了学生的学情差异，做到题目有梯度性、层次性。比如在每个模块当中会设置一到两个当下课本还没学到的短语或者语法，层次较低的学生可以选择跳过，但有能力的同学可以完成，这样就避免了因作业过于简单而“吃不饱”的情况发生。老师也可以适当拓展提升。

对于学生而言，英语校本作业让基础薄弱的学生巩固了基础，中等程度的学生强化了知识技能，学有余力的同学优化了知识结构。对于教师而言，英语校本作业更好地检验了课堂教学效果，让他们有效调整和改善教学内容。目前英语校本作业的完善还有许多的工作要做，比如在设计的多样化、发挥学生的合作性和探究性方面还有很多需要继续完善和探究的地方。

（四）物理

物理组校本作业以《义务教育物理课程标准（2011 年版）》为纲领性指导文件，根据长沙市使用人教版初中物理教材内容，参照课程标准所规定的内容、要求及相关的附录，结合学校初中教学实际，涵盖各学科中考试题中常见的相关考点知识，重点解读中考经典考题的命题思路，找寻相应的解题方法与应考技巧。

主要内容由以下几部分构成：①课前自主预习（10 分钟）：明确复习目标，完成基础过关，自主梳理知识，构建知识网络。②课堂考点训练：自测—交流—反馈（15 分钟）：学生精练，互对答案，讨论交流，提交反馈，老师点拨。③重点题型巩固提升（15 分钟）：精选重点题型训练，注重思维方法和解题技巧的训练，举一反三，例题结合变式训练，重点过关，难点突破。④自测过关（10 分钟）：课堂自测，复习小结，知识升华，能力拓展。⑤课后巩固练习（20 分钟）。

精心编制作业，让每一堂课都能真正做到对基础知识点、中考热点和中考难点的渗透，提高了课堂教学的有效性。这是一套有双语特色、针对学生特点、适合本校学情的学案，精选习题，分层落实，步步递进，让每一堂课都能真正落实，不搞题海战术，避免学生的重复练习，提高课堂教学的有效性，力求做到定位精准、特色鲜明、编排科学、精品出版、实用好用，能切实有效地帮助学生掌握知识，突破重点，学好物理，制胜中考。

（五）化学

化学校本作业包括新授课配套的《全 A 宝典（化学）》和一轮复习配套用书《夺 A 之路》。《全 A 宝典（化学）》分上、下两册，上册涉及内容 1 ~7 单元，共 40 课时，下册涉及 8 ~12 单元，共 22 课时。课时作业包括知识归纳、基础巩固、综合提升、拓展创新、培优拔尖几个部分，完成时间约 10 ~20 分钟。其中知识归纳部分将教材最重要的基础知识用 2 ~3 个填空题的形式呈现，起到归纳总结、加强记忆的作用，引导学生学会总结，勤于反思。其余部分分层编写，针对学生的差异性，设计多梯级、多层次的作业：基础巩固部分要求所有学生完成，综合提升部分要求冲 B 学生完成，拓展创新部分要求保 B 冲 A 学生完成，培优拔尖部分建议保 A 冲 K 学生完成。因材施教，分层实施，使不同层次的学生均有收获，使学生在解决问题的过程中，逐步学会分析问题、解决问题的方法。

《夺 A 之路》本着方便教学、注重实效的宗旨进行编写和优化，设计内容分为以下两个部分：第一轮基础过关，第二轮专题复习。第一轮基础过关，以教材单元为顺序进行设计，重在过好教材关，开设了以下栏目：链接中考（选择典型的中考真题进行剖析，使考生体验和感悟中考，明确学习目标，促使学生乐学善学）、直击考点（以本单元中考热点为背景，基础知识分条梳理，凸显基础知识的内在联系，引导学生总结归纳知识及经验，勤于反思）、中考训练（精选全国各地的中考真题和模拟题，进行针对性练习，根据不同情境和自身实际，选择或调整学习策略和方法）。

为了提高复习的效率，二轮专题按知识内容和试题命题特点分为物质构成的奥秘、身边的化学物质、工业流程图、推断题、化学基础实验（模块一：基本操作技能及气体制取，模块二：物质的检验、鉴别与除杂）、综合实验、化学计算共七个专题。每个专题开设了以下栏目：链接中考（熟悉中考命题的方向、难度，了解自己的掌握情况，进一步调整学习策略和方法）、考点指导（包括考点内容整理、试题特点及分类、解题的方法与策略，发展学生学会学习的核心素养）、中考训练（通过中考模拟题进行课后检测和提升，帮助学生提高分析综合性问题的能力）。

为方便同学们对分散的知识系统化，《夺 A 之路》特设四个附录，分别归纳整理了初中化学常见反应及其类型、初中化学需记忆的常见知识点、推断题解题题眼及近年来长沙市中考推断题，以期助力同学们的中考复习。

（六）生物

生物校本作业包括新授课配套的《全 A 宝典（生物）》和一轮复习配套用书《全 A 宝典 · 生物中考总复习》，长郡双语生物组根据本校学生学情，编写了这套与生物课程理念、本校高效课堂理念相契合的校本作业。

《全 A 宝典（生物）》由思维导图、知识要点、基础巩固、能力提升、科学素养五个部分组成。思维导图搭建本节内容的知识框架。知识要点突显本节内容的最精要的知识点。基础巩固着眼基础，注重知识点的点面结合。能力提升联系生产、生活、社会实际，突出能力的培养，科学素养注重培养学生的生物科学素养。

《全 A 宝典 · 生物中考总复习》分为两本，一本是知识要点归纳本，另一本为课时作业本，课时作业本包括基础巩固、能力提升，每部分科学编排，循序渐进。基础巩固着眼基础，注重知识点的点面结合；能力提升联系生产、生活、社会实际，突出能力的培养，注重培养学生的生物科学素养，包括科学探究、实验探究、图形、表格、分析综合训练等题型。

生物校本作业的特色和价值体现在：

其一，生物校本作业开发与生物课程理念相结合。（1）面向全体学生，重视能力培养的梯度设计。结合学生的学习目标，作业设计匹配学生的学习难度，根据学情分层设计，知识要点、基础巩固为基础夯实部分，而思维导图、能力提升、科学素养为能力提升部分。（2）注重核心素养，联系生产、生活实际，关注生物学有关的社会热点。思维导图有利于培养学生对知识的整体性的把握，分析说明题部分多是联系生活的实际问题，如初中生营养摄入情况调查分析、洞庭湖生物多样性情况、血液透析、生物入侵等。（3）注重科学探究。作业设置有一定探究性，每个课时训练都包含实验探究题，出题时注重对发现问题、提出假设、得出结论等基本探究过程的考查，也注重考查学生对证据、数据进行分析判断。（4）注重概念的构建。理清相关概念的关系，把握其内容逻辑联系，以帮助学生形成良好的知识结构。

其二，生物校本作业设计与高效课堂理念相结合。（1）知识点全面，构建知识网络，梳理出易错点、重点、难点。（2）与中考题型联系紧密，每一课时基本都包含生物中考的识图题、分析说明题、科学探究题三种题型。（3）分为课前和课后两部分使用，助力课堂高效。思维导图和知识要点用于学生课前预习。基础巩固、能力提升、科学素养部分为学生课后作业。（4）注重学生的基础知识和解题能力的训练，使学生体验和感受中考原题，同时设计一些原创题，突出能力的培养。

其三，突显长沙生物会考特点。以长沙市中考考标为准，按照考标要求组织命题，优选近几年各地中考的原题或加以改编，选题新，梯度合理，紧贴中考，充分体现长沙市命题改革的趋势。

（七）道德与法治

道德与法治学科的校本作业作为教学内容的一个重要组成部分，由教师根据教学目标，结合学情，自主编写，强调使学生及时训练，及时反馈，使教与学两个方面密切相依，和谐统一。其特点如下：

其一，知能并重，题量适当。校本作业以课时（篇目、章节、单元）为单位，与新教材同步。选题时，基于培育学科核心素养的目的，注意知识与能力并重，基础与综合并重，常规与灵活并重；也着眼于中考要求，起到及时巩固基础知识，发展基本能力，掌握基本方法，提高分析问题和解决问题能力的作用。校本作业注意题量的控制，保证所有学生能在 15 ~ 20 分钟内完成上交。

其二，题型适合，培育素养。校本作业以客观题为主，兼顾主观题或简答题，方便老师在较短时间内完成批改。题型设置部分以培育学生的政治认同、理性精神、法治意识、公共参与这四大学科核心素养为目的。客观题部分，主要侧重于培育学生对一定社会制度和意识形态的认同和赞同，拥护中国共产党的领导，自觉践行社会主义核心价值观，形成宪法至上、法律权威、法律面前人人平等的观念，具有人民当家做主和勇于担当的责任感，了解有序参与公共事务的途径、方式和规则等。主观题部分，主要侧重于培育学生面对经济、政治、文化、社会和生态文明建设中的问题，能作出理性的解释、判断和选择，坚定理想信念，树立“四个自信”，养成依法办事、依法维权、履行法定义务的习惯，主动有序参与社会公共事务和国家治理，承担公共责任，维护公共利益，践行公共精神的意愿和能力，以负责任的态度和行动促进社会和谐。

其三，难易适中，统筹减负。校本作业在习题选配上，简易题、中档题、能力题按6∶3∶1设置，兼顾了基础与提高两方面的要求，使优秀生从训练中感受挑战，一般学生得到激励，学习困难的学生也能尝到成功的喜悦。让每个学生都学有所得，最大限度地调动学习的积极性，提高学生学习的自信心。校本作业的实施，可以对各学科作业实行系统控制，均衡学科间关系，减轻学生的作业负担。

通过精心设计校本作业，将核心素养渗透于校本作业中，让学生以校本作业为载体探究学科核心素养的相关内容，有利于教师及时发现学生知识掌握程度和学科素养养成情况，使教师由设计怎样教，转变为设计学生怎样学，有针对性地及时修正教学，让学生确立主动学习的支点，形成正确价值观、必备品质和关键能力，使学科核心素养的形成水到渠成，从而落实道德与法治学科立德树人的功能效用。

（八）历史

2019年长沙市历史中考考标以五大核心素养为考查基础，长郡双语重在考查学生的唯物史观、时空观念、家国情怀、历史解释和史料实证五大素养。2016级作为历史新教材、新考标实施的第一届。基于这样的背景，长郡双语初三历史备课组设计了新的校本作业，针对学生的学情选择作业内容和形式，培养学生学科核心素养，从而实现高效学习。

新的校本作业的特色是既关注学生的基础知识，也培养学生的核心素养，训练学生中考应考能力。结合学生的学情，历史组将校本作业分为两部分，第一部分为预习感知，采取依据教材内容填空的形式，旨在引导学生阅读课本，搭建知识框架，培养学生的自学能力，促进学生学习能力的提高，进而为提高课堂学习效率做准备。第二部分为限时训练，依据教材采取每课一练的形式，题目来源分为四大类型：原创题型、改造题型、中考真题、经典题型。每一练习包括10道选择题，注重考查学生的时空观念，并结合中考新形势变化，会有部分材料型选择题，锻炼学生的史料实证能力；5道判断题，精选课本中的易混知识点，有针对性地训练学生历史解释能力；1～2道材料题，重点培养学生的史料实证能力，有部分题目的一到两小问为启示或评价类题，意在潜移默化中让学生拥有家国情怀。题目总时量为30～35分钟。

核心素养的培育理念已经成为学校教育的国家意志，具有方向指引性。校本作业编写价值在于更注重学生综合能力的提高。学生通过预习和练习，提升自身的领悟能力。老师通过校本作业的易错题讲解，培养学生阅读史料、论从史出的能力。老师通过对校本作业的编写更加注重将课本与核心素养相结合，提升历史教学教研能力，关注学生文化基础。

（九）地理

为了培养学生地理核心素养，减轻学生作业负担，激发学生学习地理的兴趣，适合学生个性化发展，地理组举全组之力，从灵活性、趣味性、实践性、开放性的原则出发，对初中地理教材的配套作业进行了优化。

地理校本作业分为三大模块：预习尝试、课堂探究以及课后练习部分。

在预习尝试作业部分，老师们根据学生能力水平，在学生自主学习的基础上设计问题。预习部分作业难度不大，但绝不是将教材内容挖去重点内容填空的机械记忆题，而是需要学生真正地对教材内容进行预习与思考才能完成的试题。这样设计才能真正起到督促学生预习和思考的作用。

课堂探究部分作业是针对本节内容的重难点设计的习题。该部分作业要求选取生活中最新的事件，以文字、图片、数据等形式呈现材料，训练学生阅读地图信息、归纳提取信息、综合分析的能力和创新能力。

课后练习部分作业则精选习题，从不同角度对本节重点和难点的内容进行巩固，但又不与前两部分简单重复。而这部分题目有一定梯度，教师可以根据学生的层次差异化地布置作业。

通过优化地理作业，转变过去机械记忆、简单重复、枯燥无味的作业形式，让学生有选择地完成与生活、生产联系紧密的作业，提高了学生学习兴趣和完成作业的积极性，更有利于提高教学效率和培养学生地理核心素养。

（十）美术

美术作业是学科核心素养的落地，它落实到教师的教、学生的学，以及教学的评价过程之中，真正做到教学评的一致性，使核心素养做到可测、可评。因为学科地位等多方面因素，美术作业一直是一个不好测评的环节。美术组吴艳萍老师用了近十年做作业本的尝试，再用三年做了两个相关的校级微型课题，并在全组推广，准备再用三年完成市“十三五”规划课题，希望能在美术作业本这个领域完成相对科学的基础课程评价体系与基础课程资源开发。

下面，以初一年级执教的色彩单元为例，来阐述具体做法：

七年级上册的第三课《画家笔下的色彩》是该册的主要知识点，重点学习认识十二色相环、色彩的基本知识、色彩的运用、色彩如何表达情感……教材中可挖掘的知识点还很多，但是不论哪一点学好了对学生而言都是终身受益的，所以这一知识点的教学往往会多上几次课，力争让学生获得真正的能力。如引导学生思考色彩在美术作品中的作用，怎样才能在美术创作中很好地运用色彩等问题。

学生在美术课堂上做作业的状态是享受的，他们很享受用色彩表达情感的过程。

经过六节课的学习后，学生作业质量有了持续的提高，由一开始的单一的直接表达，慢慢加入了设计感，然后又增加了一些学生非常感兴趣的环节，拓展了生活中的色彩运用。第八节课后，学生的作业质量有了更大的提高，色彩的表现力更强。

老师又先后加入标志设计、服装设计等与色彩知识的运用有关的课程，创设的情境是为学校设计校徽、为十周年校庆设计校服，在反复理解与运用的过程中，可以清晰地看到美术基础课程希望看到的结果：借助视觉形象的方式，陶冶学生高尚的审美情操，把学生培养成具有审美意识、创造能力和生命灵性的人。

美术课堂作业作为美术课程实施的成效显示环节，在很大程度上对应了学业质量标准应该“可评”“可测”的基本原则；与此同时，学业质量标准将学习内容通过不同水平划分，细化评价目标，凸显标准对教学和评价的指导性与可操作性，也使得美术课堂作业的评价有理有据。

二、微课资源的开发

一个崭新的时代已经来临。“互联网＋教育”虽然还未形成成熟的生态模式，但信息技术与教育深度融合已是大势所趋。无论是在慕课、翻转课堂中，还是在现行课堂的变革中，“微课”凭借着其短小精悍的特点和易复制、易传播的互联网基因，都发挥着不可替代的作用。

微课是一种以短小精悍视频为载体的、集各种教学资源于一体的数字化资源包；能支持多种形式学习，如自主学习、个性化学习、混合式学习等；它也是基于信息技术与课堂深度融合的教学改革中不可或缺的元素。

首先，微课最明显的特征就是“微”，“微”具体指短、小、精，这是微课研究者的共识。“短”指时间短，一般是5～8分钟，基本不超过10分钟；“小”指主题小，内容小，容量小，这适用于互联网时代碎片化的学习时间；“精”指选材精细，设计精心。其次，微课的特征是“课”，麻雀虽小，五脏俱全。微课应该有完整的教学设计，有导入、主体框架、小结，同时还有配套的课程资源，如学案、习题等。再次，微课具备信息技术基因，它通过信息技术手段进行呈现，是“互联网＋”时代的产物，容易传播，可在线点播或下载观看，学生拥有足够的选择权和自主权，可根据自己的实际情况暂停、快进、重复学习等。

有关优质微课的开发和有效应用，长郡双语各学科组集体或部分老师作出了尝试。微课在学生的学习和教学的重难突破、学法指导、试卷讲评、解题指导、复习串讲等环节中已经有了常态化的广泛运用。

（一）语文微课

1. 语文微课的开发

（1）定义“微课价值”，选择教学重点。

“微课”的直观性、相对封闭性对于语文学习是一个考验，老师们需要选取具有

“微课”价值的教学点，即突出的“知识点”、学生学习的“重难点”、知识能力的“易错点”、过程方法的“混淆点”，适时有效地地引入微课制作。以古诗鉴赏为例，其中《古诗中的意象》《知人论世的方法》等，都是极具“微课价值”的教材重难点。

（2）建构“微课体系”，形成序列教学。

在具体的教学实践中将微课与课堂教学有效融合，架构“微课体系”，在不同的学段选取合适的“知识点”进行科学设计，有效突破重难点。如“写作指导微课系列”，包括“描写类”“说明类”“议论类”“应用类”四个微课体系，以“描写类”为例，分为“景物描写”“动作描写”“语言描写”“心理描写”“动作描写”和“场面描写”几个小类，再细化到“景物描写”，其中“景物描写”包括“景物描写的技巧”“写作者的情感类别”“古典诗词情景交融的类别”“写作实践中以我观物的方法”等。

2. 语文微课的应用：应用于学生学习的方式、方法

（1）情景化的方法指导，有利于学生随时随地地进行片段学习。

语文的人文性是凝聚在教师课堂语言和文字中的，而工具性，是与理科概念同源的，可以分割，也可以片段化，比如片段作文指导、描写方法指导、阅读技巧指导等，这样的微视频聚焦于语文学科的某一个知识点、疑点、难点或考点，具有重要的学习价值。如此，能逐渐形成素材库，比如“景物描写”“心理描写”“动作描写”等，有利于学生随时随地地进行片段学习。

（2）永久性素材积累，有利于学生反复探究地进行自主学习。

语文微课在给学生提供情趣化的方法指导的同时，还能反复使用和学习，形成永久性的素材资源。学生的一篇描写“雨后澄池”的文章，被老师作为鉴赏素材录制在第一个微视频“景物描写”中，从“顺序让景物描写更有序”“修辞让景物描写更灵动”“角度让景物描写更立体”这三个方面对其进行了赏析，特别是认真分析了角度中的“多感官结合”的技巧，录制成微视频，学生可以反复看，反复学，收获更大。

（3）微课资源建设，有利于学生科学地进行系统学习。

微课指导学生学习一定要结合教材内容来开发微课资源。以“写作”为例，在部编教材试教过程中，结合初中三个年级每一个单元的“写作”进行了微课资源的开发，以长沙市语文教研员刘兵老师“互联网时代的写作教学”课题为平台，在教学中结合微课，改变了学生对以往教学的看法，激发了学习兴趣。

（二）英语微课

在英语课堂上，微课也发挥着独特的作用，提高课堂效率的同时，还扩展了学习的空间性和时效性。英语微课在制作之前，就明确了主题，是知识点传授还是习题讲解，抑或是试卷分析。制作过程中，英语微课也充分考虑了学生的主体作用，让复杂的知识尽量简单化、具体化、生动化。这样可以让学生学习的欲望和动力更加强烈，

对课堂教学产生正向的推动作用。

课前预习使用微课，可以让学生提前对所学内容有所预习，激发兴趣。上课时，在面对难度较大且相对乏味的知识点时，微课讲解生动有趣，能调动学生的课堂积极性。课后，面对试卷或者作业的难点时，微课讲解可以让学生们通过反复观看，达到巩固知识的目的。

以李健老师的“定语从句复习”教学为例。课前，李老师制作了7分钟左右的微视频，简明扼要地阐述了定语从句的概念、关系代词的选择、which与that特殊情况的讲解、定语从句的翻译以及常见易错点。同时根据视频内容设计了10道单选题，让学生在观看完视频后完成，用来检测学生掌握的程度。在课堂上，李老师首先播放了由学生自己制作并且演唱的歌曲《She》的视频，要求其他学生在观看的过程中留意中间的定语从句，从而引入课堂的重难点。在接下来的教学环节中李老师由浅入深，拓展课前微视频所复习的内容，进行巩固练习；结合游戏进行听说读写的训练；以团队合作的方式，完成学习任务进行情感升华。整堂课下来，传统教学中教与学的角色被对调，学生成为课堂的中心。

（三）物理微课

自慕课浪潮以来，长郡双语物理组紧跟时代潮流，有条不紊地深化教学改革实践。从严娇老师率先借用教师进修学院的sakai平台开启第一堂翻转课，到于鹏飞、樊丽丽等老师利用华师慕课平台从物理复习课、规律课、实验课、概念课等不同的课型进行了翻转课堂教学展示，再到刘艺萍、于鹏飞等老师利用天闻AiSchool平台开启了探究新型课堂教学模式的探索。

物理新课标强调，应根据实际内容的需要，选用多种类型的多媒体辅助教学软件，重视多媒体技术的有效利用，让信息技术与物理教学深度融合，调动多种感官，丰富教学资源，促进内化吸收。微课作为科学技术发展、信息化时代的产物，它的到来改变了单一的教学模式，打破了学生学习时空性的限制，优化课堂教学资源，提高教学效率。具体做法如下：

其一，改变教学模式，提高课堂效率。通过近百堂翻转课公开课、视频课、展示课，结合实际教学情况，老师们总结出了一套适合学校的物理学科进行翻转课堂的教学模式，打造了在省内外具有广泛影响的一批初中物理的翻转课堂精品示范课例。该教学模型主要由课前学习和课堂学习两部分组成。这两部分都可利用微课促进教学进度，提高学习效率。

其二，课前预习，导入新知识。物理有很多概念是抽象的，或学生没有接触过，没有见过的。据研究，学生的想象力和好奇心在初中阶段呈下降趋势，根据学习金字塔理论，只靠听讲，学生学习留存率只有5%。为了突破难点，可利用微视频将与要学习的知识点高相关度的生活情境再现，让学生身临其境，抒发自己的观点，并讨论得出关键点。

其三，多元化设计，丰富教学形式。反复单一的教与学会出现教师教得无味，学生学得无趣；教师教得辛苦，学生学得痛苦的高耗低效现象。为了避免这一现象，可利用 AiSchool 平台的抢答功能，用视频加以辅助，瞬间让课堂活跃起来，调动学生的积极性，激发其学习潜能。

其四，辅助实验，满足个性化教学。初中物理课程中不是所有实验都能实际操作，以托里拆利实验为例，由于学校某些条件的限制，无法再次呈现。若以微课为载体，可对实验过程直观再现，让学生觉得新鲜有趣，以提高学生的注意力，加强学生对概念规律的理解。

其五，拓展教学空间，加强课后巩固。学生在自主学习或复习过程中，碰到疑难无法及时查漏补缺，解决问题和盲点，利用微课可以增加复习方式的多样性，激发学生的兴趣。另外，微课具有可以反复观看的功能，学生可以根据自身的情况掌握学习进度，促进学生成长。所以老师们将从知识点到习题，从理论到实验，多层次、多方位、多角度合理地将之融于老师的教与学生的学中，为学生创设更好的学习环境，改善学习途径，使其在积极、愉快的学习过程中，学会知识，掌握方法，提高能力，实现自身发展。

（四）化学微课

1. 化学微课的开发

（1）选题针对微课的选题，通常以课程标准和教材为根据，以核心素养维度下的教学目标为导向，结合化学学科特色，选取课题内容中学生不易理解的重难点、易错点、重要的基础化学实验或课堂演示困难较大的实验等方面内容。

（2）微课的制作质量关系到学生在进入课堂前学习兴趣能否被充分激发，因此微课要兼顾科学性、趣味性和观赏性。微课的制作主要包含选题、撰写微教学设计及脚本、准备教学素材、录制视频、后期处理等。微课的录制方式常见有录屏式、拍摄式、混合型等。目前主要采用集录屏和视频编辑功能于一体的 Camtasia Studio 进行制作。

（3）管理微课的应用需要借助信息平台进行管理，已使用过的有在 AiSchool 学习平台进行微课的发布；上传到 QQ 群共享，供学生线上或下载学习；通过微信公众号进行微课的推送等。学生课前自学微课后，以上方式均可为师生互动提供线上交流互动平台。

2. 化学微课的应用

以翻转课堂教学模式为载体，人教版九年级第六单元“二氧化碳制取的研究”为课例，介绍微课“二氧化碳出生记”在教学中的应用（该微课获得第三届中国微课大赛全国一等奖）。

微课“二氧化碳出生记”教学过程

微课名称	二氧化碳的出生记	
微课教学目标	掌握制取二氧化碳选用的实验试剂、实验装置、收集及检验方法；掌握实验室制取气体的一般方法。	
微视频教学环节与时间分配		
环节	主要内容	时间
介绍主角	引出二氧化碳气体“诞生”的问题	38 秒
二氧化碳的“父母”	通过观看三组对比实验，确定稀盐酸与碳酸钙适合作为实验室制备二氧化碳的反应物	1 分 4 秒
二氧化碳的“出生地”	分析制备二氧化碳的反应物状态和反应条件，确定固液不加热型发生装置，用“NB 化学虚拟实验室”搭建展示多种固液不加热型发生装置	2 分 21 秒
二氧化碳的“出生方式”？	用“NB 化学虚拟实验室”展示收集气体的三种常用方法：向上排空气法、向下排空气法、排水集气法，根据二氧化碳密度大于空气且能溶于水的物理性质，确定选用向上排空气法来收集二氧化碳	47 秒
二氧化碳的检验	通过实验视频和图片动画结合的方式，归纳二氧化碳的检验和验满方法	57 秒
制取气体的一般方法	小结：实验原理→发生装置→收集装置→检验装置	40 秒
布置前测作业	对照任务单完成相应任务及前测练习	4 秒
微视频部分截图	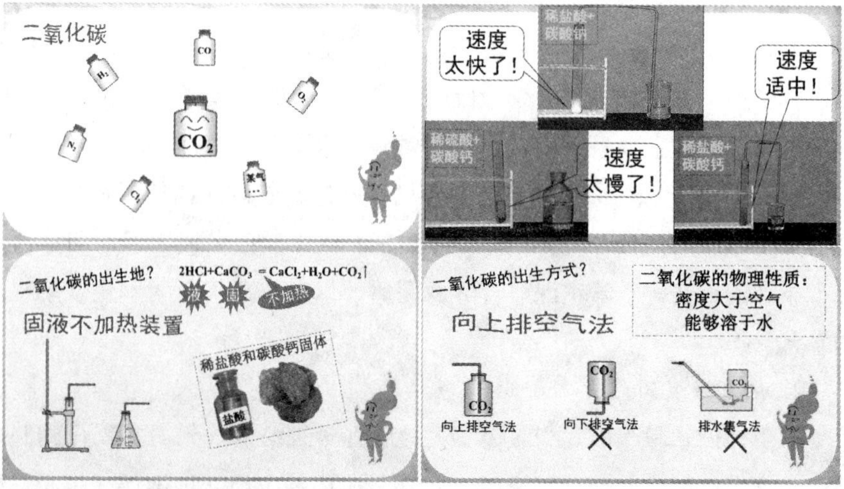	

2. 特色分析

为了增加微课的吸引力和趣味性，“二氧化碳出生记”相比传统微课，做了两项优化。一是采用NB化学虚拟实验室进行仪器装置的组装和制取二氧化碳的全过程，呈现的实验效果更直观、清晰；二是将二氧化碳的制取过程比作婴儿的出生，制取二氧化碳的原料比作其父母，制取装置比作出生地，收集气体的方式比作出生方式等，让学生在故事情节中获取新知。

3. 应用功能

此课例中微课的基础应用功能主要在于课前供学生预习重难点，初步建构基础实验过程，为课上进行高阶实验探究活动预留更大的空间，利于实现高效课堂。基于化学学科特色的应用功能有：一是利于学生发展化学实验核心素养。课前学生通过自学微课，掌握了实验室制取二氧化碳的基本流程，为课中的独立实验操作及小组探究实验奠定理论基础，在多维度的实验方式中不断优化自身的实验素养。二是帮助学生形成建构思维导图的化学学习基本观。学生结合微视频中展示的二氧化碳制取过程及已学的氧气制取相关知识，建构起实验室制取气体的思维导图，课中利用思维导图解决问题，在建构和应用中形成化学基本观。

（五）历史微课

1. 历史微课制作背景与概况

对历史学科而言，“微课”可以让历史书上的文字“活”起来，更生动地呈现历史情境，从而激发学生的兴趣。就学情而言，初中生的抽象思维能力较弱，相比于高度概括的文字，形象生动的历史微课更有利于新知识的理解和吸收。历史组制作了“中国古代外交”“中华远古文明史”“近现代历史风云”“初中历史单元串讲复习”等系列微课。需要注意的是，微课不等于微视频，是以微视频为核心，包括课件、教案、测试题及其他素材为整体的课程资源。

2. 历史微课的设计与开发

一起来重走丝绸之路吧

在不断的摸索中，形成了较为成熟的历史微课开发四步法：首先是确定主题，其次是素材整理，然后设计脚本，最后通过先音后画三步法制作视频。制作一节优质的历史微课，其中最为核心的环节在于设计脚本，脚本不仅包括完善的教学设计。同时，由于微课的使用环境不同于面授，还需要考虑在媒体环境下如何更加高效地传递知识，如何借助信息化辅助技术的支撑，在知识可视化、语义情境化、思维结构化、认知情感化等方面进行更加全面的设计，即“媒体设计”。教学设计与媒体设计构成了微课设计的两大核心元素。如在制作“中国古代外交”系列微课的过程中，不断摸索，将每节微课的教学设计和媒体设计融合为以下四个环节：激趣导入—新课巧授—当堂反馈—拓展延伸。“中国古代外交”系列微课均按照四环节进行开发设计，其中刘蓉芳老师“丝绸之路”一课荣获“全国第三届微课大赛”一等奖，扫码可以观看。

3. 历史微课的应用与效果

（1）微课用于常规课堂。使用微课时，老师需要对学生进行方法指导，如播放之前，要提出问题，提醒学生及时画记、记下疑问；在播放时教师可以根据学情随时暂停；在播放完之后要组织讨论或进行反馈。“中国古代外交”系列微课每个微课均有习题环节，能够很好地起到学校效果检测作用。运用在全年级的历史课堂上，取得了很好的效果，得到了学生和老师们的高度认可。

（2）微课用于翻转课堂。通过学生在学习平台观看微课、完成前测的数据反馈，老师可以更精准地掌握学生的具体学情，调整教师的教学设计，从而真正实现以学定教。课堂上则主要采用前测答疑、整体感知、探究互动、小组合作等方式来针对性地突破重难点。采用这种模式的历史翻转课例“经济重心的难移”（刘蓉芳老师执教）、“为实现中国梦而努力奋斗”（崔应忠老师执教）均获评教育部部级优课。

（3）微课用于自主学习。历史微课内容涵盖重难突破、复习串讲、学法指导、试卷讲评、解题指导等。自主学习是微课最重要的应用形式，尤其是模拟试卷讲评，寒暑假作业讲评的主流方式。在长沙市中小学生网络学习中心的平台上，历史组崔应忠、刘蓉芳老师负责制作的“初中单元串讲复习”系列微课，提供给所有长沙市的中学生在寒暑假时进行学习，不仅能很好地指导学生理清思路、复习要点，也为教育的均衡发展起到了推动作用。此外，老师可以利用UMU等网络学习平台，搭建基于微课学习的线上教室，学生不仅可以在线上教室里用微课进行自主学习，还可以上传作业进行互评，老师也可以通过语音的方式进行及时答疑。

三、微信公众号及其他新媒体的开发

最近几年移动互联网和新媒体技术得到飞速发展，微信公众号作为一种新媒体平台广泛应用于教育教学和自主学习领域，许多学者和教学研究者积极开展微信公众号作为移动学习平台应用的研究。在长郡双语实验中学，一批敢于创新的老师顺应新媒体发展趋势，开通个人微信公众账号作为传统课堂的延伸和补充，助力教学教研，影响巨大。

历史学科公众号“猫眼观历史”，立足于分享前沿教育技术，创新历史教学方式，打造公众交流平台。

道德与法治学科公众号“中学道法园地”，立足教材研究，运用最新信息化手段解读教材重难点，积极透视社会热点，开阔学习视野，服务广大师生。

物理学科公众号“竹竹物理”，专注于初中物理教学和中考研究，为教师搭建高质量的教学研讨交流平台和考试信息，为考生提供复习建议和共享资源。

地理学科公众号“地理星河”，分析教材重难点，介绍学习方法，以“地理眼”观生活，品美食，解析风土人情，成为教师搜集素材的窗口、学生快乐学习的帮手。

历史学科音频学习平台，利用知名音频分享平台喜马拉雅，开设音频栏目，助力历史学习，激发学生兴趣，增加历史知识积累。

（一）“猫眼观历史”微信公众号

创办人：刘蓉芳　崔应忠

创办时间：2016 年 7 月

历史学科的微信公众号“猫眼观历史”，定位于“创新历史教学方式，分享前沿教育技术，打造公众交流平台”，打造了“品微课”和“收干货”两个核心板块，成为非常重要的历史教与学的平台。

首先，“猫眼观历史”是一个研究成果的呈现平台。长郡双语历史教师敢为人先，积极开展互联网时代下教学改革研究，推动信息技术与历史学科深度融合。在微课制作与应用、翻转课堂教学改革，教学 App 应用及音频资源开发与利用等方面进行了积极探索，及时在公众号中发布研究进展与成果，并应用于学生学习，吸引了全国万余人关注。

其次，“猫眼观历史”是一个学习资源的集聚平台。公众号核心板块“品微课”分为“古代辉煌”“近现风云”“世界万象”“音频微课”和“学法指导”五大部分。前三部分按照时间顺序制作、整理、分享了大量的优质历史微课，初步构建了历史学习微课资源库。第四部分主要是音频资源，涵盖了初中六册教材内容。第五部分包括解题方法、笔记方法、阅读方法等学法指导类微课。绝大部分资源都是原创，同时还引进、补充了全国的优质微课。

最后，“猫眼观历史”是一个师生互动的交流平台。微信公众平台是普遍使用的交流工具，它可以发布微课和文章，还有留言讨论和自定义回复等功能，借力这些功能深耕历史教学教研。在这些原创的序列化精品微课中，制作教师深入浅出地对历史学习的重难点进行讲解，不仅生动活泼、引人入胜，且结构完备、直击痛点。与微课配套的有学法指导或内容说明，以助力学生的高效学习或教师的教法交流。如“微课 · 部编本七上单元复习”，老师将资源在课前推送给学生，学生根据自己的情况学习微课（可暂停、快进或重播），并根据资源中的学法指导绘制思维导图。在课堂上以学定教，利用学生的生成性资源进行针对性的突破，取得了很好的效果。

“猫眼观历史”微信公众号

“猫眼观历史”借力网络平台，不仅使本校师生受益，还受到了全国同行的认可，发挥了良好的学科辐射作用。

（二）“竹竹物理”微信公众号

创办人：朱志华

创办时间：2016 年 12 月

随着移动信息技术及互联网的快速兴起，智能手机的普及，微信和微信公众平台被越来越多的教师、家长和学生群体使用，也为信息技术促进教学效果的提升起到了很大的辅助作用。为此，针对初中物理教师和初二、初三年级的学生，朱老师开发了微信公众号“竹竹物理”。教师、家长和学生只需要有一台智能手机，微信关注“竹竹物理”公众号就能及时观看最有趣的实验课程、最精彩的名师教学实录、最有效的在线研讨。

“竹竹物理”微信公众号

借助微信公众平台越来越强大的在线研讨功能，为促进物理教师之间的教学交流和实现教学资源的共享，“竹竹物理”为物理教师搭建了交流的平台。同时，借助微信公众号为教学中的交互应用提供了技术支持。针对初二、初三的学生，“竹竹物理”公众号设计了“试题研究”“中考研究”“名师优课”等栏目，既给初中学生的移动学习提供了便利，也让老师和学生在这个平台中相互成长与提升。对于初中毕业班的学生而言，公众号里面会更新教学进程和中考的最新信息，研究中考复习的方向并制定中考复习的相应对策，同时有针对性地发布中考复习资源和独家命制的中考原创题，让每一个奋战在中考战场的孩子们有所悟和有所获。在 2019 年 3 月至 6 月这段时间内，针对长沙市中考物理，微信公众推出了“实验专题”“填空题专题”“选择题专题”“情景题专题”“计算题专题”“压轴题专题”等系列原创中考复习资源库。这十几期的专题文章资源的推送，文章浏览总量和资源下载总量均破万，得到了读者的普遍好评和点赞。在推送的这十几期的资源中押中了 2019 年的长沙中考大部分题，也证明了“竹竹物理”团队成员对教学兢兢业业的研究和强大的教研能力。

（三）“中学道法园地”微信公众号

创办人：李慧

创办时间：2019 年 1 月

在初中“思想品德”教材统一更名为“道德与法治”的大背景下，学科公众号“中学道法园地”应运而生，致力于新编道德与法治学科教学与中考试题研究。

“中学道法园地”公众号主要包含四个板块：一是教材解读，深度挖掘教材资源，主要内容为“名言警句解读”和“专家带你读教材”两大系列；二是中考研究，主要内容为考纲解读、试题分析和方法指导，传播正确学习理念与方法；三是微课系列，主要内容为新编教材重难点微课，不同题型主观题解题方法微课和典型试题讲评微课；四是“MISS LI 带你看时事热点”系列，积极透视社会热点，把握时代特征，引发思想共鸣。

“中学道法园地”设计了不同题型主观题解题方法微课系列、中考考纲知识解读系列、全国各地中考真题汇编系列、小题训练系列等。微课系列板块中的寒假作业微课讲评，试卷微课讲评系列，一方面可以让互联网上的所有受众平等享受优质教育资源，助推教育公平；另一方面，有效解决了传统课堂中老师一对多教学面临的最大难题——学情不一的境况，学生可以在自媒体中根据自己需求选择教学时间和内容，如暂停、重复收听等。

“中学道法园地”公众号的定位是助力教学教研，分享教育观念、学习方法。在教材解读板块中的“名言警句解读”系列主要内容为六本教材中的所有名言警句解读。在《道德与法治》教材加大中华优秀传统文化教育传承比重的背景下，采用微课形式生动、深入、具体地解读教材中的名言警句，一方面实现了道德与法治学科组与语文学科的融合，另一方面更有利于增强青少年的文化自信，增强文化认同感。“专家带你读教材”系列汇集了部编教材道德与法治教材培训专家的专业解读，通过内容框架和思维导图的形式，架构了六本教材的知识体系。“MISS LI 带你看时事热点”系列板块中的 MISS LI 带你看《流浪地球》、看“315 晚会”、看“两会”、看春运等内容积极的透视社会热点，把握时代特征，将《道德与法治》教材的课本理论知识和国内外大事紧密结合，引发思想共鸣。

“中学道德园地”
微信公众号

（四）“地理星河”微信公众号

创办人：朱文娟

创办时间：2018 年 10 月

为了帮助更多的学生学习地理，也为了促进地理教师的专业成长，地理微信公众号“地理星河”应运而生。

“地理星河”开设了“微课堂”“微资源”“微教育”三大板块。“微课堂”里有图说地理、名著地理、历史地理、时事地理、行走的地理、民俗地理等栏目；“微资源”包括地理实验、微视频、微讲座、教材知识提纲、地理试题等栏目；“微教育”介绍国内外先进教育理念、报道教育新闻和一些国内外教学比赛。

微课堂的各个栏目从不同角度介绍各种地理知识，并尽量挖掘我们生活中的地理问题，目的是开阔学生地理视野，培养地理区域认知能力，训练思维和培养地理实践力。如“行走中的地理”之“寒假到东北来看雪”主要以行者的身份介绍作者在东北旅游时的吃喝玩乐，并针对游玩过程提出相应的地理问题。如根据出行准备，提出为什么要带这样的行装，从而介绍东北的位置；来到林区，提出森林防火的问题，再介绍东北的气候；品尝东北美食，提出与东北农业有关的问题；等等。这样的栏目，其内容与教材知识密切联系又具有浓厚的生活气息，对学生有很大的吸引力，有利于巩固课堂所学的地理知识。

“微资源”中的微课充分发挥现代信息技术的优势，结合生活中真实情景，揭示地理原理或解答教材重难点。如“南亚季风”从南亚居民在干旱炎热中祈求下雨的情景出发，带学生探究南亚季风气候三季的成因这一难点，给学生个性化学习提供条件。

“地理星河”力图搭建有利于促进教师交流、帮助学生学习地理的平台，许多栏目还在改进和完善之中。

（五）喜马拉雅历史音频学习平台

历史学科内容繁多，为了帮助学生更好地理解和学习，历史老师们想到了“听”的方式。历史组刘蓉芳老师还开创性地研发了系列音频学习资源，包括“猫眼读教材”“猫眼小串讲”“个性化音频答疑与复习指导”等一百五十多个音频，不到一年时间，累积播放量超过百万次。

“猫眼读教材”是把教材的重点内容进行有感情的朗读，再配上符合历史情境的配乐，制作成音频。“猫眼小串讲”则是单元串讲音频，其中不仅有老师的讲解，也鼓励学生根据平时的教材和笔记，根据复习主题自己动手进行梳理，做自己的串讲小老师，进行音频的开发录制。“个性化音频答疑与复习指导”主要是通过问卷调查了解学生测试卷的情况，由学生选出难度大的题目，教师根据难度排序，录制讲解音频，再发送给学生进行对照学习。

用“听”的方式来进行预习和复习，一方面可以充分利用边角余料的碎片化时间；另一方面，对于听觉偏好型的同学而言，“听”与“看”相结合进行学习，效果要远远超过单纯的“看”。在调查问卷的反馈中，音频微课受到了学生的广泛好评。很多学生通过碎片化时间（如睡前、车上）对历史知识温故而知新，在增进知识理解、提高学习兴趣和改进学习方法上都取得了较大突破，成为了学生学习历史的好助手。

可扫码收听：

第三节　基础型课程的高效实施

毋庸置疑，基础型课程的高效实施是落实课程任务的关键步骤。长郡双语在课程建设的过程中一直把“深入研究高效课堂，提高课堂教学的有效性”作为学校发展的重要任务之一。2012 年 12 月 14 日，长郡双语举办了首届“高效课堂”研讨会，到 2019 年一共举办了八届。几年来，研讨主题从最开始的“探讨及形成各学科的高效课堂模式”到“建构基于学生有效学习的教学模式”，再到“信息技术助推高效课堂”，直到 2019 年的“核心素养在课堂教学中落地”，学校的“高效课堂”研究不断发展和深入，很多学科都已形成了极具科目特色的高效课堂模式，如物理学科的“三案四步”模式，化学学科的“2S－5C”模式，等等。在基础课程校本实施的过程中，在“高效课堂”研究的助力下，许多教师已从“知识逻辑”中跳出来，站到“学生发展”的角度来变革自己的课堂。

一、语文学科：阅读及写作课堂高效教学模式的探索

语文课堂作为语文教学的中心环节，是培养学生人文素养的重要途径。高质量的语文课堂教学能使学生在语言、思维、文化、审美等方面获得全面的提升。如何探索课堂高效模式便成为了语文课堂教学的重要课题之一。

对于语文学习而言，阅读和写作从来都是重中之重，同时也是教学的难点。因此部编版新教材加大了对这两块的编排力度。

新教材着力提倡阅读。六册语文书重点推荐了《西游记》等 12 本中外名著，并以“名著导读”的形式重点标记。新教材阅读板块的创新性非常突出，逐册逐步予以不同的明确的阅读方法及策略指导，如“精读”“跳读”等，力图实现到“授人以渔”的重大转变。同时减少了每单元的教读课文，增加了推荐阅读、课外阅读，以延伸语文阅读的广度与深度。再以写作为例，新教材每单元均专门设立“写作”这一内容。增加了写作指导的内容，方法更加具体，且题目接地气，如“学会写事”“写人要抓住特点”等，从学会写到细致写，写作要求螺旋式上升。

教材的改革意味着机遇潜伏。明白了这一点，长郡双语语文组的老师们反复探讨，借新教材的东风，对这两大块的课堂教学进行了探索。

（一）阅读课：规范课型、明确目标、序列实施

1. 规范课型

结合组内老师的教学感受及学生实际，语文组初步将阅读课分为阅读指导课和阅读分享课两大类型。阅读指导课一般在读书之前或读书之初教授，重点在于教师教授

方法及策略，学生使用方法举一反三或了解策略化繁为简，从而获得阅读体验，提升阅读质量。阅读分享课设定在整本书阅读完之后，力图通过各种形式交流阅读感受，如知识竞答、戏剧表演、撰写读书心得、拟写人物小传、制作读书卡片、绘制阅读手抄报等，旨在激发学生的阅读兴趣，培养学生的动手动脑能力、理解表达能力及团队合作力。比如傅瑶老师的“朝花夕拾”名著导读课就定位为“阅读分享课”，用课本剧展演、团队探究、成果交流、读书卡片展示等方式，循序渐进地引导学生走进经典。同样是“阅读分享课”，陈佳老师将目光投向古诗词，根据学生兴趣进行小组合作，按照“韵、乐、画、剧、最、趣”的顺序进行分享，学生乐中学，趣中思，获益不小。“指导课”与“分享课”在授课时间节点、教学要点、授课形式、训练重点都存在差异，教师想要收获高效的课堂，一定要先确定自己的授课方向。因此，“规范”是开展阅读课的第一步。

2. 明确目标

规范课型是大方向的把握，接下来应有的放矢。“的”是该堂课的课堂目标。以张志华老师执教《走一步，再走一步》为例，该单元语文要素是“默读”“标记喜欢的语句”“抓关键语句理清思路”。基于单元目标，教师确定该堂课为“阅读指导课”。本课也自读课文，因而进一步确定该堂课目标为回顾并引导学生使用“圈点批注法”品读文章。设计课堂“三步走”：一是微视频回顾方法，二是以“我圈划的是某段的某句（词），这可以表现我内心的”为模板，引导学生运用圈点批注法；三是深化方法运用，在单句品评基础上启发学生用“比读法”延续理解分析，做到整体把握。整个课堂目标明显，循序渐进，课前预设均顺利生成。课后，通过对学生发言的整理，学生已能突破教师的范例，自主学会对动词、形容词、副词甚至是标点符号进行个性化解读，高效完成学习任务。聂义忠老师执教的《带上她的眼睛》一课也是颇具代表性，这是初中语文课本第一篇科幻作品，该单元语文要素是“浏览”“提取主要信息”，于是聂老师将这篇自读课文的三维目标之一确定为“快速浏览课文，把握故事情节线索”，并在教学过程中用“一句话概括”“表格填写”的方式确保目标达成，效果显著。由此看来，一堂课，阅读目标要精准，求专不求多，才是课堂“高效”的保障。

3. 序列实施

学习是延续性的工作，课程的建设及实施也应保证其延续性，这样才能环环相扣，稳打稳扎，积跬步至千里。就一堂课而言，当时的引导再精彩，交流再愉悦，收获再丰富，都会被时光的飞尘掩埋。一堂课求精，知识点势必单一，知识体系亦无法架构，给人的印象一定不持久。所以，课程应该序列化。学校的阅读课在新教材的引领下，在全组老师的通力合作下，已逐步呈现序列化的趋势。比如，张志华老师在阅读课堂上提出“圈点批注法”以后，大家意识到“批注法”仍有可为。戴金凤老师在执教《傅雷家书》阅读指导课的时候，借助学生的前测作业将“批注”细化为感悟式批注、赏析式批注、疑问式批注。接着，让学生以团队为单位，分别运用上述批注方法就

《傅雷家书》中的生活细节、人际交往、读书求学、感情处理和艺术修养专题进行批注阅读并现场展示，大家有思有得有疑，气氛活跃，也再一次感受到批注方法的差异：感悟式批注，概括内容，联系生活，感知道理；赏析式批注，点明方法，分析运用，表达情感；疑问式批注，联系实际，质疑批判，分析有据。这堂课来源于前一堂的启发，教学应有整体意识，应有逐步推进、不断探索的意识。只有推进，才有后劲；只有推进，教师的学识才能转变为学生的意识。这样的教学相长，才是真真正正的高效。

（二）写作课：方法教授系列化、内容积累常规化

1. 方法教授系列化

近两年，语文组在这一方面推进较有成效，一系列“作文写法指导课”相继亮相。首先是记叙文写作方面，杨欣然老师“材料作文之审题立意篇”、康江昆老师“日常生活审美之冲突篇”、陈泽泽老师“作文创意表达之巧用物线”、江山老师“作文创意表达之小标题”，兼具实用性与艺术性。为了帮助初三孩子们从多年记叙文“写作生涯”过渡到对议论文谋篇布局的把握，聂义忠老师执教了“议论文框架结构”，王翔老师执教了“议论文初探”，教师们的尝试为孩子们的写作开辟了新的天地。通过这些有意识的作文方法系列化执教，不光是学生，教师自身也对作文授课有了更精确的定位、更明晰的认识。新教材已经给初中三年的作文教学设计了发展路径，老师们将会依托教材，循序渐进，夯实基础。

作文课堂的高效不单体现在学会“怎么写”上，更体现在知道“写什么”上。系列化的作文教学解决了“怎么写”的问题，那“写什么”怎么解决？

2. 内容积累常态化

从初一开始，语文课堂就有一个传统项目“课前三分钟”活动。要求每个同学就一个话题发表演说，或生活小事或时事热点或社会焦点或文学作品，再由大家评点。设立活动初衷有二：一是表达，二是积累。语文组认为会文字写作，首先要会口头写作；文章要脱颖而出，首先要关注生活。这样的课堂小心思很受学生欢迎，久而久之，成为语文课堂经典传承，亦成为学生作文素材的集散地。

客观来说，每天“课前三分钟”是轮流制，涉及面较小。言之无文，行而不远，“记下即时感受”尤为重要。常规作业“周记”一般不限制内容，这也助力了作文素材的积累。加之教师的适时点拨，如康江昆老师“疾病素材的积累与运用”、梁淼老师“记叙文素材积累”等主题作文课的推出，都为“写什么”奠定了良好的基础。

阅读与写作相辅相成，语文组老师们一方面钻研教材，尽心打造高效课堂；一方面努力营造阅读氛围，以诗意的课堂、精辟的讲解，以聚焦社会、观照生活、反思自我作为阅读与写作的目标，关注学生情感体验，拓展语文学习的深度与宽度，试图以此打通“阅读”与“写作”。所有这些日复一日、月复一月的常规化积累就是写作的根。根深才能叶茂，这一直是学校语文组的信念和追求。

阅读及写作课堂的高效，功夫不止在课内，更在课外，要以课内带动课外，课外

涵养课内。相信随着探索的深入，语文课堂定能花开满枝。

二、英语学科：四“活”（活学、活动、活用、活力）模式提升学生思维

英语学科核心素养包括语言能力、文化素养、思维品质和学科能力。课程标准也对教学方式提出了新的要求，提出了指向学科素养的英语学习活动观，明确提出活动是英语学习的基本形式。学校英语教学注重将英语学科的核心素养融入到每一节课堂，在听说、语法、阅读、写作等中致力于打造“活学、活动、活用、活力”的英语课堂教学模式，旨在发展多元思维，培养文化意识，形成学习能力。这一教学模式已在学校英语课堂中广泛适用，收效明显，已经逐渐成为长郡双语英语课堂教学的一大特色。

（一）各类英语教学课型中“活”教育之应用

1. 听说课堂中的三“活”教育

听说课是培养学生英语交际能力的关键课程，是就日常话题展开的基本语言内容的教学。人教版英语教材每个单元的听说教材作用是让学生在听说中融会本单元的话题、交际功能和语言结构，从而让学生积累大量的词汇和句型。学校是如何以这本教材为蓝本来开展四“活”教育的呢？且先来到其中的前三“活”。

（1）活学

这一环节旨在创设不同的情境，让学生能身临其境得出答案，感受文化。听力教学可以设置哪些情境呢？第一，在图片中辨认或选择。很多教材中的听力环节就被设计成这种模式：a. 学生听单词，勾选图片或物体（如七年级上 Ps7 3a）；b. 听一段描述或对话，从所给众多的图片中选择对话的描述的图片（如七年级上 P2 2a）；c. 学生选择听力的描述或对话，然后选择通缉的罪犯、被盗的汽车或一个场景（如七年级下 P53 2b）。图片辨认与选择活动从 a 到 b 到 c，形式多样，适合于不同听力基础的学生。第二，听后抢答。即教师播放录音，学生回答问题，教师对听力材料再进行二次整合，可根据听力材料设计判断正误、选择正确填空、头脑风暴等。

（2）活动

这一环节旨在以小组讨论的形式让学生开展活动，在满足听力教学要求的同时兼顾学生的兴趣培养。这一步骤以学生为中心，学生根据组间同质、组内异质的原则组成 10 人以内的学习小组对听力正确答案和个人所得答案探讨互动，通过合作、探究、自主学习的学习方式，掌握所学内容。小组中有小组长、报告员、记录员、评价员。小组长组织小组成员按照要求进行小组活动，确保每个成员积极参加。

（3）活用

根据听力话题，教师根据教材的 Section A 的 1d 和 2c、Section B 的 1e 开展 Pair-work 或 Groupwork 或设计相关拓展话题，给学生规定时长，然后让学生展示学习成果。

学生通过小组活动完成课堂任务后，教师随机抽取若干小组进行展示汇报。汇报形式可以多样化，组内代表直接表达、对话、短剧、绘画、歌曲等。

2. 语法课堂中的三“活”教育

英语教学专家李爱云指出，语法不仅仅是语言形成或使用的规则，而且是思考和表达的工具。所以语法课堂教学绝不仅仅局限于向学生传授语法规则和语法知识，而应该基于教师创设的情景，学生通过比较、分析、推理、判断、归纳等思维活动，以自主、合作、探究的形式发现语言现象背后蕴含的语言规则及规律，从而实现由语法知识的学习向语法能力的转变，并提升思维水平及培养思维品质。在英语语法教学中，教师设计多种活动和学习任务来促进学生思维品质的发展。下面，以“现在完成时”的教授为例来谈谈长郡双语英语语法课堂四“活”教育中的前三“活”。

（1）活学

在课堂伊始，教师给学生播放一段用一般过去时呈现的有关他们过往的视频，继而教师提问：How do you feel after you watch it?（观看视频后他们的感觉是什么?）学生表达了自己 excited（激动）、proud（自豪）、grateful（感恩）的情感后，教师便顺水推舟指出，还可以用现在完成时来表达这件事以替代一般过去时和一般现在时的麻烦表达，它表示的是过去发生的某个动作对现在造成的影响和结果，因此可以用现在完成时呈现视频中用一般过去时表达的句子（We have visited the Changsha Museum...）。这样，学生在教师的引导下，通过比较，直观感受到一般过去时和现在完成时的区别，更好地体会到现在完成时所表达的“发生在过去，影响到现在”的语法意义。之后，教师便启发学生根据那些现在完成时句子总结出现在完成时的结构。教师继而启发学生根据范例把动词原形以及它们的不规则的过去式、过去分词总结为 ABB 型、ABC 型、AAB 型、AAA 型等。最后，教师揭示原来现在完成时还有一些标志词：already，yet，并要学生对比：加入 already 和 yet 前与后哪句更顺畅？程晓堂认为，语言学习既有感知、体验的过程，也有比较、分析的过程。感知、体验语言可以使语言学习者理解语言使用的环境和语言表达的意义，而比较、分析的过程能够使学生理解语言的具体形式以及语言是如何表达意义的。如果英语学习者能够适时地分析和比较语言现象、语言的结构和用法以及语言表达的意义，他们不仅能够提高英语学习的效率，还能提高比较和分析的能力。如此活学，收效甚好。

（2）活动

学生活学完现在完成时之后，教师设计了一个“疯狂派对”的活动。要学生以组为单位开展竞赛，根据屏幕上的主语块：I，We... 谓语块 take the first photo of a black hole，say hello to... 时间状语块：already、yet... 来疯狂组句，来表达过去曾经做的事情对现在造成的影响和结果。针对当堂课所学的语法知识来让学生操练的活动，既让学生巩固了所学知识，又培养了他们思维品质的逻辑性和创造性，同时让学生基于原有的知识，通过创设深层次的语用任务，使学生对原有的语言知识进行更新和深化。

（3）活用

在学生抢答了教师设计的根据学生实际和时事的单项选择题后，教师向学生呈现了一篇充满现在完成时的学校的英文简介，要求学生根据文章内容完成相应五道任务题。有两道细节题、两道中英互译题、一道选句子题，这些除了需要学生认真阅读文章了解大意外，均与现在完成时有关。这篇介绍学校的文章最后讲述的是学校曾为学生们做过的种种事情，继而，教师便问学生："What have you done for our school for the past two years?" 最后，学生独立思考后小组讨论形成最佳答案并全班展示。教师通过这两个活动再一次强化了学生的语境意识，即语法知识必须紧密结合语境，而不能片面依赖语法规则；同时，通过让学生自己用现在完成时写出已为学校做的事情，激发了学生的创造性思维和对学校的感恩之心。

3. 英语阅读课堂中的三"活"教育

《义务教育英语课程标准（2011 年版）》明确指出，英语课程承担着培养学生基本英语素养和发展学生思维能力的任务。在初中英语阅读课堂教学中，教师不能仅仅满足于文本表层信息的提取及学生对语言知识的机械和掌握，而应在此基础上，引导学生感知、理解文本的核心语言，掌握作者遣词造句的技能，领会作者的情感、言外之意和文本的隐含寓意，通过设计多样化的教学活动，训练和培养学生的思维能力，以提升学生的思维品质。长郡双语英语课堂正是以最终提升学生思维能力为目的，开展阅读课堂四"活"模式教育。下面将以对"A Heavy rainstorm brought people closer together"阅读教学为例，先简要探讨阅读教学四"活"设计流程的前三"活"。

（1）活学

在课堂初始，教师巧妙地把本篇文章的新词汇和词组嵌入本堂课的导入部分。教师在美国地图上标出阿拉巴马州的位置，此位置离太平洋较近，启发学生回答：这里可能容易遇上 storm（出示动态图片），接着趁热打铁问学生：暴风雨会出现哪些天气情况？学生根据图片一一回答：strong winds，heavy rain，lightening，black clouds。教师继而出示一张暴风雨后社区被严重毁坏的照片，启发学生说出暴风雨给人们带来的危害（Tress fell down. Rubbish was everywhere. Houses were broken.）。此后，教师引导学生得出下一个问题的答案："When we know the rainstorm is coming，what should we prepare?" 学生分组讨论，此环节终了得出答案：A flashlight，a radio，some candles and matches and some pieces of wood over the window. 以上导入完美呈现后，学生已经迫不及待要读这篇文章了。学生是学习的主体，其现有知识、能力和兴趣是一切学习的出发点。学生学习能力有高低，智商、情商有差异，每个个体学习的起点是该个体当时的知识水平（Williams & Burden，2000）。他们的知识储备、心理特点以及各自的学习需求，都会对学习结果产生深刻的影响。此后，教师带领学生快读文章并选择四个段落的大意。继而学生在教师设计的思维导图、表格填空、回答问题的帮助和引导下逐一精读段落。这样文章的结构要素、语篇信息和主题意义就活灵活现地跃于学生面前。

（2）活动

在学生全面了解了文章的语篇信息后，教师便基于思维开展活动。一是创建情景对话活动。教师是记者，其他的同学分别是 Ben（文章主人公）、Ben 的父亲、Ben 的母亲、Ben 的邻居，他们就暴风雨后社区的惨状和人们相互帮助来开展对话，教师不断提问、反问、追问，学生始终处于思维应激状态并迅速搜寻解题策略。二是在班级中开展竞赛，给学生五分钟时间做好复述文章的准备，然后让学生在关键词的帮助下复述文章。三是教师鼓励学生对文章进行续写，并全班展示优秀续写段落并对之不吝赞美之辞。教师对以上的活动保证了充足的活动时间和灵活的活动空间。这些活动使外向型学生动口，内向型学生动心，全体学生动脑，激发全体学生的内隐思维。

（3）活用

在阅读活动锻炼了学生的思维能力后，教师便带领学生领会作者的情感、言外之意和本文的隐含寓意。学生来到 3b 的问题 1："What other things can bring people closer together?" 教师安排学生分组讨论，然后小组代表在教师的启发下发言：其他的自然灾害比如说洪水、地震、雪崩、台风等；一些事故比如说马航的坠机；还有比如说 Martin Luther King Jr. 等伟人能让人们更加团结。接着教师进一步启发学生探讨第二个问题的答案："How can we help each other in the face of difficulties?" 学生进一步分组讨论得出形式不一的答案（捐款捐物等）。通过此活"用"环节，学生能从与作者相同和不同的角度去分析并评价语篇的观点和内容，能够分析和评价语篇的内部结构的关系，能够全面分析和评价作者的意图及语篇的客观价值，能够联系相关或同类的情景进行比较和评价。

4. 英语写作课堂中的三"活"教育

《义务教育英语课程标准》对应写的要求是：能根据写作要求，收集、准备素材；能独立起草短文、短信等，并在教师的指导下进行修改；能使用常见的连接词表示顺序逻辑关系；能简短描述人物或事件；能根据图示写出简单的段落或操作说明。故学校英语教师一直在英文写作教学上使用四"活"法实践探索，运用各种方法和手段，拓展学生思维的深度和广度，使写作更具深刻性、灵活性、独创性、得体性和系统性，从而有效提升学生写作能力，激发学生持续英语学习的兴趣和动力。

（1）活学

人教版《Go For It》每个单元的写作环节之前（一般为 Section B 3a—3c）会有很得体的 2b 阅读文章。故教师安排第一节课首先阅读 2b，然后再以此启发学生第二节课写作。这样既能从更高层次上对阅读材料进行深入准确的理解，又能使每一篇阅读材料成为学习写作的良好范文，从而保证学生在大量阅读中有充分的写作模拟训练。接着教师启发学生描述、分析和内化文章结构内容，从而从中提炼出自己的写作的提纲框架，这样就给了学生足够的铺垫，接下来学生根据 Section B 3a 话题和语言项目来写作输出就是很自然的过程。例如，八年级下册 Unit 10 Section B 2b 的 Hometown feelings就是一篇完美的范文，学生学习这篇文章后，再试着总结结构，接着写一篇关于自己家乡近几年来的变化的文章，这样，水到而渠成了。

（2）活动

在学生得出了写作框架这个“骨架”之后，教师便可以引导学生再给这个骨架添加“血肉”了。以下就是建构过程：第一，学生以小组为单位思考后讨论，联想任何与每段主题有关的想法和观点。继而，教师使用希沃的思维导图罗列出学生头脑风暴的产物，让不同的学生选择不同的分支作为自己的原材料来组织文章。第二，教师可以组织抢答的活动。具体做法是教师给出一个核心触发词，让学生在一分钟内抢答出与之相关的词汇。如要学生写关于自己家乡近几年变化的文章，教师给出一个核心词汇——change，让学生抢答（schools，cars，pollution，fast...）。接下来便是学生安静的抒发时间了。

（3）活用

学生写完了作文就进入了评价作文的阶段了。怎么“用”起这篇作文呢？教师可以先选取几份学生习作，以小组为单位评价语篇；或者选取一篇语篇，以班为单位评价语篇；或者两人一组，相互交换，以学生个体为单位评价语篇。学生的习作通过互评、自评或师评后，互相取长补短，然后再对自己作文的结构内容进行完善，形成更好的语篇，在不断完善的过程中提高英语写作能力。

上面已经论述几类英语课型的前三个环节——“活学”“活动”“活用”。学生既达成了本堂课的知识储备，又得到了知识迁移，同时增进了同学之间的相互了解，正乃语言智能和人际智能得到了训练和强化。教学内容随着这三个环节的开展一步步延伸，学生的情感也在一步步升华。以上还只是对英语课的活学、活动、活用进行了阐述，接下来将以“情感”为契机对英语课堂的“活力”进行阐述。

（二）英语学科课堂评价模式彰显“活力”

评价是英语课程的重要组成部分。学生是课堂的主体，而教师是课堂的主导。教师对学生的适时评价时刻主导着学生的情感，从而影响着学生的课堂表现，是学生课堂活力满满的内驱力。教师评价是否科学合理，在一定程度上决定了这堂课是否充满活力。活力模式即教师适时评价模式是学校英语课堂四“活”模式中不可或缺的环节，它可发生在课堂的每一分钟，对“活学”“活动”“活用”起着良好的促进作用，是它们发光发热的催化剂。那如何得体评价呢？第一，评价要具体。听说课、语法课、阅读课、写作课是提高学生语言技能的最重要的几类课型，为发挥评价语的航标作用，教师要分门别类地对这四方面进行评价。如当学生写出了一篇上好的作文时，“This is one piece of good writing that can be the sample for us!”要比“Well done!”的评价更让学生来劲。第二，评价要客观。教师在评价学生语言时，一定要真实客观，评价要让学生感受到鼓励和期待。十几岁的孩子，他们情绪波动大，易受他人的影响，教师的一句充满期待、鼓励的话可能让学生受益终身，皮格马利翁效应就是很好的证明。一些英语课堂评价语对于激发和强化学生情感态度和保证课堂的满满活力很有用：

Come on, you can do it!

Nice try, and I am sure you will do better next time!

You really know how to work with your group members.

You just gave us a chance to find out how good your English is.

You believed in yourself, and that’ s what we should all learn from you.

活学、活动、活用、活力，四者相辅相成，缺一不可。英语组老师们一直行走在四“活”教育的路上。当然，它还有很多需要改进的地方，老师们一定会继续努力、不断研究，以期逐步提高学生的学习能力、创新能力和思维能力，为他们的未来发展奠定坚实的基础。

三、物理学科："三案四环，智能导学"模式为课堂注入新动力

近年来，随着信息与通信技术的迅猛发展，以及现代科学技术在教育领域广泛而深入的实践推进，以微课、翻转课堂、慕课为代表的教育技术创新应用备受业界瞩目。为了让信息技术与物理教学改革深度融合，为了使教育教学改革探索在时代前列的教育现代化的浪潮中发挥更大的作用，物理组经过几年的摸索和实践，探索出了“三案四环，智能导学”的创新教学模式，把信息技术深度融入到物理教学实践中，为物理课堂教学改革注入新的动力，给学生提供一个更丰富的学习环境，促进学生自主学习能力和科学核心素养的普遍提升。

（一）实施背景

在信息爆炸、互联网普及的今天，学生能够很方便地从多种渠道获取专业的最新知识，教师在知识上的权威地位越来越受到挑战。随着“核心素养”教学目标的提出和新课程改革的全面推进，教学方式、学习方式的转变成为新课程改革的核心任务。学校的教育理念从以前的“只只蚂蚁捉上树”到“只只蚂蚁爬上树”的一字之差，是长郡教育工作者以人为本的教育理想的体现；“高效课堂”，就是用尽可能少的时间获取最大教学效益的教学活动，达到提高教育教学质量的目的，这也是建设和谐校园，让学生快乐、高效学习的根本要义所在，物理组老师通过几年来的共同努力，反复研讨改进，实施了初中物理学科“预案、学案、练案”的编写和与信息技术深度融合的“四环”教学实践应用，为探究适于长郡双语的具有创新意义的物理课堂教学模式走出了第一步。

（二）指导思想

以培养学生核心素养为教学目标，以系统论、控制论、布鲁姆掌握学习理论、主体教育理论、建构主义理论为基础，以教师为主导，学生为主体，激发学生自主学习热情，主动进行知识重组和意义构建，把“以核心素养为中心，培养科学能力为目标，智能导学为手段，自主能力发展为主旨，先学后教为方法”的教学指导思想贯穿于物

理课堂教学始终。本课堂教学模式以信息技术为平台，以学生自主学习为主要学习形式，以小组合作学习为补充，同时强调学法与教法并重，构建学生主动参与、师生双向互动、智能诊断辅助导学的低负、高效课堂教学模式。

（三）“三案四环”教学模式简介

在研究国内外物理教学改革及翻转课堂相关案例的基础上，结合长郡双语初中物理教学实践，利用 AiSchool、华师慕课、智慧校园等移动网络平台，搭建初中物理“三案四环，智能导学”课堂教学基本形式和模型，并基于此提出相应的教学策略及经验，以促进教与学方式的改革，有效提升课堂教学的效果，实现学习者对知识的深入、高效、持久的理解和应用。

1. 教学载体“三案”

物理组于2013 年开始着手编写试用以预案、学案、练案“三案”为载体的新型课堂教学模式。根据课程标准和中考考标，结合教材，把所有的知识点分为要求识记的基础知识、要求理解的重点知识、要求掌握的难点知识三大块，并把教学中的重难点知识制作成动画、视频、课件制作配套的相关多媒体资料。对于基础知识，通过学生预习课本，完成预案，依靠自学完成识记，老师课堂检测过关。对于重点知识，通过预习提问，让学生先独立思考，激疑导思，在课堂上老师组织学生围绕问题进行讨论，相互启发、质疑、辩论和补充，共同求得正确结论，老师引导学生自主解决问题，并通过学案中的例题、变式题加深学生理解，巩固所学。对于要求掌握的难点知识，通过老师主导，在学案中进行梯度分解，变式训练，注重思维方法、解题技巧，分阶次突破，先拆分了练，再综合练，最后在课后练案中训练掌握，达成灵活运用的目标。

2. 基本教学流程“四环”

（1）课前自学预习：学生在家通过纸质预案、微课及多媒体预习平台自学新课，自主预习，完成预案（15 ~ 20 分钟）。新授课之前，老师通过信息平台检查学生完成情况，收集整理学习问题。

（2）课堂小组探讨：在课堂上，由学生提出在预习中的问题和思考，老师组织小组讨论，根据学生学习过程中的疑点、难点问题，灵活运用信息技术的多种教学手段，帮助学生理解突破（20 ~ 30 分钟）。

（3）师生互动提升：老师针对重要知识点，预录视频或现场讲授，帮助学生理解应用，指导学生完成例题，再通过变式训练，使学生巩固知识，训练解题方法和技巧，达到突出重点、突破难点的教学目标（10 ~ 20 分钟）。

（4）巩固过关检测：通过精选的习题，巩固课堂所学，训练思维，掌握规律和方法，通过学习平台统计分析，检验反馈学生掌握情况，查漏补缺，指导学生下一步的学习（10 ~ 15 分钟）。

在整个学习过程中都让学生自己掌控学习，通过智能学习平台诊断反馈为实现学生个性化的自主学习提供指导和方向，允许学生根据自身特点和发展方向，自我设定学习目标及目标达成的层次，按照自己的进度安排学习和完成与之匹配的作业，并能真正实现分层教学，最终实现不同的学生独立个性化的发展。

（四）实施说明

1. 预案的主要构成及课前预习的实施

学习目标：把初中物理知识点构建成网状知识树，把每个热点、疑点、难点问题当成树上的节点，让学生首先了解本节课的基本学习目标，有目的地进行学习，有的放矢；让学生带着问题，带着教学目标，带着强烈好奇心、求知欲自学教材，尝试达标。

自主预习内容：制作一套学生自学物理的多媒体预习教材，在每篇课文、每个章节、每个重难点知识中嵌入动画和视频来辅助学生自学。要求学生先自学教材，预习本节新课，在书上圈点标记重要内容和疑难问题，再离开课本，独立完成预案中基础知识的总结，检测自己的预习效果。通过这一步，让学生自主预习，学会自学方法，完成重要内容的尝试理解，再通过独立完成预案，达到对基础知识的识记目标。这部分内容要求学生人人完成，充分发挥学生主体作用，以达到学生能自己学会的老师就可以不讲，提高教学效率。

激疑导思：由老师提出一些富于启发性和挑战性的问题，供理解力较强的同学进一步思考，激发学生思维，引导学生学会发现问题、提出问题。学生可通过反复阅读教材、查找课外资料、自主选择观看微视频、与父母同学讨论等多种学习手段来深入思考问题、解决问题，并做好课堂发言展示的准备，从更高层次来考虑问题、解决问题。这部分内容不作强制要求。

我思我问：是为学生在自学过程中遇到的新问题留下的记录空间，通过平台上传自己的学习困惑，鼓励学生大胆质疑，敢于提问，也便于老师了解学生预习中的问题，利于双向交流反馈，更好地解决预习中的问题。

预习环节训练步骤要求粗、细、精三个层次：第一层次，粗读——知结构，扫除认知障碍；第二层次，细读——分层次，识记理解教材重点；第三层次，精读——能质疑，自己能提出课本疑难，为突破教材难点打下基础。

2. 学案的主要构成及课堂教学的实施

课前由课代表和各小组长做好预案的检查及问题的收集和反馈，课堂上首先组织学生以小组为单位对预案进行交流互动，由小组内合作解决完成预习的基础知识部分的内容。完成后再由老师主导、小组内讨论“激疑导思”中的问题，争取简单问题小组内解决，疑难问题再提交老师。对于各小组提出的共性问题，老师再组织进行全班各小组间的讨论与展示。对于重点疑难问题，老师可通过预设的教学方式，充分利用讲解、演示、多媒体、实验等各种教学手段，编制程序性思考题，或通过实验设置情景，通过知识的迁移，引导学生进行分组探讨与评议，纠正错误认识，形成科学结论。在整个课堂教学进程中，应牢固确立以教学目标为中心，发挥教师主导作用，充分体现学生主体地位，激发学生主体参与意识，深入探究物理问题，培养学生的核心科学素养。

课中，教师负责为学生自学时产生的问题创建环境。在完成某个知识点的讨论学习后，以针对性很强的典型例题和变式题为载体进行检测和训练，例题一般以知识再现题型出现，巩固学生已有知识，促进学生识记水平的提高，达到进一步理解掌握物理规律的目标。对于重难点题型，根据知识结构特征和学生的认知规律设计多层次、多维度、全方位的变式练习，做到由浅入深，由表及里，把知识、思维、技巧和能力训练都拆分在各变式题型中，争取练一个题，就突破、掌握一类题。该环节的教学也要充分体现教师的主导作用和学生的主体作用。教师要适时激发学生的探索欲望，指引探索方向，引导学生进行独立探索，必要时可以相互讨论，小组协作。老师要精讲精练，让学生多自悟自得，引导学生独立自主地进行简短归纳。老师亦可精讲指出部分知识逻辑联系，以及点拨重要的解题思维、方法和技巧，以促进和加深学生对教学内容的体会与理解，强化大脑中对所学材料形成的整合，既巩固知识的学习，又促进能力的提高。老师在此环节要注重信息技术的应用，智能化的信息平台能够将教师已备好的教育资源流畅推送至学生端，能够在课堂上观察到所有学生端的操控情况，可以根据教学互动需要实时投影，能够通过当堂练习即时地反馈客观题的正确率来适时调节教学节奏，能够展示推送个别学生的主观题答案让学生互评，一些类似于抢答游戏的小功能活跃了课堂气氛。

3. 练案的主要构成及课后巩固的实施

课后的巩固练习起到了温习旧知，加深对知识的内化理解的作用，如果说随堂练习是集中力量解决重要问题，那课后的练习就是查漏补缺，全面提升，最终达成强化三基、传授方法、揭示规律、启迪思维、培养能力的目的。练案中的题量、题型都是老师们精心挑选、设计的，以中考热点题型和新情境训练题为主，促进学生进一步用书本知识解决生产、生活、科研问题，有利于及时巩固所学的新知识。而且每天的练案都紧密结合课堂所学知识，立足于课本，学了什么，就练什么，有的放矢，针对学生的实际基础，适度拓展，让问题处于学生思维水平的最近发展区，激发学生练习兴趣，避免学生陷入过多过滥的辅导资料中，沉迷于题海战术。练案也是一种诊断性测试，可以帮助学生找到自己学习中的问题所在，在“回顾反馈”中做好记录反馈，便于总结反省，找到学习方向。老师们结合学校的校本作业，制作了一系列的作业讲解的微视频，学生针对难题、错题可以反复观看，巩固消化，充分利用科技的力量，实现高效教学。在此环节要注重利用学习平台的大数据统计分析功能，根据知识树，形成智能化的诊断性测试系统，帮助学生找到学习中的不足之处，并针对问题推送相应的练习，让学生实现分层作业，争取各个层面的学生都能有所提高，不断进步，找到适合自己的学习道路。通过作业反馈，建立每个学生的错题数据库，分析错误原因，统计制作学生的学习曲线图，找到每个学生的症结所在，便于老师、家长、学生自己随时了解学情，也可有效提示教师在后续教学中改进教学，在复习时弥补不足。

4. 智能导学

利用现代信息技术中的云计算、云分析、云存储功能，对每个学生的学习过程进行智能化的跟踪记录、测试诊断、分析评价、反馈矫正系统，可以针对个体学生学习中的学习问题进行统计分析，建立每个学生的错题数据库，并对其进行分类统计，全面深入解剖、诊断其错误原因，制作统计学生的学习曲线图，记录其学习成长轨迹，找到每个学生的知识、思维、习惯各方面的优点、缺点、特点及症结所在，便于老师、家长、学生自己随时了解学情，依据不同学生的学习个性差异，循环递进地进行变式训练，有的放矢，对症下药，指导其选择正确的学习道路，找到适合自己个性的人生发展方向，最终实现每个人不同的梦想。也可以根据统计出的数据进行整体分析，准确筛选出有共性问题的共性群体，方便老师科学决策，设计有针对性的学习措施，布置相应的学习任务，实现整体发展进步。同时根据不同年龄段学生的身心特点，建立一套模仿网络游戏的公平、即时的学习判定系统和成长体验系统，给予真实与虚幻结合的奖励系统。通过信息平台方便、快捷、自动对学生的个人成长、小组合作、集体进步等予以及时的评定、反馈与回报，让他们时时享受到努力奋斗的喜悦和成功感觉，激发学生学习热情与学习潜力。

（五）主要成效及后段改进方向

这种教学模式改变了以前的“灌输式”课堂教学方式，老师讲得少了，但对老师的要求更高了，让老师从传道授业解惑者，真正转变为观察者、学习者、设计者、组织者、指引者。要求老师对整个初中物理知识体系、物理思维特点、物理解题方法技巧、学生学习思维能力等都要有全面、深刻的理解才能编写出高水平的学案，逼迫老师们去钻研教材、研读考纲、搜集整理精选题型，与别的老师交流探讨。在课堂上，要会组织、引导学生进行讨论，激发学生学习兴趣，引导学生得出结论，对老师的课堂组织、管理、主导能力要求更高了，促进了老师们从传授者向引导者、研究者的专家型教师转变。学生课前预习的目的性大大增强，在课堂上思考、讨论、练习的时间多了；而课后复习、练习的时间却大大减少了，避免了陷入重复做题、机械低效的学习状态，学生学得更加轻松，思维更加活跃，增强了学生自主学习的意识，也极大地提高学生的学习成就感。

物理组在近几年的“三案四步”智能导学模式实践探索中，分别从物理复习课、物理规律课、物理实验课、物理概念课等不同的课型进行了翻转课堂教学展示，在省内外产生了较大的影响力，2015 年 6 月，樊丽丽老师的翻转课堂“质量”教学设计获湖南省教育教学改革发展优秀成果奖；于鹏飞老师 2015 年在长江中下游四省会城市教研协作体年会执教翻转示范课“磁现象・磁场”获好评，2017 年荣获湖南省教育教学信息化大赛一等奖；2017 年秦住爱老师在“长沙市教学信息化工作推进大会”上执教翻转课堂“质量”获得优秀课例一等奖。

“三案四环，智能导学”教学模式将来可能成为一种具有借鉴价值和推广意义的教学模式，老师们将继续探索现代信息技术与各学科教学的全面深度融合，研究探讨和相互交流如何更好地运用信息技术促进教育发展、推动教学改革，以信息化引领教育理念和教育模式的创新，让教育教学更加高质、高效，永立时代潮头。

四、化学学科之“2C－5S”翻转课堂教学模式促课程高效实施

（一）基于发展学生核心素养的“2S－5C”翻转课堂教学模式建构背景

当前，初中化学教学中存在教育理念受到中考评价制度的限制，课堂教学中学生缺乏主动学习的意识，教师教学凭借经验而不具有针对性等问题。信息技术与课堂教学的深度融合是教学的必然发展趋势，翻转课堂利用现代信息技术手段，以“先学后教”“以学定教”“深度学习”为指导理念，将翻转课堂引入初中化学课堂具有重要意义。

翻转课堂的实质是将布卢姆的教育目标分类中低阶思维水平对应的低阶知识放在课外供学生自学，课堂则用来内化和应用高阶知识。教师将核心概念录制成视频作为学生的课前作业，课上教师则充当学生学习的引导者，让学生参与到课堂中活动探究，利用课前学到的知识去解决问题。翻转课堂的基本要素包括硬件要素和过程要素两种：硬件要素包括微视频、前测练习和网络学习平台；过程要素包括时间空间翻转、课前自学知识、课中内化知识。

化学组自学校开展翻转课堂教学研究以来，积极探索并付诸大量实践，以发展学生核心素养为指导思想，基于初三学生的实际学情，最终建构了具有化学学科特色的“2S－5C”翻转课堂教学模式。

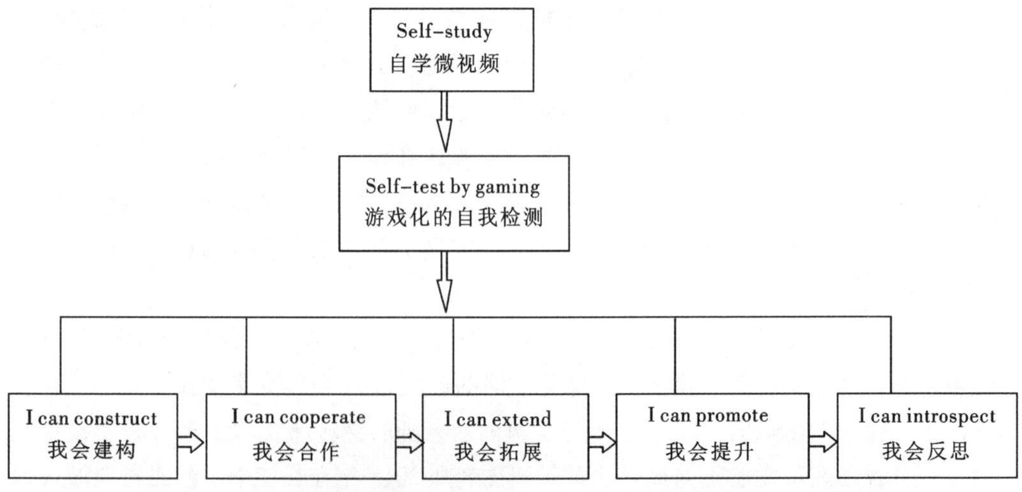

基于发展学生核心素养建构的“2S－5C”模式

（二）基于发展学生核心素养的“2S－5C”翻转课堂教学模式建构思路

通过查阅大量国内外有关翻转课堂教学模式建构的文献，基于近五年教研组成员多次赴山东、重庆、江苏、上海等地学习翻转课堂教学实践，化学教研组老师发现国内外翻转课堂教学模式比较类似，只不过不同地区、不同学校、不同学科开展的教学形式和教学活动多样化，包括实验探究、质疑、反思、回顾性检测、辩论等，因此老师们力求在建构翻转课堂教学模式的过程中有所突破。

知识是素养的载体，素养是知识内化的体现，思维活动则是内化知识的途径。

基于发展学生核心素养的指导思想，课堂活动设计力求更符合学生认知、思维发展，即从低阶思维发展到高阶思维：提取整合—分析解释—内化应用—评价反思。“2S－5C”翻转课堂教学模式的建构思路是基于分析“核心知识所承载的核心素养有哪些”“我们需要培养学生哪些方面的核心素养”“通过怎样的思维活动才能发展学生的这些核心素养”“对应的课堂活动组织形式是什么”等问题，将知识、素养、活动有机联系起来，从而得以建构。

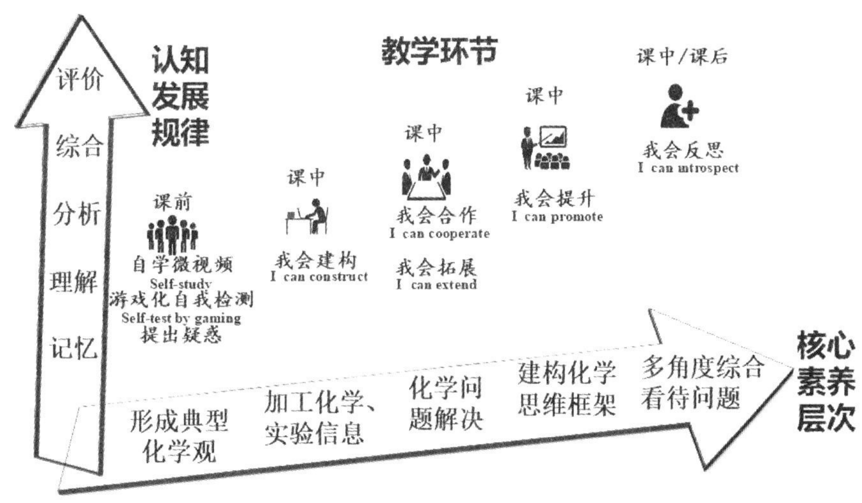

“2S－5C”模式翻转课堂教学模式的建构三维图

老师们将课前学生的自主学习活动有机联系起来，学生在自学完微视频后，基本达到识记或理解水平时马上完成针对性的前测练习，并提出自己学习过程中的疑惑，以此作为学情探测，增强对教学设计的指导性，让其更具针对性。信息技术所提供的数据统计、分析功能不仅能减轻教师批改作业的负担，更重要的是实现了教师和学生的双向反馈，一方面将答题情况及时反馈给学生，学生可以据此进行矫正和反馈学习，达成对知识的深度理解；另一方面，将学生学习中存在的问题暴露在教师面前，教师可结合自己的知识和经验对这些问题进行深度分析，找出学生的认知障碍点，并在课中针对性地实施精准教学，以提升教学质量。这是信息技术为教学带来的显著变化，能有效提高教学效率和教学质量，是传统教学难以企及的。这就是“2S”的建构初衷。

课堂中的知识内化是需要循序渐进，符合学生认知发展规律的。所以在建构课堂主题活动“5C”时，老师们思考的核心问题是：如何循序渐进地提高学生的核心素养？这就要教师明确知识、素养、能力表现要求，引导学生将知识转变为能力和素养，根据核心素养发展水平的具体要求，挖掘学习内容中所蕴含的核心素养培养的因素，从而科学、全面规划核心素养的从低到高水平的培养。各维度核心素养应该从物质结构与性质到化学反应，到实验探究再到化学与社会，与维度相对应的各水平层次的核心素养依次是：①学会从物质的类别、转化、性质等角度分析化学问题，逐步形成典型的化学学科观点，如从一种物质到一类物质、宏观和微观相结合、结构决定性质，性质决定用途等。②能对观察记录的实验信息进行加工并获得结论，能解释证据与结论之间的关系，依据探究目的设计并完善实验方案并完成实验操作，③能大胆尝试，积极寻求有效的问题解决方法。④能充分调动各层级的知识和能力素养，依据物质及变化的信息建构模型和解决复杂化学问题的思维框架。⑤由能力、素养上升到情感、态度：能多角度、辩证地分析问题，能应用已有知识和方法综合分析化学对生活可能带来的各种影响，并能权衡利弊。而与核心素养维度和水平层级相对应的课堂活动是不同层次要求的多次知识内化的行为：整合信息、建构网络、合作交流、挑战性的主题研讨、知识反馈与矫正、反思与评价，因此“5C”的课堂主体活动应运而生。“2S－5C”教学模式提供给学生对知识进行实践和体验的机会，引导学生利用化学知识解决问题，帮助学生建立化学学科学习的思想方法，从而实现深度学习。

（三）基于发展学生核心素养的“2S－5C”翻转课堂教学模式基本内涵

“2S－5C”模式主要分为课前自主学习和课中知识内化。课前的自主学习（2S）又分为自学微视频和完成以游戏闯关为载体的前测练习。课中的知识内化（5C）依次指：“我会建构”即先将课前所学的知识进行归纳总结，建构知识网络，发展学生学习元素化合物知识的基本思维方法；“我会合作”则通过小组合作的形式，完成本节课的核心实验探究，发展学生证据推理，科学探究的核心素养；学会用化学思维解决实际问题也是化学教学培养学生的重要方向，因此“我会拓展”一般是以解决一个实际问题作为探究主题，充分调动所学的理论和实验知识，通过分析、推理、验证等将问题逐步解决；“我会提升”一是起到检测课堂学习效果的作用，二是帮助学生提高分析综合性问题的能力；“我会反思”则是让学生学会“堂堂清”，在反思中进步，在互助中解决疑惑。

（四）基于发展学生核心素养的“2S－5C”翻转课堂教学模式教学实施

人教版九年级上册第六单元“碳和碳的氧化物”所有的课时教学均采用了“2S－5C”教学模式进行了实践和研究，我们以其中的“二氧化碳制取的研究”为课例进行说明。具体每个活动环节的主要内容和承载的核心素养发展点如表所示：

"二氧化碳制取的研究"课堂活动表

活动环节		主要内容描述	核心素养发展点
课前	自学微视频	教师根据本课题的重难点制作微视频，保证科学性的前提下兼具趣味性。学生根据自我需求掌控学习微视频的进度，并提出疑惑。	学会自主学习；能有效地获取、辨别信息；能主动适应"互联网＋"等社会信息化发展趋势；能提出有探究价值的实际化学问题，并有解决问题的兴趣。
	游戏化自测	教师编制4～6道针对性的前测练习，兼具基础性和挑战性。再通过学习平台将练习以游戏闯关的形式发布，让学生在做题的过程中收获成就感。	具有积极的学习态度和浓厚的学习兴趣；能理解和掌握基础知识和基本的科学原理和方法。
课中	我会建构	学生将零散的知识系统化、网络化，如将气体制取的一般方法进行归纳总结。	能主动学会整合、加工信息，形成化学学科观点，如从一种到一类、从物质的类别、转化、性质等角度分析问题。
	我会合作	实验探究是化学课堂永恒的主题，翻转课堂中的实验探究不同于传统课堂，通常以挑战性的主题为驱动，以深度学习为目标开展小组合作活动，如在"二氧化碳制取的研究"课堂组装一套你认为最好的制取装置并说明理由。	能依据探究目的设计并完善实验方案并完成实验操作，能对观察记录的实验信息进行加工并获得结论；能解释证据与结论之间的关系。
	我会拓展	学习化学最终是要服务于生活，利用化学知识解决或解释生活实际问题，如证明可乐中含有二氧化碳，冬天为何不能用水防止煤气中毒。	能依据物质的性质及变化的信息建构模型，建立解决复杂化学问题的思维框架。
	我会提升	本环节针对前测练习的知识障碍点设置4～6道针对性练习或者一道综合性的中考真题，考查内容相似，但认知水平略高。学生当堂完成，实时检测课堂学习效果。	学会内化并应用知识，能大胆尝试，积极寻求有效的问题解决方法。
	我会反思	畅所欲言：你有哪些收获？你还有哪些疑惑？	能多角度、辩证地分析问题；能应用已有知识和方法综合分析化学对生活可能带来的各种影响。

五、道德与法治学科的“3456 模式”充分发掘学科价值

2016 年《中国学生发展核心素养》总体框架的发布，明确了学生应具备的适应终身发展和社会发展需要的必备品格和关键能力，有力地回应了新时代的呼唤，也为深化课程改革和教学改革提供了方向，从而推动教育改革从“知识核心时代”走向“核心素养时代”。

在全面课程改革、落实核心素养之际，恰逢“思想品德”学科转变升级为“道德与法治”学科，作为一门对学生进行道德与法治教育的专设课程，以相关知识为载体，根本在于价值观教育，在于影响人的情感态度行为的改变，影响人的德性与人格健全。

在基础课程建设的实践过程中，道德与法治教研组在学校领导的大力支持下、老师们的共同努力下，充分发掘本学科的德育优势，着重打造学校道德与法治基础课程建设的“3456 模式”。

（一）用好“三张量表”，全面优化课堂设计

课堂观察量表在听课、评课教研活动中运用价值非常大。这种有效的方式是分配不同的观摩教师分别记录与评价综合量表中的某个特定维度。在听课后，根据个人的记录与评价进行交流与研讨。这样可以避免通常在教学研讨中常见的随意性与主观性，也能大大提高听课、评课的效率与质量。

道法组借力观察量表来助推高效课堂的实施。在观课环节，道法组把全组老师分为三个小组，通过研究，找到各自的观测点，分工合作，各自制作量表，各自进行探索研究，这就是小团队作战，既能目的明确，行之有效，也保证了全体老师共同参与，共同教研，共同进行教研改革的摸索。

初一年级备课组着眼于“教学互动”，初二年级备课组着眼于观察“教学环节”，初三年级备课组追忆于观察“教学素材”，每个组经过反复思考、推敲、琢磨、酝酿、修改，最终制定了三个观察量表。

李倩老师“生态文明建设”一课在磨课阶段，由初一、初二、初三备课组从教学互动、教学环节、教学素材三个方面精心设计了三张观察量表。初一备课组从教学互动角度提出建议，让学生以小组形式进行环保公益宣讲，并让学生组织投票产生“最美长郡宣讲人”，进而激发学生思考、表达的积极性。初二备课组从教学环节提出增设颁奖仪式环节，让学生共同感受这一份仪式感，让学生认识到保护环境是每一个公民义不容辞的神圣职责与光荣使命，人人都可以成为“最美长郡宣讲人”。初三备课组从教学素材角度，建议案例选取贴近学生生活，让学生看得见、有话说，最终选取了“小黄狗”智能垃圾分类、后湖改造案例。

（二）聚焦“四个要素”，全面提升学生核心素养

四个要素是指课堂观察是基于何种要素，如何去解构课堂。四个要素是课堂观察的出发点。

要素一：学生学习。关注学生怎么样学，学得怎样，是否有效。

要素二：教师教学。关注教师怎么导课，导得怎么样，是否有效；关注教师怎么总结，总结得怎样，是否有效。

要素三：课堂性质。关注教和学是什么内容，学科特点和本质是什么。

要素四：课堂文化。关注课堂整体感受，注重互动、对话与交往。

金慧枝老师的“职业选择”一课通过“贺词致敬话职业”“职业规划初体验”“选择道路重态度”“众说纷纭谈热爱”“慷慨激昂展未来”五个环节很好地聚焦“四个要素”，给学生心灵埋下真善美的种子，引导学生扣好人生第一粒扣子。

（三）落实“五个环节”，全面打造精品示范课

“五个环节”包括课前会议、课堂观察、小组讨论、教研组讨论、再次上课。

第一环节，教研组召开课前会议，听取授课教师说课，即初三年级李倩老师主题授课“生态文明建设”。李倩老师介绍了教学目标、学情、教学重难点、课堂预设和环节。在课前会议上，各个观察小组还就自己观察的要素和李倩老师进行了沟通，并得到了李倩老师的精彩回复。

第二环节，课堂观察。在观察过程中，三个备课组每个组都对组内人员进行了分工，老师们布点在教室的各个地方，每人分配观测任务，记录观测内容。

第三环节，各备课组针对观察结果进行整理汇总，形成结果分析报告。

第四环节，召开课后会议，大家一致认为李倩老师的课很精彩。李倩老师也进行了课后反思。各组的中心发言人陈德群、梁小莉、朱娜妮老师从各组的研究报告中对这节课提出了许多宝贵建议。

第五环节，再次上课，李倩老师吸收借鉴组里同事建议，改进优化教学设计后再一次上此课题。李倩老师再次上课，教学更加有效、流畅、精致，效果更加好。可见组内量表设计较为科学，观测点选择较为准确，在定向观察助推高效课堂的道路上观测量表可行性较强。

（四）加强“六个反思”，全面延伸课堂价值

1. 教学互动的思考

学习互动应是为达成教学目标服务的，先制定明确的学习目标，再设计与目标保持一致的学习活动。在教学中要评价激励，引学生心动；创设情境，引学生敢动；科学组织，引学生善动；科学设问，让互动延伸。高效课堂的设问要有趣味性和针对性。

2. 课堂环节的思考

课堂环节设计应形式多样，目标呈现形式要多样化，每个环节要有意识地注重培养学生的理性思维和敢于探究的素养。各个环节的衔接和过渡要流畅自然，体现教师素养。同时，课堂环节要注重增强学生的课堂参与度，以学生为主体，关注学生，培养学生乐学善学、勤于反思的素养，打造活而不乱的课堂。

3. 素材选取的思考

（1）素材选取要遵循好思想性、生活性、时效性、典型性等原则。

（2）好的素材要引导学生能从素材中获取正确的思想观点，并通过探究和思考明辨是非，提高自身的思想水平，振奋精神。

（3）素材选择要做到“三贴近”，即贴近生活、贴近学生、贴近社会。在生活中捕捉素材，使学生有话可说，激发学生参与讨论，发表自己的意见。

（4）素材选择要有时效性。越是当下的事例越能激发学生的兴趣，要结合时代精神，从当前的国家社会生活中去选择素材。

（5）素材选择要有典型性。典型性表现在选择最具典范的事例，要能深刻地揭示事物的本质。

4. 观察量表可操作性的思考

评价量表使用起来简单、方便，是广大中小学教师听评课的重要评价工具。而要进行量表式评价，首先要找到或设计出合适的评价表，然后分发给评价主体进行填写。听评课视点的选择、量表涉及的项目的确定，都需要听课者全面衡量和考虑。要是设计制作不科学，观察就可能变成走马观花，为了定点而定点，实际指导意义不大。不管怎样，课堂观察量表的设计和使用无论是技术操作，还是对教师的专业要求，都是一个系统的复杂工程，这就需要我们发挥集体的智慧，逐步开发出较为合适的观察量表。整个教学研究最重要的是观察点的选择和观察量表的设计。课堂观察量表要遵循两个原则，即可观察、可记录的原则。

5. 推门听课与定向观课要相结合的思考

推门听课为了解教师及其教学的“原生态”，帮助教师尽快成长，组织有效课堂，促进学生发展，学校开展了行政、教研组长等主导的推门听课活动。推门听课，即不通知、不定时、有选择地进行随堂听课。听课者在听课过程中也认真记录，对教师的教学内容、教学方法、教学效果、教案准备、课堂管理等情况进行全面了解。而定向观课则完全不同：实现要求老师说课，安排老师分点分项听课，更加专业化和有针对性。两者要有机结合。

6. 传统听评课和定点观察课异同的思考

传统听评课老师们是各自为政，相互之间没有过多的交流和沟通；现在老师听课是一个合作团队，拥有主体的意愿、可分解的任务，有共享的规则，有互惠的利益。目前学校层面是正式建制的组织，如教研组、备课组等；也可以是自愿组合的组织，将来可以以某个课题组为单位。

传统的听评课在听课前不需要太多准备；现在的听评课要进行课前会议、制作量表、听授课老师的说课，成为序列化活动。

传统的听评课是记录整个课堂，评课时往往带有听课者的主观指向性，更多以听课者的经验和感受为主；定向观课往往以某个方面为观测点，评课时要从自己观测点的数据出发，有针对性地分析课堂。

六、历史学科：信息技术助推历史高效课堂

（一）信息技术与教学深度融合是大势所趋

萨特曾说过："你可以期待太阳从东方升起，而风却随心所欲地从四面八方吹来。"这可以理解为是一种变与不变的哲理，期待太阳从东方升起是对"不变"的坚持，而四面八方的风却是对这种"不变"的挑战。

如今全国各领域全面深化改革，信息化时代强势冲击，学生核心素养培育的提出与落地，让传统的课堂教学也面临着"变"与"不变"的挑战。将信息技术与教学深度融合，优化教学模式，已经成为一种必然趋势。

（二）信息技术与教学深度融合的主要优势

对教学而言：将史料、图片、影像资源等科学地整合运用于课堂教学中，还原历史面貌，可以让学生更加直观地、清晰地认识历史，帮助学生构建系统化的历史知识系统。对于落实历史学科五大核心素养，唯物史观、历史解释、史料实证、时空观念、家国情怀培育，都有极大的助力。信息技术可以助力复习课实现精准教学，提高课堂效率。课前让教师同步了解具体学情从而以学定教，课堂以学生为中心，进行即时的数据分析，精准高效。

对学生而言：能够大大增加课堂容量，丰富教学方式，提高课堂效率。信息技术手段能增强历史课堂趣味性，激发学生的兴趣，让学生的听觉、视觉都参与感知活动，使学生开阔视野，发展智力，促进人的高层次认知活动，有利于深度学习，以及核心素养培育落地。使学生的学习资源由单调的文字教材变为信息密集、形式多样、海量开放的资源库，让学生在课前预习或课后延伸中主动学习。

对教师而言：充分运用现有技术条件进行融合创新，形成学习大数据，重构历史课堂。根据不同学习风格偏好的学生，制作并应用不同的复习资源。教师信息素养提升是信息技术与学科融合的前提条件。在互联网时代，教育新工具频出，学习新资源海量，教师应借力网络，积极学习，勇于尝试。教师只有不断提高自身素养，才能不断提高课堂效率。

（三）信息技术与教学深度融合的具体实施

1. 构建了"微课＋自主学习任务单＋前测"的课前自学模式

为了让学生更好、更有效地进行课前预习，历史组的老师们通力合作，精心制作了大量用于自主预习的微课，供学生在家观看预习，同时要求学生完成老师根据课堂内容制作的自主学习任务单。自主任务单包含学习指南、学习任务、困惑与建议三个部分：学习指南立足考标，给予学习方法建议；学习任务主要是整体知识框架、重难点梳理；最后学生提出本课困惑和建议。"前测"环节则是完成以选择题为主的前测，完成后的情况会实时生成数据，反馈到老师手中。根据这些数据的分析，老师们可以

真正做到以学定教，落实生本理念，为高效课堂打下良好的基础。如崔应忠老师制作的“清朝前期社会经济的发展”课例的自主学习任务单及学生问题反馈分析。

课前自主学习任务单

一、学习指南
1. 课题名称：清朝前期社会经济的发展
2. 课程标准： 通过清朝前期经济发展和人口增长的史实了解清朝前期的兴盛，思考清朝前期社会经济发展的原因和影响。
3. 学习方法建议： 提高提取历史信息能力；学会多途径查找资料；知道多角度分析问题
二、学习任务
1. 通过阅读教材和观看微课，请归纳概括出清朝前期社会经济的发展以下几个方面的表现（要求：用最精练的语言高度，注意原因与表现的区别）。 （1）农业的发展 （2）手工业的发展 （3）商业的发展 （4）人口的增长 2. 通过阅读教材、观看微课及第1题的归纳概括，你觉得农业、手工业、商业、人口之间有怎样的联系？试写出它们之间的联系（提示：可文字描述，也可画出示意图）。 3. 结合所学知识，思考清朝前期社会经济发展的原因（要求：分角度分层次）。
三、困惑与建议
请在此写下你自学过程中遇到的困惑或疑难。（至少一个）

祝大家学习愉快！

课前学习反馈问题汇总

1. 农业、手工业、商业、人口之间的关系是什么？

2. 为什么清朝人口数量会发展如此之快？

3. 为何清朝前期如此发达，而清朝后期如此落后？

4. 怎样兴修水利？有什么困难？

5. 清朝前期社会经济发展的原因有哪些？

6. 人口增长的影响，造成了怎样的社会压力？

7. 清朝前期社会经济的发展与明末社会动乱是否有联系？

8. 植物的种植与人口增长的关系是什么？

9. 哪位皇帝最重视经济发展？

10. 耕地面积变化的因素有哪些？

11. 印染是什么？

12. 手工业和商业如何区分？

13. 商帮有没有将财富全揽在自己身上呢？

14. 票号是什么？经济重心怎么从“苏湖”到“湖广”去了？

15. 晋商、徽商等大商帮开设“票号”，一定程度上取代了朝廷控制货币经济的能力，为什么没有被官府阻挡？

16. 苏州为何能财富甲于天下？

17. 为什么清朝时科技、军事没有得到较大发展？

18. 为什么要实行禁海令？

19. 人口增长既然危害了经济发展，但为什么对经济发展又起到了促进作用？

20. 为什么清朝还停留在自然经济上？为什么闭关锁国后，我国不能自主完成工业革命呢？

2. 构建了“交互式 + 个性化”的课堂教学模式

除了传统 PPT，历史组越来越多的老师开始运用希沃白板、希沃助手等实施交互式教学。如魏灿姿老师在讲授七年级下册第 12 课“宋元时期的都市与文化”一课时，利用希沃白板制作了一个小游戏让学生比较《史记》和《资治通鉴》，寓教于乐，一举两得。

再如，吴娟老师在讲授九年级一轮复习“中国特色社会主义理论体系的形成与发展”时，通过希沃助手展示学生制作的部分思维导图，让一名学生利用希沃白板现场上台批改，老师再补充强调。这样更能强化学生对知识点的整体印象，并落实各知识点间的联系。

课堂上老师们使用最多的 UMU 互动学习平台，能及时将学生整体答题的正误率、个体学生答题的速度及正误率及时反馈。老师可结合学生的困惑和反馈来的数据安排课堂教学，实现个性化教学，高效突破重难点。

3. 构建了“分层作业 + 音频讲解 + 微课温故”的课后巩固模式

利用课前课中检测的反馈情况，精选高质量的选择题和材料题来分层布置作业，老师会将作业讲解录制成音频，发给每一位学生，对不理解的题目可以反复听。除此之外，历史组老师还创造性地制作了“猫眼读教材”、重点单元音频、试卷答疑音频等153个系列音频资源，可以让学生利用碎片化时间进行复习巩固。

老师们还制作了不同类型的复习微课，如复习串讲微课、选择题解题指导、材料题解题指导、初三复习资料整理指导微课、康奈尔笔记法指导微课、思维导图使用法微课等，对学生复习的方方面面进行全面指导，真正做到“授人以渔”。

七、生物学科：“激·探·创”模式，聚焦生物核心素养，构建活力课堂

对于初中学生来说，他们是否喜欢一门课程，在很大程度上取决于这门课是否有趣，是否是他们要的“菜”。所以，课堂要高效，首先就要激发学生的兴趣，激活他们的思维，尽可能让学生在活动中体验，合作探究，联系生产生活实际，这便是“激·探·创”课堂教学模式的基本理念。

在基础型课程的实施中，长郡双语生物组一直在研究和实践“激·探·创”教学模式。所谓“激”指的就是激发兴趣，激活思维；“探”指的是自主学习，合作探究；“创”指的是联系实际，创新应用。“激·探·创”教学模式在实施中既可贯穿整节课，也可应用于课堂中的探究环节。“激·探·创”的手段和形式多种多样，可以组合变化出丰富多彩的课堂来。在对“激·探·创”教学模式不断的实践和应用中，老师们总结和提炼出实施策略：

（一）“激”：多用于课堂导入或者新知识点构建

教师通过听觉、视觉、嗅觉这一连串的刺激，或是在体验中观察，联系生活实际激发学生的学习兴趣。“激”的策略包括观察体验类、情境创设类、话题讨论类、游戏活动类等。

观察体验类。比如人教版八年级上册《细菌真菌与食品的制作》的导入：老师用扩音器播放了“小钵子甜酒”的吆喝声并展示学生在家制作的米酒，让学生打开盖子闻一闻米酒的香味，推断米酒的组成成分。八年级上册教材的《软体动物》和《鱼》两节，课前老师要求学生利用鱼或软体动物做菜。八年级上册《鸟》这一课学习鸟的结构前，老师们带来了鹦鹉、鸽子等鸟类进行课堂观察。

情境创设类。七年级下册《合理营养与食品安全》的课堂上，老师让学生表演在校外购买零食遭遇不良商贩贩卖变质食品的情景剧。

话题讨论类。七年级上册《开花和结果》一课，老师要求学生以学生生活中的困惑做课前调查：“开花一定结果吗?”在上《人体中废物的排出》一课时，老师引入人

工肾脏和肾透析的话题进行讨论。在上《人类的性别决定》时，老师引入社会现象，人口性别比例失调以及“农村妇女生女孩被婆家嫌弃”，来引发学生探究生男生女由谁决定的问题。

游戏活动类。在上《基因与性状》时，老师以“寻找有缘人”的游戏引出性状的概念等。

（二）“探”：多用于课堂中知识获取阶段

“探”可以团队协作或是个人探究形式呈现。“探”的策略包括：猜想—探究，建构—探究，游戏—探究等。

猜想—探究，指先进行猜想与假设，再进行探究。对于能用直观实验进行体验的教学内容适用于“猜想—探究”策略。人教版七年级上册《开花和结果》探究花的结构时，学生利用生活中了解到的花的结构进行猜想，独立解剖桔梗花，观察结构并完成各结构分类粘贴任务，从而认识花的结构。在上八年级上册《鱼》这一课时，让学生猜想各种鱼鳍有什么作用，然后通过用橡皮筋捆住鱼鳍来探究鱼鳍的作用。八年级上册《鸟》一课，老师指导学生动手实验比较猪骨和鸽子骨哪一个更轻，并切开鸽子的砂胃进行观察探究。

“建构—探究”策略主要适用于一些微观的、抽象的生物学现象和原理。可通过模拟实验的方法进行探究。例如老师在上《性别遗传》一课时引导学生用黑白两色棋子来模拟含有 X 和 Y 染色体的精子和卵细胞，同时从两个容器中摸取两枚棋子来模拟精子和卵细胞的结合，从而探究生男生女的概率问题。

“游戏—探究”策略适用于一些持续时间长，学生无法亲自探究完成的实验。老师在上《生物进化的原因》一课时，用彩色的布模拟环境的颜色，用不同颜色小纸片模拟体色不同的猎物，学生模拟捕食者，研究保护色的形成就是应用的这种策略。在上《鸟类的生殖》一课时，以辩论赛形式讨论先有鸡还是先有蛋。在上《传染病的防治》一课时，老师指导学生分组扮演人体免疫的三道防线，让不同的“病原体”来突破防线，进行人体保卫战的游戏。

在探究之后往往学生还要上台展示汇报。“探”过程中，自主的观察、思考过程能培养学生的理性思维，更直观地掌握知识，而小组分工合作的探究和表达，往往能让每一个孩子找到自己的定位，实现自己在团队内部的价值。

（三）“创”：多用于知识巩固和拓展阶段

“创”即引导学生利用已掌握的知识，联系实际，活力创新，根据创造形式可分为动手操作类和思维启发类等。

动手操作类。八年级上册《人类对细菌真菌的利用》一课，学完知识点后，学生用所学知识选择材料现场制作酸奶。这个过程需要学生运用类比和比较思维来思考制作酸奶的方法，运用批判性思维来选择所需要的材料，也培养了学生动手操作能力。七年级上册《开花和结果》一课中，老师要求学生利用环保材料制作花的模型，创造性的制作过程中还渗透着可持续发展观。

思维启发类。“鸟”一课中，教师提问：如果你是设计师，如何在你的设计中利用流线型？如果你是航天工程师，你在设计航天飞机时如何利用鸟类适于飞行的特点？“食物中的营养”一课中，老师要求学生运用有关合理营养的知识设计食谱，为不同的人设计不同的食谱。思维启发课程是侧重联系生活问题对学生进行思维启发的课堂创造形式。

生物组一直在不断研究和运用“激·探·创”课堂教学模式，并融合“现代信息技术”、课堂观察量表和“翻转”课堂，聚焦生物核心素养，构建活力生物课堂。

八、音乐学科：“行，趣，美” + “创”的“3+1”模式

在湘教版的音乐教材中，音乐课的内容大致分成了“八音和鸣”“七彩管弦”“华夏乐章”“泥土的歌”“世界民族音乐之旅”等八个系列单元。根据国家义务教育阶段的课程标准、音乐课的课时安排和学生的学情，长郡双语音乐组将教材内容用“行，趣，美” + “创”的“3+1”模式进行设计和教学，让学生在有趣的活动情境中欣赏美，创造美，通过直接参与实践对音乐教材的内容生成自己独有的体会和知识体系。下面就以七年级下册“七彩管弦（二）”为例，来剖析音乐组老师们是如何进行音乐设计和基础教学的。

（一）“行” + “创”

音乐教学是音乐艺术的实践过程，积极引导学生参与音乐实践活动，是学生走进音乐，获得音乐审美体验的基本途径，在实践中给予学生充分的想象空间，让学生在体验实践之后生成新的创作，是提升学生的想象力和增强学生的创造意识的有效途径。

“七彩管弦”系列单元中，从七年级到九年级一共分为六个单元，从介绍管弦乐队的编制、构成（《卡门序曲》《大进行曲》《两个犹太人》等作品），到器乐独奏曲（《幽默曲》《野蜂飞舞》等作品），到室内乐作品（《G大调弦乐小夜曲第一乐章》《如歌的行板》等作品），再到介绍大型的交响乐作品（《命运交响曲第一乐章》《沃尔塔瓦河》等作品），教材内容的设计是非常巧妙的。每一学期对“七彩管弦”的教学侧重点都有不同，在七年级下册“七彩管弦（二）”这一单元中，老师重点强调实践体验，让学生身临其境，积极参与，在聆听和参与实践活动中，提高音乐的感受能力和审美能力，并进一步引导学生积极探索各种乐器的音色及乐器的表现力，领略西洋管弦乐的魅力。

学生在学习的过程中，往往对实践操作是最感兴趣的，在活动参与中体会到的音乐知识也是最深刻的。根据音乐课程基本理念中“强调音乐实践，鼓励音乐创造”的原则，在设计七年级下册的“七彩管弦（二）”的时候，将本单元划分为三课时，《野蜂飞舞》和《幽默曲》各为第一课时，《青少年管弦乐队指南》为第三课时。

在《野蜂飞舞》和《幽默曲》中，学生将分别实物接触铜管乐器组和弓弦乐器组

中的核心乐器——小号和小提琴，学习基本的演奏方式，并衍生了解同乐器组的其他乐器，同时还在“聆听・声势”的创造性活动中加深对乐器组音色的了解。在“青少年管弦乐队指南”中，学生将着重实践“变奏十三”中的打击乐器，在活动参与中熟悉打击乐器家族，并再次整体感受铜管乐器、木管乐器、弓弦乐器、打击乐器带来的音色美。

通过三个独立的课时，学生有充分的时间接触以小号为首的铜管乐器组、以小提琴为首的弓弦乐器组以及各类常见的打击乐器，并且在“青少年管弦乐队指南”中综合体会了四大乐器组的独立与统一，为创造性活动积累了一定的素材。这种积攒并不是一蹴而就的，需要点滴行之，润物无声，让学生慢慢养成积累创造素材的好习惯。

（二）“趣”＋“创”

兴趣是音乐学习的根本动力和终身喜爱音乐的必要前提。根据学生身心发展规律，在教学中设计活泼生动的教学形式，激发学生对音乐的兴趣，变得十分重要。这也是不断提高学生音乐素养、丰富学生精神生活的有效途径。

怎么增加活动的趣味性呢？老师们一般会在导入环节加入故事性或情景性的设计，在活动环节加入互动性游戏。这里以《幽默曲》中的“聆听・声势”活动为例。

“聆听・声势”环节是以小组为单位的音乐互动游戏，每组五名成员，一人当指挥家，其余四人各执一种乐器，未上台的组都可以当音乐破解员。组内商定好声势密码，不同声势对应不同的乐器。指挥家在看完答题卡上的曲谱后，用声势演奏出，让其余四名乐手进行演奏。在规定时间内正确率越高获胜。同时台下其余组员也可以参与破解他们的音乐密码，猜对可以额外加分。

初中学生对于这类音乐小游戏十分感兴趣，参与度非常高。这也需要教师的现场把控能力，对于太热情的学生和不敢参与的学生，要有意识地进行疏导，尽力让每一个学生自由愉悦地沉浸在音乐的魔力里。

（三）“美”＋“创”

对音乐艺术美感的体验、感悟、沟通，交流以及对不同音乐文化语境和人文内涵的认知，都是音乐审美的要求。秉承我国教育方针中的“美育”，音乐课程在潜移默化中培养学生美好情操，以美育人，是实施美育的最佳途径。

在七年级下册“七彩管弦（二）”这一单元中，主要从“视觉美”“听觉美”“行为美“三个方面进行设计，进一步提升学生的审美意识和审美行为。“视觉美”体现在教具设计、教学环境布置等方面，无论是颜色还是线条都进行了一定的考量选择，努力让学生在典雅、舒适的环境中潜移默化地形成有质量的审美。“听觉美”体现于教师的演奏、音视频的播放，让学生在各种微妙细腻、丰富精致的音乐中体会难以言表的情绪与情感，感知人类精神世界的底色。“行为美”是指教授学生用正确的姿势去演奏，去表达属于自己的那一份音乐，这是更高一层的体验，能让学生更真切地体会音乐的魅力。

无论是“行”，是“趣”，还是“美”，都是基底，为的就是诱发出蕴含在学生体内强大的音乐潜能。尊重学生的个性，鼓励学生积极参与各类趣味性音乐活动，积累大量的创作性素材，培养正确的审美观，这些都是为有效地引导学生以自己的方式表达情智。因此，“行”“趣”“美”三项都是与“创”紧密相连，你中有我，我中有你，为学生发展音乐才能提供空间。

九、信息技术学科：“项目化”模式促进创新思维发展

（一）信息技术课程核心素养的基本要素

1. 增强学生的信息意识

信息技术作为一门比较重要的学科，对培养学生的综合素养具有重要的意义。在信息技术教育的过程中，注重培养学生的信息素养是非常有必要的，学生可以掌握计算机技术的基本操作原理，还能灵活运用，增强学生使用信息技术的意识，提高学生学习信息技能的潜能。

2. 培养学生的创新能力

在信息化社会发展的背景下，仅掌握基础的信息知识，是无法满足社会发展需求的。具备信息素养之后，学生就可以对信息的内容进行分析和理解，选择有价值的信息去利用，也可以自主分辨出信息的真假，这对于学生的创新思维提高有着积极的作用。创新思维在现在的社会里运用精深，提高个人的创新思维，有助于学生在各个领域发现自身的长处。

3. 培养学生的计算思维和逻辑思维

“死学习”的时代已经过去，学生通过自主学习、合作学习、探究学习的方式，有利于来培养其解决问题的思维和能力。为落实新课程标准中对中学生核心素养的提高要求，计算思维无疑成为了一座坚不可摧的桥梁，只有形成计算思维和能力才能真正适应21世纪的新社会，全面发挥“信息原住民”的优势。

（二）校本化实施的结构与内容

随着现代信息化脚步的加快，网络的普及，现代科学技术已经在我们的生活中普及开来，也改变着人们的认知结构和思维方式。这就要求学生掌握更多的信息技术，提高信息技术能力，才能更好地满足以后工作中的需要。新课程教育改革的背景下，根据初中信息技术学科的特点，营造浓重的学术氛围，激发学生学习的潜能，突出每个人的个人性格，从而促进学生的全面发展。

信息技术基础型课程包括Scratch和ScratchPi图形化编程的实施。对初一年级的课程教学，信息技术组的老师们进行Scratch图形化编程的进一步探索。实行项目化教学，即是将知识、问题、任务作为项目开展教学，以项目流程化作为制作方式，开展

项目制作课程教学，最终学生校本作业以作品形式呈现。

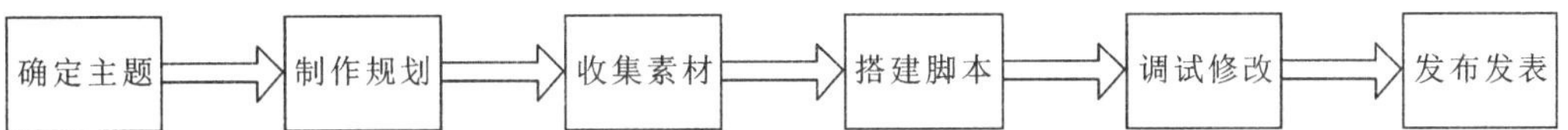

初二学生学习运用 ScrachPi 编程实现开源硬件的学习，通过编程对开源硬件进行控制。程序脚本的搭建能够有效培养学生的逻辑思维和创造能力，实现核心素养的提高。

（三）“项目化”模式课程实施

1. 通过情境教学激发学习兴趣，提升学生综合素养

中学生正处在青春期，大多比较躁动，对于事物理解不全面。基于此，老师们充分利用他们好奇心和求新心的欲望强的特点，在课堂伊始抓住他们的心，用情境导入法激发学习兴趣，激发他们在课堂上积极参与，真正把学生放在在课堂的正中央。

对于初中生而言，其抽象思维仍处于较为适中的发展阶段。在信息技术的学习过程中，会涉及很多编程和程序方面的问题，这些都需要学生具备较高的抽象思维能力。大多数学生都认为学习难度较大，再加上枯燥不易理解，导致学生缺乏学习兴趣，甚至还会引发厌学心理。但是，Scratch 程序设计软件和其他编程入门软件存在较为显著的差异，其入门难度小，可操作性强。教师可以根据互动艺术或游戏教学，通过这样的方式引导学生自主学习编程设计。这样既有助于充分发挥学生的想象能力，又能够创设充满个性化的故事情境。

2. 分层教学贯穿教学主线，激励学生有不同的发展，培养学生综合素养

对于信息技术教学，首先要立足于学生的兴趣，然后才是对教学内容的有效渗透。因此，教师要精心设计教学内容。一方面，是为了丰富教学内容和教学形式；另一方面，是为了更充分地满足不同层次学生的学习需求。除此之外，教师还应当充分尊重学生自身的想法，引导他们基于此进行改造或设计。这样既能够充分发挥想象，又有助于提升设计的创新性。

教师在教学中，要关注到所有的学生。同一个班级中，由于先天禀赋、后天家庭影响以及各种原因，致使不同学生的学习能力、学习态度、行为习惯以及性格等多方面各不相同。为了提升学生的核心素养，教师要科学合理地整合资源、处理课程。老师们在实际教学中要运用分层教学，把教学内容根据学生已有的能力，分解成不同层次的教学目标，布置给不同层次的学生，让其做到“跳跳摘到桃子吃”，有所收获。

3. 建立合作学习机制，激发合作意识，培养合作能力，提升核心素养

学生核心素养中有关于适应社会能力的培养，而合作意识和协作能力的提升有利于学生的终身发展。孔子曾说，“独学而无友，则孤陋而寡闻”，充分说明合作能力培养的重要性。教师在教学中要着眼于给学生搭建合作学习平台，激励他们通过合作达到共同进步，在互帮助学中携手成长。

以初一年级基础课程 Scratch 教学“Jerry 偷蛋糕”为例：

“Jerry 偷蛋糕”Scratch 教学内容分析表

项目分析	教学内容分析与教学设计	
客观分析	学习者分析	认知基础：学习者已经学会了编程语句基础； 学习认知风格：将认知风格按照主动型、拓展型、反思型、被动型进行分类。
目标分析	元项目目标（知识、理解、运用）	认知技能领域：动作、侦测、事件、画笔等功能，对选择结构的理解和运用，舞台、人物设计与编程语句融合及功能实现； 情感领域：对 Scratch 编程产生兴趣，掌握更加清晰的确定行为顺序与逻辑关系的方法。
	项目目标（分析、综合和创造、评价）	认知技能领域：识别项目组成要素机器作用（背景、角色等）有意识的自我认识与调整，根据问题需求实现新的构思； 情感领域：懂得运用一定策略提出、思考并解决问题，综合所学知识进行规划、创造、构建设计。
内容分析	元项目	利用动画片引入教学情境，利用选择结构中的单双分支结构与动作语句等分步骤引入，完成系统初步设计。
	项目活动	使用画笔等画出轨迹角色，利用选择结构与侦测模块中的语句完成项目任务，以小组为单位绘制出选择结构的流程图；并根据自己的想象进行设计创作。

“Jerry 偷蛋糕”Scratch 教学环节一览表

教学环节	教师活动	学生活动	设计意图
创设情景 激趣导入	利用动画片画面引入课堂，利用实际情景小老鼠偷蛋糕，激起同学们思考。	观看动画， 观察讨论。	由“Tom 和 Jerry”引入本节课的主题，激发学生的创作热情。
自主探究 解决问题	向学生提问：Jerry 偷到蛋糕后怎么样？Jerry 是随处乱撞找蛋糕吗？	一起头脑风暴，讨论故事情节，讨论所使用的脚本。	让学生自己去分析动画制作所需脚本，同时活跃课堂氛围。

（续表）

教学环节	教师活动	学生活动	设计意图
任务驱动 习得新知	挑战任务一：探究运用“如果……那么”语句，选择结构中单分支结构； 挑战任务二：Jerry 循香味轨迹找蛋糕，小组合作讨论“如果……那么……否则”语句的用法，探究其与“如果……那么”的区别，并画出流程图； 挑战任务三：根据自己的想象让 Tom 参与进来，完善自己的作品。	观看视频， 分析流程， 动手编程。	让学生在动手编程过程中不仅学会知识，而且从完成任务的过程中培养逻辑思维和计算思维，而且在做任务三时让学生边创作教师边指导，在教学中培养学生的信息意思和责任。
任务评价 互动交流	将同学们的作品随机抽取进行展示并进行评价。	自评、互评。	情感评价是最重要的，对于学生的作品要多角度去分析评价，分层教学。
知识小结 课外延伸	学生总结，教师补充。	学生进行总结。	培养及时梳理、归纳知识点的习惯，肯定学生的学习成果，激发学生信息技术的热情。

第三章
拓展型课程的开发与实施

第一节 拓展型课程的开发与组织

拓展型课程是学校校本课程的重要组成部分，是以基础型课程为依托，满足学生个性发展与自主发展的需求，具有一定开放性的课程，以校本选修课、社团活动、拓展培训等方式开展。拓展型课程采用教师自主开发与外聘引进等方式形成拓展课程超市，以课程选学生与学生选课程相结合，为学生个性发展与自主发展提供多元化选择，有利于满足不同学生的个性发展需要。

一、拓展型课程的人力保障

拓展型课程作为长郡双语的特色课程，学校高度重视，从课程的开发、申报到考评，都提供了完备、坚实的人力、物力支撑以及制度保障，从而更好地保障了学校拓展型课程的建设与发展。

（一）明确教师分工，协调课程场地

拓展型课程开课之初，长郡双语以教研组为单位，了解教师专业特点和开课意向，结合教师个人申报，细化拓展课程设置，例如音乐组的合唱社、舞蹈社、器乐社，体育组的篮球社、足球社、武术社、健美操社等，都是依据教师的申请需求和个人专长而开设的。

拓展型课程的开设有统一的时间保障，一般安排在每周二下午第七、八节课，面向的学生为初一年级全体学生，不仅学生数量有保障，也便于教师进行时间协调和安排。每项课程的选修人数原则上不超过 40 人，不少于 10 人，对于选修人数较多的体育、小语种、艺术等类型课程，学校会统一设置人数上限，进行人员分流。同时，会根据各学科的教学特点来安排教学场地，比如，音乐、美术、劳技的拓展课程均安排在艺术楼，文化课拓展课程安排在教学楼，计算机创客类课程安排在科技楼计算机机房和创客教育中心，体育类校本拓展课安排在体育馆、田径场、篮球场等场地。

（二）注重经费专用，提供物质保障

长郡双语重视校本拓展课的建设和投入，规范校本拓展课的资金使用。所有校本拓展课的课时津贴，统一参照《长郡双语实验中学课时津贴管理办法》，按照正常上课的课时计入各拓展课教师的课时津贴，外聘老师的课时津贴也统一按照课时津贴标准计算，做到专款专用。除了课时津贴外，为了满足各拓展课程的自主化、个性化的需求，学校会努力创造条件为各拓展课程提供完备的设备支持和场所保障。例如建成了创客教育中心、烹饪教室、外语交流中心等特色活动中心，为特色拓展课的开展提供了场地支持。拓展课开展所需的工具及设备，学校也会积极跟教育主管部门申请采购，确保拓展课的正常有序开展。

（三）加强教师培训，提升教学能力

长郡双语非常注重拓展课教师的教学能力培养，每学期开学初至期末，教科室都会组织所有拓展课老师开展三次及以上拓展课教师培训会。拓展课教师培训会扎实而高效，除了常规工作总结、工作布置和考评要求外，还会开展专题研讨。为了确保研讨效果，教科室会提前一周向各拓展课教师征集研讨内容，鼓励老师们从本学期课程的开发、管理、实施、评价，以及核心素养与课程的融合等方面提出存在的问题和困惑；同时，会安排优质拓展课教师进行经验分享。另外，研讨会还设计了校领导解惑答疑环节，校领导全程参会并对拓展课程教师提出的意见及建议给予详实的回复。

除全员集中培训外，各教研组在每周集体备课时间也会专门针对本组拓展课程的开设进行研讨培训。在集体备课上，各教研组会就本组拓展课教学计划的制定、教学内容的安排、教学活动的开展等方面进行细致的商议，确保本组拓展课在体现学科特色、提升学生兴趣的同时，能够做到组织周密，课堂高效。与此同时，长郡双语还会为拓展课老师创造外出培训、学习的机会。比如，在开设创客拓展课前，学校就组织了创客教师去往北京、上海等地参观创客中心的建设，进行创客课程的学习。在小语种课程开设方面，学校一直强调由本校老师自主开设，会经常邀请各小语种专家到学校为英语老师们进行现场教学培训，同时鼓励英语教师与外聘老师跟课学习，便于今后自主开设课程。

二、拓展型课程的制度保障

（一）健全机制，确保长效落实

为了确保拓展型课程全面长效推进，长郡双语成立了以校长为组长，书记、副校长为副组长，全体中层干部为组员的校本拓展课程领导小组。课程的实施，由教科室主要负责。教科室落实好课程教学时间、教师安排、过程管理以及具体活动指导等，并开展拓展课教学常规检查，为校本拓展课的有序化、常态化实施提供保障。同时，各行政部门和教研组全面规划校本拓展课的开发与实施，指导拓展课实施的总体方向，定期召开课程实施会议，了解实施情况，提出课程实施的阶段性指导意见。教研组全

体教师参与拓展课程开发研讨，群策群力，充分发挥各自学科特色，开设特色拓展课程。

（二）完善制度，力求高效优质

拓展型课程开设是教师专业发展必需，也是教师考核的重要依据。优质校本拓展课的开展既得益于教师完备的专业技能，也得益于学校完善的制度保障。长郡双语目前形成了一套较为完善的拓展课管理制度，开展拓展课的建设与考评。

1. 完善拓展型课程考评制度

为了完善拓展课的评价机制，长郡双语制定了《长郡双语实验中学校本拓展课评价考核办法》，从教师和学生两个维度对校本拓展课的开设进行考评。教师评价从教学计划、教案书写、学生成果、教学常规检查等方面开展，学生评价从学生考勤、学习态度、学习成果、课堂评定等方面进行。

长郡双语实验中学校本拓展课评价考核办法

1. 教师评价

（1）教师从教应有计划、有进度、有教案、有考勤、有评价记录。

（2）教师应按学校整体教学计划的要求，达到规定课时与教学目标。

（3）教师应保存学生作品及在活动中、竞赛中取得成绩的资料。

（4）教科室通过考勤听课、查阅教师记录、问卷调查、成果展示等形式对教师考核，分为优秀、合格、不合格三个等第，记入学期绩效考核，并组织评出优秀校本课程开课教师，给予表彰奖励。

2. 学生评价

（1）校本选修课不采用书面考试或考查方式，但要作考勤评价记录。

（2）教师根据每个学生参加学习的态度和成果进行评价，可分为“优秀”“良好”“一般”“差”记录，作为“优秀学生”评比条件。

（3）学习的成果。学生成果通过实践创作、作品鉴定、竞赛、评比、汇报演出、社团活动等形式展示，表现突出者可将其成果记入学生学籍档案。

（4）评价的使用。学生参加校本课程学习获得的评价作为学生学期评优评先的必备条件，学生须获得“良好”及以上评价才能参评三好、优干等。

3. 课程评价

（1）授课人数在10人及以上。

（2）学生问卷满意率在85%及以上。

（3）常规检查（两次教案、登记本检查，结果记A、B）。

（4）日常检查（每周二下午的出勤、纪律和课程实施情况，结果记A、B）。

（5）宣传、成果（本课程的宣传报道、展示活动、师生成果等，结果记A、B）。

（6）破格条件（本课程获省市奖励、编写校本教材、有突出成果等）。

4. 评价方法

课程评价之（1）（2）为基本条件，（3）（4）（5）维度折算成 A、B 等第计算，(6）为破格条件，出现教学事故、师德师风问题一票否决。所有课程计分后进行排序确定。

2. 开展校本拓展课常规考评

为了让校本拓展课更加规范有效地开展，长郡双语在完善校本拓展课管理制度的同时，会通过校本拓展课课堂管理登记、课堂巡查登记、教学常规检查、问卷调查、推门听课督查、考评数据分析等方式加强对拓展课的考评管理，确保课程的优质高效。

（1）课堂管理登记。为了规范校本拓展课的管理，保证学生正常上课的秩序，每堂课开始前，教科室会要求全体拓展课班主任对学生到课情况进行考勤登记，对于学生课程中的表现以及课堂表现进行登记。课程结束以后，所有拓展课班主任及时填写好《课堂登记本》，《课堂登记本》每学期集中检查两次。

（2）课堂巡查登记。每周二下午的校本拓展课由教科室和团委派出专干教师到各拓展课教室进行巡查登记，登记主要各班学生到勤情况、老师到勤、班主任到勤、纪律情况等，所有记录情况记入拓展课的常规考评，并会在拓展课总结会上进行总结点评。对于课堂的一些突发状况，巡查老师会协同本堂课负责老师共同协调处理。

（3）教学常规检查。每学期教科室会组织两次集中的拓展课教学常规检查，期中、期末各一次，并要求各拓展课教师要有完备的教案。同时，对于教案检查会提出明确的要求。教案字迹要工整；必填项目不能空缺，如授课时间、三维目标、教学重难点、课时、课题、教学反思等；教学重点、难点的把握应准确无误；授课思路清晰，教学过程详细，应包括教学的主要内容及程序安排、时间分配，其中组织教学、复习导入、新授课、课堂练习、技能训练、小结等环节，都应明确地体现出来；课堂活动有序，组织活动目标明确；教学反思有的放矢，把教案的执行情况、教学目标的实现情况、教法的选择和应用效果、学生的反映、疑难问题、典型错误、经验体会、存在的问题、今后教学建议、资料索引等详细记录下来，以便今后进行改进。

（4）问卷调查。教师是课堂教学活动的组织者、引导者和合作者，学生是学习的主体。学生对教师的评价是教师改进教学的重要依据，学生客观认真的评价，是提高拓展课教学质量的基础。学生主要从教学准备、出勤统计、教学方法、教学效果、课堂气氛、活动开展、意见及建议几个方面对教师的教学做出评价。

（5）推门听课督查。长郡双语的拓展课考评除了开展教学常规检查外，还包括日常的行政领导、教研组长、备课组长推门听课。推门听课是学校多年来一直采取的重要课堂教学管理方式，目的是检查教师日常的课堂教学情况，评价教学教研常规工作的得失，以便及时对教学过程实施监督、调控，行政领导、教研组长和备课组长会定期对校本拓展课老师进行推门听课，了解课程开设情况，促进教师多练基本功，精心备课并上好每一节课。

（6）考评数据分析。各项常规考评的开展，教科室都会实时记录好数据，并对数据进行分析，在校本拓展课中期点评会及期末总结会上进行总结点评。拓展课教师的考评结果，也会纳入教师个人的评优评先。比如，在《长郡双语实验中学教师岗位晋级评审方案》中，“量化计分”表中明确规定“开设校本课程（指学生选择课程型的拓展丰富型课程）4 节（含）以上，计 1 分”。

三、拓展型课程的开发流程

（一）制定拓展型课程规划方案

校本拓展课的开发需要有完整的规划和方案，为了更好地进行校本拓展课程开发，推动学校课程建设和特色发展、内涵发展，长郡双语从 2014 年开始，对校本课程进行了摸索与实践，制定了《长郡双语实验中学校本拓展课实施方案》，并于 2018 年进行了再次修订。校本拓展课规划明确了各校本拓展课的开课目的、原则、内容、开设流程及评价要求，为拓展课程的开发提供了总的方向。同时，学校要求所有拓展课开课老师在进行课程申报时做好拓展课程的规划，明确拓展课的开课要求和内容。

长郡双语实验中学校本拓展课实施方案

（2018 年修订版）

一、课程目的

为了培养学生个性特长，促进学生综合素质发展，整合社团活动资源，丰富校本课程内容，更好地贯彻《国家基础教育课程改革纲要》，全面推进课程改革，学校将充分挖掘整合现有的教学资源和学科特色，组织开发与实施校本选修课。

二、课程原则

1. 贴近学生

校本课程的核心思想是尊重人的个性发展，重视学生的学习需求，使不同层次学生的发展需求得以满足。

2. 彰显特色

发掘学校特色项目资源和现有的教师水平，打造符合学校条件的有特色校本课程。

三、课程内容

按课程开设的培养目标分为人文素养类、科学素养类、生活技能类、身心素养类、艺术修养类、信息技术类、学科竞赛类七大类。

人文素养类：通过人文文化的学习，提升学生人文文化品质，教会学生如何做人，培养学生与人合作和进行交流的能力。

科学素养类：通过各种科技自然活动，培养学生科学思考的方法，分析问题和解决问题的能力，培养学生热爱科学、勇于探索、敢于创新的科学精神。

生活技能类：通过生活知识的学习，掌握一定的生活技能，提高学生生活的质量。

身心素质类：通过体育项目和心理健康辅导，促进学生身体素质和心理素质的提高。

艺术修养类：通过艺术活动，陶冶学生情操，增强艺术修养，培养学生发现美、欣赏美、表现美、创造美等审美能力。

信息技术类：通过学习电脑操作知识，培养学生收集和处理信息的能力，提升综合学习、研究性学习的能力。

学科竞赛类：以学科竞赛来培养学生进取创新精神，科学探索精神。

四、课程开设流程

1. 教科室整合校本课程

9 月 5 日前，由初一年级非班主任教师、音体美综合科目教师、原社团指导教师上报校本拓展课开课申请表，教科室整合。

2. 公布课程设置

9 月 10 日之前在校园网站公布校本拓展课的具体安排表和课程介绍。

3. 选课

全体初一年级学生按自己的兴趣爱好于 9 月 14 日之前在学校网站“智慧校园选课平台”选择一门校本选修课，每门校本拓展课报名人数不超过 35 人（按报名先后顺序）。

网络报名流程：

（1）登录学校网站智慧校园栏目，身份为学生，校区为长郡双语实验中学，用户号和密码都为学生学号。

（2）在待办事宜中单击选课单提交。

（3）在提交选课单中选择所要报名的项目。注意每人限报一项，每门限不超过 35 人，再点提交即可。

4. 上课时间

从本期第三周开始，在每周二第七、八节课按计划开展校本拓展课，一直到下学期期末，任课教师课时津贴按标准课时计，参照学校课堂教学管理办法执行。

5. 成果展示

2019 年 6 月学校集中组织校本课程成果展示，对优秀校本课程及开课老师、优秀学生进行评比表彰。

五、评价

（略）

（二）课程申报与审议

校本拓展课的申报采用教科室和各教研组宣传、动员，教师自主申报，填写《校本拓展课开发申报表》，校本拓展课领导小组讨论确定的方式开展。下附部分校本拓展课程的课程开发申报表。

长郡双语实验中学校本拓展课开发申报表（2018 年下学期）

课程名称	植物的奥秘	任课教师	谢芳
周课时	2	总课时	30
考核方式	平时成绩 + 期末考核	场地、硬件要求	配备多媒体设备的实验室
教材选用	自编（√）选用（ ）	学生应具备的基础	对生物学非常感兴趣，具备一定的实验操作能力并且自律性较强的学生
教师介绍	谢芳，女，2011 年硕士毕业后进入长郡双语实验中学工作至今。课堂教学能做到深入浅出，亲和力强，深受学生喜爱。在教研方面，论文和赛课多次获得国家级、省、市级奖项。		
课程介绍	一花一世界，一叶一菩提，植物经过亿万年的进化拥有高度复杂而精妙的结构，适应了从南极到沙漠几乎所有的环境。小小的植物蕴含着怎样的奥秘呢？在这门选修课的课堂上，我们将会像科学家一样观察、审视植物，通过实验和调查来研究植物，了解到关于植物多方面的知识。		
核心素养培育	本课程以科普为目的，涉及植物形态解剖、分类、生理、生态、进化等多个领域，引导学生体会植物世界的绚丽与神奇，感受进化的精致，进而形成正确的生命观念；通过实验、调查、实习等多种活动提升实验探究能力，发展理性思维；在点滴中渗透关爱生命和保护环境的意识，培养学生的社会责任感，从而发展学生的核心素养。		
课程内容设计提纲	1、2 课时　多种多样的植物——认识植物的主要类群 3、4 课时　观察植物的细胞和组织 5、6 课时　认识植物的形态——根和茎 7、8 课时　认识植物的形态——叶 9、10 课时　认识植物的形态——叶（叶脉书签制作） 11、12 课时　认识植物的形态——花 13、14 课时　认识植物的形态——花（解剖观察） 15、16 课时　认识植物的形态——果实和种子 17、18 课时　植物与水（植物如何吸收水分） 19、20 课时　植物与水（蒸腾与运输） 21、22 课时　植物与光（观察叶绿体，光合作用实验的前期准备） 23、24 课时　植物与光（光合作用实验和创新实验设计） 25、26 课时　植物的颜色（叶绿体色素的分离） 27、28 课时　植物的颜色（花青素） 29、30 课时　检测与总结		
学校校本课程开发委员会意见			

长郡双语实验中学校本拓展课开发申报表（2018年下学期）

课程名称	玩转化学小实验	任课教师	段玮、张芬
总课时	15	场地、硬件要求	实验室、投影仪
教材选用	自编（√）选用（　）	学生应具备的基础	初二（10人）
教师介绍	段玮，2012年湖南师范大学硕士研究生毕业后进入长郡双语实验中学工作至今。其间一直担任初三化学教学工作，教学态度严谨，做事踏实，执行力强，形成了自己独特的教学风格。学生评价其课堂为动中有静，活跃有序。在教学过程中善于发现问题，研究问题，并在教学工作之余，撰写多篇研究论文，多次获省一等奖，如《趣味五分钟，高效一堂课》《初中化学课堂情景导入方法初探》等。 张芬，2014年毕业于衡阳师范学院，同年进入长郡双语实验中学担任化学实验员，做事勤恳，具备扎实的实验技能与技巧。		
课程介绍	化学校本课程“玩转化学小实验”，主要针对初一学生开设，共开设7+1个趣味实验，涵盖了贴近学生生活以及课堂所学内容的简单实验，以让学生更多地了解化学在生活中的应用，学会用心观察身边的物质和现象，并激发学生探究未知现象的欲望，提高动手和动脑能力。		
课程目标	知识与技能： 1. 学会常见化学仪器的使用，如试管、量筒、滴管、酒精灯的使用； 2. 学会一些基本的实验操作技能，如固体液体药品的取用，给物质加热等； 3. 通过化学实验的操作了解相关的化学知识。 过程与方法： 1. 通过具体的实验，体会化学与生活的密切关系及学习化学的方法； 2. 培养观察、记录、分析、合作以及实验操作的能力。 情感态度与价值观： 1. 激发亲近化学、热爱化学并渴望了解化学的情感； 2. 学会关注生活中与化学有关的问题与现象，扩展学生视野，提高综合素养。		
课程内容设计提纲	趣味实验一：神秘的信 趣味实验二：石灰吟中的化学 趣味实验三：奇妙的二氧化碳 趣味实验四：彩色喷泉 趣味实验五：寻找生活中的酸碱指示剂 趣味实验六：咦！反应怎么变快了？ 趣味实验七：樱花开了（分子在不断运动） 趣味实验八：鸡蛋魔法师 趣味实验九：叶脉书签 趣味实验十：烧不坏的手帕 趣味实验十一：你能慧眼识“衣”吗？ 趣味实验十二：自制肥皂洗衣服 趣味实验十三：牙膏中部分成分的检验趣味实验十四：化学“冰箱”与冰袋 趣味实验十五：自制净水器		
课程评价			
学校校本课程开发委员会意见			

教科室对教师的拓展课程开发申报表进行初审，初审合格的拓展课程上报课程建设领导小组进行开课评估，领导小组成员根据学生的发展需求，家长的期望，社会的要求，学校的发展规划，教师的数量、知识经验和能力，课程材料和设备等情况对初审合格的校本拓展课程进行综合考量，最后确定要开设的校本拓展课程及教师名单。

（三）课程发布与学生选课

课程开设确定后，教科室会在学校官网上进行课程发布与宣传。学生通过点击课程，可以了解开课老师的基本情况、课程的内容安排、课程特色等。同时，长郡双语每年会组织大型校园嘉年华展示，在展示过程中，各拓展课制作展板，进行宣传。学生有一周的时间对于感兴趣的课程进行考虑、甄选，学校会通知集中在一天时间进行网上选课。

2018 年下学期校本拓展课学生选课表

序号	任课教师	课程名称	地点	人数
1	段玮、张芬	侦探电影与化学探秘	科技楼一楼 118	15
2	李格	饱嗝烹饪课堂	科技楼一楼 123 烹饪教室	15
3	廖永明	桥牌启蒙	科技楼三楼 327	40
4	付敏（班主任：熊鹰）	大家的日语	科技楼四楼 415	28
5	欧阳文婕（班主任：钟争兰）	你好德国	科技楼四楼 413	28
6	涂雪璐（班主任：钟争兰）	初级法语	科技楼四楼 409	28
7	李剑（班主任：钟争兰）	韩语	科技楼四楼 412	28
8	黄玲、魏灿姿、向中喜	影像中的历史	科技楼四楼 418	40
9	李昀威	乐高机器人	科技楼五楼创客教育中心	25
10	刘涛	无人机	科技楼五楼创客教育中心	25
11	曾文武	中鸣机器人	科技楼四楼 427	25
12	胡光华	小创客玩转 3D 设计与 3D 打印	科技楼五楼创客教育中心	20
13	李晶、傅瑶	校园电视台	科技楼四楼校园电视台	15
14	罗汉	篮球社 1	篮球场	35
15	蒋海涛	篮球社 2	篮球场	35
16	周立	篮球社 3	篮球场	35
17	周薇	礼仪社	体育馆二楼健美操房	15
18	汪涛	羽毛球（提升）	体育馆三楼羽毛球馆	25

（续表）

序号	任课教师	课程名称	地点	人数
19	王凤	羽毛球（基础）	体育馆三楼羽毛球馆	25
20	欧阳尤周	排球	田径场北边跳高棚旁	25
21	吕铭（班主任：徐梓恺）	朗诵与主持（广播社）	艺术楼104（102）	25
22	熊瑛子、付茉、易贵兰	文学社	一教二楼1801	35
23	廖涯（班主任：张志华）	演讲与口才	一教二楼1802	20
24	李珩	小记者站	一教三楼1804	15
25	冯倪、苏争艳	世界地理探秘	一教三楼1805	30
26	谢芳、彭鹏	植物的奥秘	一教三楼1806	25
27	符韧	英文电影台词例析和配音模仿	一教四楼1808	30
28	谭敏、李艳利	英语戏剧赏析表演	一教四楼1809	30
29	毛德凤	合唱团	艺术楼一楼101合唱教室	30
30	高洋	歌曲创作	艺术楼一楼108	15
31	周莹	声乐表演课	艺术楼二楼206	35
32	张诗雨	舞蹈社	艺术楼三楼303	20
33	毛芳	服装设计	科技楼五楼创客教育中心	25
34	王烨娜	弦乐合奏	艺术楼三楼312排练厅	15
35	曾晓奇	书画社团	艺术楼四楼401版画工作室	35
36	何灿辉	创意手工	科技楼五楼创客教育中心	25
37	邢丽	纸艺社	科技楼五楼创客教育中心	25
38	吴艳萍	陶言瓷语	艺术楼五楼510陶艺教室	30

第二节 拓展型课程的整体规划

一、拓展型课程的目标

课程目标是指课程本身要实现的具体目标和意图。它规定了某一教育阶段的学生通过课程学习后，在发展品德、智力、体质等方面期望实现的程度，是确定课程内容、教学目标和教学方法的基础。课程目标由四部分构成：其一，认知类目标，包括知识的基本概念、原理和规律，理解和思维能力；其二，技能类目标，包括行为、习惯、运动及交际能力；其三，情感类目标，包括思想、观点和信念，如价值观、审美观等；其四，应用类目标，包括应用前三类来解决社会和个人生活问题的能力。

学校作为人才培养的重要基地之一，拓展型课程的设置要着眼于未来，而未来的教育越来越重视人的终身发展，越来越关注每一位学生的潜能开发、个性发展，确定“以学生发展为本”的宗旨，把学生的身心全面发展和个性、潜能的开发作为重点，培养学生的创新精神和实践能力，使全体学生的个性和社会性得到充分发展。

长郡双语各拓展型课程依据课程目标的“社会需求与学生个体需要相统一原则”“基础性和发展性相统一的原则”“适应性和超越性相统一的原则”“外显性和过程性相统一的原则”“学科特殊功能与课程整体功能相统一的原则”，落实“人文底蕴、科学精神、学会学习、健康生活、责任担当、实践创新”六大核心素养，结合拓展课程自身特点与学生核心素养的培育要求，制定了课程目标。

1. 人文底蕴

主要是学生在学习、理解、运用人文领域知识和技能等方面所形成的基本能力、情感态度和价值取向。以“纸模服装”及“影像中的历史”拓展课程为例。“纸模服装”课程指出：“服装是一个民族的文化的象征，也是人民思想意识和精神风貌的体现。我国历史文化悠久，服装经历了长期多样的演变，形成了独特的体系。课程开设的目的在于使学生在掌握理论知识的基础上，学会基本的打版制图，能利用海绵纸为原材料，通过立体剪裁的方式来呈现，做出自己设计的衣服。”“影像中的历史”课程指出，“通过深度挖掘蕴藏在影视中的历史过程和历史知识中的巨大精神财富，使学生的心理得到体验，情感得到震撼、精神得到升华，引导学生独立感受人类历史文化中的精神力量，逐步形成正确的世界观、人生观和价值观”等，这些都突出了培养学生“人文积淀、人文情怀和审美情趣”目标。

2. 科学精神

主要是学生在学习、理解、运用科学知识和技能等方面所形成的价值标准、思维方式和行为表现。以“校园电视台”及“玩转化学小实验”拓展课程为例。“校园电视台”课程指出：“在学习的过程中，培养学生获取、处理信息的能力，团队精神和合作能力、实践能力、社交能力，策划、组织能力和责任感，加强学生对事物的观察能力，激发学习兴趣，让他们在社会实践中去感受生活，了解生活，感悟生活。”“玩转化学小实验”课程指出：“义务教育阶段的化学课程将科学探究引进化学教学，要求并帮助学生了解和掌握科学探究的基本过程与方法，以培养和提高学生的科学探究能力和科学素养为主要目的，同时激发学生学习化学的兴趣。学生可以通过科学探究活动获取知识的同时学会发现和解决某些与化学相关的经验问题气科学探究过程，为学生提供思考推理和解决问题条件，拓展学生的学习情境，激发学习化学的兴趣，增进学生对科学的情感，使学生在实践中学会交流、合作等基本技能，通过对化学涉及的不同领域内的问题的探究，增加学生更好地适应现代社会生活的能力。”这些课程都将目标定位在培养学生“理性思维、批判质疑、勇于探究”这一维度。

3. 学会学习

主要是学生在学习意识形成、学习方式方法选择、学习进程评估调控等方面的综合表现。以“英文电影台词例析和配音模仿”和“合唱”拓展课程为例。“英文电影台词例析和配音模仿”课程主要是关于“创建电影配音课的教学模式。经过实验，摸清英语口语电影配音课的各个教学环节和操作要领，以构建英语口语电影配音课的教学模式”。“合唱”课程“通过欣赏、体验、模仿、律动练习、讲授、演示等活动，让学生初步学会合唱演唱的一般方法，运用探究、发现等方法让学生学会运用所学的合唱演唱技能分析合唱作品，将其准确地运用到合唱演唱中”。这些课程都突出了培养学生“乐学善学、勤于反思、信息意识”的要求。

4. 健康生活

主要是学生在认识自我、发展身心、规划人生等方面的综合表现。以“桥牌启蒙”和“羽毛球”课程为例。“桥牌启蒙”课程提出“发展和提高学生的桥牌战术水平，充实学生的课余文化生活”。“羽毛球”课程提出关于“培养学生对羽毛球运动的兴趣，并养成终身运动的能力。教师采用游戏 + 步伐练习 + 基本技术动作练习 + 比赛的形式开展，尽可能让课堂不枯燥乏味，调动学生对羽毛球的兴趣和爱好，并课后坚持锻炼的习惯”。这些拓展课程都将培养学生“珍爱生命、健全人格、自我管理”作为核心追求目标。

5. 责任担当

主要是学生在处理与社会、国家、国际等关系方面所形成的情感态度、价值取向和行为方式。以“植物的奥秘”和“吃喝游乐学地理”为例。“植物的奥秘”课程提出“了解我国的植被资源状况，形成爱祖国、爱家乡的情感；热爱自然，珍爱生命，理解人与自然和谐发展的意义，提高环境保护意识；乐于探索生命的奥秘，具有实事求是的科学态度、探索精神和创新意识；关注与植物学相关的社会问题，初步形成主动参与社会决策的意识，承担社会责任”。“吃喝游乐学地理”课程提出“培养学生的人地协调观，在授课中有意识地增加人与自然和谐相处的重要性，并列举人类破坏自然遭受灾害的实例，如：学习天气的时候补充雾霾这种新的空气污染方式出现的原因、影响，并在课堂上探讨如何治理雾霾现象”。这些课程都将核心素养中“社会责任、国家认同、国际理解”等基本要点体现得非常明确。

6. 实践创新

主要是学生在日常活动、问题解决、适应挑战等方面所形成的实践能力、创新意识和行为表现。以“民间美术”和“卡魅”拓展课程为例。“民间美术”课程提出“学习剪纸知识，增强学生民族文化修养；培养学生的艺术感觉和艺术气质，培养学生的创新精神和实践能力，形成学校剪纸的美育特色”。“卡魅”课程要求“培养学生的创造创新能力。学生熟练制作流程后，老师引导结合生活实际，去创造一些实用的小物件，比如钥匙扣、相片框、笔筒。在过程中学生需要独立思考部件的尺寸、榫头和接口的匹配、组装的契合度等”。这些课程都突出了培养学生“劳动意识、问题解决、技术应用”的重要性。

二、学校拓展型课程的框架

拓展型课程是基础型课程的拓展与延伸，拓展型课程的设置有利于为基础型课程的学习积累更宽泛的知识与能力、经验与方法。同时，也有利于与学校基础型课程、实践性课程的有机结合，有利于以学生发展为本，使学生逐步形成自主学习能力，从而共同为基础教育的培养目标服务。

按课程开设的目标，长郡双语的拓展课程分为七大类，分别为人文素养类、科学素养类、生活技能类、身心素养类、艺术修养类、信息技术类、学科竞赛类。课程内容涉及语言文学、数学、社会科学、自然科学、技术、体育与健身、艺术、综合实践等多个学习领域。自校本拓展课开设以来，结合课程培养目标，学校共开设了105门校本拓展课程，涵盖语文、数学、英语、物理、化学、生物、地理、道德与法治、历史、体育、美术、音乐、劳技、计算机、心理等各个学科，通过每周开课检查、教学督导、教学常规检查，拓展课沙龙、学生问卷调查、优质课例评选、优秀成果评选等方式，推动拓展课程的有效实施。

1. 七大类拓展课程目标解读

人文素养类：主要是通过人文文化的学习，提升学生人文文化品质，教会学生如何做人，培养学生与人合作和进行交流的能力，代表课程有“文学社”“影像中的历史”“英语时文阅读”等。

科学素养类：通过各种科技自然活动，培养学生科学思考的方法，分析问题和解决问题的能力，培养学生热爱科学、勇于探索、敢于创新的科学精神，代表课程有“世界地理探秘”“益智数学”“玩转化学小实验”等。

生活技能类：通过生活知识的学习，让学生掌握一定的生活技能，提高学生生活的质量，代表课程有“饱嗝烹饪课堂”“服装设计”“中学生急救知识及常见病预防”等。

身心素质类：通过体育项目和心理健康辅导，促进学生的身体素质和心理素质提高，代表课程有“羽毛球”“篮球”“趣味心理学”等。

艺术修养类：通过艺术活动，陶冶学生情操，增强艺术修养，培养学生发现美、欣赏美、表现美、创造美的审美能力，代表课程有“卡魅（艺术）”“合唱团”“中国传统绘画”等。

信息技术类：通过学习电脑操作知识，培养学生收集和处理信息的能力，综合学习、研究性学习的能力，代表课程有“小创客玩转3D设计与3D打印”“网页制作”“C语言程序设计”等。

学科竞赛类：以学科竞赛来培养学生进取创新精神，科学探索精神，代表课程有“无人机”“乐高机器人”“信息学奥赛”等。

2. 拓展课程总体框架图

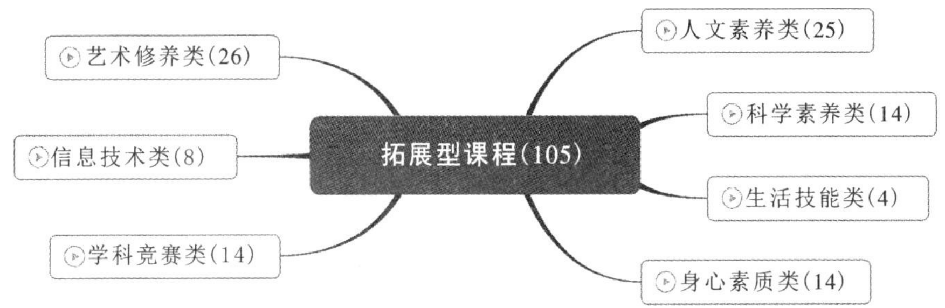

拓展型课程总体框架图

3. 具体拓展课程安排（2014—2019 年）

拓展型课程					
课程类别	序列	课程/社团名称	学科	开设年级/学期	课时
人文素养类	1	校园电视台（社团）	语文	七年级/全	30
	2	文学社（社团）	语文	七年级/全	20
	3	英文电影台词例析和配音模仿（社团）	英语	七年级/全	32
	4	影像中的历史	历史	七年级/全	30
	5	韩语	小语种	七年级/全	18
	6	你好德国	小语种	七年级/全	18
	7	大家的日语	小语种	七年级/全	18
	8	初级法语	小语种	七年级/全	45
	9	西班牙语课	小语种	七年级/全	18
	10	朗诵与主持（社团）	语文	七年级/全	32
	11	演讲与口才（社团）	语文	七年级/全	32
	12	小记者站（社团）	语文	七年级/全	18
	13	英语时文阅读	英语	七年级/全	32
	14	趣味英语	英语	七年级/全	32
	15	英语社（社团）	英语	七年级/全	32
	16	看动画学英语	英语	七年级/全	32
	17	模拟联合国	语文	七年级/全	32
	18	汉字的故事	语文	七年级/全	32
	19	中国古代杰出帝王评说	历史	七年级/全	32
	20	“微力”微电影社（社团）	英语	七年级/全	32
	21	汉字魔方	语文	七年级/全	15
	22	子衿国学堂	语文	七年级/全	72
	23	《三字经》的智慧	语文	七年级/全	20
	24	军事社（社团）	政治	七年级/全	30
	25	国研社（社团）	政治	七年级/全	30

（续表）

拓展型课程					
课程类别	序列	课程/社团名称	学科	开设年级/学期	课时
科学素养类	26	世界地理探秘	地理	七年级/全	20
	27	植物的奥秘	生物	七年级/全	30
	28	吃喝玩乐中的地理	地理	七年级/全	36
	29	细胞探秘	生物	七年级/全	40
	30	趣味生物学	生物	七年级/全	30
	31	废弃物与生命	生物	七年级/全	20
	32	益智数学	数学	七年级/全	20
	33	纪录片中的生物学	生物	七年级/全	20
	34	人与自然	地理	七年级/全	20
	35	世界旅游地理	地理	七年级/全	30
	36	侦探电影与化学探秘	化学	七年级/全	20
	37	世界地理探秘	地理	七年级/全	30
	38	玩转化学小实验	化学	七年级/全	15
	39	推理社（社团）	数学	七年级/全	30
生活技能类	40	饱嗝烹饪课堂（社团）	体育	七年级/全	20
	41	服装设计	美术	七年级/全	20
	42	桥牌启蒙（社团）	数学	七年级/全	16
	43	中学生急救知识及常见病预防	生物	七年级/全	20
身心素养类	44	篮球社（社团）	体育	七年级/全	40
	45	羽毛球（社团）	体育	七年级/全	24
	46	健美操	体育	七年级/全	32
	47	疾病与健康	生物	七年级/全	32
	48	网球社（社团）	体育	七年级/全	32
	49	排球	体育	七年级/全	36
	50	女子防身术	体育	七年级/全	32
	51	田径	体育	七年级/全	4
	52	马拉松	体育	七年级/全	32
	53	太极社	体育	七年级/全	24
	54	武术——长拳	体育	七年级/全	32
	55	乒乓球（社团）	体育	七年级/全	32
	56	团体心理辅导	心理	七年级/全	18
	57	趣味心理学	心理	七年级/全	32

（续表）

拓展型课程					
课程类别	序列	课程/社团名称	学科	开设年级/学期	课时
艺术修养类	58	卡魅	美术、物理	七年级/全	20
	59	英语戏剧赏析表演	英语	七年级/全	32
	60	礼仪社（社团）	语文	七年级/全	40
	61	合唱团（社团）	音乐	七年级/全	80
	62	歌曲创作	音乐	七年级/全	30
	63	声乐表演课	音乐	七年级/全	40
	64	舞蹈社（社团）	音乐	七年级/全	60
	65	弦乐合奏	音乐	七年级/全	80
	66	书画	美术	七年级/全	20
	67	创意手工（社团）	美术	七年级/全	30
	68	纸艺社（社团）	美术	七年级/全	20
	69	陶言瓷语	美术	七年级/全	30
	70	民间美术	美术	七年级/全	32
	71	橡皮章、版画	美术	七年级/全	18
	72	音韵社（社团）	音乐	七年级/全	40
	73	影视文学鉴赏	语文	七年级/全	20
	74	中国书画	美术	七年级/全	20
	75	电影与文化	英语	七年级/全	32
	76	电影经典台词赏析	语文	七年级/全	18
	77	历史剧	历史	七年级/全	20
	78	欧美文化之旅	英语	七年级/全	20
	79	《史记》选读	语文	七年级/全	20
	80	楚郡话剧社（社团）	语文	七年级/全	20
	81	中国传统绘画	美术	七年级/全	40
	82	摄影社（社团）	美术	七年级/全	30
	83	吉他社（社团）	音乐	七年级/全	30
信息技术类	84	小创客玩转 3D 设计与 3D 打印（社团）	化学	七年级/全	30
	85	图像处理	计算机	七年级/全	20
	86	网页制作	计算机	七年级/全	30
	87	C 语言程序设计	计算机	七年级/全	20
	88	动漫（社团）	计算机	七年级/全	20
	89	Flash 动画作品制作	计算机	七年级/全	32
	90	动漫盘子画社	计算机	七年级/全	16
	91	科技创新	计算机	七年级/全	20

（续表）

拓展型课程					
课程类别	序列	课程/社团名称	学科	开设年级/学期	课时
学科竞赛类	92	无人机	计算机	七年级/全	20
	93	乐高机器人	计算机	七年级/全	30
	94	中鸣机器人	计算机	七年级/全	30
	95	信息学奥赛	计算机	七、八、九/全	30
	96	生物竞赛	生物	七年级/全	20
	97	物理拓展	物理	八年级/下	10
	98	物理竞赛	物理	九年级/全	20
	99	物理兴趣拓展	物理	九年级/全	20
	100	化学兴趣拓展	化学	九年级/全	20
	101	化学竞赛	化学	九年级/全	20
	102	数学竞赛	数学	七、八、九/全	60
	103	英语拓展	英语	九年级/全	20
	104	澄池杯知识竞赛	物理	九年级/上	10
	105	澄池杯知识竞赛	数学	九年级/上	10

第三节　拓展型课程的实施纲要

一、拓展型课程纲要的基本要素

拓展型课程纲要是以提纲的形式呈现一门课程的基本要素，主要包括背景与基础、课程目标、课程内容、课程实施和课程评价等五个方面。

1. 背景与基础

课程的背景与基础，是指课程实施的大教育环境或者教育基础。拓展型课程是学校基础型课程的补充和延伸，从内容到形式，都有较大的自由调整空间。长郡双语拓展型课程的开设都基于一定的背景和基础。如“英文电影台词例析和配音模仿”拓展课程开设的背景与基础，就是“培养高素质的外语人才，彰显双语特色学校的要求”。“桥牌启蒙”拓展课程开设的背景与基础，就是“随着我国社会与经济的发展及构建和谐社会的推进，人们对文化、体育的需求不断提高。目前，桥牌已被列入奥林匹克体育比赛项目，欧美许多国家都把桥牌列为高中学生必修科目。我国拥有上百万桥牌爱好者，2008 年桥牌成为北京世界智力运动会的正式项目，受到全国各界尤其是高校的高度重视，一些省市及全国等各类大学生桥牌比赛相继推出。目前，活跃在我国牌坛的优秀选手也几乎都受过高等教育，且大多得益于学校对该项运动的启蒙”。因此，在学校中开展桥牌运动是可行和必要的。

2. 课程目标

课程目标是指课程本身要实现的具体目标和意图。它规定了某阶段的学生通过课程学习以后，在发展品德、智力、体质等方面期望实现的程度，是确定课程内容、教学目标和教学方法的基础。从某种意义上说，教育目的要以课程为中介才能实现。所以，课程目标是指导课程设置最为关键的一环。长郡双语拓展型课程在课程目标方面注重学生能力和素养的培养，培养学生对生活的热情和态度。如“校园电视台”拓展课程的课程目标之一就是通过练习绕口令培养主持人、小记者的基本素养，同时通过对一些节目镜头进行拍摄，学习制作节目的方法，让学生享受节目制作的乐趣，培养对生活的热爱和对美的追求。“羽毛球”拓展课程的目标，就是“培养学生对羽毛球运动的兴趣，养成终身运动的能力；培养学生掌握羽毛球基本技术动作，学会运动的能力；培养学生的团结协作、勇于探索的能力”。

3. 课程内容

课程内容是指课程中的特定事实、观点、原理、问题及其处理方式，它是学习的对象，源于社会文化，并随着社会文化的发展而不断发展变化。课程内容主要包括使学生成为社会中一名合格公民所必备的基础知识和基本技能，同时也包括学生以后继续学习所必需的技能和能力，是为特定教育阶段的学生而选择制定的。拓展型课程的内容注重学生的能力培养，从而为适应学校和社会发展的需要做准备。比如，“吃喝游乐中的地理”拓展课程的课程内容为定向越野、地理实验与地理制作、资源与环保、世界地理探秘等；“合唱团”拓展课程内容包括歌唱器官与发声原理介绍、合唱的呼吸训练、歌唱的共鸣训练等。

4. 课程实施

课程实施是实现课程预期教育结果的重要手段。课程实施是作为动态的过程而存在的，是把课程改革付诸实践的过程。长郡双语拓展型课程在开设时会结合课程及学校的实际特点，制定具体的实施规划。比如，“纸模服装社”课程实施安排为：适合对象为有一定的美术功底，对设计服装感兴趣且有一定的动手能力的学生；课时计划为 32 课时；场地设备要求为创客纸模服装工作室；教学策略是通过专业软件学习结构知识，再到小模上施展个人想法，最后在大模上呈现服装效果；并要求完成《纸模服装》校本教材编写一册。“陶言瓷语”拓展课程的课程实施安排为：适合对象为热爱陶艺、愿意沉心学习、渴望超越自我的同学；课时计划为 34 课时；场地设备要求为专业教室、相关器材及原料；前期应购买必要的泥料做准备；教学策略以课件、视频、教学活动为主；编写《陶言瓷语》校本教材等。

5. 课程评价

课程评价是课程实施的价值判断的过程。拓展型课程的评价方式是多样的。它既可以是定量评价也可以是定性评价，也可以是两者的结合。拓展型课程评价的对象包括课程的计划、实施、结果等课程要素。因此，拓展课程评价对象的范围既包括拓展课程计划本身，也包括参与课程实施的教师、学生、学校，还包括课程活动的结果，即学生和教师的发展。比如，“玩转化学小实验”拓展课程的课程评价由“实验考查”“作业评价”“课堂表现”三方面构成。“合唱”拓展课程的评价，侧重于从学生的学习情况和学习成果进行评价。

二、拓展型课程纲要的精品案例

拓展型课程纲要的撰写，必须考虑到背景与基础、课程目标、课程结构和内容、课程实施、课程评价、反思与提升等要素。课程纲要的编写有利于教师整体把握实施的课程目标与内容，审视满足课程实施的所有条件，有利于学生明确所学课程的总体目标与内容框架。

拓展型课程纲要不仅是教师教学设计的方案，同样也是指导学生学习的蓝本。对于学生来说，课程纲要明确了学习目的，规划了学习安排，提供了学习要求。因此，课程纲要的编写也有利于学生明确本学期的课程教学安排，从而明确自己的学习任务，把握学习内容的逻辑框架，学会规划自己的学习。以长郡双语部分拓展型课程的课程纲要为例：

案例一：“民间美术剪纸”拓展课程纲要

一、背景与基础

1. 课程开发的原因、价值与意义

在湘教版七年级美术教材“吉祥喜庆的民间美术”一课中，剪纸是其中一个重要的内容，可见国家对于传统民间美术传承和保护的重视。剪纸的工具及材料便捷，装饰性强，容易上手，能很好地锻炼学生灵活性和审美性，提高学生的动手能力。因此，长郡双语特别将传统艺术的剪纸开发为学校的校本拓展课程之一，也体现了学校对促进学生身心发展、培养全面发展的人的目的以及弘扬中国优秀传统文化的决心。

同时，选择“剪纸”作为校本拓展课程研究的内容还有以下几点原因：

（1）剪纸是我国具有特色的民间艺术，是最具群众性的、大众艺术形式之一，与民族民俗以及我们的生活都有密切的联系。剪纸用一种亲切、朴素、通俗、美观的艺术表现形式，抒发了劳动人民的真情实感，美化了人民的生活。可以说，剪纸蕴藏了我国劳动人民深厚的情感，积淀了华夏几千年的灿烂文化，是我国传统哲学、美学、民俗学等的结晶，具有强烈的民族特色和生命力，因而能够千百年来蓬勃发展，经久不衰。

（2）剪纸是一项手脑并用的实践活动，具有单纯、明快、朴实、富有装饰性的艺术风格和夸张大胆、简练生动的艺术造型特点。学习剪纸不仅能锻炼学生双手的灵活性和协调性，培养学生的耐心和细心，提高学生的动手能力，而且有利于培养学生对剪纸这一民间艺术的认识和理解力，了解民俗风情，熟悉生活，帮助学生形成正确的审美能力，陶冶情操。

（3）以往的常规剪纸课程系统性不够，教学安排缺乏整体规划，而剪纸校本课程开发在拓宽课程范围、适应学生的个别需要和发挥教师的创新意识等方面都有着显著的优点。

2. 理论基础

（1）耶克斯和多德森定律。心理学家耶克斯和多德森的研究表明，各种活动都存在一个最佳的动机水平。动机不足或过分强烈，都会使工作效率下降。研究还发现，动机的最佳水平随任务性质的不同而不同。在比较容易的任务中，工作效率随动机的提高而上升；随着任务难度的增加，动机最佳水平有逐渐下降的趋势。也就是说，在难度较大的任务中，较低的动机水平有利于任务的完成。

（2）建构主义学习理论。学习是学习者主动地建构内部心理表征的过程，它不仅包括结构性的知识，而且包括大量非结构性的经验背景；学习过程同时包含两方面的建构，即对新知识的意义建构和对旧知识的重组；学习者以自己的方式建构对于事物的理解，不同人看到的是事物的不同方面，不存在唯一标准的理解。

①知识观。对知识的意义，认知心理学强调知识是对客观世界的描述，具有客观性；而建构主义强调的是人类知识的主观性，他们认为，人类知识只是对客观世界的一种解释，一种假设，并不是对客观现实的准确表征，它不是最终的答案，而是会随着人类认识的进步而不断地被新的解释和假设所推翻、所取代的。

②学习观。建构主义认为，学习不是知识由教师到学生的简单的转移或传递，而是主动地建构自己知识经验的过程，这种建构是任何人不能代替的。学习是个体建构自己知识的过程，这意味着学习是主动的，学习者不是被动刺激的接受者，他要对外部信息进行主动的选择和加工。因此，学习不是像行为主义所描述的是一个简单的S－R的过程，也不是一个简单的信息积累、信息加工的过程。每一个学习者，都是在自己原有经验系统的基础上对新信息进行编码，建构自己对信息意义的理解。

③学生观。建构主义认为，学生并不是空着脑袋走进教室。学生是自己知识的建构者，学习不是简单的信息输入、贮存和提取的过程，也不是简单的积累，而是在已有的知识经验、心理结构和信念的基础上去形成知识的意义，实现新旧知识的综合和概括，形成新的假设和推论，在应用中加深对知识的理解。在师生共同的活动中，教师通过提供帮助和支持，使学生从原有的知识经验中“生长”出新的知识经验。教学不是知识的传递，而是知识的处理和转换。

二、课程目标

1. 知识与技能

认识剪纸艺术，激发学生学习剪纸的兴趣，了解剪纸的制作、工具与材料，掌握剪刻刀的使用等。

2. 过程与方法

通过自主实践学习掌握剪纸的基本技巧，学会剪制剪纸艺术作品。了解剪纸发展历史、生活中的艺术，感悟民族文化精神，传承传统优秀民间美术。

3. 情感态度价值观

培养学生们的剪纸兴趣，开发学生的潜质，有效迁移至学习和生活中，促进学生个性的发展，形成学校剪纸的美育特色。

三、课程结构与内容

根据长郡双语学生实际情况，“民间美术剪纸”校本拓展课程分为基础、提高、创作三个课程阶段。第一阶段为基础阶段：重技能，轻知识；第二阶段为提高阶段：从临摹转向创作，根据剪纸艺术本身的层次性以及学生掌握情况，初步要求能掌握剪纸和艺术的相关知识和基本技法，能够“临作”，并在此基础上能够“创作”；第三阶段为创作阶段：复杂剪纸。既重视剪纸的基本知识与技能，又重视培养学生的创造能力、创新意识，进一步发展剪纸校本课程。

整个课程基本由“剪纸概述”“剪纸技能学习”“剪纸艺术风格”“其他剪纸种类”“剪纸的装裱和保存”“剪纸欣赏与创作”六个板块组成。

课程板块	课程内容	教学目标	课时安排
剪纸概论	剪纸概论与欣赏	基础阶段，了解与欣赏	2 个课时
	剪纸工具与材料	基础阶段，了解与欣赏	2 个课时
	剪纸表现方法	基础阶段，了解与欣赏	2 个课时
	常用剪纸装饰纹样	基础阶段，了解与欣赏	2 个课时
	剪刻基本技法	基础阶段，基本技能学习	2 个课时
剪纸技能学习	用阳、阴剪来剪线条	基础阶段，临摹、以各种事物的外形练习为主	2 个课时
	剪对称蝴蝶	基础阶段，临剪表现各色蝴蝶	2 个课时
	剪二方连续花边	基础阶段，学习基本造型剪纸	2 个课时
	三折和六折团花	基础阶段，临剪表现相关事物	2 个课时
	剪不对称动物	提高阶段，临剪表现各色动物	4 个课时
	剪纸创作	提高阶段，借鉴、临剪刻校园生活为主的剪纸	4 个课时
剪纸艺术风格	立体剪纸	提高阶段，欣赏及表现	2 个课时
	彩色剪纸	创作阶段，欣赏及表现	2 个课时
	其他民间艺术欣赏	创作阶段，欣赏及表现	1 个课时
其他剪纸种类	其他剪纸种类欣赏	提高阶段，欣赏及表现	2 个课时
剪纸的装裱和保存	装裱与保存	提高阶段，欣赏及表现	2 个课时
剪纸欣赏与创作	主题创作	创作阶段，研究和创作	8 个课时

四、课程实施

1. 适合对象

本课程针对七年级学生开设。

2. 课时计划

共计30课时，分两个学期开设。

3. 场地及设备要求

场地：美术活动教室；设备：剪刀、垫板等。

4. 教学策略

（1）探究式教学策略。通过学生的主动剪纸，发展他们的创作实践能力。

（2）启发式教学策略。根据教学目的、内容、学生的知识水平和知识规律，运用各种教学手段，采用启发诱导的方法传授知识、培养能力，使学生积极主动地学习剪纸，促进身心发展。

5. 具体实施

剪纸活动课程教学力求改变单一的剪纸学科知识体系，构建活动课程思路，让学生在活动中学习，体现活动教育的价值取向是“情感→能力→知识”。根据学生实际情况、兴趣及课程内容等特点，采用灵活的教学方式，以学生为主体，教师为引导，在校本课程学习中实施小组合作学习方式，使学生主动参与学习过程，学会学习，实现以学生为中心的高效课堂，真正实现全员参与、全面育人的教育目的。

（1）每周二第七、八节课进行授课，落实上课人数及工具，写好每堂课辅导记录，组织并上好每堂课。

（2）针对不同学生的个性和差异进行教育辅导，对学生每堂课作品进行点评。

（3）加强学生良好行为习惯的培养，培养学生的团结协作精神，促进学生良好个性的发展。

（4）组织丰富多彩的剪纸活动，提高学生对剪纸学习的兴趣和热情，营造良好的校园艺术活动和学习的氛围。

（5）积极钻研教学教育，投入剪纸教研教改，努力探索科学的教育教学方法。

6. 校本教材

编写《美在民间永不休》民间美术剪纸校本教材。

五、课程评价

1. 课程评价的原则

客观性原则、整体性原则和指导性原则。

2. 评价内容

针对学生的学习常规表现和学习成果进行评价。学习常规表现包括出勤情况、课堂准备和课堂表现情况（小组活动参与情况、发言、汇报等）；学习成果包括活动后的作品（制作的作品）、心得体会等。依次考核分数为：常规表现70%和学习成果30%。

3. 评价记录量表

时间	评价内容	分值
常规表现	材料准备、资料收集	10
	出勤	10
	课堂表现	20
	展示汇报	20
	卫生情况	10
学习成果	作品展示	20
	心得体会	10

六、反思与提升

1. 课程实施的成果

（1）校本拓展课程的实施，为学生提供了更多探究和实践的机会，有利于提升学生核心素养。

（2）在实践过程中积累了课程开发的经验。

（3）校本课程的开发和实施，激发了教师的教研意识，提高了教研能力。经过五年的实践，“民间美术剪纸”校本拓展课从初步的实践到向课堂外大步迈进，每年学校社团节活动中，长郡双语“民间美术剪纸”课程都进行了剪纸作品展览、现场剪纸展示、交流等活动，已成为学校传承优秀传统文化的重要部分，成为校本课程建设中独具特色的亮点。除了在校内获得师生一致喜爱外，新浪网等多家媒体对学校民间美术校本课进行了采访和宣传，并给予高度的评价和肯定。

“民间美术剪纸”课程的开设也获得了许多荣誉。2012 年，邢丽老师执教的“喜庆吉祥的民间美术——剪纸纹饰”一课获长沙市中小学教师教学比武一等奖；同年，该课课件被编入 2012 年湘教版初中美术教材配套课件使用；2016 年，邢丽老师编写的《美在民间永不朽——民间美术校本选修课教材》已在教学中运用，除了教师在课堂所传授的知识之外，学生课余能够能翻阅教材自主学习；2018 年 5 月，“民间美术剪纸”校本拓展课邢丽老师的“苗银纹饰初探”一课获长沙市中小学教师说课一等奖；同年 10 月，在第三届全国城乡中小学美术论坛中代表长沙市优秀课例进行展示，并被评为“优秀课例”。

刘柳枝同学凭借“地雷战”剪纸作品在长沙市 2015 年中小学漫画比赛中荣获一等奖。2016 年，学生以小组合作式完成 7m × 0.5 m 大型作品创作“清明上河图”，在社团节展示中，得到广大师生和社会媒体的肯定和赞扬。李诗怡、欧阳伯熹等多位同学创作的系列剪纸作品在长沙市 2017 年校园文化艺术节比赛中荣获一等奖。

2017 年，《从兴趣激发到实践收获——初探校本课程有效实施》民间美术相关论文获评湖南省论文二等奖。陈俐予、黄子洨等多位同学创作的系列剪纸作品在长沙市 2018 年校园文化艺术节比赛中获一等奖。其中，陈俐予的艺术作品获湖南省二等奖，邓子仪的艺术作品获湖南省优秀课堂作业。

“民间美术剪纸”校本拓展课自开设以来，在学校2015—2019年校本拓展课考核中，连续10次被评为长郡双语“优秀校本拓展课”。2018年12月，“民间美术剪纸校本”拓展课先后被评为长沙市、湖南省“优秀校本课程”。

2. 存在问题

（1）目前暂时没有专用教室，很多作品不便于收藏，学生的制作材料容易被损坏，影响作品效果。

（2）参加剪纸校本课的学生不多，下学期力争在有限的时间及能力范畴之内，增加各班的人数，把兴趣小组工作推广到更多的学生。

（3）部分学生作品模仿抄袭，缺乏创新意识。

3. 提升设想

（1）吸纳网络优秀资源。网络资源库是教学一线教师获取信息资源的有效方法之一，网络资源相关视频及资料非常丰富，注意归纳和整理相关资料，选择适合学生学情的资源。

（2）充分利用本土的有效资源。长沙望城白箬是“剪纸之乡”，具有地理优势；可以积极利用其有效资源，把传统民间艺人请进课堂，带领学生走进传统民间艺术生活。

（3）定期组织学生参观身边的民间艺术展览馆，提高欣赏水平，熏陶传统艺术文化，组织学生积极参加上级主管部门举办的有关竞赛活动，并力争取得优异成绩。

（4）不断更新完善校本教材。应提高教师的专业研究能力，让学生有更多更丰富的学习资源。

（5）学科资源整合。与学校其他优秀校本拓展课积极合作研究课题，结合不同学科所长为教学提供更多有效资源；和其他各校传统文化课程定期进行探讨交流，不断学习经验和心得。

案例二：“植物的奥秘”拓展课程纲要

一、背景与基础

1. 课程开发的原因、价值与意义

重视学生核心素养的发展是当今世界教育改革的趋势，也是我国深化基础教育改革的热点。校本课程是学校课程体系中的一个重要组成部分，与国家课程、地方课程共同组成了学校的“三级课程”。校本课程可以弥补国家课程的不足，利于形成学校办学特色，对学生核心素养的发展有着十分重要的意义。长郡双语以省级重点课题“基于核心素养培育下的初中课程重构与实施”为引领，以基础型课程、拓展型课程、实践型课程为载体，由教科室牵头，全体科任老师共同参与校本课程的开发与实施。

2. 课程开发的理论基础

建构主义认为学习不是老师的简单传授，而是学生自主进行知识建构的过程，注重把学习者摆在中心位置。建构主义强调在教学过程中，师生都在建构自己的知识，共同发展进步。因此在教学中，要从学生的经验出发。教师是学生学习过程的协助者，要给学生创造良好的学习情境，鼓励学生进行合作学习。建构主义的知识观、学习观、教学观无疑给校本课程的实施提供了有力的理论指导。

二、课程目标

1. 知识与技能

通过让学生参与校本课程的学习，激发学生对植物学的兴趣，了解植物的形态、分类、生理、进化与适应等方面的知识，形成生命观念；熟练掌握显微镜、体视镜等仪器的使用，具备一定的实验操作能力；在科学探究中发展收集、鉴别和处理相关信息的能力，培养合作能力、实践能力和创新能力。

2. 过程与方法

通过开展观察、探究实验等活动使学生初步学会生物学探究的一般方法，发展理性思维，初步学会运用所学的生物学知识分析和解决某些生活、生产或社会实际问题。

3. 情感、态度价值观

了解我国的植被资源状况，形成爱祖国、爱家乡的情感；热爱自然，珍爱生命，理解人与自然和谐发展的意义，提高环境保护意识；乐于探索生命的奥秘，培养实事求是的科学态度、探索精神和创新意识；关注与植物学相关的社会问题，初步形成主动参与社会决策的意识，承担社会责任。

三、课程结构与内容

“植物的奥秘”校本拓展课程内容表

课程模块	课程内容	课时安排	探究活动	核心素养
植物形态	植物的根	2 课时	观察菠菜的直根和葱的须根	科学探究，理性思维
			观察变态根（萝卜、红薯、常春藤等）	科学探究，理性思维，生命观念
	植物的茎	2 课时	观察单、双子叶植物茎横切永久装片	科学探究，理性思维
			观察变态茎（莲藕、马铃薯等）	科学探究，理性思维，生命观念
	植物的叶	3 课时	认识叶的形态（校内考察）	科学探究，理性思维
			观察变态叶（洋葱、豌豆等）	科学探究，理性思维，生命观念
			制作叶脉书签	科学探究
	植物的花	2 课时	认识花的结构（解剖）	科学探究，理性思维，生命观念
			用显微镜观察花粉	科学探究，理性思维，生命观念

（续表）

课程模块	课程内容	课时安排	探究活动	核心素养
植物形态	植物的果实和种子	3 课时	认识果实的类型	科学探究，理性思维，生命观念
			观察种子的结构	科学探究，理性思维，生命观念
	植物蜡叶标本制作	2 课时	制作标本	科学探究，理性思维
植物分类	池塘中的藻类	1 课时	采集和观察池塘中的藻类植物	科学探究，理性思维
	苔藓和蕨类	1 课时	采集和观察苔藓和蕨类植物	科学探究，理性思维，生命观念
	裸子植物	1 课时	认识和观察校园内的裸子植物（罗汉松、日本五针松、侧柏、银杏、苏铁等）	科学探究，理性思维，生命观念，社会责任
	被子植物的分类	4 课时	校内被子植物的识别和分类	科学探究，理性思维
植物生理	种子的萌发	2 课时	探究种子的萌发条件	科学探究，理性思维
	植株的生长	2 课时	无土栽培营养液的成分探究	科学探究，理性思维
	植物的向性运动	2 课时	探究植物的向光性和向地性	科学探究，理性思维，生命观念
	植物对水分的吸收	1 课时	探究外界溶液浓度对根细胞吸水的影响	科学探究，理性思维，生命观念
	植物的颜色	1 课时	探究不同 pH 环境下花青素的颜色变化	科学探究，理性思维
进化与适应	植物进化和适应实例	1 课时	收集案例并分析	科学探究，理性思维，生命观念，社会责任

四、课程实施

1. 适合对象

本课程针对七年级学生开设。

2. 课时计划

共计 30 课时，分两个学期开设。

3. 场地及设备要求

标准化生物实验室

4. 前期准备

每节课前准备相应的实验器具和材料。

5. 教学策略

（1）探究式教学策略。通过学生的主动参与，发展他们的探索能力，培养学生探究未知世界的积极态度。

（2）启发式教学策略。根据教学目的、内容、学生的知识水平和知识规律，运用各种教学手段，采用启发诱导的方法传授知识、培养能力，使学生积极主动地学习，以促进身心发展。

6. 校本教材

编写《植物的奥秘》校本教材上、下册。

五、课程评价

1. 课程评价的原则

客观性原则、科学性原则、整体性原则和指导性原则。

2. 评价内容和评价方式

新课程倡导评价方式多样化，因此，本校本课程结合学科特色和课程内容，采用多种形式和方案，立足学生核心素养的发展对学生的学习进行评价。在评价内容方面，针对学生的学习情况和学习成果进行评价。学习情况包括出勤情况、课前准备的情况（材料准备、资料收集、PPT 制作等）和课堂表现情况（小组活动参与情况、发言、汇报等）；学习成果包括活动后的作品（制作的标本）、实验和调查后的书面材料（实验报告、调查报告）、心得体会、微视频作品等。

3. 评价记录量表

时间	评价内容	分值
课前	实验材料准备	10
	资料收集	10
课中	出勤	10
	小组活动参与度	10
	展示汇报	20
	卫生情况	10
	集体贡献	20
课后	作品（标本、微视频等）	20
	实验报告、调查报告	20

六、反思与提升

1. 课程实施的成果

（1）通过校本拓展课程的实施，为学生提供了更多探究和实践的机会，使其核心素养得到提升。

（2）在实践过程中积累了课程开发的经验，课程多次被评为校“优秀校本课程”。

(3) 校本课程的开发和实施激发了教师的教研意识，提高了其教研能力。

2. 存在的问题和提升设想

该校本拓展课程的实施过程中，仍然存在一些问题。例如：当前，本校本课程的实施主要局限在校内，对社区和周边课程资源的开发还不够，教学活动的开展受限；课程内容理论性较强，和生产生活实际的结合还不够紧密；课程评价体系的科学性和可操作性还可进一步提高；等等。在今后的教学实践中，我们将努力探索基于核心素养的校本课程开发有效途径，逐步改进和完善该校本课程。

案例三："玩转化学小实验"拓展课程纲要

一、背景与基础

1. 课程开发的原因及意义

随着社会的不断进步，基础教育改革也在不断推进。素质教育是目前我国新一轮基础教育课程改革最为现实的目标，新基础教育课程改革的核心理念定位在"为了中华民族的伟大复兴，为了每一个学生的发展"，根本任务就在于促进每一个学生的全面和个性的发展。

《基础教育课程改革纲要（试行）》中提倡改变课程管理过于单一的状况，要求实行国家、地方、学校三级课程管理体系，增强课程对地方、学校及学生的适应性调整。初中化学校本课程的开发能够更好地促进学生的个性成长，教师的专业发展，各学科之间的互相渗透。

2. 课程开发的理论基础

美国课程论专家泰勒在对前人经验总结基础上提出经典课程开发目标模式。1949年，泰勒出版了《课程与教学的基本原理》，在书中具体阐明了目标模式的基本原理，包括课程研制的基本程序、步骤和方法等。

关于学习经验的选择，泰勒提出选择学习经验原则，可以概括为：经验的选择要基于目标，学生可以亲身实践且在完成过程中能够得到满足，多种经验可以达到同一目标，同一经验也可以达到不同目标。关于对课程结果的评价研究，泰勒提出课程评价的具体实施要根据课程目标的制定来确定，因此需要从教育目标出发到评价情境再到评价手段的一系列过程与程序来达到课程结果的评价。泰勒的目标原理提供了课程研究的范式，为课程开发模式的探究奠定了基础。初中化学校本课程开发以课程开发的目标模式为开发理论基础，在泰勒基础之上进行开发探究。

二、课程目标

1. 知识与技能目标

(1) 对物质的认识（宏观辨识）

引导学生观察和探究身边常见的物质，帮助学生了解它们对人类生活的影响，体会科学进步对提高人类生活质量所作出的巨大贡献；使学生初步认识物质的用途与性质之间的关系，帮助学生从化学的角度认识和理解人与自然的关系，初步形成科学的物质观和合理利用物质的意识。

（2）物质结构分析（微观探析）

通过利用观察微观动画、想象、类比以及分子原子模型化的方式，使学生对物质本质有所了解，将具体物质向物质类别进行迁移，了解一类物质；在分析物质时，能充分发挥微观思维能力、想象力和创造力；能够解释生活中一些现象的发生，从而对物质及其变化进行科学的认识；通过对物质结构分析的学习，使学生学会从原子、分子角度理解物质的存在、类别、组成、性质和变化及理解微观世界。

（3）化学变化（变化观念）

在内容设计上，校本课程要紧密联系生活、生产实际，使学生真切地感受到发生的化学变化；引导学生通过实验探究认识化学变化的规律，初步了解研究化学变化的科学方法；通过具体、生动的化学变化现象体会到物质在一定条件下的相互转化。

2. 过程与方法目标

学习运用观察、实验等方法获取信息，能用文字、图表和化学语言表述有关的信息，初步学习运用比较、分类、归纳、概括等方法对获取的信息进行加工。明确实验目的、实验过程，并且能够观察总结实验现象，进行信息收集；熟悉仪器的识别、功能认识、使用；合理设计实验程序。学会发现和解决某些与化学相关的经验问题，在实践中学会交流、合作等基本技能，培养学生的科学探究能力。

3. 情感态度与价值观目标

激发学生的民族自尊心、自信心和自豪感，培养爱国主义精神；激励学生的社会责任感；形成学生辩证看待世界的思维；养成坚持真理、勇于探索、谦虚谨慎、严谨求实的科学作风；培养求真、尚实、贵确、存疑的科学精神；形成热爱自然、关心环境、热爱家乡、善于合作等社会本位的价值观。

三、课程结构与内容

课程内容	教学目标	课时安排
走进化学世界	认识化学的魅力，了解常见实验仪器和实验规则，让学生对化学有基本的认识	2 个课时
神秘的信	学会制作密信的方法，了解两种密信显字的原理	2 个课时
叶子也疯狂	学会制作叶脉书签与加工叶脉书签的方法	2 个课时
氧气的制取与性质实验	学会制取氧气的方法与原理，了解氧气的物理性质、化学性质及用途	4 个课时
鸡蛋魔法师	掌握用鸡蛋做魔术的化学原理	2 个课时
催化剂	找出适合催化过氧化氢分解的物质	2 个课时
美丽的晶体	学会制作硫酸铜晶体与硝酸钾晶体	4 个课时

（续表）

课程内容	教学目标	课时安排
玩转二氧化碳	学会制取二氧化碳的方法与原理 根据实验掌握二氧化碳的性质	4 个课时
烧不坏的手帕	能找到适合制作烧不坏的手帕的酒精与水的比例	2 个课时
寻找生活中的酸碱指示剂	能用自制酸碱指示剂测定生活中常见物质的酸碱性	4 个课时
樱花开了	完成制作粉红樱花铁树的实验	2 个课时
合格的玻工	练习玻棒和玻管的截断、弯曲、拉细，以及滴管的制作等基本操作	2 个课时
精美手工皂	让学生学会利用皂基制作透明手工皂	2 个课时
手工蜡烛制作及其燃烧的探究	让学生学会制作手工蜡烛工艺品	2 个课时
原电池及水果电池的探究	让学生了解原电池原理并制作水果电池	2 个课时
自制净水器及水的电解	了解环保节水的方式，了解水净化与处理的基本方法，了解水分子的内部结构	2 个课时
空气中的氧气	了解空气的基本组成，区分纯净物与混合物	4 个课时
铁树开花、化学“溶洞”	了解金属的活泼型与强弱顺序	2 个课时
多彩的溶液	了解溶液的形成与成分，能够运用物理或化学原理制作彩虹溶液	2 个课时
自制暖宝宝、冰袋	体验溶液热和反应热，了解溶解的限度问题，了解晶体形成的条件	2 个课时

四、课程实施

1. 适合对象

初一学生。

2. 课时计划

30 课时。

3. 场地设备要求

科技楼 118。

4. 前期准备

优化校本教材、购置实验仪器与药品、编写教案与课件。

5. 教学方法及策略

（1）教学方法：讲授法、演示法、讨论法、训练实践法、示范和模仿法、发现法。

（2）学习方法：小组合作探究、自主实验、讨论法。

(3) 教学策略：产生式教学策略让学生自己形成教学目标，主动对教学内容进行组织，安排学习顺序等，鼓励学生自己从学习中建构具有个人特有风格的学习。优点：①可以积极地把信息与他们自己的认知结构联系起来，对信息的处理过程主动深入，因此学习效果较好；②允许学生自主地设计、实践和改善他们的学习策略，从而可以提高学生的学习能力；③产生式教学策略主要出自学生自己，因此可以激发起学生对学习任务和学习过程、学习策略的积极性，培养学习兴趣等。

6. 校本教材

自编《玩转化学小实验》。

五、课程评价

1. 课程评价的原则

为每一个学生的发展提供多样化的学习评价方式。评价遵循真实性、全面性和发展性原则。既考核学生掌握知识、技能的程度，又注重评价学生的科学探究能力和实践能力，关注学生在情感态度与价值观方面的发展。在学习过程中，力求使更多的学生学会反思和自我评价。

2. 课程评价的内容

(1) 关注学生对化学的基本概念（微粒观）了解情况；(2) 关注学生对校本教材上的内容熟悉情况；(3) 关注学生在课堂上老师补充的内容掌握情况；(4) 关注学生对教师布置的自学内容认真完成情况。

3. 课程评价的方式

(1) 实验考查；(2) 作业评价；(3) 课堂表现。

4. 评价记录量表

(1) 实验考查

实验内容	实验准备（10 分制）	实验操作（10 分制）	实验结果（10 分制）	实验报告（10 分制）	总分
1. 制备氧气及氧气性质的研究（第一学期）					
2. 自制酸碱指示剂并检验物质的酸碱性（第二学期）					

（2）作业评价

作业内容	是否完成 （未完成计 0 分，完成则计 10 分）	完成情况 （优秀【8～10】良好【6～8】及格【1～5】）	总分
1.			
2.			
3.			
4.			
5.			

（3）课堂表现（自评、互评、师评）

课题内容	自评 （优秀【8～10】良好【5～7】及格【1～4】）	生评 （优秀【8～10】良好【5～7】及格【1～4】）	师评 （优秀【16～20】良好【12～15】及格【1～11】）	总分
1.				
2.				
3.				
4.				
5.				

六、反思与提升

1. 课程资源的开发

（1）摸索出适合初一学生的化学校本拓展课模式

经过一个学期的摸索与探究，“玩转化学小实验”校本拓展课的上课模式已基本成型，可以总结为“问—学—论—做—示—结”。以魔术或生活中的问题引入，驱动学生进一步学习的动机；再结合视频和教师的讲解让学生学习相关实验的基本操作和原理；然后再让学生根据本堂课的实验目标，通过自主学习、小组合作、教师指导的方式完成目标实验。最后再以小组为单位对本堂课的实验现象、成果、存在的疑问进行展示与讨论。

（2）编写与修订出一本适合的校本教材

2017 年，化学组编写了两本化学选修课的教材，但仅停留在理论，并未实践。学校非常重视，从人员到场地到实验器材的购买等各方面都给予了充分便利的条件，化学组的校本拓展课如期开展。经过一个学期的实践，对原本编写的教材的不断演练与操作下，选出适合的内容，并对部分内容进行了修订与完善。

（3）精心制作了课程教案与课件

每一次的校本拓展课都是一次修炼，每一次的备课是一种巨大的进步。通过两位化学老师的精心设计与用心准备，化学校本拓展课的每一次课都给学生们带来了不一样的收获与喜悦。每一次课都有精心准备的课件、精心书写的教案，每一次课都有备好的药品与器材，而这些教案、课件以及做实验的经验都是一笔宝贵的财富。

2. 存在问题与解决方法

（1）初一学生缺乏化学理论与基础知识

初一学生很少接触化学课堂内容，缺乏理论与基础知识，课堂内容易演变成学生照着教材步骤重复一遍，缺乏必要的探究要素，核心素养中的探究能力落实受到影响。针对这种情况，可以从以下方面进行突破：①给学生订阅科学小报，让他们在非课堂时间也能接触学习到化学的基础知识。②在初一开展实验技能大赛，激发学生对化学实验的兴趣。鼓励学生自主购买简易化学实验装置，在家就能完成较为简单有趣的实验，锻炼实验的基本技能。③在初一开展与化学有关的主题讲座与活动，比如利用化学知识逃生、除去衣物上的不同污渍等，让学生积累一些生活中与化学有关的知识与素材。

（2）内容较难选择，课堂容量难以抉择

按照本期每课一个新实验的节奏，从内容选取到购买材料，再到教师做预实验，然后再重新调整实验的内容与难易程度，再补充新的实验仪器与药品，整个过程比较复杂与繁琐，需要大量的时间与精力。另外，实验内容过于简单，两节课的时间有剩余；过于复杂，两节课的时间又不够。且实验过程中必须要保证安全，因为化学实验很多药品是有毒性、腐蚀性的，所以内容选择有难度。针对这个问题，学校计划下个学期对课堂整体内容的方向进行调整，将拓展课作为主题式探究课来完成，根据学生感兴趣的问题，进行内容的选择与增补。比如衣服上的污渍，油印、笔印、锈印、口红印等，这些问题与生活密切相关，教师可以把问题先确定，再让学生自己选取对应的内容进行针对性解决，然后再实验操作，最后将实验成果进行汇报和总结。这样不仅让学生按照教师设定的教材和内容一步步完成，还让学生自己动手动脑，真正地锻炼了学生的操作能力。

（3）缺乏课程开发的强大理论基础

校本课程的开发与实施是落实化学新课程的需要。但是，目前初中以化学学科为背景的校本课程有些注重一般化的科普活动，有些知识对国家课程的课时进行了进一步补充，化学校本拓展课程开发的随意性很大，课程价值、目标不明确。针对这一问题，在短时期内，教师需要进行大量文献、书籍阅读，不断丰富自身的理论功底，用心开发校本课程。

（4）对初一学生的学情难以把握

化学课程开设在初三，化学老师常年在初三教学，而且初一的学生对化学知识的掌握情况确实不是很清楚，所以在课题选择上偶有把握不准的情况。目前来说，只能按照理论要求，遵循学生兴趣、爱好和社会需求的原则，在开发校本课程活动中，及时组织进行社会调查，广泛征求学生、家长及社区团体的意见，结合学校本身的实际，充分利用本地资源，不断改进充实与完善校本课程内容。

3. 未来的方向、规划与期望

（1）贴近生活，接地气；主题探究，提素养

现有内容，有部分属于纯理论的知识，和学生的生活经验不是特别贴近，让学生有距离感，很难快速地融入课堂当中。所以在下学期的校本拓展课的内容的开展上，要更加贴近学生的实际生活。经过慎重思考与反复讨论，调整拓展课的方向，改为主题式探究课程，这样更有利于学生系统学习相关的理论和知识，也能够更好地落实核心素养中探究能力的培养。比如选取空气的质量为主题，可以对空气的成分探究历史进行介绍，对空气成分进行自主探究，学会对不同地方的空气质量进行检测，还可到空气监测站进行实地考察与实习。再如水质的调查，也可以从水本身的性质出发，再到水中可能含有的一些物质进行检测，哪些是有害的，哪些是有益的，再对不同来源的水进行分类检测，对标志物进行检测和对比，在此过程中还可去自来水厂、瓶装水生产厂家，质检局进行参观与学习。每一个主题探究活动可以切实解决对应的问题，学以致用，最终还可以形成探究报告，让成果可视化。

（2）走出去

本学期的拓展课程开展主要依据的是教师的经验和文献资料来支撑，网上能够搜集到的内容也非常有限；另外，缺乏优秀经验作为借鉴，也很少去别的学校参观学习经验。对于其他学校校本拓展课使用的教材，上课模式、课程目标都不太清楚。今后在课程开展时，希望能够争取到更多外出学习的机会，到相关优质校本拓展课开设的学校去参观和学习。

（3）请进来

建议从学校层面，收集或购买相关拓展课的资源，如视频、课件、教案、教材等，供拓展课授课老师学习。同时，也可以考虑从校外聘请名优教师来学校，针对不同拓展课团队的专业发展需求，量身定做课题讲座或其他培训活动，提升教师的课程设计和实施水平。

案例四："影像中的历史"拓展课程纲要

一、开发背景与意义

1. 课程开发的背景

2001 年，教育部颁布《基础教育课程改革纲要（试行）》中提出要"改变课程管理过于集中的状况，实行国家、地方、学校三级课程管理，增强课程对地方、学校及学生的适应性"。因此在新一轮课程改革大环境下，长郡双语从 2014 年 9 月开始开设

各种校本拓展课。校本拓展课作为一门独立课程，必须是要求能激发学生的求知欲，提高学生的学习兴趣，拓宽学生的知识面，全面培养学生的素质，融知识性、趣味性、科学性于一体的课程。而影像作品因为视听综合、时空综合、艺术与技术综合的强劲优势，受到广大学生的青睐。因此历史学科选择开发了“影像中的历史”这一校本拓展课程。

2. 理论基础

（1）人本主义理论。核心是“以人为本”。在拓展课程中，人本主义理论强调以学生为主体，利用教师的专业或兴趣，调动家长、社会的力量，促进学生和教师的共同发展。全国统一的课程无法考虑到各地各校的实际情况，班级授课制也与学生的个性发挥产生冲突。拓展型课程有利于推动学生个性的发展，发挥学生的主体性作用。

（2）建构主义理论。皮亚杰的建构主义认识论认为，知识是个体在与环境交互作用的过程中逐渐建构的结果。学生是学习过程的主动建构者，教师是学生主动建构知识经验的促进者，是学生合作学习的伙伴与引导者。校本课程开发体现差异性、多元兼容性、动态性等特征，它以尊重学校差异、师生差异为出发点，倡导师生主动探索和建构知识与经验。

3. 课程开发的价值与意义

（1）是对基础课程的有效补充，有利于拓宽学生知识面。初中历史课堂容量有限、课时有限，很多学生感兴趣的历史知识在课堂上不能尽情拓展，那么拓展课就可以选择学生感兴趣的素材，如一些文物、人物等，对课堂上的内容进行补充，开拓学生眼界。

（2）有利于激发学生对学习历史的兴趣。影视资料集艺术、科技知识为一体，声图并茂，视听兼顾，具有极强的感染力，使学生能在较短的时间内对历史有全新的认识，可以激起学生学习历史的兴趣，调动学生的积极性，在兴趣的指引下，主动地去学习历史。

（3）能有效促进教师的专业成长。从选择影像资料到呈现的方式，再到达到的效果，都需要教师勇于探索，不断创新，形成一种符合现代教育理论、教育技术发展的新教学思路，有利于教师的专业化成长。

二、课程目标

1. 知识与能力

了解文物考古的具体工作过程，辩证分析历史人物的功过得失，了解历史大事件的前因后果。

2. 过程与方法

在学习过程中培养学生的主体意识，完善学生的认知结构，培养对历史学习的兴趣，拓展学生，培养学生对历史事物和历史人物进行理性分析和客观评判的态度。

3. 情感态度价值观

从以人为本的角度出发，围绕历史人物思想感情看待分析问题，使学生有宽容和悲悯的情怀；通过深度挖掘蕴藏在影视中的历史过程和历史知识中的巨大精神财富，使学生的心理得到体验，情感得到震撼，精神得到升华；引导学生独立感受人类历史文化中的精神力量，逐步形成正确的人生观、世界观和价值观。

三、课程结构与内容

内容	目标	课时
文物类之遗落的金字塔	使学生了解金字塔以及古埃及文明	两节课
文物类之四羊方尊	使学生了解夏商周时期的青铜制造业	两节课
文物类之秦兵马俑	使学生了解秦朝的统治	两节课
文物类之马王堆传奇	使学生了解西汉前期长沙国历史	两节课
活动课之考古文物仿制	使用剪纸、橡皮泥等材料选取自己感兴趣的历史文物进行历史文物仿制，并进行文物讲解介绍	两节课
人物类之秦始皇	使学生了解秦始皇的丰功伟绩和暴政体现	两节课
人物类之汉武帝	使学生了解汉武帝时代实现中华崛起的史实	两节课
人物类之拿破仑	使学生了解拿破仑的简要经历及其对法国资产阶级统治的贡献	两节课
人物类之斯大林	使学生了解斯大林的简要经历及其领导下的苏联状况	两节课
活动课之历史人物评说	将学生分团队进行对指定历史人物的功过评说辩论，使学生掌握评价历史人物的方法	两节课
事件类之安史之乱	使学生了解唐朝由盛转衰的史实	两节课
事件类之戊戌变法	使学生了解清末民族资产阶级为救亡图存的政治斗争事件	两节课
事件类之五四运动	使学生了解五四运动的简要经过及对中国社会的影响	两节课
事件类之第一次世界大战	使学生了解战争给社会带来的动荡及战争对社会生产和人民生活带来的灾难	两节课
活动课之历史课本剧	使学生通过编排历史课本剧，加深对历史事件本身的理解，提升对历史学习的兴趣	两节课
注意：内容分为文物类、人物类、事件类，分中国古代史、近代史和世界古代史、近现代史内容；顺序可以做调整和补充。		

四、课程实施

1. 适合对象

本课程针对七年级学生开设。

2. 课时计划

共计 30 课时，分两个学期开设。

3. 前期准备

每节课前准备相应的影视资料和手工器材。

4. 教学具体方式

（1）播放一集影视作品和一集同主题的纪录片或百家讲坛，学生从不同角度分析影视作品中与史实不符的故事情节、错误的历史观念，并组织学生积极进行讨论。比如：在播放人物系列之秦始皇时，教师选择了电视连续剧《寻秦记》中关于秦始皇的一些片段和中国通史《秦始皇统一中国》及百家讲坛《王立群读史记之秦始皇》中对秦始皇的介绍，组织学生进行讨论，先找出电视剧中与史实不符的情节，然后让学生从不同角度对秦始皇进行辩证评价。

（2）播放历史题材纪录片，对教科书中的知识进行补充，同时对纪录片中的历史史料、历史观点进行辨析，培养学生的批判性思维。比如，在播放《大国崛起》之后，教师组织学生对这部纪录片中的历史观点进行辨析，学生们的呈现非常精彩。

（3）播放考古系列纪实片，通过这些纪实片让学生了解文物背后的历史，加强学生对祖国的热爱，增强民族自信心和民族凝聚力。比如《颠沛的国宝》系列，介绍了很多重大文物的惊心动魄的保护历程，让学生身心受到极大的震撼，很多学生在心得中都表达了对在战火中拼命保护文物的人的敬意，认识到只有国家强大，才能保护好中华民族几千年的文化。

五、课程评价

1. 评价原则

（1）客观性原则：在进行课程评价时，从测量的标准和方法到评价者所持有的态度，特别是最终的评价结果，都应符合客观实际，不能主观臆断或掺杂个人情感。

（2）整体性原则：对组成教学活动的各方面做多角度、全方位的评价，而不能以点代面，一概而论。

（3）指导性原则：在进行课程评价时，不就事论事，而是要把评价和指导结合起来，对评价的结果进行认真分析，从不同的角度找出因果关系，确认产生的原因，并通过及时的、具体的启发性的信息反馈，明确“影像中的历史”选修课程今后的努力方向。

（4）科学性原则：从教与学相统一的角度出发，以教学目标体系为依据，确定合理的统一的评价标准，认真编制、预试、修订评价工具；在此基础上，使用先进的测量手段和统计方法，依据科学的评价程序和方法，对获得的各种数据进行严格的处理。

（5）发展性原则：着眼于学生的学习进步和动态发展，着眼于教师的教学改进和能力提高，着眼于课程的发展和完善，调动师生的积极性，提高教学质量。

2. 评价内容

（1）对教师工作（教学设计、组织、实施等）的评价——教师教学评估（课堂、课外）。

（2）对学生考勤情况、课堂表现及学习效果的评价。

3. 评价方法

（1）通过问卷调查的形式了解学生在一个学期的课程学完后，有哪些收获；了解实践的教师有哪些成长。

（2）组织知识抢答赛、辩论赛（在课堂上选择一些有争议的人物或事件展开辩论，了解学生的思维是否得到提升）。

（3）撰写历史小论文或观后感、绘制手抄报或故事漫画、仿制文物等。

六、反思与提升

1. 课程实施的成果

（1）学生的视野得到开拓，个性得到一定的发展。比如在教师的指导下，学生们完成的历史穿越短文——《假如我是隋炀帝》；再比如学生们还进行了文物仿造："越王勾践剑""司母戊鼎"等作品。这些活动为学生提供了动手、动口、动脑的契机，促进他们个性的发展。

（2）学生的历史核心素养得到有效培养。"影像中的历史"既是对学生课堂知识的再处理，而且在知识处理的过程中，教师关注学生历史核心素养的提高，关注学生情感态度价值观的培养。如播放人物系列的影像作品后，要求学生撰写历史人物评说的小论文，学生们都从辩证的角度，将历史人物放到当时的时代背景中去评价。再比如观看《颠沛的国宝》等，培养了学生的家国情怀。

（3）促进了教师的专业发展。"影像中的历史"这一课程的开发和实践，不仅扩大了教师的视野，也提高了教师课程开发的能力。在校本课程开发的过程中，教师是学习者、研究者，有利于培养教师的专业自主性。

2. 存在问题

（1）课程建设缺乏严密体系，框架零散，尚未定型。

（2）教师对"课程"的概念认识不足，缺乏课程开发意识和知识技能，课程开发难度大。

（3）参与学生部分属于调剂学生，并非主动选择本课程，因此有部分学生兴趣不高，课堂参与度不够。

3. 提升设想

（1）引进校本课程开发专家，加大师资培训力度，提升教师课程开发知识和技能。

（2）更新课程开发观念，重视学生认识能力、实践能力的提高和个性的充分发展。

（3）采用多种形式开发校本课程资源。在开发和实施过程中，应一切以学生为本，真正考虑学生的需要，充分利用学校和本地区现有的资源，最大限度地发挥开发者的积极性和创造性。

（4）放宽拓展课参与人数和场地限制，开放师生双向选择。

案例五：卡魅（CAME）校本拓展课程实施纲要

一、背景与基础

1. 课程开发的原因、价值与意义

2016年6月7日，教育部《教育信息化“十三五”规划》正式出台，文件要求：有条件的地区要积极探索信息技术在“众创空间”、跨学科学习（STEAM教育）、创客教育等新的教育模式中的应用，着力提升学生的信息素养、创新意识和创新能力，养成数字化学习习惯，促进学生的全面发展，发挥信息化面向未来培养高素质人才的支撑引领作用。2017年，教育部印发关于《中小学综合实践活动课程指导纲要》的红头文件。

教育部教育装备研究与发展中心2017年工作要点也表示，加强教育装备发展趋势研究，从硬件层面对STEAM教育和创客提供支持。

2017—2018年，全国各级教育部门相继发布政策，支持发展创客空间。而在各地众创空间和创客活动如火如荼的今天，由于缺少实体课程的依托面临着各种问题，使其难以作为一种新型的教育形式独立发展下去。而创客教育所倡导的实践创新、科学精神等培养学生核心素养的理念却为STEAM教育的变革提供了方向引领。针对这一现象，有研究指出应探索一条把创客教育与STEAM教育有机融合的道路，在帮助学生夯实科学、技术、数学等知识的基础上，培养其创新与实践能力，促进创新型、创业型人才的发展。

由清华大学高云峰教授联合机械工业出版社推出的卡魅科技制作课便是其在这条道路上做出的一次有益的尝试。卡魅（CAME）是高教授“3+3”定制化模式（3门课程+3个项目）的头一个标准化入门课程，它通过把激光切割与计算机辅助设计（CAD）软件结合，帮助学生将想法变成现实，学生在经历了电脑设计、激光制作、动手拼装及团队竞赛后，充满了成就感和自信心。它能最大限度地激发学生的创造能力，锻炼动手能力，在培养探究精神的同时，平衡团队的合作与竞争意识。

2. 课程开发的理论基础

（1）皮亚杰的认知发展阶段性理论

皮亚杰提出的认知发展阶段性理论，具有非常广泛和深远的影响。他认为，儿童认知形成的过程是先出现一些凭直觉产生的概念（并非最简单的概念），这些原始概念构成思维的基础，在此基础上经过综合加工形成新概念，建构新结构，这种过程不断进行，就是儿童认知结构形成的主要方法。具体表现为四个阶段：第一，感知运动阶段（从出生至2岁左右）。此时语言还未形成，主要通过感知觉来与外界取得平衡，处理主、客观的关系。第二，前运算阶段（2岁至7岁左右）。语言的出现与发展，使儿童能用表象、言语，以及符号来表征内心世界和外在世界。但其思维还是直觉性的、非逻辑性的，且具有明显的自我中心特征。第三，具体运算阶段（7岁至11岁左右）。

思维具有明显的符号性和逻辑性，能进行简单的逻辑推演。但在很大程度上局限于具体的事物，以及过去的经验，缺乏抽象性。第四，形式运算阶段（11 岁至 15 岁左右）。能够把思维的形式与内容相分离，能够设定和检验假设，监控和内省自己的思维活动，思维已经进入到了抽象的逻辑思维阶段。

（备注：目前卡魅拓展课程面向初一学生开设，初一学生属于第四阶段，具备初步的抽象思维和二维平面空间建构能力，为学习 Auto CAD 以及 Scratch 图形化编程打下了基础）

（2）泰勒目标模式课程理论

美国课程论专家拉尔夫·泰勒在所著《课程与教学的基本原理》一书里最早提出应当根据课程目标编制“合理的”课程计划，即根据事先确定的目标选择教学内容和方法，而后评估和改善教学制度，直到达到既定目标为止。他认为，如果要从事课程编制活动，就必须回答下列问题：

①学校应该达到哪些教育目标?

②提供哪些教育经验才能实现这些目标?

③怎样才能有效地组织这些教育经验?

④怎样才能确定这些目标正在得到实现?

即为：确定目标、选择经验、组织经验、评价结果。

（3）斯滕豪斯过程模式课程理论

过程模式课程理论是由英国课程理论专家劳伦斯·斯滕豪斯提出的。在该理论中，斯滕豪斯提出“教师即研究者”的思想，因此学校成为课程开发的中心，这与校本课程开发的思想不谋而合。教师在课程开发时要秉承着研究的态度，所进行的课程开发即是研究的过程。尽管该课程理论没有提出课程开发的具体步骤和方案，但是讨论了课程开发中的原则及方法。斯滕豪斯认为，学生的兴趣、态度等可能会随时发生改变，因此在进行课程开发时切不可闭门造车，这为校本课程的开发打下了坚实的思想基础。

二、课程目标

“核心素养”强调学生应具备的适应终身发展和社会发展需要的必备品格和关键能力。2016 年我国提出的核心素养框架以培养“全面发展的人”为核心，分为文化基础、自主发展、社会参与三个方面，综合表现为人文底蕴、科学精神、学会学习、健康生活、责任担当、实践创新六大素养。卡魅拓展课程属于理工科范畴，它的开发贯穿了科学精神与实践创新两大素养，是核心素养落地的重要助推力。

1. 知识与技能

通过卡魅的学习加深学生对创客理念的认识并激发动手创作的兴趣；了解 Auto CAD 的基本绘图指令和进阶编辑操作，形成二维平面设计的艺术感，培养几何审美的能力；掌握激光切割软件 Smart Carve 的使用技巧，能熟练地对图形进行编辑和排版；运用激光切割机器进行板材切割，熟悉实验室规范化的流程和步骤；动手拼装各卡魅组件，培养动手能力，发扬团队合作精神。

2. 过程与方法

通过大量范例式教学和上机实操，让学生逐渐悟出并掌握一套设计图案、设计榫头和接口尺寸、考虑零部件组合搭配的一般方法，发展了初步的抽象思维和平面空间想象力，并能运用所学知识迁移到实际生活中，创新制作生活用品并会结合实际情境灵活应变。

3. 情感、态度与价值观

通过让学生经历完整的卡魅项目式开发，体验把想法变成现实的乐趣，享受获得与成就感；充分认识创客的内涵，在实践中造物，在分享中提升自我；挖掘学生的创新潜能，在团队合作中促进沟通和思想碰撞，在竞赛中发扬求真求胜、勇于开拓的精神。

三、课程结构与内容

卡魅创客实验室目前有三大核心课程：一是卡魅科技制作课，包含一到三级课程，融合了基础的物理、数学、科学知识，如二维空间建构、机械等以及激光切割机器的使用，循序渐进地训练学生的思维和空间想象能力；二是卡魅 3D 打印课，学习 3D 立体建模和 3D 打印机器的操作要领；三是卡魅机器人课，学生通过开源硬件设计逻辑单元，结合前两者得到的结构单元，从而得到完整的、成型的产品。

卡魅科技制作课的主要课程内容（课堂内 20 课时）安排如下：

课程内容	教学目标	课时安排
了解卡魅（CAME）	学习卡魅课程的理念，认识开发工具和实践意义	1 课时
基本绘图指令（一）	学习画直线、圆，熟悉鼠标操作和调用命令	1 课时
基本绘图指令（二）	学习画矩形、正多边形、椭圆、样条曲线等	1 课时
常用编辑操作（一）	学习移动、复制、镜像、旋转、缩放等操作	1 课时
常用编辑操作（二）	学习修剪、延伸、偏移、分解、阵列等操作	1 课时
平面图案设计（一）	运用所学知识画特殊三角形、四叶草、五角星等	1 课时
平面图案设计（二）	综合运用知识画五星红旗、玻璃窗雪花等复杂图案	2 课时
制作生活用品（一）	观察椅子的结构，思考和设计各个侧面、坐面、横档和接口等，切割加工，并完成组装	2 课时
制作生活用品（二）	观察桌子的结构，思考和设计各个侧面、坐面、横档、隔断和接口等，切割加工，并完成组装	2 课时
独立设计生活小物件	启发学生观察生活，设计如钥匙扣、相片框等实用物件	2 课时
发光作品设计	设计小夜灯，掌握 AI 抠图技巧，认识电子电路	2 课时
动态作品设计（一）	设计便携式小风扇，会连接电路，拼装马达	2 课时
动态作品设计（二）	设计会移动的木马，掌握基础物理知识	2 课时

四、课程实施

适合对象：初一年级，有一定动手能力和创新意识，善于独立思考的学生；尊重学生的兴趣，实行双向选择的原则。

课时计划：每学期15次课，分两学期开设。三分之二课时用于课堂学习和实践；三分之一课时用于学生自主研发创新以及组织户外和创客空间观摩活动。

场地设备要求：标准化卡魅实验室，配激光切割机。

课程资源：卡魅科技制作课配套1—3级课程，以及《Auto CAD 2016入门到精通》一书。

校本教材：正在开发与编写中。

实施方略：情景式引入和启发式教学。STEAM的各个要素并非简单罗列，而是相互交叉，融会贯通于教学过程中。

五、课程评价

为适应卡魅课程特色和开课形式，初步建立了一套具备可操作性的评价方案。从出勤与课堂表现、CAD绘图技术和切割机实操三个维度，对学生评定等第。一共有A+、A、B、C四个等第。

等第	出勤与课堂表现	CAD绘图技术	切割机实操
A+	全勤，认真听讲，严格按老师要求操作电脑	CAD操作熟练，完成任务用时短且质量高	数控软件排版精密，切割机器操作速度快且符合规范
A	全勤，认真听讲，操作电脑比较到位	CAD操作比较熟练，完成任务用时较短，质量过关	数控软件排版较精密，切割机器操作符合规范
B	部分缺勤，课堂有开小差	CAD操作一般，能基本完成任务但用时较长	数控软件排版一般，切割机器操作一般且有较多边角余料未利用
C	大量缺勤，课堂听讲不认真，浏览其他网站	CAD操作技术不合格，没有他人协助基本无法完成任务	数控软件不会排版，切割机器不会操作，浪费板材严重

六、反思与提升

1. 课程实施的成果

（1）学生在上机操作中掌握了CAD平面制图的基本技巧，并对模型各组件的设计有了广泛而深入的思考，培养了一定的动手能力和创新精神。

（2）由于卡魅课程在全国和地方尚无一套标准而严谨的课程体系，在开展教学的过程中，教师在积累教学经验之余，也锻炼了利用周边资源进行课程开发的能力。

2. 存在问题

（1）目前学生基本都是在实验室中完成课堂学习任务，缺乏课外观摩与户外实践，学生在拓展视野和培养综合实践能力方面有所欠缺。

（2）缺乏专业化的师资力量。以创客教育为例，学生在创新成长的道路上需要专业化的教师指导，才能熟练运用各种数字化工具和制造工具完成任务。但创客教育中心大部分老师都是兼职教师，部分老师专业背景单一，缺乏实际操作经验，尤其在工程领域存在短板。

3. 提升设想

（1）今后可多组织学生去各类创客空间实习观摩，对优秀学生给予参加各类赛事的机会，使其充分发挥能力并养成较好的竞技意识。

（2）多开展教师培训，尤其是经历大型实景项目的培训，锻炼教师的工程技术能力。

（3）将卡魅、3D 打印、机器人这三大课程按照循序渐进的方式开展，让有兴趣有能力的学生真正掌握“创客三件套”，从而为创新精神的开拓和培育提供有力的保证。

第四节　拓展型课程的教学实施

一、拓展型课程的教学组织形式

教学组织形式是指为完成特定的教学任务，教师和学生按一定的要求组合起来进行活动的结构。不同课程的教学组织形式主要是通过教学流程来呈现。根据长郡双语拓展型课程的教学流程，总结了不同课程的教学流程模式，主要有“引导—探究—发现”式、“四环节”式、“三读”式、“影像＋讨论”式、“自主、合作、分享”式等教学流程模式。同时，部分拓展课由于课堂开展的需要，会有课前课后的安排。另外，课堂中的管理也是教学流程的重要组成部分。

（一）教学流程模式

1. “引导—探究—发现”式

“引导—探究—发现”式教学流程模式适用于教学内容以科学探究为主，强调科学探究类型的拓展课程。这类课程的教学流程一般包含：激发兴趣，引入新课；提出问题，作出假设；集体讨论，形成方案；小组合作，进行探究；展示成果，讨论交流五个环节。学校的“玩转化学小实验”“植物的奥秘”等课程属于此种流程类型。以“玩转化学小实验”为例：在“寻找生活中的酸碱指示剂”一课中，教师先通过视频、图片，经讲授的方式引导学生认识溶液的酸碱性，了解酸碱指示剂的特性；然后学生讨论出常见、易得又富含色素的植物，小组合作进行实验，提取植物中的色素并探究其能否用作酸碱指示剂；最后分组汇报和交流实验结果，总结实验成功与失败的经验以及归纳出已探究的可以作为酸碱指示剂的植物。

2. “四环节”式

“四环节”式教学流程模式适用于教学内容以作品创作为主，强调作品创作和展示的拓展课程。这类课程的教学流程大致包括选定主题→学习技法→创作作品→展示交流四个环节。学校的“中国画”“陶言瓷语”等课程属于此种类型，以“中国画·话中国”为例进行说明。

第一环节：确定活动主题、讨论表现形式。

考虑到2019年长沙市校园文化艺术节美术作品大赛主题是“阳光下的成长”，教师和学生共同讨论商议，确定该主题为创作单元主题，表现形式为写意中国画小品。学生根据主题和喜好自由选择表现题材和绘画材料。

第二环节：中国画作品鉴赏，技法学习。

通过查阅资料，如书籍、上网等，欣赏古今中外画家和同龄人的优秀作品，分析作品表现技法、构图、主题、画面意境表达等方面的技巧，分析作品特点，寻找创作灵感，提供创作参考。

第三环节：校园写生，中国画小品创作。

教师组织学生写生，到大自然中去寻找创作素材与创作灵感，将其运用到创作中。

第四环节：中国画小品创作展评。

采用自评、互评、师评、展评、学习过程性评价、学习档案袋评价相结合等方式，综合评价学生作品。

3. “三读”式

“三读”式教学流程模式适用于教学内容以朗读或者歌唱为主，强调模仿吟诵等类型的拓展型课程。这类课程的教学流程主要包括聆听范读（唱）、揣摩情感、吟诵（歌唱）等几个环节，学校文学社的诵读课程、合唱团的拓展课程属于此种类型。以文学社“先听读后吟诵　传承经典文化”为例进行说明。课程开始时，学生首先聆听范读，在已有的吟诵表演音频、视频中感受吟诵的魅力，此为“一读”。在此基础上，教师带领学生尝试吟诵。在“二读”的环节中，主要有以下模式：其一，去标点，明句读。蒙学经典《三字经》中提到：“凡训蒙，须讲究。详训诂，明句读。”可见，明句读，把握好停顿，是基本功。此法特别适合文言文教学。其二，巧复述，创意读。教师可让学生分小组自主设计朗读形式，增加课堂的生动性。其三，分角色，表演读。通过朗读，尤其是分角色朗读，读出各种人物的心理、动作、语言、神态，这样学生可以更加深入地了解各种人物的性格，以至于更深刻理解课文所表现的主题思想。当学生较好地把握了诗歌的韵律、节奏，就可以配乐吟诵，此为“三读”。

4. “影像＋讨论”式

“影像＋讨论”式教学流程模式适用于教学内容以影视欣赏为主，强调从影视欣赏中获得感悟和体会的拓展课程。这类课程的主要教学流程包括：集体观剧→小组讨论→代表发言→教师点评。“影像中的历史”“英文电影台词例析和配音模仿”等拓展课程属于此种类型。以“影像中的历史”为例进行说明。课堂上，教师先组织学生集体观看历史纪录片或影视热播剧，使学生对某位历史人物或某处历史遗址有一个全面初步的感性认知，获取有关的基本信息。经此热身适应后，教师趁热打铁，提出几个启发性强、相互关联、统领全局的经典问题，分配给四个小组，在限定的讨论时间内合作探究完成。然后，由每小组选派代表上台发言，其他小组成员集体评分。最后由教师综合点评。这样既调动了学生的积极性，又增强了集体合作的力量，展示了优秀者的风采，体现了以学生为主体的重要地位。此外经教师的精准点评，进一步提升了学生对历史人物或重大历史事件的感知和理性分析，增强了对比概括分析历史事物的能力和水平。

5. “自主、合作、分享”式

“自主、合作、分享”式教学流程模式，适用于以发展和培养生活技能、注重学生自主合作为主要内容的拓展型课程。“饱嗝烹饪课堂”“纸模服装”等课程属于此种类型。以“饱嗝烹饪课堂”为例，主要采用“自主、探究、合作”式教学流程模式，通过“美食故事介绍和现场烹饪指导—学生分组合作实践—美食分享”，实现师生互动，生生互动。在“糯米珍珠丸子”一课中，学生课前自主查阅资料，了解糯米珍珠丸子的制作方法和功效，在课堂上进行分享：珍珠丸子又名蓑衣丸子，其风味独特、清香细嫩、鲜香可口，主材之一的糯米是一种温和的滋补品，有补虚、补血、健脾暖胃、止汗等作用，适合老人食用。因此，制作这道菜请长辈品尝，可以表达对长辈的敬意。接下来，按前期备菜工作、烹制工作、安全事项逐一讲解和现场烹饪。每道菜烹饪，各组需要选派出主厨，由主厨分配工作任务。制作完毕后各组欢聚一起，一起品尝美食并从色香味三个角度谈自己的看法，最后各组主厨从美食的制作、组员间的合作以及美食最后呈现进行总结。课堂中的13位孩子在美食的召唤下，经过几堂课后无论从行为规范上还是学习兴趣上都有了很大的进步。在老师的引导和组织下，学生的动手操作和实践能力以及相互合作能力都得以渐进。

（二）拓展课的课堂管理

管理好课堂是教师开展教学活动的基础条件。长郡双语拓展型课程学生由全体初一年级学生自愿报名选课产生，来自各个班级，采用走班制授课，管理难度比自然授课班级要大。经摸索，各课程在教学过程中采用了完善课堂规则制定、加强课堂纪律管理、注重实验安全管理等一系列行之有效的方法。

1. 完善课堂规则制定

无规矩不成方圆，课堂规则是确保课堂秩序的基础。长郡双语一些拓展型课程已形成比较成熟和完善的课堂规章制度，以合唱团规章制度为例：

凡在校学生，爱好合唱艺术，希望加入合唱团并遵守合唱团（选修课）章程，均可报名参加本团，经考核后成为合唱团的成员；

①遵守合唱团（选修课）的组织制度和各项纪律，并自觉维护合唱团的荣誉；

②积极参与学校合唱团（选修课）组织的训练，任何成员不得无故迟到、无故缺席，如有要事请假者，请于训练前一堂上交班主任签字的请假条方可休假；

③无故迟到 2 次以上者学期考核降等处理，无故缺席 2 次以上者自动退团（选修课）；

④合唱排练中实行积分制（起评分 5 分）；

⑤对于积极参加训练，考核成绩优异，或对合唱团（选修课）工作提出建设性意见并经采用者，给予表扬，在每学期的优秀学员评比中给予加分；

⑥对于训练中，讲小话、不认真排练者，每次扣 0.5 分，对于考核不过关的同学，每次扣 1 分；

⑦根据每学期的出勤、考核及表现情况，会进行“优秀学员”评比及颁奖。

2. 加强课堂纪律管理

良好的课堂纪律离不开教师的精心管理，以“影像中的历史”拓展课程为例：由于历史拓展课堂的教学模式相对丰富和活跃，初一学生又相对好动，在观看纪录片时，若时间稍长，难免会有分心走神讲小话的情况；有时学生在讨论发言时，要点把握不当，主题不突出，教师需适时巧妙引导，既保证拓展课流程的流畅和顺利，又保护了学员的积极性，提高了口头表达沟通能力。

3. 注重实验安全管理

科学素养类拓展课程经常开展实验探究活动，由于七年级学生实验操作经验有限，安全意识不足，实验安全管理尤为重要。以“玩转化学小实验”为例进行说明。在“玩转化学小实验”拓展课中，因为做实验时有时会用到明火或者是腐蚀性的药品，所以在课堂上，实验安全是管理的重点。开学第一课，教师就重点讲解与强调了实验的安全和人身安全，以及遇到突发事故的正确处理方法。在其后的每一堂课中，两位授课教师都会巡堂进行指导和规范学生的实验，以保障实验的顺利进行。

（三）拓展课的课前课后安排

从为学生减负的角度出发，长郡双语拓展型课程将学习活动尽量安排在课堂上完成，较少占用学生课余时间。由于课程内容的需要，一些课程需要在课前预习新课和准备材料，课后完成作业进行反思和总结。

1. 课前预习新课、准备材料

课前预习能够让学生对新课内容有所了解，对于课堂教学有着重要的作用。“合唱团”拓展课程每次课后都会将下次课的内容提前布置给学生，如果是演唱新的作品，会提前将谱例发给学生，并要求学生也跟老师一样去做案头工作，了解作曲家、作品的创作背景，视唱自己声部的旋律，为更好地完成下次课做充分的准备。从知识探究的持续性、稳定性出发，“影像中的历史”拓展课程同样讲究课前预习。例如：在开展“历史上的隋炀帝”拓展课之前，要求全体学员利用周末时间从图书馆、专业学习网站搜集相关资料，锻炼其自主学习提升的能力。“中国画”“陶言瓷语”“民间艺术剪纸”等拓展课程因为要使用自备的工具和材料，所以需要学生课前准备好。此外，还要搜集、查阅与下节课相关的资料和素材。

2. 课后完成作业、反思总结

课后完成作业、反思和总结是对所学知识的巩固和提升。“影像中的历史”拓展课在每次上完课后，布置相关作业，例如自主仿制青铜器具，制作沙盘模型，设计抢答赛的趣味题目等。在“植物的奥秘”拓展课程中，探究种子萌发的条件，植物的向性运动等实验耗时较长，需要学生持续观察，因此需要学生在课后完成实验并撰写实验报告。

二、拓展型课程的教学活动方式

教学活动方式是指为达到教学目的，实现教学内容，运用教学手段而进行的，由教学原则指导的一整套方式组成的、师生相互作用的活动。在拓展课程的实施过程中，各拓展课程因课而异，采用了情景式、探究式、体验式、室内室外相结合、自主与合作相结合等不同的教学活动方式，取得了良好的教学效果。

1. 情境式

情境教学活动方式强调在教学过程中，教师有目的地引入或创设具有一定情绪色彩的、以形象为主体的生动具体的场景，以引起学生一定的态度体验，从而帮助学生理解教材，并使学生的心理机能得到发展。情境式教学活动方式的核心在于激发学生的情感。“吃喝游乐学地理——美丽中国行”多采用“主题探究式地理教学活动方式”进行教学，该教学活动方式是根据教学内容，结合学生的认知和生活实践，创设具体情境，提供地图或文字信息，提出一个或多个问题，让学生在小组合作的基础上解决这些问题。以“美丽中国行之大美青藏行”为例。教师通过播放青藏高原的视频创设情境，围绕“自然环境对人类生产生活的影响”这个问题设计了一个个探究主题：对应于“气候对农业生产的影响”，设计了“青藏地区的主要粮食作物和饮食特点与我们有何不同”“为什么会有这样的差别”的探究；对应于“地形地势对河流的影响”，教师设计了“青藏高原成为江河源头的原因”“倒淌河为什么会倒流”的探究；对应于“地形、气候对交通、身体的影响”，教师设计了“文成公主进藏会遇到哪些困难和不适应”“如果你重游唐蕃古道，你会做哪些方面的准备”的探究；对应于“气候对服饰的影响”，教师设计了“根据青藏高原的气候特点，设计服装，并让设计品与藏袍进行对比点评”的探究活动。本堂课任务依次为设置主题情境→寻找探究问题→引导探究思维→实施探究活动→展示探究结论→实施评价反馈。学生通过完成探究任务的过程获得知识，发展能力，使自己的情感、态度、价值观得到培养和提高，学生在探究中学会交流和合作，在探究中得到发展，达到了本堂课的教学目的。

2. 探究式

探究式教学法由美国教育家杜威提出，主要核心是引导学生主动参与课堂活动，积极解决学习中遇到的问题。在探究式的课堂教学活动组织中，教师要确保学生的主体地位，从学生角度出发，合理设置课堂教学的环节和内容，激发学生的学习兴趣，引导学生通过阅读、观察、实验、思考、讨论、听讲等途径去主动探究，自主发现并掌握相应的原理和结论，从中找出规律，形成概念，建立自己的认知模型和学习方法架构。以“无人机”课程为例：在讲“无人机飞行原理”一课时，教师先提问“哆啦A梦里的竹蜻蜓你愿意用吗?”“为什么我们见到的玩具飞行器都有两层螺旋桨，而不是哆啦A梦里的竹蜻蜓那样一层螺旋桨呢?”用这样的提问引导学生思考，然后让学生自行探究。学生很快了解到根据牛顿第三定律，旋翼在旋转的同时，也会同时施加一个反作用力（反扭矩），如果只有一层螺旋桨，反作用力会使得哆啦A梦反向旋转。而两层螺旋桨相互反向旋转，反作用力才会相互抵消。这样得来的知识，学生的理解和记忆，比直接讲授式效果更好，记忆也更深刻。

3. 体验式

体验式教学活动方式的特点是授课教师不是在最开始就告诉学生答案，而是让学生先体验，然后思考、讨论，最后教师总结答案。这样的教学过程，是以学生为主体、教师为主导的教学，学生有了体验和思考之后，再经过讨论，最后知道答案，才是真正的学习，也才是有效的学习。以“纸模服装”课程为例：教师先让学生试穿比例不对的衣服，让学生们一眼就能看出问题，然后再根据问题深入到结构比例，版型数据错误等知识上面来。在后续的创作过程中，学生在模型上完成一部分以后，也可以拿下来穿在自己的身上，有很强烈的体验感，在体验中学生会对自己的作品进行评价与修改。

4. 室内与室外教学相结合

长郡双语拓展型课程大部分以室内教学为主，有时也会根据课程内容的需要进行户外实践活动，采用室内与室外教学相结合的活动方式。以“植物的奥秘”课程为例：植物形态与分类部分的教学因为需要实地观察，常常在室外进行教学。例如在“植物的叶”第一课时中，学习了叶的各种类型后，教师带领学生来到教学楼下的小花园中实地观察植物的叶，学生以小组为单位采集典型代表，进行分类并制作成简易的标本进行展示。又如在“被子植物的分类”一课中，教师常带领学生认识校园中的植物，并观察不同科属植物的主要特征。

5. 自主与合作相结合

自主学习强调培育学生强烈的学习动机和浓厚的学习兴趣，从而进行能动的学习，合作学习以合作和互助的方式从事学习活动，共同完成小组学习目标，在促进每个人的学习水平的前提下，提高整体成绩。学校校本拓展课在实施过程中常将自主学习与合作学习结合起来。以“民间美术剪纸”课程为例，学生按兴趣组成了剪纸动漫、仕女、脸谱、山海经四个学习小组，实施小组合作学习方式：由小组长带领队员课内探讨、课外查阅资料，在课堂上进行自我和团队展示。个人作品创作时主要采取自主学习的方式，每位学生独立完成自己的作品。

三、拓展型课程资源的开发与利用

课程资源也称教学资源，就是课程与教学信息的来源。根据课程资源的来源，可以将其划分为校内资源的开发与利用、校外资源的开发与利用。

（一）校内资源的开发与利用

校内课程资源主要包括校内的各种场所、设施和资料、校内人文资源以及各种与教育教学密切相关的活动。校内课程资源是实现课程目标，促进学生全面发展的最基本、最便利的资源。课程资源的开发与利用首先要着眼于校内课程资源。目前，学校拓展型课程已开发的课程资源有：校本教材、实物教学资源、学生群体性资源、网络化资源等。

1. 校本教材

拓展课程对教师提出了新的能力要求，即校本拓展教材的编排与课程设置。这个过程既充分地调动了教师的主观能动性，又能让教师充分利用集体力量与团队协作，培养创新意识与协作意识，从而促进教师的个人成长。我校目前已完成编写并应用于拓展课程教学的校本教材主要有《资源与环保》《美丽中国行》《合唱大舞台，有你更精彩》《美在民间永不休》《陶言瓷语》《中国画大课堂》《七彩霓裳纸模服装》《植物的奥秘》《中学篮球校本课程教材》《无人机》《手工之美》《中华经典诵读本》《化学魔法师的学徒》《趣味橡皮章》《细胞探秘》。

2. 实物教学资源

学生在课堂上动手制作的各种模型、教具可以作为很好的实物资源运用于今后的教学中。例如：在“吃喝游乐学地理”的课堂上，学生制作简易经纬线地球仪、日晷等，剪纸、陶艺、纸模服装等课程积累了大量学生作品资源用于今后的教学。

3. 学生群体性资源

学生是学习的主体建构主义认为，学生不是空着脑袋走进课堂的，学生在日常生活中和以往学习中形成的有关知识经验也是属于课程教学资源的一部分，而教师的任务便是对其进行组合和构建。在“影像中的历史”拓展课程的每一次活动课中，都会充分利用学生群体性资源。例如，在文物仿制课，教师需要将学生划分小团队分工协作，准备材料、画制模板、制作文物、文物讲解等多个部分，团队成员发挥各位优势，共同完成任务。学生群体性资源的开发有助于调动学生学习的主动性，推动学生学习的积极性，也有利于真正落实拓展课程以学生为本的初始目标。

4. 网络化资源

网络化资源主要指多媒体化、网络化、交互化的以网络技术为载体开发的校内外资源。长郡双语开发的网络化课程资源包括系列微视频资源、网络影像资源等。

（1）系列微视频资源

部分拓展型课程开发了与课程配套的系列微视频资源，可用于上课和学生自学使用。例如在“中国画”拓展课中，教师制作了系列“中国画大课堂”教学微视频，上传到百度网盘供学生下载自主学习，上课时可以循环播放。

（2）网络影像资源

部分拓展型课程根据授课的需要收集和整理了大量网络影像资料。例如“影像中的历史”课程主题是基于影像资料基础上的历史拓展课，课程资源建设依托海量历史影视资料。影视资料包括两大类，一类来源于专业历史纪录片或公益课堂，例如央视系列历史纪录片和BBC历史系列纪录片，以及特定的栏目如《百家讲坛》《探索·发现》等，这些是比较专业、严谨的影视资料，从中筛选适合课程内容的部分资料。例如在已开展的拓展课中，借助了央视网《探索·发现》栏目中的“马王堆传奇”相关视频，直观生动地还原了当时挖掘马王堆遗址的过程。另一类来源于大众娱乐性影视资料，如电视、电影等，从中选取与课程有关的部分片段，这部分资源具有夸张化和趣味性的特点，可辅助教学，但不能充当唯一资源。例如在开讲“隋炀帝”时，借助了影视剧《隋唐演义》中隋炀帝杨广的部分片段，让学生对隋炀帝的暴政体现有一个直观的认识。由于网络资源良莠不齐，以及考虑到初中学生的接受能力，所以在选择网络影视资料需要花大量时间仔细甄别和筛选。

（二）校外课程资源的开发与利用

校外课程包括学生家庭、社区乃至整个社会中各种可用于教育教学活动的自然和社会资源。校外课程资源可以弥补校内课程资源的不足。长郡双语教师充分开发校外自然和人文资源，丰富拓展课程的实施。

1. 校外自然资源

自然资源主要指学校所在地区的自然环境和景观资源。如“植物的奥秘”拓展课程带领学生到学校附近的八方山公园调查植物种类和分布，“吃喝游乐学地理”拓展课程带领学生去望城丁字湾湘江边实地考察水资源状况，这都属于对校外自然资源的开发和利用。

2. 校外社会资源

校外社会资源，主要指各种社会文化资源，如民间美术资源、文物遗产资源、非物质文化遗产等。以“民间艺术剪纸”和“影像中的历史”拓展课程为例，长沙望城白箬是“剪纸之乡”，“民间艺术剪纸”授课教师多次走访当地民间艺人，拜师学习，把传统民间艺人请进课堂，带领学生走近传统民间艺术生活；“影像中的历史”课程中考古文物系列部分，借助“湖南省博物馆”“长沙简牍博物馆”开展馆校合作，采取现场教学形式，有助于加深学生对历史文物的了解和掌握。

第五节　拓展型课程的学业评价

学业评价是指以国家教育教学目标为依据，运用恰当的、有效的工具和途径，系统地收集学生在各学科教学和自学的影响下认知行为上的变化信息和证据，并对学生的知识和能力水平进行价值判断的过程。

《国家基础教育课程改革纲要》明确指出，要建立促进学生全面发展的评价体系。评价不仅要关注学生的学业成绩，而且要发现和发展学生多方面的潜能，了解学生发展中的需求，帮助学生认识自我，建立自信，发挥评价的教育功能，促进学生在原有水平上的发展。

拓展型课程在制定评价方案时，一方面要强调评价对学生的激励、诊断和促进作用，另一方面要注意弱化评价的选拔与甄别功能。评价结果要有利于激发学生的内在学习动力，帮助学生明确自己的不足和努力方向，促进学生的进一步发展；要尽量弱化评价对学生的选拔与甄别功能，减轻评价对学生造成的压力。接下来，从拓展型课程的考评原则、考评形式、考评内容及效果和拓展型课程开展的成果与反思等四个方面对拓展型课程的学业评价进行论述。

一、拓展型课程的考评原则

课程评价是一个价值判断的过程。价值判断要求在事实描述的基础上，体现评价者的价值观念和主观愿望。不同的评价主体因其自身需要和观念不同对同一事物或活动会产生不同的判断。因此，教师在进行拓展课学业考评过程中，需要遵循以下基本原则。

其一，客观性原则。在进行教学评价时，从测量的标准和方法到评价者所持有的态度，特别是最终的评价结果，都应该符合客观实际，不能主观臆断或掺杂个人情感。

其二，整体性原则。在进行教学评价时，要对组成教学活动的各方面做多角度、全方位的评价，而不能以点代面，一概而论。必须把定性和定量评价综合起来，使其相互参照，以求全面准确地判断评价客体的实际效果，但同时要把握主次，区分轻重，抓住主要矛盾。

其三，指导性原则。在进行教学评价时，不能就事论事，而是要把评价和指导结合起来，要对评价的结果进行认真分析，从不同的角度找出因果关系，确认产生的原因，并通过及时的、具体的、启发性的信息反馈，使被评价者明确今后的努力方向。

其四，科学性原则。在进行教学评价时，要从教与学相统一的角度出发，以教学目标体系为依据，确定合理统一的评价标准，认真编制、预试、修订评价工具。在此基础上，使用先进的测量手段和统计方法，依据科学的评价程序和方法，对获得的各种数据进行严格处理，而不是依靠经验和直觉进行主观判断。

其五，发展性原则。发展性原则是指教学评价是鼓励师生、促进教学的手段，因此教学评价应着眼于学生的学习进步和动态发展，着眼于教师的教学改进和能力提高，以调动师生的积极性，提高教学质量。

其六，激励性原则。评价要以激励性为主，评价目的是为了让学生更好地发展和成长。激励性评价可以激发学生学习的热情，鼓励学生参与课堂的勇气，突出学生的主体地位，让学生的自我认同感更深，让学生能有更好的精神状态来参与课堂。

其七，情感性原则。学生是人，有了情感，才是立体的人；有了情感的连接，才能与老师和同学建立良好的关系；有了情感的投入，才能更好地学习科学文化知识和提升个人综合素养。

其八，可行性原则。这一原则是指制定的评价标准、评价方式以及评价内容，在现行条件以及对应的学校和学生身上切实可行，具备可操作性。

拓展型课程的考评原则往往不是单一的，是多项原则的融合，而且随着学校拓展型课程的开发与开设，不同课程遵循的原则会有自身个性化的内容。比如，“桥牌启蒙”的评价方式为：课堂出勤情况占 10%；上课积极回答问题，认真完成课堂练习等课堂表现占 20%；平时课后作业的完成情况占 20%；参加课堂比赛、网络比赛等比赛成绩占 20%；新睿在线学习时间及成绩占 20%；学生的综合表现如参加桥牌社团、参加各级桥牌比赛等情况占 10%。最终将学生的成绩按比例转化为不同的等第。该课程在评价中融合了客观性原则、整体性原则、科学性原则、发展性原则、激励性原则、可行性原则等原则。

二、拓展型课程的考评形式

拓展课的学业评价应坚持育人为本，注重学生素质的全面发展。评价目的在于了解学生的学习情况，发现不足，找出原因，以便改进学习策略和方法，其主要功能在于反馈和激励，而不是甄别和选拔。评价形式是由评价的指导思想决定的，指导思想要求在评价时关注学生的进步与发展、关注学习的过程和效果。尽管学生的基础存在差异，但课程的教学目标是通过教学使学生的兴趣特长得到全面的发展和提高，为其终身学习和个性化学习打下良好的基础。为实现这一目标，拓展课教师应转变教育观念，在评价过程中综合运用以下评价形式，做到科学评价，全面客观地评价学生的学业水平，以促进学生的进步和发展。常见评价形式主要有以下几种：

其一，定性评价。定性评价是对评价做“质”的分析，是运用分析和综合、比较和分类、归纳和演绎等逻辑分析方法，对评价所获取的数据资料进行思维加工。

其二，定量评价。定量评价是采用数学的方法，收集和处理数据资料，对评价对象做出定量结果的价值判断。

其三，诊断型评价。诊断性评价也称教学性评价、准备性评价，一般是指在某项教学活动开始之前对学生的知识、技能以及情感等状况进行的预测。

其四，形成性评价。形成性评价是相对于传统的终结性评价而言的。所谓形成性评价，是指对学生日常学习过程中的表现、所取得的成绩以及所反映出的情感、态度、策略等方面的发展做出的评价，是基于对学生学习全过程的持续观察、记录、反思而做出的发展性评价。

其五，终结性评价。终结性评价又称总结性评价、事后评价，一般是在教学活动告一段落后，为了解教学活动的最终效果而进行的评价。学期末或学年末进行的各科考试、考核都属于这种评价。

除了上述评价外，部分拓展型课程还会采用学生互评、自我评价等方式开展。

学生互评时，评价主体和评价客体站在同一个高度、同一个角度，这样的评价更直接也更易被接受。同时，学生在评价他人的时候，自己也会加深认识，从而提高比较和分析能力。

自我评价是一种重要的评价形式。它属于人的自我概念的重要内容之一。自我评价不仅具有独特的自我功能，促进自我发展、自我完善、自我实现，而且具有重要的社会功能，影响人与人之间的交往方式。

如“植物的奥秘”拓展课程。在评价方式方面，该课程除了师评还包括自评、互评。

评价方案如下：

时间	评价内容	分值	自评	互评	师评
课前	实验材料准备	10			
	资料收集	10			
课中	出勤	10			
	小组活动参与度	10			
	纪律情况	20			
	展示汇报	20			
	卫生情况	10			
	集体贡献	20			
课后	作品（标本、微视频等）	20			
	实验报告、调查报告	20			

这种评价方式可以激发学生参与探究活动的积极性，规范学生的学习行为，最大限度地发挥了评价对教学活动的导向作用。每次上课过程中，根据上表计算各项得分，结果公示，期末进行综合考量，评定等级。

在具体操作过程中，许多拓展课的学业评价会综合运用上述基本方式，遵循以下评价结合方式：

其一，定性评价与定量评价相结合。以“趣味化学实验”为例，采用定性评价（如实验检测、小组合作表现等）和定量评价（如对学生的课前准备、课堂表现、作业情况等进行量化评分）相结合的方式。

其二，诊断性评价、形成性评价和总结性评价相结合。以“合唱”为例。在开学前，对学生的发音、演唱技法等进行诊断型评价，然后根据学生的实际情况将学生进行分组，目的是让学生各组的整体合唱水平基本相当，以便为今后的教学提供帮助。在学期中，根据教学大纲中最初确定的本学期考评项目，进行形成性评价，采用随堂考评累计积分的方法进行评价，学期末，教师会根据课程标准准备一段考试内容，主要考察学生的演唱能力（音准、节奏、发声方法等能力）；再根据学生各方面的表现，参考成绩记录袋及学生互评的总体情况，对每个学生进行总结性评定。

其三，教师评定与学生互评、自我评价相结合。以“饱嗝烹饪课堂”为例。教师评定主要体现在每堂课中，教师会根据每位学生的课前准备、课中表现、课堂成果展示等方面对团队或个人给予评定；学生互评主要体现在成果展示和期末考评中，每位同学对其他同学的烹饪作品进行品尝和打星评分；自我评价则为学生对自己的课堂表现以及烹饪成果进行评定。在期末学业评价中，学生自评占 10%，学生互评占 40%，教师评定占 50%。

从上述案例可以发现，拓展型课程的评价方式均呈现出多元化模式，不是唯分数论。在评价中不只是关注学生智力发展，还着眼于适合未来发展的各种学习能力和持续性学习、终身化学习的动机热情。在教学过程中，教师通过发展的眼光来看待学生，承认学生的个体差异，追求个体内部的个性全面发展。在对结果性的考试进行评价时，避免了以单纯的原始分数进行呈现，通过设计标准分和百分数的形式对学生进行个体内部的评价，而不是局限于学生与学生之间的分数竞争。对于过程性的评价内容，拓展型课程关注学生在该课程学习方面的表现记录、优秀作品等。

三、拓展型课程的考评内容及效果反馈

拓展型课程的学业考评内容在遵循基本原则的基础上，尽可能符合实际需要，从而推动学生的学业进步。新课程倡导评价方式的多样化。长郡双语拓展型课程结合学科特色和课程内容，采用多种形式，立足学生核心素养的发展对学生学习进行评价。考评内容主要包括课前准备、课堂态度、课堂参与度、合作力、表现力、实践活动、作品贡献值以及作品质量等方面，不同的课程自主设计评价方式或评价量表。

（一）拓展课自身考评内容及效果反馈

1.“吃喝游乐学地理”拓展课程

考评内容：该课程评价方式区别于基础型课程，并不以学生最终掌握的知识点数量和程度作为评价标准，而是采用了课堂态度、课堂参与度、表现力、实践活动、作

品贡献值以及作品质量等多方面结合的评价方式进行评价，对学生的评价更关注学生参与活动的情感态度及解决问题的能力，关注学生对待实践过程的价值取向，根据课程特点，设计评价细则进行评价。以“吃喝游乐学地理——世界地理探秘”为例，教师每介绍一个地区的旅游资源，便要求学生角色扮演导游或者以团队为单位准备旅游导报并展示，教师根据评分细则评分，评出小组成绩和个人成绩。小组成绩的评定如下表：

模拟导游展示（小组的评价要点和分值）		
评价内容	分值	得分
主题明确，重点突出	20	
形式多样，活泼生动	20	
现场展示效果	20	
组员间的合作情况	20	
PPT 的质量	20	
效果、现场纪律	20	

在以上小组成绩的基础上，根据各成员在活动中所承担的任务及任务的完成情况、与其他成员的合作情况等，再依照下表内容评出个人成绩。

评价内容	分值	自我评价	组内互评	教师评价
参与旅游导报的设计及与小组成员沟通情况	25			
查找资料情况	20			
制作导报时，小组采纳个人意见情况	15			
制作导报时，个人所起作用的情况	25			
导报完成后，交流中的表现情况	15			

效果反馈：这种评价模式，可激活学生的知识储备，完善学生的知识结构，做到学以致用，还可以提高学生搜索和处理信息、交流与合作的能力。通过该课程的学习，学生们提高了对地理学习的兴趣，并取得了许多荣誉，比如，多名学生参加“中图杯”中国青少年环境地图竞赛荣获得一等奖，并获得“地球小博士”的称号，学校被评为“优秀组织奖”，授课教师获得“优秀指导教师”一等奖。在 2017 年校园科技节中，学生参展的作品，如利用废旧纸盒、塑料瓶等废弃物制作出的节水装置、节能灯、台灯、书架等极具创意和使用价值的作品获得好评。在 2018 年校园嘉年华中，该课程组织的有关天文地理知识抢答赛获得一致好评。

2. “民间美术剪纸”拓展课程

考评内容：该课程结合学科特点和课程内容，以培养学生的核心素养为出发点，采用多种评价方式相结合的方式进行评价。在评价内容方面，针对学生的课堂态度、课堂参与度、表现力、作品质量等方面进行评价，主要侧重于学生的学习常规表现和学习成果评价。学习常规表现包括出勤情况、课堂准备和课堂表现情况（小组活动参与情况、发言、汇报等）；学习成果包括活动后的作品（制作的作品）、心得体会等。依次考核分数为：常规表现50%和学习成果50%。经过综合考评，每年“民间美术剪纸”拓展课程都会按40%的比例评选出考核A等学员，按30%的比例评选优秀学员。

效果反馈：经过五年的实践，“民间美术剪纸”校园校本拓展课从初步实践到向课堂外大步迈进，每年学校社团节活动中，“民间美术剪纸”课程都进行了剪纸作品展览、现场剪纸展示、交流等活动，这些活动已成为长郡双语传承中华传统文化的重要部分，成为校本拓展课建设中独具特色的亮点。授课教师和学生荣获省内外许多奖项。2018年，“民间美术剪纸”校本拓展课先后被评为长沙市、湖南省“优秀校本课程”。

3. “无人机”拓展课程

考评内容：该课程的评价内容综合了学生的课堂态度、课堂参与度、合作能力、表现力、实践活动、作品贡献值、作品质量等要素进行评价，注重过程性评价与结果性评价相结合。过程性评价分为两个部分：一是表现性评价，二是知识技能评价。

过程性评价等级描述：A. 课程无缺席，课堂积极参与讨论，回答问题；B. 课程缺席不超过三次，课堂较积极参与讨论，回答问题；C. 课程缺席超过三次，课堂表现不积极。

合作评价等级描述：A. 积极参与小组合作，且能帮助小组其他成员解决问题；B. 能参与小组合作，且在小组成员帮助下完成自己的任务；C. 在小组中起不到任何作用，无法参与小组任务中。

结果性评价等级描述：A. 能准确理解和掌握每节课的知识点，并能完成每节课的各项任务，操控熟练无误；B. 能基本理解和掌握每节课的知识点，并能完成每节课的基本任务，操控有部分错误；C. 不能理解和掌握每节课的知识点，不能完成每节课的基本任务，没有掌握操控方式。

以上评价内容中，表现性评价占45%，知识技能评价占55%。

效果反馈：无人机拓展课程是属于学校新开设的一门创客拓展课程，开设时间只有一年，通过一年的课程开设，学生们无人机的操控水平极大提高。在2019青少年机器人奥林匹克竞赛湖南赛区无人机项目中，无人机社的学生们获得了2个一等奖、2个二等奖、3个三等奖的好成绩。在2019年湖南省青少年“飞向北京—飞向太空”航空航天模型教育竞赛无人机项目中，无人机社的学生们又获得了2个一等奖、5个二等奖、8个三等奖和2个优胜奖的好成绩。在2019年全国中小学信息技术创新与实践大赛NOC湖南省赛的无人机项目中，无人机社的学生们再次获得了2个一等奖、3个二等奖的好成绩，其中一组顺利晋级国赛。

4. “玩转化学小实验”拓展课程

考评内容：该课程的学业评价采用过程性评价与结果性评价相结合的评价方式。评价内容包括对学生的课前准备、课堂态度、课堂参与度、合作力、作品质量等进行量化评价。三个主要方面的内容共计满分 100 分，按照每个学期的期末分数汇总的加权平均分排好顺序，再由高到低，按比例（40% 为 A 等）划出 A、B 等第。

（1）实验考查

实验内容	实验准备（10 分）	实验操作（10 分）	实验结果（10 分）	实验报告（10 分）	总分
1. 制备氧气及氧气性质的研究（第一学期）					
2. 自制酸碱指示剂并检验物质酸碱性（第二学期）					

（2）作业评价

作业内容	是否完成（未完成计 0 分，完成则计 10 分）	完成情况（优秀【8 ~ 10】良好【6 ~ 8】及格【1 ~ 5】）	总分
1.			
2.			

（3）课堂表现（自评、互评、师评）

课题内容	自评（优秀【8 ~ 10】良好【5 ~ 7】及格【1 ~ 4】）	互评（优秀【8 ~ 10】良好【5 ~ 7】及格【1 ~ 4】）	师评（优秀【16 ~ 20】良好【12 ~ 15】及格【1 ~ 11】）	总分
1.				
2.				

效果反馈：在全面性评价方式下，学生课前、课中、课后都有非常好的表现。通过一年的“玩转化学小实验”课程学习，学生对基本化学实验仪器的认识和使用有很大提升，对科学探究的一般思路和方法也掌握得比较好；同时，对实验中出现的问题，学会了用查阅资料、相互讨论等方法来自主解决。“玩转化学小实验”拓展课程荣获 2018 年长郡双语“优秀校本课程”。

（二）学校统一组织拓展课展示活动

除了各拓展课程自身的发展与成果总结外，长郡双语每年都会组织大型的校本拓展课展示。每学年上学期，各拓展课会通过网站展示、优秀校本拓展课案例评选等活动开展拓展课展示，下学期学校会组织大型的校园嘉年华活动，内容包括文艺大舞台、体育大竞技、美术手工展、文化知识互动、澄池文艺展等方面。以下为 2018 年校园嘉年华展示活动的方案安排。

“多彩青春，个性绽放”校园嘉年华

——第四届校本拓展课成果展示周暨校园社团节活动方案

活动宗旨：

充分展示校本选修课的丰硕成果，扩大以学生发展为中心，尊重学生个性成长的校本选修课的影响力，不断提升校本选修课的质量与层次，丰富校园文化生活。

活动主办：

长郡双语实验中学教科室、校团委。

活动时间：

1. 文艺互动展（文化知识互动、澄池文艺展、电子作品展）

2018年6月5日至6月7日12：00—12：40

2. 校园嘉年华（文艺大舞台、体育大竞技、美术手工展）

2018年6月8日15：55—17：25（第七、八节课）

（一）内容及要求：

1. 文艺大舞台

地点：小剧场　负责人：曾统坤

要求：安排小剧场汇演节目的流程，6月7日组织一次彩排活动，把关节目质量，争取精彩呈现。6月8日正式演出。

2. 体育大竞技

地点：体育馆及户外运动场地　负责人：汪涛

要求：布置、安排竞技类选修课活动场地。各课程组织展示型的竞技比赛，比出气氛，组织有序。

3. 美术手工展

地点：艺术楼大厅　负责人：吴艳萍

要求：在艺术楼大厅布置作品展示区，每块区域责任到人，须有展示及体验、互动活动。

4. 文化知识互动

地点：澄池周边　负责人：李薇璐

要求：分三天展示，安排各课程展出时间、地点，制作展板，须有展示及互动活动。

5. 澄池文艺展

地点：澄池　负责人：毛德凤

要求：6月5日至6月7日12：00—12：40，安排特长突出、参与感强、具有互动效果的文艺节目，以团体节目为主，确定好节目流程，紧凑组织，精彩呈现。

6. 电子作品展

地点：办公楼电子屏　负责人：杨广

要求：于6月5日将主题网页制作、乐高机器人、校园电视台、世界地理与生物探秘英语社、笔友与电影社六个课程的作品展示传至校园网站；6月5日至6月7日期间，播放借助电子屏的电子作品展。

注：6月4日中午12：00前社团海报张贴。

（二）其他事宜

1. 宣传及拍照

（1）宣传：柳笛负责联系媒体进行报道

（2）拍照及新闻：各社团指导老师、学生记者

（3）广播及引导：徐梓恺、周薇、双语广播站、双语礼仪社

要求：6月5日至6月8日中午做好宣传，6月8日下午做好引导，进行精彩点评。

2. 现场音乐、话筒：李晶、谭诚、彭素芳

要求：6月5日至6月7日12：00—12：40保证澄池音效。

3. 录像及视频制作：李晶、谭诚、彭素芳、长郡双语电视台

4. 后勤保障：魏建晖、车德新、杨志鑫

文艺大舞台展示活动安排表

责任人	课程名称	指导老师	节目内容	地点	时间
曾统坤	趣味心理学	袁金秀	心理剧	小剧场	6月8日 15：55—17：25
	健美操社	颜玲芳	健美操《舞动青春》		
	合唱团	毛德凤	大合唱《想你的365天》、戏曲表演《梨花颂》		
	声乐表演	周莹			
	歌曲创作	高洋	原创歌曲《春风颂》		
	礼仪社	周薇	舞蹈《礼仪之邦》		
	弦乐合奏	郭佳楠	弦乐合奏《演艺人》《玫瑰人生》，木管五重奏《野蜂飞舞》《爱乐之城》		
	法语	涂雪璐	歌曲法语版《大鱼》		
	韩语	李剑	偶像练习生“EiEi”		
	日语	傅冬昭	歌曲日语版《后来》		
	西班牙语	周小婧	歌曲西语版《董小姐》		
	德语	欧阳文婕	歌曲中、英、德三语《雪绒花》		
	播音与主持	吕铭、徐梓恺	朗诵		
	乐高机器人	李明威	初一乐高FLL小组表演赛		

体育大竞技展示活动安排表

责任人	课程名称	指导老师	比赛内容	地点（天晴）	地点（下雨）	时间
汪涛	篮球社	蒋海涛	“双语杯”篮球联赛	篮球场	体育馆三楼室内篮球场	6月8日 15：55—17：25
	篮球社	周立				
	篮球社	罗汉				
	排球社	舒莎	排球技巧及对战	田径场	风雨跑道	
	网球社	王凤	单打、双打比赛			
	羽毛球	汪涛	羽毛球比赛			
	田径	欧阳尤周	身体素质测评			

美术手工展示活动安排表

责任人	课程名称	指导老师	展出形式	地点（天晴）	地点（下雨）	时间
吴艳萍	手工社	毛芳	学生作品展	艺术楼一楼大厅、校门口	艺术楼一楼大厅	6月8日 15：55—17：55
	陶言瓷语	吴艳萍	学生作品展			
	民间美术	邢丽	学生作品展			
	橡皮章、版画社团	曾晓奇	学生作品展			

文艺互动展活动安排表

项目	负责人	课程名称	指导老师	展出形式	时间	地点（天晴）	地点（下雨）
文化知识互动	李薇璐	吃喝玩乐中的地理	李静峰、朱文娟	定向越野、地理调查、地理制作	6月5日 12：00—12：40	澄池周边	食堂门口
		细胞探秘	刘文颖	动植物标本展			
		趣味生物学	姚琴	生物模型展			
		植物的奥秘	宁治中、谢芳	现场制作叶脉书签			
		图像处理	曾文武	图片展示			
		网页制作	黄金	网页制作作品展示			
电子作品展	杨广	影像里的历史	吴丹、袁婷、刘蓉芳	历史影像展	6月5日至6月8日 12：00—12：40	办公楼一楼电子屏	
		植物的奥秘	宁治中、谢芳	学生的微视频作品			
		校园电视台	彭素芳	MV			
		乐高机器人	李明威	比赛视频播放			
		影视文学鉴赏	陈曦、黄缨涵	影视文学鉴赏作品			
		英语时文阅读	吴莎、李艳利	电子配音			

（续表）

项目	负责人	课程名称	指导老师	展出形式	时间	地点（天晴）	地点（下雨）
澄池文艺展	毛德凤	合唱团	毛德凤	歌曲	6月5日至6月7日12：00—12：40	澄池	
		声乐表演课	周莹	歌曲			
		弦乐合奏	郭佳楠	独奏表演			
		青少年魅力演讲与口才	蒋维	演讲《美丽中国》			
竞技活动展	杨广	机器人兴趣小组	杨广	机器人循迹展示	6月5日至6月7日12：00—12：40	澄池、艺术楼前坪	
		桥牌启蒙	曹斌、廖永明	桥牌展示			

校园嘉年华首秀成功启动，风采尽显！

——第四届校园嘉年华风采报道（一）

6月5日讯　漫步澄池边，11块形式多样、内容丰富的校本拓展课介绍展板一字排开，在风采展报的引领下，2018年6月5日中午，长郡双语实验中学第四节校园嘉年华暨第九届社团节正式拉开帷幕，各校本拓展课齐聚一堂，尽情展现个性风采。

飘着细雨的澄池是美丽的，在澄池的一侧，合唱团、声乐表演和弦乐合奏社的同学们正在澄池亭子搭建的舞台尽情展现个人才艺。大家是你方唱罢我登场。同学们的表演形式非常丰富，有声乐演唱、器乐表演，其中由6个同学表演的国粹京剧《卖水》更是给现场观看的老师和同学们留下了深刻印象，他们穿着华丽的舞台服装，一板一眼认真地唱着，举手投足都有着浓浓的韵味，周围的同学和老师都报以热烈的掌声。

食堂一楼的趣味生物展台吸引了许多同学的观摩参加，展台上有人类身体骨骼、体内循环系统等生物模型，模型展示让我们更直观清晰地认识人类身体的构成，解读人类生命的奥秘，展台现场还设置了制作叶脉书签的互动项目，拓展课同学们展示了已制作的精美叶脉书签，并带领现场同学一起观摩制作叶脉书签，展现大自然带来的魅力与风采。

办公楼前坪的电子屏播放了网页制作社的网页制作成果展，通过微视频的形式介绍网页制作的步骤和技巧，展示清晰，非常实用。

一位在现场观看全程的同学说："虽然我是第一次参加学校的校园嘉年华，但据我初三的表姐说，本次校园嘉年华是形式最丰富的一次。今天是嘉年华的第一天，我很期待接下来几天的精彩表演。"

1718班的张楚豫同学是机器人拓展课的一员，他所在的社团也会在校园嘉年华中进行乐高机器人表演。"欢迎同学们来观看。"他笑着说。

本次活动是长郡双语实验中学第四届校园嘉年华。教科室副主任舒童介绍，之所以学校坚持举办校园嘉年华，是为了给老师和同学们提供更多自我展示的平台，发展个性，张扬个性；同时也希望通过校园嘉年华活动让更多的人了解我们学校的校本拓展课，展现校本拓展课的风采。

校园嘉年华为期四天，具体表演时间是6月5日至7日中午12：00—12：40以及6月8日下午第七、八节课，地点涵盖学校澄池、艺术楼、小剧场、田径场、篮球场等多个场地。校园嘉年华共有39门校本拓展课参与展示，老师和同学们精心准备了多个展演项目，欢迎大家来观看！

八仙过海显神通，共庆嘉年华！

——第四届校园嘉年华风采报道（二）

6月6日讯　悠扬的音乐萦绕在郡园，长郡双语实验中学举办的第四届校园嘉年华已经开展到了第二天，在这期间，过往的老师和同学们纷纷驻足观看节目，场面十分热闹。

今天参与澄池文艺表演的校本拓展课有“演讲与口才”“合唱团”“声乐表演”，表演者可谓是“八仙过海，各显神通”，《追光者》《时间煮雨》《大海》等耳熟能详的歌曲被同学们精彩演绎，他们用嘹亮的歌喉和深情的演唱吸引了一大批“粉丝”。“演讲与口才”的同学带来了朗诵节目《美丽中国》，抑扬顿挫，声情并茂的演说赢得了现场一浪高过一浪的掌声。

校道上，地理社也忙得热火朝天。他们运用所学知识制作了一个又一个精良的日晷，借助阳光为前来观摩的师生现场展示如何利用日晷测定时间，老师和同学们在重温地理知识的同时纷纷表示眼界大开，受益匪浅。

办公楼电子屏前，一幅幅精彩的电子作品展示在同学们面前，让我们目不暇接。

“我真的很喜欢这个日晷制作的方式，想不到看似简陋的日晷测出的时间能够那么精准。我也很期待其他社团的活动。”1717班的佘昭涵同学开心地对记者说。

在接受采访时，歌曲创作课的指导老师高洋老师表示：“这次社团节形式丰富，我们社团的节目是同学们创作的歌曲，我希望他们能在舞台上展现自己的曲子，呈现音乐梦想。”

在观看表演的袁婷老师感叹：“相比以往，本次社团节节目更加丰富，这对初一的同学们来说，可谓实践梦想的一个好机会。”

今天的校园嘉年华展示让双语学子个性飞扬，让浪漫郡园青春绽放。明天，澄池畔，礼仪社和合唱社等将给我们带来更多精彩的展示，让我们共同期待！

从以上案例、方案和新闻我们可以看出，校本拓展课的学业评价内容根据课程内容的不同，既有相同点也有差异性。“玩转化学小实验”“世界地理探秘”“植物的奥秘”“影像中的历史”等以知识拓展为主的校本拓展课，其评价内容会关注学生对知识的获取、理解、掌握。“歌曲创作”“书画”“陶言瓷语”“纸模服装”等创作型的校本拓展课，其评价内容既要有对基本知识和技能的掌握，还要有对作品创作的创造力的评价。“篮球社”“羽毛球社”“舞蹈社”“排球社”“乒乓球社”等以身体素质拓展为主的校本拓展课，其评价内容会注重学生对相应体育技能的掌握和表现能力。“德语社”“法语社”“日语社”“韩语社”等语言类拓展课，其评价内容要关注学生对语言的习得、掌握、表达、书写等各方面。“3D 打印社”“卡魅社”“无人机”“中鸣机器人”“乐高机器人”“校园电视台”等以高科技产品为依托的科技创新类课程，则要始终跟踪学生对仪器的使用水平，并且还要评价学生用仪器进行创作与创新的水平。“弦乐合奏”“声乐表演”“合唱团”“英文电影台词例析和配音模仿”“英语戏剧赏析表演”等以表演为主的拓展型课程，其评价内容主要是学生的表演能力。无论是哪种类型的拓展课，其评价内容都要涵盖对学生课前、课中、课后的表现，例如课前准备，课堂中的表现力、专注力、合作能力、纪律表现、口头表达能力、对教师所教内容的熟练程度，课后作业与练习的情况，这些都要纳入拓展课学业水平评价范围。优质合适的评价内容的设置，既有利于学生对所学内容的掌握，也有利于教师和学校对学生的学习情况进行深度掌握。

四、拓展型课程的反思总结

（一）校本拓展课开发与实施存在的问题

1. 拓展型课程的体系有待完善

拓展型课程体系有待完善首先表现在科目数量设置相对有限。目前非文化科目的校本拓展课开展得较为齐全，门类丰富，但是文化科目的校本拓展课不多。校本拓展课主要安排在初一年级，由于人事变动，已经开设校本拓展课的科目，面临又要更换老师，有些学科将拓展课直接更换了，优质校本拓展课难以得到保留，精品课程打造有待加强。校本拓展课的体系，也有待进一步的巩固和完善。

2. 拓展型课程调控力度不够，限制性因素多

课程调控力度直接影响课程执行的效率和可持续性。校本拓展课每周开设一次，拓展课的课堂管理缺少稳定的班级文化调控。很多教师对拓展型课程的感受是“管理起来有些吃力”。另外，由于班级容纳人数有限，在实际执行中，部分学生不能参与自身有意向参与的拓展型课程班学习。同时，校外拓展课活动组织的安全因素和成本考虑也限制了该类课程开展。

3. 拓展型课程的教学设计水平有待提高

教学设计是根据教学对象和教学目标形成教学方案的过程。目前由于部分教师个人专业能力和时间因素，教师的拓展型课程教学设计水平并不高。大部分校本拓展课程没有统一的配套标准和教材，教师在课堂设计时更多是依据自己的专业知识和各方

面收集的材料，执行效果会受到影响。新的拓展课开设集中在每学期的开学，部分课程通过备课组讨论，仓促开设，科学性难以保证。另外，部分课程的设计内容缺乏较为陈旧，没有考虑到学情并及时更新。拓展课教师同时也是任课教师，教学工作繁重，部分老师在工作开展时“分身乏术”，影响拓展课的教学设计水平和课程教学质量。

（二）校本拓展课发展的努力方向

1. 固定校本拓展课程，打造精品课程

以往的校本拓展课，随着年级的更换，课程会发生改变，不利于课程的传承和延续。今后要固定校本拓展课程，每门学科开设一至两门优质校本拓展课程，随着年级变换，只改变开课老师，但课程不改变，打造优质精品校本拓展课程；同时，鼓励每门校本拓展课程教师编写本课程的校本教材，在方便课堂教学开展的同时，总结课程成果。

2. 加强课程管理，优化执行力和调控力

课程执行力彰显了教师课程执行的主体地位，突出了教师课程执行的自主权利。学校要加强对拓展课教师的培训，鼓励拓展课教师之间多开展交流，总结经验，自主加强课堂管理。同时，教科室会定期开展推门听课和课堂巡查，并及时反馈听课和巡查结果，提高教师的课堂执行力和调控力。

3. 注重教师培训，优化拓展课设计水平

针对部分拓展课教师的课堂教学设计水平不高等问题，学校会加强对拓展课教师的培训，邀请拓展课经验丰富的教师进行经验介绍，开展拓展课教师座谈交流。同时，合理规划好每位教师的时间，适当减少有拓展课任务的老师的其他工作的安排，便于其全身心投入到拓展课教学中，提高课堂教学质量。当然，拓展课教师自身要根据学生的个性特点，创设适应学生个性化发展的学习氛围；同时，要注意到课程的特殊性，有效运用各种信息化教学方法，增加教学设计中信息化的成分，创设合适的情境，激发学生对课程的兴趣。各教研组也要加强本组拓展课教学研讨，深化备课研究，进行专家引领，同伴互助交流，进一步促进拓展型课程教师课堂设计水平的提高。

（三）各校本拓展课反思总结

为了更好地促进校本拓展课的发展完善，长郡双语在总结学校拓展课开设的情况外，每学期结束前也会要求各校本拓展课对一学期以来拓展课的开设情况进行反思总结。各拓展课在反思中不断成长，提升课堂教学质量与效果。以“篮球社”“校园电视台”“英文电影例析和配音模仿”“合唱团”课程为例。

1.“篮球社”课程总结

从历届篮球社的开设情况来看，人数偏多，场地器材有限制。如何在有限的场地之内，让更多的学员得到有效的训练?

①分组轮转训练，把场地划分成10人一组或者7人一组，不是所有训练都需要篮筐，根据每个组的位置和器材决定训练内容，可以设置需要篮筐以及不需要篮筐的组，

不需要篮筐的组先进行脚步练习如进攻、防守脚步、力量练习、传球练习，各组到时间进行轮换，保证每个学生都能训练到。

②根据学生的技术特点、身高把学生再进一步分组进行练习，身高一般但速度快、控球好的作为外线组（组织后卫、得动后卫、小前锋）。身高突出、力量突出的作为内线组（中锋、大前锋），在课堂教学中安排不同的内容，例如外线：快攻、多重组合运球、快速转移球。内线：抢篮板球卡位、低位进攻与防守、罚球线策应等。同时，以奖励的形式，组织篮球社精英班学生代表学校参加长沙市的各类校园篮球赛，或者与各个兄弟学校的篮球拓展课程学生进行友谊赛，在各种不同形式的比赛中提高学生的篮球技战术、心理素质以及体能素质，同时也可以加深与兄弟校的交流联系，并培养学生的团结合作能力和社会适应能力。

2. “校园电视台”课程总结

“校园电视台”课程以其独特形式发挥着育人的功能，成为培养“电视人”的基地，实践教育的阵地，提高实践动手能力的窗口，培养有创造精神的好学生。但是课程在开设过程中也遇到了一些困惑。

第一，“校园电视台”课程负责开课和管理的老师由其他岗位的教师兼任，用于指导电视台的技术工作和文字工作的时间较少。建议课程开设可以更多引进电视台专业人才，对学校电视台拓展课教学予以专业指导，同时给予学生“走出去”的机会，开阔视野。第二，负责日常拍摄的在校学生，虽然积极性较高，但缺乏专业的技术素养，很难在短时间内达到独立完成节目制作的要求，制作节目的质量得不到有效的保证。第三，学生观看节目的时间和地点受到学校作息时间的限制，且无法充分利用网络等媒介，减少了学生对电视台的关注。第四，目前校园电视台校本拓展课程的实施主要局限在学校环境内，教学活动的开展受到了限制，课程评价体系的可操作性要等到被运用到具体的实践过程中，才能够得以检测。

3. “英文电影例析和配音模仿”课程总结

“英文电影例析和配音模仿”课程能提高学生英语素养并加强对外国优秀文化内涵的理解。该课程的教学实践告诉我们，素养绝不是一个单纯的言语技能问题，而是一个人的心智活动和人文修养的综合反映。学生们虽然对英文配音有兴趣，但由于所处的初一学段和现有的客观英语水平，学生们更喜欢趣味性强而台词较为简单的英文动画电影，因此，教师在今后的教学中要多采用现代化的教学手段，通过多种方式促进孩子们的学习兴趣。除了台词的配音之外，还需要强调影片中特殊音效的表达，比如脚步声、打斗声、机械声等，鼓励学生用道具来模拟这些声音；在不影响台词配音的同时，学生可以进行简单的动作表演；提倡学生根据剧情和角色特点选择适合的服装和道具来丰富舞台效果，增加观赏性。

4. “合唱团”课程总结

“合唱团”校本课程的开发，旨在让学生在演唱多元化优秀的合唱作品过程中，不仅热爱合唱，主动学习，善于思考，开拓创新，更能有效地全面培养学生音乐的核心素养，即审美感知的素养、音乐实践的素养、情感体验的素养、艺术表现的素养、文化理解的素养、乐学善学的素养、人文情怀的素养、社会责任的素养、国家认同的素养。

在课程实施过程中，课程也遇到了一些困难，比如：学生基础参差不齐，课程开发深度不够。由于学生学业压力不小，学生的流动性也比较大，有时候学校或年级活动丰富，很多常规训练时间无法保证，每年团队水平层次参差不齐。今后在教学过程中，针对学生基础不一的情况，教师要多开展梯度式、分层次教学，不仅保证学习兴趣，更符合学情，有效地提高学生的能力；同时，不断提升自身的合唱指挥素养，加强学习先进的合唱理念，不断开发教学资源，运用更具科学性、操作性的评价体系，让学生尽情感受合唱和音乐的魅力。

第四章
实践型课程的开发与实施

第一节 实践型课程的整体构建方案

实践型课程作为三型活力课程的重要组成部分，是指在教师的指导下，由学生自主进行的密切联系生活和社会实际的综合性学习活动，充分展现学生对知识综合应用。构建实践型课程标准，完善三型活力课程体系，对于提升学生综合素质评价工作和学生综合素质意义重大。本章将对长郡双语实践型课程的整体构建方案、实践型课程的四大板块实施方案及具体案例进行详细阐述。

一、课程背景

2010 年 7 月 29 日，国家中长期教育改革和发展规划纲要工作小组办公室发布《国家中长期教育改革和发展规划纲要（2010—2020 年）》：坚持以人为本、推进素质教育是教育改革发展的战略主题，是贯彻党的教育方针的时代要求，核心是解决好培养什么人、怎样培养人的重大问题，重点是面向全体学生、促进学生全面发展，着力提高学生服务国家人民的社会责任感、勇于探索的创新精神和善于解决问题的实践能力。

2014 年 3 月 30 日，教育部《关于全面深化课程改革落实立德树人根本任务的意见》中首次提出核心素养体系的研究，明确学生应具备的适应终身发展和社会发展需要的必备品格和关键能力，突出强调个人修养、社会关爱、家国情怀，更加注重自主发展、合作参与、创新实践。核心素养强调的不是知识和技能，而是获取知识的能力。核心素养被置于深化课程改革、落实立德树人目标的基础地位，将成为未来基础教育改革的灵魂。

2016 年 9 月，《中国学生发展核心素养体系》明确学生发展核心素养是指学生应具备的、能够适应终身发展和社会发展需要的必备品格和关键能力，具体体现为文化基础、自主发展、社会参与三大方面，核心素养的提出被认为解答了“教育应培养什么样的人”这一问题。

2016 年 12 月，《教育部等 11 部门关于推进中小学生研学旅行的意见》明确指出，中小学生研学旅行是由教育部门和学校有计划地组织安排，通过集体旅行、集中食宿方式开展的研究性学习和旅行体验相结合的校外教育活动，是学校教育和校外教育衔接的创新形式，是教育教学的重要内容，是综合实践育人的有效途径。

2017 年 9 月，教育部关于印发《中小学综合实践活动课程指导纲要》的通知，要求各地充分认识综合实践活动课程的重要意义，确保综合实践活动课程全面开设到位。要组织教师认真学习纲要，切实加强对综合实践活动课程的精心组织、整体设计和综合实施，不断提升课程实施水平。

二、课程理念

长郡双语实践型课程将秉承养正毓德、博学笃行的育人理念，坚持学生主体、个性发展、立足生活、注重实践、跨界融合、开放多元的基本原则，引领学生走向军营、走向自然、走向农村、走向工厂、走向社区、走向世界，通过亲身体验和实践，加深学生与自然、社会及生活的联系和对世界的整体认知理解。打破学科壁垒，满足学生个性发展需求，整合更多的课程资源，注重培育学生核心素养与综合素质，倡导“以课题为驱动”的项目式学习和“以实践为重点”的体验式学习，全面构建跨学科、跨领域、跨地域的新型实践型课程体系。

（一）学生主体，个性发展

现代教育显著的特征之一就是尊重学生的主体地位，注重唤醒学生的主体意识，充分调动学生学习的积极性、主动性和创造性，促使学生生动活泼、主动和谐地发展。新课程标准指出：“在教学过程中，要始终体现学生的主体地位，教师应充分发挥学生在学习过程中的主动性和积极性，激发学生的学习兴趣，营造宽松、和谐的学习气氛……”这就要求实践型课程构建要以培养学生的主体意识，体现学生的主体地位，激发学生的学习自主性、能动性、创造性，培养和提高学生的学习实践能力为基本原则。通过组织丰富的活动，搭建多种平台，以问题为纽带，培养学生动脑思考、动手操作，在观察、实践中进行探索和研究，创造性地解决问题，从而获得知识和发展能力。同时，在实践中，生动的情境给予学生个性的机会，学生的研究兴趣、研究潜能和创造力得到激发，思维得到放飞，学生的个性发展得到充分彰显。

（二）立足生活，实践探索

实践型课程是对学生所学习的校内课程和知识的有效补充，引导学生将所学知识回归和运用于生活实践，通过实践，进一步深化对知识和对生活的理解。通过开展走向军营、走向自然、走向农村、走向工厂、走向社区、走向世界等不同领域的形式多样的社会实践活动，丰富学生的生活经验，锻炼和提升学生的综合素养和能力。在整个社会实践活动的过程，更注重和追求活动过程本身，学生每一次动手实践、亲身参与的积极体验，使得学生的自主精神也得到充分发展，社会适应能力、生活自理能力、团结协作能力、探索考察能力、自我发展能力等都得到增强。立足于生活，关注生活，学生在生活实践中锤炼了意志，培育了创新精神，陶冶了情操，进一步增强了社会责任感和使命感。

（三）跨界开放，多元评价

实践型课程的开发与实施将积极践行“全课程”教育理念，以培养“全面而有个性的人”为目标，致力于通过课程的设置，引导学生在实践活动过程中，打破学科壁垒，积极推动学科融合，把各科知识融入到实践活动子课题的探究中去，全面深化对知识的理解和运用。同时，要求实践型课程指导教师在课程实施过程中注重引导学生突破思维定式，形成问题意识，注重科学探究。学校将以开放的姿态，积极与各企业、各场馆、各旅行社及相关职能部门之间联动，建立稳定的合作机制，拓宽实践渠道，延伸、拓展和深化学校的主题综合实践活动类型，让前期的学校前置研究活动、中期的各领域实地实践与体验、后期的学校的探究汇报形成完整的学习链。实践型课程要求突出评价对学生的发展价值，充分肯定学生活动方式和问题解决策略的多样性，鼓励学生自我评价与同伴间的合作交流和经验分享。同时，采用质性评价和主体多元评价相结合的方式，将学生在综合实践活动中的各种表现和活动成果作为分析考察课程实施状况与学生发展状况的重要依据，对学生的活动过程和结果进行综合评价。

三、课程目标

2017 年教育部印发的《中小学综合实践活动课程指导纲要》将中小学综合实践活动课程的总目标阐述为“学生能从个体生活、社会生活及与大自然的接触中获得丰富的实践经验，形成并逐步提升对自然、社会和自我之内在联系的整体认识，具有价值体认、责任担当、问题解决、创意物化等方面的意识和能力”。在此基础上，结合学校学生综合实践课程的实际与学生的年龄特点，对总目标分解如下：

（一）爱生活：提高学生对自然、社会和自我之间内在联系的整体认识，形成积极乐观的人生态度

具体为：走向军营，磨砺坚强意志，完善人格，提升协作精神与集体意识；走进自然，认识自然，增强人与自然和谐共生的理念和环保意识；走向农村，了解中国农村发展现状和新农村建设的基本要求，增强社会责任感，担当社会发展使命；走向工厂，发掘兴趣和提升生涯规划和终身学习的能力；走进社区，积极参与社区服务，增进对社会的认识和了解；走向世界，认识多元文化，树立人类命运共同体的认知。

（二）乐求知：使学生形成问题意识，发展科学精神和创新意识，热爱求知，在生活和实践中获得积极体验和丰富经验

激发学生的好奇心与观察能力，引导学生主动探索和发现问题，并积极运用所学的知识；引导学生珍惜学习时光，心无旁骛求知问学，增长见识，丰富学识；掌握基本的学习方法，学会调查研究与访问、实验研究与观察、技术设计与制作、社会参与与服务等多种实践学习方式；培养学生的独立思考与反思习惯，提高创造能力与创新精神，有效地解决实践问题。

（三）勤修身：使学生提高生存能力，提高道德修养，完善人格

在实践中掌握基本的生活技能，树立劳动观念，提高生存能力；锻炼学生的意志，树立健康理念，提高协作精神和道德修养；在实践中坚持以美育人、以文化人，提高学生审美和人文素养；培养学生的计划、组织和各项综合能力。

（四）勇担当：使学生厚植家国情怀和爱校情感，主动担当社会责任

其一，增强学生的道路自信、理论自信、制度自信、文化自信，立志肩负起民族复兴的时代重任；其二，引导学生树立高远志向，历练敢于担当，发扬不懈奋斗精神；其三，培养学生具有公民意识、健康身心、自律意识、关心同情他人的情感与品德，形成正确的价值观。

四、课程内容

在课程内容体系构建上，长郡双语依据学校德育工作特点，构建了“志愿服务、研学旅行、职业体验、主题实践”四大板块，每个板块又包含不同的课程项目，共23项主题课程类别。采用“核心—模块—项目—主题”四级模式构建实践型课程内容体系，同时结合模块、项目等设置不同级别的课程目标，这样具体的课程目标加清晰的课程内容就将实践型课程稳稳落地了。

实践型课程由志愿服务、研学旅行、职业体验、主题实践四大模块构成。四大模块又分别包含不同的项目。

志愿服务包含六个项目，即走进社区志愿服务、尊老爱幼志愿服务、文明风尚宣传教育、“读在星城”图书志愿服务、大型赛会志愿服务、城乡手拉手。

研学旅行包含六个项目，即绿色之旅、文学之旅、文化之旅、红色之旅、春秋研学和国际研学。

职业体验包含五个项目，即走向工业生产、走向党政机关、走向三产服务、走向社会服务、走向农业生产。

主题实践包含六个项目，即党史教育、传统文化教育、法制教育、生命安全教育、国防教育、科技探究。

五、课程载体

实践型课程围绕四大板块的课程设计，充分利用校内资源和校外资源，打造出丰富多样的课程载体。

（一）团队建设

实践型课程依托于班级团队建设、年级团队建设、教研组团队建设、团员团队建设、中队团队建设等实施。根据每次具体课程的实施规模、实施内容、活动特点、活动属性等因素，采取不同的团队形式来落实课程的开展，确保课程开展充分有效。譬如春秋研学是以年级团队的形式开展，志愿服务活动则是以中队团队的形式开展。

（二）课程中心

学校成立了外语交流中心、书香阅读中心、心理教育中心、创客教育中心四大课程中心，为实践型课程的实施提供了硬件设施设备和软件环境的支持。四大课程中心对学生的实践课程实施的全过程提供相关指导，且对课程实施结果进行汇总和提升。

（三）实践平台

学校依据学生实践活动的特点，设置了各类志愿服务岗，将校内和校外实践平台相结合，如校园环保岗、校园图书室志愿服务岗、雷锋示范岗等，为实践型课程的开展搭建了内容丰富多彩的实践平台，提供了多种实践的场所。

（四）社会资源

学校充分调动各类资源，充分发挥家校合作功能，与社会相关团体、基地、单位等保持紧密联系，如与相关福利院、科研基地、科技公司、场馆、检察院等，建立起长期的稳定的联系，为实践型课程的开展提供了多种多样的校外实施载体。

六、课程实施

实践型课程在实施过程中强调“多元”，注重“实践”，突出“跨界”，关注“个性”，提倡“自主”，注重深化学生的个体体验和感悟，锻炼和提升学生的综合素养；落实课程实施过程，完善课程的结构模式；优化研学指导教师的功能发挥，提高课程实施的有效性。

（一）实施“以课程为驱动”的项目式学习，打造“立体”课程

每一项实践型课程中，根据课程的特点，设置了很多子项目研究课题，这些课题与实践型课程本身紧密相关，学生在实践活动中以研究小课题为导线，强化研究的目的和针对性，使用恰当的研究办法，通过在活动中不断寻找与课题相关的材料、线索和内容等，完成小课题的要求，形成汇报材料，从而达到研究的目的。

（二）实施“以实践为重点”的体验式学习，落实“实践育人”理念

实践型课程的最大特点就是要让学生在亲身体验中，通过直观感受来完成自我成长。因此，实践型课程的内容都是由以学生体验为主的活动项目构成，课程中的小课题也都围绕学生的亲身体验来设计，强调学生的参与和体验，要实现“实践育人”的目标。

（三）实施以“以自主为导向”的自育式学习，深化“学生综合素质评价”要求

依据学校德育项目“初中生的自我教育”的要求，所有课程及育人活动，都要围绕着提升学生的自我教育意识和培养自我教育的能力展开。实践型课程中，要把学生的自觉、自愿充分调动起来，要把自主能力的锻炼放到重要位置，把学生综合素质评价与实践型课程评价紧密联系，深化综合素质评价对学生的指导和要求，通过对学生能力、情感认同等多方面的考察来实现对学生的促进和培养。

七、课程管理

依据长沙市教育局对初中实践活动的指导和初中三个年级不同的学情和特点，学校对课程的实施进行了整体规划。

（一）课程开设原则

1. 个体与集体相结合

综合实践课程坚持个体与集体相结合的原则，让课程的实施更加灵活和深入。学生既可以以个体的形式，在周末或假期参加社区、街道的主题实践活动；也可以在学期中或寒暑假参加班级的、年级的综合实践活动，以集体的形式开展实践型课程的学习。灵活的形式让学生更加喜欢参与到实践型课程的学习中，也能够从中学到更多的知识，培养更多的能力。

2. 校内与校外相结合

一方面，学校要求各学科组在设计教学活动时，要对课内书本知识进行拓展和延伸上的设计，引导学生学以致用，同时教师还要根据教学内容设计本学科的实践活动，指导学生在课余时间积极实施活动；另一方面，学校与社会各个单位、团体、场所、基地等保持紧密关系，建立一些稳定的关联，搭建实践课程实施的平台，学科组设计的拓展实践活动能够通过这些平台得到充分实施。将校内课程资源和校外课程资源有效整合，提升课程学习效果。

3. 必修与选修相结合

实践型课程旨在激发学生学习、探究的兴趣，形成正确的价值观念和强烈的社会责任感，在实践中增强实践意识和实践能力，根据学生的年龄特点、心理特点和成长规律设置课程梯度。每个学段安排不同的活动内容，每个活动内容也会由易到难、由浅到深，采取必修课程与选修课程相结合的方式让学生在不同的课程中有不同收获。譬如春秋研学就是学生的必修课程，这一课程不仅培养学生能力，更强化班级和年级的组织管理；国际研学则属于选修课程，依据学生家庭经济能力而定。

（二）教师指导要求

教师要成为引导者、参与者和组织者，要发挥学生的主体性。在活动过程中，要加强对学生的精心指导，有效管理，既推动学生成长，又实现自我成长。

1. 明确指导任务

在活动的准备阶段，教师要引导学生关注生活，培养善于观察、善于思考的问题意识，要指导学生确立研究的课题，指导学生形成研究小组，明确活动中的分工与职责，教会学生掌握基本的合作技能。和学生一起制订方案，做好前期的调查及相关数据的收集准备，指导学生掌握调查报告的基本内容、格式和撰写的要求等。

在活动展开阶段，教师要指导学生做好研究记录，及时发现和解决活动中的问题；指导学生合理运用方法，深度展开研究与实践，丰富实践体验；指导学生交流与合作，有效利用工具和资源。

在总结交流和评价阶段，教师要指导学生整理过程资料，反思感受和体验；指导学生形成实践成果，并尽量在更大范围内展示成果；指导学生提出新的研究问题；认真组织对个体和集体的评价活动，指导学生学会合理评价。

2. 了解基本要求

在综合实践课程实施过程中，教师要加强对学生课程进度的观察，及时了解实际状况，有针对性地进行指导、点拨与督促。对有特殊困难的学生或小组要进行重点辅导，帮助创设必要的活动条件。

3. 重视方法指导

要从课程内容的建构方式和学生相应活动方式出发，系统梳理方法，形成较为合理的指导系列；要从宏观上把握方法指导的阶段特点和主要任务，体现阶梯性。

要确立方法指导的“全程”意识：在“前置课程”时认真指导学生确立课程、选择研究主题、收集相关资料；在“活动课程”中，要指导学生兼顾活动内容和活动方法，在对活动过程的规划时学会将内容与方法结合起来；在“过程反馈”活动中，要组织学生交流研究方法的运用情况；在“成果展示”活动中，要提醒和帮助学生呈现研究过程中方法运用的情况，进一步感受方法在顺利完成实践活动中的作用，明确方法运用的过程与要求；在“评价反思”活动中，要组织学生细细回顾运用方法开展活动的过程，评价自己以及同伴在方法运用上的表现，分享在运用方法解决问题过程中的经验与感受。

八、课程评价

实践型课程倡导多元评价，将过程评价、作品评价、多主体评价等有机结合，突出对学生学习过程的体验、情感、态度、价值观和综合能力的评价。课程评价主要包括学生评价、教师评价。

（一）学生评价

1. 评价内容

在对学生小组进行评价时，内容主要有：小组的选题及计划落实情况；小组内的合作、组织和管理的水平；小组问题解决的情况；材料的搜集、整理、分析和加工情况；活动结果或产品情况。

对学生个人进行评价的内容主要有：参与活动的态度和表现；活动过程中的合作精神与合作能力；与活动相关的知识、方法和技能的掌握情况；综合能力与素养的发展；履行职责与成果。

2. 评价方式

以下几种评价方式可以运用于学生小组或个人的评价：

（1）档案袋评价方式。对活动小组或个人建立的活动档案袋或过程实录手册进行评价，主要看收集的材料是否能反映活动的全过程，如是否有活动计划、活动记录、调查表、出勤登记表、实验记录表或调查记录表、原始数据、学习体会、日记等与活动有关的文字、图片、音像资料，收集的信息是否进行过处理等。

（2）日常观察即时评价方式。主要针对学生在具体活动中的表现进行即时评价，如成员参与活动的态度、同伴间的互助合作情况、活动中表现出来的优点与缺点等。

（3）成果展示评价方式。通过学生的小论文、研究报告、研究过程性材料、展示性表演、模型、设计方案等成果，对小组或个人作出评价。

（4）能力小测试。根据不同课程目标，设计各种能力小测试，通过创设一定的问题情境，让学生完成相应的任务，根据学生完成任务的情况，判断学生小组或个人能力发展的水平。

（二）教师评价

1. 评价内容

（1）参与态度。是否主动做好活动前的准备工作，是否民主、平等地对待学生，经常为学生作具体指导，是否与其他教师协作。

（2）教育教学。是否清晰把握本课程的基本理念，结合学生年龄特点组织教育教学活动；在活动过程中是否能抓住重点、难点为学生释疑、解惑。

（3）活动设计。是否能结合活动主题，调动已有知识储备及周边可利用资源，有创意地设计活动内容；是否能在他人活动设计基础上，利用周边资源，对活动内容进行二度开发。

（4）资源开发。是否有资源开发的意识，对学校及周边可利用资源基本了解，并能引导学生利用资源开展活动。

（5）指导能力。是否善于发现学生活动中的问题和困难，为学生提供有价值的建议和意见，帮助学生调整活动方式或研究角度；是否能提供相应的知识背景材料，指导学生撰写调查报告、小论文等。

（6）合作意识。是否有与他人智慧分享的合作意识；在为学生解决问题或困难的过程中，是否能积极调动学生、同伴的主动性，引导大家共同参与；在学生或同伴遇到困难时，是否能主动奉献自己的智慧。

（7）继续教育。是否主动学习课程的前沿知识，根据学生探究的内容钻研有关知识，掌握有关科研方法，提升指导水平。

（8）指导效果。是否引导学生进行有效的总结反思，指导的小组成果展示是否有一定的质量。

2. 评价方式

教师评价以自评为主，结合学生评价、教研组评价与学校评价等多种方式进行综合评价，提高评价的可信度和客观度。

（1）问卷调查。分教师自我评价和学生评价。通过学生问卷调查方式，了解学生对该教师活动指导的满意度。

（2）作品评价。通过对学生研究成果、作品的检查和评价，也可以相应看出指导教师的态度、水平等情况。

第二节　志愿服务类实践型课程的开发与实施

为全面贯彻落实习近平总书记提出的“争当学习和实践社会主义核心价值观的模范”讲话精神，以中央精神文明委《关于深入开展志愿服务活动的意见》《关于推进志愿服务制度化的意见》为指导，长郡双语实践型课程建设强调要强化学生核心价值观培育，落实立德树人的育人目标，培养学生“奉献、友爱、互助、进步”的志愿者精神。

志愿服务课程作为一门中学实践课程，以学生为主体，通过各类志愿服务活动的开展提升中学生精神文明指数、志愿服务能力和综合社会实践能力。长郡双语依据上级部门相关文件，结合学校、学生特点及周边社会资源，拟定了具有学校鲜明特色的志愿服务类实践型课程标准。

一、志愿服务类实践型课程实施方案

（一）课程目标

通过本课程的开发与实践，使学生能够出于自愿意志，秉承以自己的知识、技能、体能等来贡献学校、贡献社会的宗旨，不断传递爱心、播种文明；建立完善长效工作机制和活动运行机制，积极构建特色志愿服务制度，推进志愿服务深入发展；培养学生关爱社会、奉献他人等方面积极的情感、态度和价值观的形成，努力培养学生主动承担社会责任和义务的态度，营造良好的社会风尚。

1. 学生层面

（1）提升个人社会责任感。通过参与志愿服务工作，为社会贡献自身的能力和智慧，并在不同志愿服务岗位上发挥特长，满足“自我实现”的最高需要，也从中收获

奉献精神和参与社会活动的责任感。

（2）丰富生活体验，养成亲社会型人格。利用空暇时间，参与不同形式的、有意义的志愿服务工作和活动，通过接触更多的新事物、新观念，不同领域的人和事，加深对社会的认识，助力志愿者自身的成长和提高。

（3）提升个人服务能力及综合素养。志愿者在参与志愿服务工作过程中，可以培养自己的组织、协调、交际及领导能力，提高自身素质；掌握处理问题的方法，有利于价值观的改变，使个人能充分认识和发挥自身价值；掌握协同服务方法，提升团结协作能力。

2. 其他层面

（1）培育和弘扬学生社会主义核心价值观。志愿服务是倡导社会主义核心价值观、弘扬中华民族美德的有效载体和有力抓手，普及志愿服务精神、倡导志愿服务理念、开展志愿服务活动，都是培育和践行社会主义核心价值观的具体体现。

（2）贯穿以德为先的德育实践。志愿服务通过发挥服务的人性化、个人化、实效化的功能，令服务对象通过服务活动真正帮助解决实际困难，服务的过程将激励学生形成善良的道德意愿、道德情感，培育正确的道德判断和责任，提高学生自觉践行道德能力。

（3）培育学生公民意识和公共精神。志愿服务不仅是学生关爱社会的表现，也是公民权利和义务的一种表现形式。志愿服务不仅能提升学生的具体能力，也使学生的公民精神得到培养和提升。

（二）课程设计原则与课程内容

1. 课程设计原则

其一，自愿性原则。志愿服务基于社会责任感等内心行为动机，参加行动的动力来自于参加者本身，以自愿参加为前提，体现服务的主动性和自觉性。

其二，无偿性原则。志愿服务的本质是奉献社会，服务社会，以利他和公益为基本目标。

其三，适用性原则。公共福利和社会公益是志愿服务的价值目标，充分发挥中学生的人力资源优势和学习能力特长，以对服务对象有实际帮助为出发点。

其四，可持续性原则。从发展目标来看，志愿服务要逐步成为中学生的一种日常行为，成为广泛参与并发动身边群体一起参与的公益性事业。

2. 课程内容

（1）走进社区志愿服务

走进社区积极开展爱心慰问、环境维护等活动，精准帮扶空巢老人、残疾人等弱势群体，美化社区环境，增强青少年奉献意识。

（2）敬老爱幼志愿服务

走进福利院、养老中心等地开展关爱老人活动，带去欢乐和慰问，传播孝老敬亲传统文化；开展帮扶看望留守儿童以及到乡村少年宫进行授课、结对活动，还可通过捐赠衣物、图书、文体用品等形式为留守儿童奉献一片爱心，如拨打亲情电话、组织联欢活动，让他们感受温暖、心怀希望。

（3）文明风尚宣传教育志愿服务

走进广场等人流较集中场所，主动宣传“垃圾分类”“禁止高空掷物”“文明交通”等相关主题知识，走进大自然开展“保护母亲河，清洁新家园”等公益宣讲活动，进行植绿护绿、清除白色垃圾、环境整治和环境监测等实践活动，传递“文明长沙，从我做起”的时代风尚。

（4）“读在星城”志愿服务

广泛开展爱书护书志愿服务活动，争当图书馆义工，以阅览区为阵地，组织场馆引导、图书介绍等志愿服务；加强书籍的流通，提高青少年阅读兴趣和阅读能力，提供高质量的阅读服务。

（5）大型赛会志愿服务

指为某一特定的比赛、活动、赛事而提供志愿服务，如路径指引、场馆礼仪、医疗救护、管理协调、赛事接待、小记者宣传等。

（6）城乡手拉手志愿服务

资助农村儿童，开展丰富学习交流活动，帮助农村孩子发掘潜能，带领农村孩子走进城市，感受科技进步和时代发展，开阔农村儿童眼界和视野，全面提升综合能力素养。

（7）校园志愿服务

校园志愿服务共分为五个项目，含校门口交通劝导、校园绿化带环保、书吧管理、校园“牛皮癣”清理、信息教室打扫，从身边做起，弘扬志愿精神。

（三）课程实施

1. 课程实施原则

志愿服务活动主要为促进社会文明进步的各类公益性服务的行为过程，包括有组织者、有参与者、有目的性、有规模性几个要素。课程实施需确保充分关注每个要素，以志愿者完成志愿服务为主体，以受助对象得到帮助和关爱为核心，以志愿资源的提供为关键，凝聚社会共识，引领社会风尚。具体实施原则为：

其一，规范性原则。学生志愿者在统一领导下，有组织、有计划、有步骤、有目标地参与志愿活动，发挥自己的特长优势，贡献更多先锋力量。同时建立完善活动运行长效机制，推动志愿服务工作常态化、规范化、制度化发展。

其二，公益性原则。志愿服务以公益性为首，不计报酬、不图名利、不求回报，围绕做好公益事业、服务他人开展志愿服务活动，弘扬无私奉献、友爱互助精神，为建设文明长沙贡献力量。

其三，实效性原则。开展志愿活动要重在做到密切关注群众所想所盼，结合主观愿望与客观实际，注重服务质量和效果，力所能及地为群众办实事、做好事、解难事，通过带领学生开展一项项具体的志愿服务，切实提升基层群众的幸福感、获得感，增强群众对新时代青少年志愿者的认同和支持。

2. 课程实施的活动范围和课时时长

志愿服务分为校内和校外，初一至初三每个学期内学生以个人、团队、班级为单位开展国内、省内、市内、校内志愿服务，每个学期校内志愿服务时长须超过 8 课时，校外志愿服务时长须超过 12 课时，三年内要求课程中所有类型志愿服务项目均有参与。

3. 课程实施的组织流程

（1）明确开展志愿服务活动的具体背景和目的。每次开展志愿服务活动都有明确的目标和对象，每次志愿服务又有各种各样的背景，背景决定目的。调查清楚每次志愿服务活动的背景情况有利于具体活动的效果。

（2）成立志愿服务管理团队。根据志愿服务涉及领域和具体要求，评估现有志愿服务资源，确定志愿服务管理团队，对接服务对象讨论确定具体时间地点、活动内容、服务目标和分工协调。

（3）自愿报名。公布志愿服务详细计划和要求，由学生自愿报名参加并根据服务要求做好充分的准备，签订志愿服务书，涉及一定费用收取和支出时要公开、透明。

（4）强化服务过程管理。加强对志愿服务过程性的跟进，充分考虑从志愿服务策划阶段到活动结束可能带来的作用、产生的影响，在服务过程中作进一步的对接和规划，使志愿服务充分发挥积极作用。

（5）考评志愿服务。开展过程性评价，组织开展自评、服务地评价和互评师评，活动结束后班级及时填写好《长郡双语义工中队登记本》，学生及时填写好《义工登记手册》，根据考评细则评选“优秀义工标兵中队”“优秀义工中队”和“金牌义工”。

（6）统筹安全问题。要制定志愿服务安全应急预案，应急预案中要有详细的安全保障举措和安全责任日报告制度。对参加志愿服务学生进行充分的安全教育，强化安全意识。要确保交通及用车安全。长途旅行尽可能选择火车、飞机等交通工具。选择汽车作为交通工具，要确保车辆营运手续完备，车况良好，司机车技优秀、经验丰富和综合素质高，确保每人都有独立座位，禁止超员。

（四）课程管理

1. 组织机构

课程领导小组：校领导

课程开发及总负责：校团委

课程协助：总务处、年级组

2. 课时设置与使用

学校根据国家课程方案和省定课程实施计划进行志愿服务课时分配，开设课程对应课时具体安排如下：

书吧管理、信息教室环保、校园绿化带环保、校园“牛皮癣”清理、校门口交通劝导分别为2课时；走进社区志愿服务、敬老爱幼志愿服务、大型赛会志愿服务、“读在星城”志愿服务、文明风尚宣传教育志愿服务、城乡手拉手、和谐共成长志愿服务分别为6课时。

3. 教师配置

根据学校现有教师具体工作分工和专业素养，以学校党员教师和中队辅导员带领团员、少先队员青年为主的办法，全程指导并参与校内外各项志愿服务活动，进行导师制志愿服务，同时也积极和校外志愿服务组织开展交流活动，提升服务效果和专业服务能力。

4. 开发多种志愿服务资源

第一，充分利用校内资源开展校园志愿服务；第二，依靠学生家长，吸引家长积极参与；第三、最大限度地联系对接志愿服务地，如农村学校、特殊教育学校、敬老院、青少年志愿服务基地、各大场馆赛事等，开发与学生生活密切相关的志愿服务类型，助力志愿服务项目化、持续化。

（五）课程评价

志愿服务活动的评价由对学生、教师和课程本身的评价三部分组成，该课程评价属于全程性评价，以过程评价促志愿服务能力养成，通过志愿服务中自评、互评、他评，清晰、全面地记录个体志愿精神和奉献意识的养成；以恰当、积极的反馈方式，让学生对自己的志愿服务有更为客观、全面的认识，促进其更强的服务意愿和更好的志愿服务质量。

1. 对学生的评价

由带队教师、学生、服务地三部分组成，主要采用形成性激励评价。主要评价内容为志愿服务过程材料含志愿服务活动手册含活动方案、活动记录、服务心得、服务成果等。学生自评主要为服务报告、体验日记、特色志愿服务设计等。服务地评价重点对参与服务的学生服务意识、服务方法、服务实效的评价。

2. 对教师的评价

对志愿服务指导教师的评价重点注重教师对志愿服务整体方案的组织讨论设定，在活动中的组织和指导；学生志愿服务的资料整理和成果呈现服务地对当次志愿服务的具体评价。

3. 对课程的评价

对课程本身的评价重点在于志愿服务项目化发展的评价，各个项目能否保持持续性和发展性是关键，具体对参与各个志愿服务项目学生的志愿精神和奉献意识考评，并根据志愿服务课程育人的目标出发进一步完善课程体系，提升育人实效。

（六）课程保障

1. 加大对志愿服务行为规范培训

（1）志愿者上岗时应正确佩戴“长郡义工”徽章。

（2）长郡义工应仪态端正、讲究卫生，妆容得体。

（3）“交通劝导”志愿者应按照统一标准穿戴劝导服及装备上岗，服装只能在工作时段穿着，不得随意改裁、涂鸦，更不得将服装转作他用。

（4）了解志愿精神和所在岗位职责，遵守志愿者岗位职责要求，文明服务。遇到难以解决的问题，要及时上报领队或志愿者负责人。

（5）服务热情周到，讲解耐心细致。关注服务对象心理感受和安全状况，遇到突发状况时沉着冷静处理或者报告活动负责人。

2. 抓好课程实施

行动理念上追求责任至上、自我完善。志愿服务主要通过项目化服务，以活动去影响人、感染人、帮助人，旨在让更多人知道了解、认同参与。不同类型的志愿服务目的不完全一致，但本质相通即体现自我价值，助人自助，收获快乐。

服务内容坚持以人为本，特别是针对特殊与困难人群服务，努力组织好具体的志愿服务活动。服务过程自主阳光，重视交流质量，主要提供开展服务他人的服务内容。

志愿服务实施工作方法上坚持以项目策划为重点，以点带面，充分动员家庭和社区义工，调动各方力量搭建志愿服务组织体系，寻求场地和资金支持。

3. 充分的后勤保障

严格执行全国《志愿服务条例》立法文件，在确立志愿服务项目时，既要设定服务目标，也要进行风险评估，有效防范危险的出现。涉及人、财、物等活动事项，一定要进行公开，让志愿者活动的每一项支出都有案可查，为活动的开展进行强有力的支撑。

二、志愿服务类实践型课程实施案例

保护环境　从我做起

人类只有一个地球，地球是我们赖以生存的家园。然而，随着科学技术的迅猛发展，人类给环境造成的负面影响正威胁着人类自身的生存，环境问题已成为当今世界各国所面临的共同难题，越来越多的人在关注着环保问题。作为新时代的青年，保护环境义不容辞。垃圾分类作为保护环境的重要方式，理应得到大力推广和执行，但即便是在校园中，垃圾分类工作也遭遇到了困难，学生和老师们垃圾分类的意识普遍不强，行动不够。本实施案例旨在为常态化、项目化、规范化的绿色环保志愿活动提供范本，培养学生“奉献、友爱、互助、进步”的志愿者精神，积极宣传环保知识，明确垃圾分类知识及其重要性，努力引导学生树立生态环保意识、垃圾分类意识，用实际行动保护赖以生存的自然环境，美化共同生活的地球家园！

（一）课程目标

价值体认：通过志愿服务，培养“奉献、友爱、互助、进步”的志愿者精神；了解绿色环保志愿服务的意义及绿色环保志愿服务的主要项目；了解垃圾分类相关知识；树立生态环保意识、垃圾分类意识，用行动保护赖以生存的自然环境，美化共同家园。

责任担当：在志愿服务中提升志愿服务意愿，掌握志愿服务方法，获得亲身参与社会调查的体验；树立生态环保意识和可持续发展意识；辐射引领开展家庭式志愿服务。

问题解决：学会如何开展绿色环保志愿服务；学会社会调查方法，调查校园周边区域的环境情况、垃圾分类情况，并制订针对性的志愿服务方案；学会收集、记录、整理资料，培养分析和综合的能力，学会撰写社会调查类研究报告；改善校园、小区绿化环境。

创意物化：学生在志愿服务中形成的志愿服务日记和心得。

（二）课时安排

6 课时。

（三）课程准备

活动方案设计表、调查登记表、服务评价表、照相机、录像机等。

（四）课程实施

第一阶段：准备阶段（1 课时）

1. 播放《学校后勤卫生工作人员的心声》视频让学生观看

【由于目前学生对于环境保护的意识比较薄弱，希望能通过这个视频来激发学生保护校园、周边小区环境的情感和意愿。】

2. 有奖竞答，判断对错

垃圾分类知识知多少

（1）被油污污染了的旧报纸是可回收物。

（2）废荧光灯管是有害垃圾。

（3）螃蟹壳、贝壳属于干垃圾。

（4）旧衣物属于干垃圾。

（5）家庭用的沐浴露和洗发水的塑料瓶是可回收物。

（6）家庭盆栽废弃的树枝（叶）属于湿垃圾。

（7）废手机电池属于有害垃圾。

（8）废旧的收音机和手电筒属于有害垃圾。

（9）报纸、纸皮属于可回收物。

（10）家庭的过期药品属于有害垃圾。

（11）牛奶盒以及饮料盒也叫利乐包，属于可回收物。

【近年来，随着经济社会发展和物质消费水平提高，我国生活垃圾产生量迅速增长，环境问题日益突出，已经成为新型城镇化发展的制约因素。通过这个环节，希望学生能够了解垃圾分类的相关知识，培养垃圾分类处理的意识。】

3. 学生小组合作确立研究小组分工及具体研究方向

（1）确定服务地点

（2）确定服务时间

（3）确定服务内容

教师指导学生分小组选定研究方向，注意人员的分配要合理，主要基础以学生感兴趣为主。可设置预分小组方向如下：

学校环境组：对学校的环境卫生及绿化展开调研。

周边环境组：对学校周边社区的环境卫生及绿化展开调研。

资源情况组：对学校内水、电、纸张等资源浪费情况展开调研。

垃圾分类组：对学校、周边小区的垃圾分类情况展开调研。

【绿色环保志愿服务形式有很多种，比如打扫卫生、清理白色垃圾、清除"牛皮癣"、植树等。基于志愿服务活动精准化、项目化的要求，各小组选择不同的环保志愿服务研究方向，先进行研究，对周边环境进行研究之后，再根据研究结果来开展有针对性的志愿服务活动，提高志愿服务的效果。】

4. 对选出的题目和服务计划进行完善，各小组填写服务计划表

<table>
<tr><th colspan="3">绿色环保志愿服务计划表</th></tr>
<tr><td colspan="3">服务主题：</td></tr>
<tr><td>班级：</td><td>组员：</td><td>指导教师：</td></tr>
<tr><td colspan="3">主要内容：</td></tr>
<tr><td colspan="3">服务意义及价值：</td></tr>
<tr><td colspan="3">服务时间、地点：</td></tr>
<tr><td colspan="3">服务准备：</td></tr>
<tr><td colspan="3">服务注意事项：</td></tr>
<tr><td colspan="3">服务步骤：</td></tr>
<tr><td colspan="3">服务预期成果：</td></tr>
</table>

【通过这两个环节，各小组设置针对性较强的题目，教师要对学生完成任务指明方向，为设定可行性方案奠定基础。】

5. 分小组进行论证并充实计划表

每个服务小组派代表向全班同学展示本小组的服务设计并接受其他小组的提问和建议。

【教师在此过程中要指导学生客观地评价他人的设计并提出中肯的意见，帮助各组完善自己的志愿服务计划。】

第二阶段：调查收集与分析整理（2 课时）

本阶段各小组分组去进行调查收集资料并分析整理。

教师指导：

第一，交代好在完成任务的同时注意自身的文明礼仪。

（1）各小组经允许方可进入小区开展志愿活动或者调查活动，做好出入登记。

（2）在小区内不可大声喧哗、影响居民正常生活，积极维护小区环境卫生及秩序。

（3）进行采访调查时事先与被采访者做好沟通，讲明来意，以免造成误解。

（4）及时做好信息记录，资料整合，形成初步成果。

第二，对调查来的资料进行及时记录。

填写记录表：

调查采访表			
采访时间		被采访人	
地点		记录人	
具体内容：			
采访手记：			

在小组的努力下将本小组调查的结果制作成 PPT、调查报告或视频。

第三，本环节在设计初时对学生的预期成果较高，最后在有限的时间内完成的成果和教师的预期有差距。在这环节帮助学生按照小组设定的目标努力把自己调查的情况如实展现出来。

学校环境组：对学校的环境卫生作出具体的优、良、中、差的评价，对绿化面积给出具体的覆盖率统计数据。

周边环境组：对学校周边小区的环境卫生作出具体的优、良、中、差的评价，对绿化面积给出具体的覆盖率统计数据。

资源情况组：对学校内水、电、纸张等资源浪费情况进行统计。

垃圾分类组：对学校、周边小区的垃圾分类情况作出具体的优、良、中、差的评价。

【通过本课时，我们详细调查了校园及周边社区的环境情况、垃圾分类情况，学生们学会收集、记录、整理资料，培养了分析和综合的能力，对校园及周边社区的环境情况、垃圾分类情况有了清晰的了解，提升了志愿服务的主观能动性和迫切改善现状的意愿。】

第三阶段：志愿服务阶段（2 课时）

本阶段的主要目的是在志愿服务中培养学生志愿服务精神，提升服务能力。根据第二阶段调查得到的校园、社区的环境情况，开展针对性的志愿服务活动。

1. 学校环境组

该小组调查研究了学校的环境情况和绿化情况，可以开展以下志愿服务活动：

（1）打扫校园卫生，清理校园垃圾

定期开展志愿服务，在校园内进行卫生打扫，将主干道、绿化带中的垃圾清理干净，使校园保持整洁、优美。

（2）校园绿化带责任认领

校园的绿化带由各个中队、支部责任认领，各中队、支部定期开展志愿服务，维护责任区域内的绿化带。

（3）开展校园环境保护主题讲座

利用每周一的升旗仪式时间，向全校师生进行校园环境保护的宣传，增加师生的环保意识，倡导全校师生自觉投身到“文明校园”创建活动中。

（4）组织学生们践行环保宣言

环保宣言：

我们承诺，监督家人朋友行为；我们承诺，节约粮食爱惜物品；我们承诺，参与绿化爱护花草；我们承诺，减少污染保护生态；我们承诺，身边垃圾分类处理；我们承诺，废旧电池回收利用；我们承诺，保护动物拒绝皮草！

我们承诺，学习环保知识、宣传环保、履行环保义务、参与环保行动，从自己做起。

我宣誓，我承诺，我践行！

【通过以上这些持续性志愿服务，树立学生生态环保意识和可持续发展意识。】

2. 周边环境组

该小组调查研究了周边社区的环境情况和绿化情况，可以开展以下志愿服务活动：

（1）打扫周边社区卫生，清理白色垃圾

定期开展志愿服务，到周边社区进行卫生打扫，将社区道路、绿化带中的垃圾清理干净，还社区一个整洁、优美的环境。

（2）社区植树

与社区联系，在社区工作人员的安排下，在社区制定区域进行植树活动，增加社区的绿化。

（3）开展社区微宣讲、发放宣传手册

在社区内开展环保微讲座，给社区居民发放环保宣传手册，邀请社区居民签名，增加社区居民的环保意识。

【通过以上这些持续性的志愿服务，还社区一个整洁、优美的环境，倡导小区居民投身到“文明城市”创建活动中。】

3. 资源情况组

该小组调查研究校园内水、电、纸张等资源的浪费情况，可以开展以下志愿服务活动：

（1）节约资源宣讲

利于周一升旗仪式的时间，向同学们宣传节能观念，唤醒大家的节能意识。

（2）组织义工巡逻

组织学生义工在教学楼内各个楼层中“巡逻”，关掉无人教室里的电灯，关紧洗手池的水龙头，并对未及时关灯的班级登记并反馈给学校。

【通过以上这些持续性志愿服务，引导全校师生树立“节约光荣，浪费可耻”的观念，为节约能源，创建绿色校园尽一份力。】

4. 垃圾分类组

该小组调查研究了校园、周边社区的垃圾分类情况，可以开展以下志愿服务活动：

（1）垃圾分类宣传

在学校、周边社区开展垃圾分类知识宣传，发放垃圾分类宣传单，向全校师生和小区居民进行垃圾分类的知识宣传和倡议。

（2）垃圾分类宣传海报绘制、张贴

组织义工绘制垃圾分类宣传海报，经社区同意，张贴在相应垃圾桶边，引导居民投放垃圾时注意分类。

（3）开展垃圾分类知识有奖问答活动

在校园内开展垃圾分类知识有奖问答的活动，借此来推广、普及垃圾分类的知识。

（4）垃圾分类督查

每天组织义工对各个班级的垃圾分类情况进行督查，对于垃圾分类情况做得不好的班级及时提醒、教育。

【通过以上这些持续性志愿服务，在师生以及社区居民中普及垃圾分类知识，提高垃圾分类意识和行动力。】

第四阶段：汇报评价阶段（1课时）

第一，教师组织学生将本小组的服务成果进行展示、汇报，可以用以下形式来展示：

志愿服务登记表：通过填写志愿服务登记表，对自己的志愿服务进行一个自我总结。

照片：服务过程中，我们用镜头捕捉了许多生动的画面，将那一刻定格为永恒。照片一定能带给人们震撼和感动。

心得体会：我们把自己融入社会，在志愿服务中感受自己的责任，体会非常深刻。

报告：我们将志愿服务中发现的问题，以及我们通过分析问题，提出的一些建议和措施，以研究报告的形式呈现出来，作为一个课题来申报；并及时将各小组汇总的调查结果及相应的措施反馈给学校以及所调查小区物管处，采取必要的改进措施来完善校园和小区环境。

黑板报、手抄报：出一期与环境保护有关的黑板报或手抄报，宣传环保知识。

【通过此环节，总结课程中的收获与体会，进行反思与提高，并对服务成果进行积累，将团结、互助、友爱、奉献的志愿服务精神传递出去。通过成果的展示，让同学们了解到了校园及周边环境的变化，使他们有了自豪感、成就感，同时也引导同学们将志愿服务坚持下去，进行持续性服务。】

第二，发放评价表，对志愿服务课程中的表现进行评价。

同学志愿服务评价表			
时间		地点	
课题		小组	
自我评价	服务表现	☆☆☆☆☆☆☆☆☆☆ 根据表现程度涂黑	
	服务能力	☆☆☆☆☆☆☆☆☆☆ 根据表现程度涂黑	
	服务效果	☆☆☆☆☆☆☆☆☆☆ 根据表现程度涂黑	
服务对象评价	服务态度	☆☆☆☆☆☆☆☆☆☆ 根据表现程度涂黑	
	服务能力	☆☆☆☆☆☆☆☆☆☆ 根据表现程度涂黑	
	服务效果	☆☆☆☆☆☆☆☆☆☆ 根据表现程度涂黑	
团队互评	服务主动性	☆☆☆☆☆☆☆☆☆☆ 根据表现程度涂黑	
	服务团队协作能力	☆☆☆☆☆☆☆☆☆☆ 根据表现程度涂黑	
	服务效果影响力	☆☆☆☆☆☆☆☆☆☆ 根据表现程度涂黑	
老师评价	服务主动性	☆☆☆☆☆☆☆☆☆☆ 根据表现程度涂黑	
	服务团队协作能力	☆☆☆☆☆☆☆☆☆☆ 根据表现程度涂黑	
	服务效果	☆☆☆☆☆☆☆☆☆☆ 根据表现程度涂黑	

采用多元的评价方式，包括自我评价、服务对象评价、团队互评、老师评价等，主要针对于服务过程中的表现、服务的效果、服务的能力等方面进行评价。不同的评价者，评价内容的侧重点有所不同。

为了引导学生带动家长一起参与到志愿服务的队伍中来，还会专门登记家庭式志愿服务次数和材料，进行专题表扬。

【志愿服务情况将作为评选优秀义工个人、优秀少先队员（团员）等的重要参考依据。而且这一评价作为学生综合素质评价中的过程性评价，将最终服务于学生的毕业评价。同时引导学生带动家长一起参与志愿服务，打造家庭式志愿服务。因为家庭式投入志愿服务活动比个体化参与志愿服务活动更符合社会发展。只有以家庭为单位认可志愿服务活动，肯定成员间所有的努力，把志愿服务精神变成一种家风，才能真正促进志愿服务活动多元化的发展。】

（五）课程成果

课程成果记录学生的志愿服务日记和心得以及校园及周边社区的清洁环境、栽种的树的情况等。

志愿服务活动心得（一）

春回大地，万物复苏。在这春雨绵绵的三月，我们开展了学雷锋活动，活动地点在雷锋公园，主题是捡垃圾，美化公园环境。进入公园后，我们两个团分工划片，同学们兴致很高，效率也很高，一下子垃圾就少了很多。我们今天来学雷锋当志愿者，不但要来清理垃圾，也要及时做好宣传工作，呼吁大家讲文明，保护环境。

讲文明，它是难做而又简单的事，有许多生活的小细节，你不经意做出的一个小的动作，就决定了你这个人是否文明。每天，当我们背着书包去上学的时候，清洁工人已经把马路打扫得干干净净了，走在洁净的大街上，请管好你的手、你的口，不要乱扔垃圾，不要随地吐痰。同学们，我们播下一个动作，便收获一个习惯；播下一个习惯，便收获一个品格。我们的活动很快结束，大包垃圾不是战利品，我们的目的是影响更多的人保护我们的环境，爱护我们的家园！捡垃圾不是我们要的，我们要的是不要扔垃圾！

此次活动我收获很多，包括懂得了一些做人的道理，我希望文明能被人们放在心里，时时刻刻与文明交谈，千万不要把文明行为习惯看成一件小事，每个人的举手投足都传递着丰富的文明信息。让我们从现在做起，从自己做起，从点点滴滴的小事做起，养成良好的文明习惯，共建美好校园，共创美好社会，做文明中学生，树立保护环境的意识，记住地球是我们唯一的家园，我们要爱护她，保护她。

志愿服务活动心得（二）

在这个美好的季节里，我和我的同学们开始了学习雷锋活动，以美化公园、拾取垃圾为主题。活动地点在雷锋公园。进入公园后，我们四个团分工合作。由于同学们积极性很高，工作效率也很快，一下子把垃圾减少了很多。我们今天学习雷锋不只是要清理垃圾，也要做好思想工作，呼吁大家讲文明，保护环境，节约节省，不要乱丢垃圾。不止做好自己，也要呼吁他人爱护环境。大伙儿干得热火朝天，时不时还会传出阵阵笑声，我想劳动之后的笑声才是最快乐的笑声吧。看着被我们收拾干净的小广场，心里有种莫名的满足。我们以义工劳动的形式去真正地服务于社会，奉献于社会。

这次义工劳动给每一位同学都留下了深刻的印象和感受。通过这次劳动，我们互帮互助，团结一致，感受到了劳动的乐趣，奉献和爱心把大家凝聚一起，都很快乐，都有成长的收获。只有做过这个活动，我奉献我快乐的感觉才深刻，那种自豪感才会油然而生。

经过一天的志愿活动，身体上虽然疲惫，但在精神上却是很享受的。把志愿者活动和环保结合在一起，不仅可以学习发扬吃苦耐劳、无偿为人们服务的精神，同时还帮助我们身旁的环境作出了一些小小的贡献，最重要的还是通过我们的努力，也能给身旁的人带来一点点感化。跟着我们的思路走，保护我们的家园，人人有责。这是需要大家长期不断努力才行的。所以，这次活动虽然结束了，但环保意识永远留在我们心中，我们应该无时无刻地发扬我们的环保精神，争做环保先锋。

（六）课程反思

优点：整个课程设计让学生总体参与度高，有效提升了学生志愿服务的意识和能力，让学生们在服务中收获、成长。

缺点：课程目标只能基本达成，但教师期望与学生实际达到成果之间有差距。服务过程中有个别学生主动参与度不高或是在组内没有发挥作用。学生之间互评还不能做到绝对的公平公正，所以应进行多元评价。

第三节　研学旅行类实践型课程的开发与实施

研学旅行对提高学生的综合素养、促进学生全面发展有着不可替代的作用和重要意义。我校积极贯彻党的教育方针，以《国家中长期教育改革和发展规划纲要》《基础教育课程改革纲要》《国民旅游休闲纲要》《教育部等 11 部门关于推进中小学生研学旅行的意见》《湖南省教育厅等 11 个部门关于推进中小学生研学旅行工作的实施意见》为指导，认真落实立德树人的育人目标，抓好研学旅行课程的实施，培养学生的综合实践能力和创新能力，以学生发展为本，全面提升学生综合素质。同时，学校坚持以研学旅行实践型课程开设为契机，助推人与自然与社会和谐发展，丰富校园文化活动，提高学生的生活质量，以适应 21 世纪社会可持续发展的需要，培养符合时代要求的高素质人才。

一、研学旅行类实践型课程实施方案

（一）课程目标

通过本课程的开发与实践，使学生能够关注自然、体验生活、走向社会，重点培养学生关爱自身、关爱他人、关爱社会、关注可持续发展，促进学生爱生命、爱自然、

爱生活、爱家乡，进而爱社会、爱祖国等方面积极的情感、态度和价值观的形成，努力培养学生积极参与社会实践、勇于承担社会责任和义务的态度，培养合作精神和自我发展意识。

1. 学生层面

（1）走出课堂，走向自然、社会和世界。通过行走在路上的课程增长知识，开阔视野。

（2）学会对自然、社会、生活及自我问题进行游一定深度的探究。初步学会如何收集、分析和处理信息，知道怎样提出问题、设计方案并且组织实施。

（3）走进田间、工厂，进行生产劳动或体验劳动和技术实践过程，增强对劳动的认识，增强劳动自豪感，同时也帮助同学们挖掘自己的特长，明确职业方向。

（4）在活动中和活动后，通过小组研讨，展示汇报等增强学生的人际交往能力和各种形式的表达能力。

（5）让学生更多地了解本土和本国的风土人情、历史文化、自然地理，进一步增强学生的民族自豪感和文化自信。通过境外研学，也让同学们进一步了解世界各地的自然地理、风土人情、语言文化、生活习俗等。同学们在开阔了国际视野的同时也进一步增强自豪感和自信心。

（6）开展综合实践活动，不仅要关注学生知识、技能的习得与发展，而且要关注学生情感的体验、态度的养成和价值观的确立，引导学生从自己的生活世界出发，形成健康的生活态度，使他们的情感和精神世界得到不断提升。

2. 教师层面

（1）通过对活动的参与、组织、指导和管理，转变教学观、课程观和教学方式；使教师从传统学科课堂上的知识传授者转变为主题活动中的策划者、合作者和指导者。

（2）改善教师结构，培养一支“一专多能”的新型教师队伍，促进教师的自身专业化成长，形成与学生共同发展的良好局面。

3. 学校层面

探索一条符合本校学生年龄特点和认知水平的研学旅行活动路径，建立并完善一套较为合理的具可操作性的研学旅行课程的操作模式和管理模式，改进教学观念，提升学校的办学理念，提高学校的办学水平，增强学校的知名度。

（二）课程设计原则与课程内容

1. 课程设计原则

其一，开放性原则。充分利用校内外资源体现目标的多元性、内容的广泛性、时间空间的广域性、展示的多样性和评价的灵活性。

其二，整合性原则。以研学旅行资源及教学内容、方法和师资情况为基础，结合学生认知能力和社会实际整合开发课程，保证课程的时效性，实现课程的生成性。

其三，体验性原则。尊重学生主体地位，以人为本，以学生活动为主，突出体验实践，培养学生创新精神和实践能力，变知识性的课堂教学为发展性的体验教学。

其四，生活性原则。着眼于生活实际的观察视角，把学生从最简单熟悉的生活层面引领到更加广阔的社会生活舞台，加强教育的生活性，突出生活的教育化程度。

2. 课程内容

（1）了解社会状况

通过研学旅行活动，了解当前社会实践活动中迫切需要解决的现实问题，如交通、卫生、网络、饮食、环境、动植物保护以及人口老龄化、就业压力、就医入学等现实状况。

（2）探究学科问题

包括物理、化学、生物、地理、数学、语文、英语、政治、历史、通用技术、信息技术、体育、音乐、美术以及学科交叉知识的探究，发现一些值得研究的新问题。

（3）研学科技应用

在研学活动中，学习和研究科学技术在生活、生产实践和科学实践领域的应用。如环境保护、生态建设、节能、新能源的开发和利用、纳米技术、灾害预报等。

（4）进行校外实践

在旅行活动中，各学科可开展实践活动，年级和班级可开展学生社团活动、爱心活动、安全演练活动、校外义务劳动等。

（5）加强文化熏陶

学校可结合实际，开展祭扫革命烈士墓活动；文化寻根活动；参观纪念馆、档案馆、科技馆和博物馆活动；与市内外、省内外、国内外友好学校互访；访问知名学者等成功人士以及其他游学活动。

（6）普及国防知识

在研学旅行活动中，可学习军事知识，加强国防教育，参与军事训练，接受组织纪律教育等。

（三）课程实施

1. 课程实施原则

其一，主题明确。研学旅行校本课程强调以学生发展为本，突出学生的主体性，在保证安全的基础上为学生提供可供选择的多样化课程套餐，为学生未来的发展奠定基础。研学旅行校本课程有利于学生体验研学探究的过程，学会科学探究的基本方法，加深对自然、社会、文化、历史的认识；有利于学生形成科学的自然观和严谨求实的学习态度，更深刻地认识学科知识和社会知识的相互关系；有助于培养学生合作、信任、良好的人际关系，促进师生共同成长。

其二，自愿参加。学校组织研学旅行前，召开家长委员会议，充分研究活动方案，公布活动详细计划及收费标准，由学生自愿报名参加并且由学校和家长签订自愿报名参加协议，费用收取和支出公开、透明。

其三，食、宿、学统一。研学旅行的根本目的是为了让学生接触社会和自然，在体验中学习和锻炼，培养学生刻苦学习、自理自立、互勉互助、艰苦朴素、吃苦耐劳等优秀品质和精神。研学旅行期间安排集体住宿、集体就餐、集体学习等活动，杜绝铺张浪费。

其四，安全第一。学校在组织开展研学旅行活动前，要针对活动内容专门对学生进行安全教育，做好安全保障措施，把活动可能的安全风险告知学生和家长，安排学校领导、教师具体负责组织研学旅行活动，领导、教师费用由学校承担。

2. 课程实施的活动范围和课时时长

研学旅行活动范围：分为市内、省内、境内和境外。学期内，初中不同学年的学生可以开展市内、省内、境内研学旅行；寒暑假期，学生可以以班级或团队为单位开展市内、省内、境内和境外研学旅行。市内一般是 8 课时；省内一般是 16 课时；省外境内一般 24 ~ 32 课时；境外一般 120 课时。

3. 课程实施的组织流程

（1）成立组织。建立研学旅行校本课程开发与实施领导小组。精心挑选责任心强、有组织协调能力的学校管理人员和教师作为领队，承担学生管理及安全保障，并加强事前培训和事后考核。

（2）确定研学主题。要选择安全性高的研学旅行线路。结合研学线路，按活动主题安排一名学科教师作为研学指导老师，围绕研学旅行开设专题讲座，同时要求学生查询了解当地的自然风光、人文习俗及历史文化等相关内容，指导研究学习方法。

（3）充分宣传。通过致信家长、召开专门会议等方式，告知家长研学旅行的意义、时间安排、出行线路及注意事项。把活动可能存在的安全风险告知学生和家长，并把安全内容纳入到自愿报名协议和活动全过程。

（4）自愿报名。公布活动详细计划和收费标准，由学生自愿报名参加，由学校和家长签订自愿报名参加协议，费用收取和支出要公开、透明。领队老师所需费用从学校公用经费中列支。对于家庭经济困难的学生，要通过学校统筹、争取适当减免等方式给予照顾。

（5）考查精选研学机构。要公开、公正选择有资质的研学机构。研学机构要达到 4A 级及以上等级、4 星及以上诚信度，有固定经营场所、专门服务于研学旅行的部门以及专职的研学旅行导师队伍；研学机构应具备 100 万以上的注册资金和 50 人以上的员工队伍，在近三年内无重大质量投诉记录、不良记录、经济纠纷及安全责任事故；投保责任险保险额不低于 60 万元/人、旅游人身意外险保险额不低于 25 万元/人；等等。

（6）统筹安全问题。要制定安全应急预案，应急预案中要有详细的安全保障举措和安全责任日报告制度。对参加的学生要进行安全教育，强化安全意识。要确保交通及用车安全。长途旅行尽可能选择火车、飞机等交通工具。选择汽车作为交通工具，要确保车辆营运手续完备，车况良好，司机车技优秀、经验丰富和综合素质高，确保每人都有独立座位，禁止超员。要强化保险意识。承办研学机构必须购买旅行社责任险，所有参加研学旅行的师生必须购买旅游意外险。

（7）强化过程管理。学校要加强对承办研学机构服务承诺落实的监督，对活动中吃、住、行、购等细节都要提出明确要求。随行老师和导游要全程跟团活动，每车至少安排2名教师和1名导师。

课程实施简要流程

活动准备阶段：确定研学旅行线路和研学主题

根据不同学年的学生认知特点和需求，选取不同的研学旅行线路和主题。尤其是小课题的确定要注意充分发挥学生的主体作用，教师要尊重学生的意愿。

活动实施阶段：每个主题研学旅行阶段一般可分两步进行。

第一步

（1）商量、制订活动的方案；

（2）布置学生通过多种途径、方法搜集有关资料或进行社会调查和实践活动。

第二步

教师组织学生开展实践活动。

活动总结阶段：每个主题活动总结阶段一般可分两步进行。

第一步

（1）调查成果整理、统计；

（2）学生制作活动的作品、成果；

（3）撰写研究报告等。

第二步

（1）组织学生交流作品和活动情况；

（2）组织学生进行活动评价。

（四）课程管理

1. 组织机构

课程领导小组：校领导

课程开发及总负责：教育处

课程协助：总务处、年级组、教研组

2. 教师配置

根据学校现有教师编制和教师所学专业，我们坚持学校教师与旅行社助教相结合、以学校教师为主的办法，使研学旅行活动中各种课题的实施、开展、总结、汇报都能够得到专业的指导。

3. 开发利用多种教育资源

通过充分运用校内教师资源，立体开发家长资源，有效激活社区教育资源来实现社会、学校、家庭课程资源的优化整合，将物资资源、人力资源、文化资源纳入到课程资源体系中，实现课程开发的多元化。

（五）课程评价

研学旅行活动的评价由对学生、教师和课程本身的评价三部分组成，该课程评价属于发展性评价，我们引导学生对自己在活动中的各种表现进行“自我反思性评价”，强调评价的过程性，倡导评价的多元性。

1. 对学生的评价

由带队教师、学生、研学地接待方三部分组成，主要采用形成性激励评价，主要评价内容为学习过程材料：活动方案、记录卡、反思卡、实验观察记录、上课笔记、学习总结、心得体会等；各类学习成果：手工、劳科技作品、调查报告、体验日记、专题活动方案、获奖证书等；各种评价：以学生自评为主，他评为辅。允许学生对不满意的他评进行重新学习、实践，直到满意为止。

2. 对教师的评价

对教师的评价则注重教师在活动中的组织，规划管理和指导；学生资料包的整理、成果展示及学生对教师的评价；课程的整合能力及校本资源的开发能力。

3. 对课程的评价

对课程本身的评价侧重于实施本课程之后，对学生素质的全面实施有何促进，并根据相关指标调整课程内容，改进教学方法。

（六）课程保障

1. 加大对带队老师的培训

重视组织教师认真学习有关综合研学旅行活动课程的理论和经验，学习《湖南省教育厅等 11 部门关于推进中小学生研学旅行工作的实施意见》《教育部基础教育一司关于进一步做好中小学生研学旅行试点工作的通知》等，从而进一步提高认识，增强课程意识。强化校本培训，增强培训和学习的实效性，使综合研学旅行课程教师明确研学旅行课程在促进学生发展、教师专业成长、学校特色建设中的独特作用。

2. 抓好课程实施

各教师根据学校《春秋游研学旅行课程实施方案》，认真制订好“年级研学旅行活动计划”或“班级研学旅行活动计划”，作为课程实施及学校管理和检查课程实施情况的依据。

努力组织好学生的研学旅行活动。在过程中做到独立选题，自主活动；展开过程，深度探究；重视交流，丰富体验。

要认真及时积累有关资料。对于学校来说，主要是计划、教师管理、课时管理、检查调研等过程管理方面的资料；对于教师来说，主要是实施方案、活动设计、活动案例和专题性总结等实施过程以及反思成果方面的资料；对于学生来说，主要是建好、管好“研学旅行课程资料档案袋”等。

3. 加强研究交流

要通过“案例分析式”“对话研讨式”等多种形式，交流如何组织和指导学生开展研学旅行活动的经验，讨论、研究解决实施过程中遇到的问题。认真开展好研讨活动，利用好网络，加强校内外的横向交流，不断提高课程的实施水平。

二、研究旅行类实践性课程案例

磨炼意志品质，圆梦青春之旅

时代的快速发展不仅给人们的思想带来巨大的影响，而且对个人的能力与素质提出了更高的要求。作为新时代的学生，不仅要具备扎实的基础知识、熟练的专业技能、良好的人际关系，还必须具有优良的意志品质和较强的心理承受能力。面对繁重的学习任务和紧张激烈的升学压力，初三学生在自我调节、情感变化、环境适应等方面反映出来的问题和困惑日益突出。部分学生在遇到困难与挫折时，由于缺乏良好意志品质与较好抗挫折能力，容易产生埋怨、任性、退缩等负面情绪，这严重影响了他们的身心健康。

培养学生良好意志品质，促进中学生健康全面发展，是学校德育要完成的一项重要而紧迫的任务，开展以“磨炼意志品质，圆梦青春之旅”为主题的研学实践课程，有助于提高学生体能、毅力、沟通、协作等方面的素质，提高团队责任感和集体荣誉感，让学生能够实现自我突破，以从容的姿态迎接未来的人生和挑战。

（一）课程目标

价值体认：积极参与各项拓展活动，培养团结协作能力，发扬团队合作精神，提高责任感和集体荣誉感。

责任担当：在课程学习中，不断认识自我，发掘自身潜力，了解自己的优点和不足，学会反思，并在今后的学习、生活中付诸实践。

问题解决：通过实践活动及课题的探究，加深对学科知识的理解和运用，同时学会用相关学科知识去解决实际问题，强化学生的实践能力，增强学生的方法意识和科学意识。通过野炊、军事拉练等活动，学习野外生存的知识和技能，磨炼学生意志，提高学生自觉性、自制性和坚韧性。

创意物化：通过自主设计团队名称、口号、队旗、队歌等活动，将学生们的创意和想法付诸实践，发展实践创新意识和审美意识，提高创意实现能力。

（二）课时安排

24 课时。

（三）课程准备

1. 课程设置准备

（1）确定课程开展方案。确定研学时间、地点，根据学生学情和课程目标设置课程内容，制定研究课题、评价方案、安全预案。

（2）设计制作研学手册。研学手册包括研学基地介绍、课程目标、课程安排表、推荐研学课题、研学自评互评表、笔记和心得撰写等内容。

2. 课程实施准备

（1）开展前置课程：进行前期宣传，让学生了解研学的主要内容；建立研学小组，发布小组任务，选定研学课题；分团进行研学前指导，学生讨论分配任务，准备好研学相关物品。

（2）了解学生身体情况，保证研学活动安全实施。

（3）安排带队老师，对学生进行安全教育。

（4）发放致家长的一封信。

3. 课程准备的资料

（1）研学课程安排表

<table>
<tr><th colspan="2">时间</th><th>活动安排</th><th>活动内容</th></tr>
<tr><td colspan="2">出发前</td><td>研学前置课程</td><td>研学活动目的、注意事项说明会；研学课程内容前置导入；研学小组建立；研学小组任务发布。</td></tr>
<tr><td rowspan="3">D1</td><td rowspan="2">上午</td><td>开营仪式</td><td>研学基地以及校方老师讲话；
了解研学基地情况和研学要求。</td></tr>
<tr><td>团队建设</td><td>学习团队组建要求；划分团队；
自主设计团队名称、口号、队旗、队歌。</td></tr>
<tr><td>下午</td><td>素质拓展</td><td>以团队为单位，分别完成孤岛求生、传送带、齐头并进、拔河、毕业墙等团队素质拓展项目。</td></tr>
<tr><td rowspan="3">D2</td><td>上午</td><td>军事拉练</td><td>所有团队一起完成5公里军事拉练。</td></tr>
<tr><td>中午</td><td>军事野炊</td><td>根据任务提示，在指定地点获取必要的信息，完成各自的“规定军务”，最后获得该点的野炊物资。</td></tr>
<tr><td>下午</td><td>丛林穿越</td><td>穿越由各种障碍项目组成了一条条挑战的线路，需要通过爬、滑、跨、跳、飞等动作通过障碍，最后到达终点。</td></tr>
<tr><td rowspan="4">D3</td><td rowspan="2">上午</td><td>观看电影</td><td>全体同学观看励志电影。</td></tr>
<tr><td>励志教育</td><td>全体同学听讲座，接受励志教育。</td></tr>
<tr><td rowspan="2">下午</td><td>总结汇报</td><td>以团队为单位进行回顾和总结，并进行展示和汇报，结合教师、教官、学生等多方面给出综合评价结果。</td></tr>
<tr><td>返程</td><td>返回学校</td></tr>
</table>

（2）研究课题一览

①在团队合作中，如何进行角色分工？

②在团队合作中，不同角色分工应具备哪些相应的品质？

③团队合作中，如何发挥领导者的作用？

④如何在团队合作中对人力资源进行最优配置？

⑤个人的能力的发挥如何助力团队协作力的形成?

⑥物理、地理等学科知识在定向越野活动中的运用?

⑦团队力量和个人品质在军事拉练中所起的作用?

⑧队旗设置中的审美表达。

……

（四）课程实施过程

以“磨炼意志品质，圆梦青春之旅”为主旨，以磨炼意志为中心，以素质拓展、军事拓展等活动为形式，通过以体验式教育为基础，以创新型、知识性、趣味性为主导，引导学生在活动中自主学习、合作探究、研学知识、提升能力、磨炼意志。

1. 确定课题

课题一：发掘自我，凝练团魂。团队素质拓展体验：培养学生独立性和自制性，在拓展中不断认识自我，发掘自身潜能，充分发挥个人在团体中的主观能动性，学会处理个人与集体之间的关系，提升学生的责任与担当，提高团队凝聚力和个人协作能力。

课题二：挑战自我，锤炼韧性。完成军事拓展任务和挑战，锤炼学生韧性。在拉练等课程中，挑战学生的体能极限，设置任务和障碍，培养学生永不言败、敢于尝试、百折不挠的坚韧性。在遇到困难时，能激励自己树立起克服困难的信心，始终如一地完成任务。

课题三：审视自我，助力成长。观看励志电影，总结汇报，进行综合评价和反馈。回顾总结，提炼经验，思考研学课程的收获对今后个人学习和成长的帮助。

2. 具体实施

课题一：发掘自我，凝练团魂

素质拓展是通过精心设计的户外的具有挑战性的团队，锻炼同学们的体能、毅力、沟通、智慧、协作等方面的素质和能力，培养其克服困难的毅力、健康的心理素质、积极进取的人生态度、敢于挑战自我极限的勇气和精诚合作的团队意识。上午团队建设；下午素质拓展。

（1）团队建设

组建团队：学习团队组建要求；划分团队；自主设计团。

展示团队：集中展示团队建设成果：展示队旗、名称、口号、队歌。比拼创意、气势、整齐等。

（2）素质拓展

孤岛求生：每个团队所有成员被要求在规定时间内站在一张报纸上，不断挑战缩小面积的报纸，最终面积最小的获胜。目标为体悟团队合作的理念和方法、团队角色分工及领导者的作用，懂得团队成员间应互帮互助。

传送带：团队成员一字排开躺下，高举双手，把团队的一名成员从第一位成员传送到最后一位。目标为感悟信任与责任两者之间的关系，通过身体的接触拉近同伴之间的感情和亲密度，感受集体归属感。

齐头并进：每个队伍一列横队，相邻的两位伙伴相互把脚踝绑在一起，一起横向前进一段距离。目标为体会只有步调一致、齐心协力才能顺利、高效地完成团队任务；当团队中思想不统一，产生分歧时，指挥者加强应对和解决的方法。

拔河：双方队员举绳抓紧分别在两边做好准备，裁判使绳上红线记号与中心线对准，开始后，当中心红线过一方正负线，则此方胜。目标为感悟团队中的组织与协调，加强团队的协作、配合。齐心协力、积极进取的拼搏精神在这里得到最好的诠释和体现。

毕业墙：整个团队被困于一道4.5米高的墙壁下，不能借助任何工具，只能通过人的力量与智慧，爬过墙实现集体逃生。目标为团队大融合，激发学生士气，团队空前凝聚；对困难的清楚认识，对全局观的考虑，人力资源的合理配置；讲求奉献精神，个人奉献对团队的贡献的升华。

课题二：挑战自我，锤炼韧性

在户外拓展的基础上融合军事项目，旨在通过体验、分享、提升的经验模式，培养学生的坚强意志和完善的人格，充分展现自我，坚定信念，挑战自我的极限，磨炼永不言败、敢于尝试、百折不挠的坚韧性。

（1）军事拉练

完成5公里军事拉练。目标为磨炼意志，挑战极限。

（2）军事野炊

学生分为不同军团，被赋予了类似的任务：在教官所给任务提示纸条中寻找方位，在指定地点获取必要的信息，完成各自的“规定军务”，最后获得该点的野炊物资。只有找齐所有物资的“军队”，才能享受到自己动手烹饪的丰盛大餐。目标为感受军旅生活，理解团队目标、团队使命和行为规范的重要性；提升野外生存能力和意识。

（3）丛林穿越

树林间由各种障碍项目组成了一条条挑战的线路，需要通过爬、滑、跨、跳、飞等动作通过障碍，最后到达终点。目标为挑战参与者的体能与勇气，激发潜能，展现勇敢和机智。

课题三：审视自我，助力成长

及时的自我反思和总结，帮助学生正确认识自我，不断调整和改进，学会在过程体验中总结经验，吸取教训，借鉴他人长处，选择和调整发展方向，突破自我，完善自我。

体验课程安排：观看励志电影，接受励志教育，以团队为单位回顾总结研学过程及收获，进行展示和评比。

（五）课程评价

课程评价以本课程目标和课程内容为依据，采用自评、互评、总结汇报评比等多样化的评价方式，由教师、教官、学生等从多角度对本次活动进行全面评价。

评价方式分为过程性评价和总结性评价。

教师和教官对学生参与的每一项课程项目根据其表现进行即时评价和反馈，按等第计分。最终再综合评比，对3天的整体情况进行综合性评价，评选出最佳团队。结合学生自评和互评最终评选出优秀个人，按照各项目的参考依据，按A、B、C、D四个等第给出评价。

评价内容：课程目标的达成情况；课程实施过程的活动情况，具体包括：前期准备、学生参与度、项目的完成度、学生收获、学生表现、研修成果等。

评价结果：评选出优秀团队、优秀个人，并通过班会、学校大屏幕、专题展览等形式进行展示。

（六）课程成果

研学心得精选集、优秀学生手册笔记集、课题报告集、学生研学优秀作品展、学生研学优秀作品集、研学相册、研学故事集、研学纪录片、学生研学综合实践课程个人档案。

例：

学生心得

最考验毅力的莫过于丛林穿越活动。天气不给力，慢慢下起了小雨。一滴一滴，洒在屋檐上、树叶上、头发上。迎着小雨，我们在丛林中艰难前行。去时是走下坡路，刚下了雨，地面湿滑。我一步一步地走着，小心翼翼地看着脚下的路，暗暗为自己鼓劲。我卖力地走着，越过很多很多的人，走了很久很久的路，穿越重重障碍。我很想坐下来休息，犹豫了一会儿，最终还是选择一鼓作气走完全程。于是我没有休息一下，又原路返回。本来下山的路就不好走，还这么远，双腿已经疲惫，现在又要上山，更是艰难。我凭着来时的记忆，扶着扶手拖着双腿往上走。双腿已疲惫不堪，汗水雨水早已浸湿衣裳。我实在累坏了，随便坐在了一个阶梯上，揉揉双腿，撑着头，出神地望着旁边。可想到初三这一年，我还需要面对很多困境，最终我迅速起身又继续往上走。

或许是太累了，走着走着突然感觉不对劲，这条路有些陌生。我回头望了望，发现已经走出很远，便不打算回头，一步步继续走下去。可能因道路不熟而走了远路，但我不甘落后，于是更加卖力地走，可是每走一步都对于我疲惫不堪的双腿是一种煎熬，像是针扎了一下，酥酥麻麻的疼从脚底传来。但我没有选择放弃。

终于，我抵达，作为第一个女生。

（七）课程反思

课程评价的局限性：除部分项目外，九年级上册课程内容设置中更多以团队为单位开展和评价，老师对学生个人在课程中意志的体现和培养的追踪评价不够及时到位，主要依赖于学生自评和互评，可多开展一些个人项目。不过现实中一般参与春秋季研学的人数众多，时间和场地都有限制，是否具有更高的可行性还有待考量。

课程内容设置的疑虑："磨炼意志"的内容对学生的体能要求较高，在课程实施之前，要对学生身体素质有明确的了解，并及时根据学情进行调整。同时，日常学习生活中，也要加强对学生的体育锻炼和体能的训练，增强体质，磨炼意志。

第四节　职业体验类实践型课程的开发与实施

综合实践活动课程中的“职业体验”是以体验式学习过程为基础，并与职业生活息息相关的一种活动方式，开展职业体验活动是加强中学生生涯教育的重要途径。

职业体验将体验式学习与职业生活情境联系起来，就是让学生置身于丰富的、与各种职业活动相关的情境之中，让其全身心地参与到各种职业性的实践活动中去，使其获得相应的真切认知与情感体悟，从而加深对自我世界、生活世界、职业世界和社会发展的理解，并将这样的理解与其自身的未来相联系。因此，“职业体验”也是综合实践活动与生涯教育的交集所在。

长郡双语以素质教育理论为指导，积极落实《中学综合实践活动课程指导纲要》和《国家中长期教育改革和发展规划纲要（2010—2020 年）》中的有关目标，根据上级相关工作要求，加大职业体验综合实践活动课程理念的学习力度，通过构建起职业体验类实践型课程来克服以往课程中脱离自主生活和社会生活的倾向，注重让学生在职业体验类课程中加强对生活的感受和体验，培育学生勇于实践的意识和善于实践的能力。同时，通过职业体验类实践型课程的开发与实践，培养学生活动的自主性、探究性、合作性，使学生在丰富多彩的探究性学习活动中学会发现，学会探究，学会合作，形成发现问题与解决问题的能力。

一、职业体验类实践型课程实施方案

（一）课程目标

职业体验综合实践活动的开展，旨在让学生能从个体生活、社会生活及大自然的接触中获得丰富的实践经验，形成并逐步提升对自然、社会和自我之内在练习的整体认识，具有价值公认、责任担当、问题解决、创意物化等方面的意识和能力。我校充分发挥学校和社区资源，引导学生利用校外基地亲历、探究和体验。具体目标为：

其一，通过开展职业体验综合实践活动，提升学生参与实践活动的兴趣，着力培养学生核心素养。立德树人、发展学生核心素养是当前学校教育的使命，职业体验主要提升学生的“实践创新”和“健康生活”素养。其中，前者通过劳动素养体现出来，后者则通过生涯管理素养体现出来。

其二，了解信息技术、劳动技术、社区服务和探究活动的一些常识，使学生具有基本的交往协作能力、观察分析能力、动手实践能力以及知识的综合运用能力和创新能力，演绎双语学子“乐求知，勇担当”的青春风采。

其三，初步养成合作、分享、积极进取等良好的个性品质，形成对自然、对家乡的关爱和对社会、对自我的职业责任感，养成“勤修身”的人生态度。

其四，初步掌握参与社会实践与调查方法、信息资料的搜集分析与处理的方法，获得亲身参与职业体验综合实践活动的积极体验和丰富的经验，为“爱生活，勇担当”的青年注脚。

（二）课程实施课时安排

一般安排四个课时。第一课时：选题阶段；第二课时：制订方案及可行性论证阶段；第三课时：调研、收集与分析整理阶段；第四课时：汇报评价阶段。

各年级可根据实际情况灵活采用弹性制，做到课时集中使用与分散相结合。

（三）课程实施

1. 实施原则

其一，凸显体验式学习的关键要素。职业体验的关键要素包括选择或设计职业情境；实际岗位演练；总结、反思、交流经历过程；概括提炼经验，行动应用。这四大关键要素体现了体验式学习过程的四个基本步骤，也是实施过程中需要遵循的几个关键环节。

其二，选择或设计不同的体验情境。体验的情境可以分为两大类：一类根据职业情境的真实程度来划分，一类根据主体是否直接置身于职业情境来划分。根据情境的真实性程度不同，可以分为真实情境和模拟情境。根据主体是否直接置身于职业情境，可以将体验分为直接体验和间接体验。上述真实情境和模拟情境中的体验都属于直接体验，除此以外还可以利用诸如访谈、讲座等形式使学生获得相关的间接体验。

其三，重视达成有效职业体验的支持条件。各年级、各班应注意：一是因地因校制宜开发多元的职业体验资源，一方面可以与适当的社会资源，如社区、企业、高校、公益组织等建立基地性联系，确定能使学生获得多样化工作现场经验的真实情境；另一方面可根据学校既有的空间、设施、课程特色等实际情况，挖掘出在校内可能创设模拟情境的资源，同时也需要发掘各类职业的相关校外人员，如校友、家长、行业代表等，作为为学生提供间接职业体验的资源储备。二是加强教师指导的引导性。学生在职业体验中体验与思考的深度及广度跟教师的指导紧密相关。

2. 分类

职业体验综合实践活动课一般课型分技能型、实践型、主题研究型。

按组织形式可分为：全校性活动——升旗仪式、校传统活动等；全班活动——每周班会、主题班会及各项班活动；小组活动——每班根据需要，5～10 人一组，由学生自己协商结组；个人活动——学生独立活动并完成任务，鼓励学生积极交流合作。

根据活动组织形式的不同，具体活动地点可校内、家里、社区多方结合。

具体的职业选择可从党政机关类（涉及政党、群团和政府相关部门等长沙市政务中心等，主要场所有长沙市公路局、法院、检察院等）、社会服务类（涉及医院、学校、公园等，主要场所有颐而康按摩医院、长沙市教育考试院、长沙市图书馆等）、农业生产类（涉及农业组织和单位、牧场、茶园、农场等，主要场所有宁乡稻花香农耕园、湖南盛湘粮食集团、湖南茶叶研究所基地等）、工业生产类（主要涉及产品生产企业、运输业等，主要场所有中联重科、三一重工、湘绣集团等）、三产服务类（主要涉及科技单位、流通企业、各种服务单位等，主要场所有长沙玉楼东、徐记海鲜门店、长沙广告产业园、麓谷科技产业园等）等中选择。

职业体验综合实践活动课的实施一般由班主任、各科教师针对所任班级指导一个活动小组，对学生研究的每一环节给予具体指导，同时做好团队协作、安全防范和有关部门联系等相关工作。

3. 课程实施具体内容

实施年级	活动设置	师资保证	具体研究活动内容指导
九年级	职业体验及其他活动	综合老师 班主任老师	实施前准备，确定小课题； 实施中安全指导和督促；调研后撰写心得体会等；实地调研活动结束后进行汇报。
七、八年级	职业体验及其他活动	校本老师 班主任	1. 今天我当家（当厨） 2. 校园文化活动我参与 3. 我是新时代养殖员 4. 创建我们自己的“银行”（如图书、道德、环保） 5. 找个岗位去体验 6. 新青年相约中国梦 7. 我和土地有个约会 8. 走进立法、司法机关 9. 我喜爱的劳作技术

4. 课时设置与使用

学校根据国家课程方案和省定课程实施计划进行课时排课，根据课程教学需要，坚持分散教学与集中实践安排课时的原则，允许不同的学习小组或个体有不同的学习进度，保证学生活动的连续性、长期性。同时开发利用周末、节假日等课外时间，保证综合实践活动的充分开展。

（四）课程管理

1. 组织机构

课程领导小组：一般由学校校级领导组成，总体负责职业体验活动的开展、协调、指导。

教育处：统筹安排、审批各年级和各班的职业体验活动，必要时协调团委、教务处、保卫科、总务处具体指导。

年级和班级：具体组织实施职业体验活动，包括协调社会各单位、拟定实施方案、组织活动如期安全开展、做好总结和宣传反馈等。

2. 教师配置与培训制度

根据学校现有教师编制和教师所学专业，坚持班主任与兼职教师相结合、以班主任为主的办法，使综合实践活动课有人上、按课表上。另外，还聘请校外各方面指导教师对学生进行有针对的指导。

3. 开发利用多种教育资源

第一，充分利用校内资源、师资优势；第二，依靠学生家长，吸引家长积极参与；第三，最大限度地开发利用社区教育资源。开发与学生生活密切相关的物质资源（自然资源和社会资源）、人力资源（校外专家、学生家长等）、文化资源（民间习俗、历史遗迹）等。

（五）课程评价

学校要求在职业体验综合实践活动的开展过程中，注重对活动成果的积累，要求教师指导学生做好活动过程的记录和活动资料的整理，并要求学生通过撰写活动报告、反思日记、心得体会等方式，反思学生在活动中的成败得失，促进学生自我反思与表达。

1. 对学生的评价

职业体验综合实践活动的评价方法多种多样，有汇报、成果或作品展示、研究报告答辩、演示、表演、竞赛、评比等。其中“档案袋评定”是学生自我评价、同伴互评、教师评价学生的重要依据，也是招生录取中综合评价的重要参考。学校要求，每学期期末教师要依据课程目标和档案袋，结合平时对学生活动情况的观察，对学生综合素质发展水平进行科学分析，写出评语。

学生综合实践活动评价表如下：

时间			地点		理想目标
课题			小组		
过程评价	活动态度	☆☆☆☆☆☆☆☆☆☆根据表现程度涂黑			主动参与意识和能力
	实践创新	☆☆☆☆☆☆☆☆☆☆根据表现程度涂黑			创造新思维，实践动手能力
	团结协作	☆☆☆☆☆☆☆☆☆☆根据表现程度涂黑			团队精神培养，人际沟通能力
结果评价	汇报材料	☆☆☆☆☆☆☆☆☆☆根据表现程度涂黑			文字整理和处理能力
	语言表达	☆☆☆☆☆☆☆☆☆☆根据表现程度涂黑			灵活的思维，语言表达能力
	活动收获	☆☆☆☆☆☆☆☆☆☆根据表现程度涂黑			整理资料和总结能力

2. 对教师的评价

观察教师在活动中的组织、规划管理和指导；学生资料包的整理、成果展示及学生对教师的评价；课程的整合能力及校本资源的开发能力。

3. 对课程的评价

侧重于观察实施本课程后，对学生素质的全面实施有何促进，并根据相关指标调整课程内容改进教学方法等。

（六）课程保障

第一，明晰责任，确保领导小组的有效组织。

第二，在教师中广泛开展有关职业体验综合实践活动课程的学习和理论培训，使教师了解其内涵理念、目标、操作的基本原则，不断提高教师对职业体验综合实践活动实施的规划和设计能力，收集和处理信息的能力。一方面学校将派出骨干教师外出培训；另一方面充分发挥校本培训的作用，开展校内培训，并将培训计划纳入学校整体工作之中。

第三，学校加大宣传力度，开好家长会，积极争取家长、社会等各方面对学校开展职业体验综合实践活动工作的支持。联系社区，与周边居委会、社区等加强合作，资源共享，扩大学生的实践活动范围。

第四，做好经费保障和后勤保障工作。加强后勤管理，落实责任制，并制订好安全工作方案，确保职业体验综合实践活动顺利开展，保障活动全过程安全顺利进行。

第五，根据学校实际情况，采取三步走：第一阶段为模仿阶段，模仿其他学校的职业体验综合实践活动，采用走出去、请进来的方法，使教师感悟职业体验综合实践活动；第二阶段为摸索创新阶段，根据前阶段的模仿感悟，结合学校特点提出切合学校的职业体验综合实践活动课题并予以实施；第三阶段为总结模式，根据操作的结果确定符合学校特点的职业体验综合实践活动系列方案。

二、职业体验类实践课程实施案例

把握时代脉搏　合理规划人生

改革开放四十多年，中国社会主义现代化建设取得了飞速发展和巨大成就，时代对青少年提出了更高和更新的要求。作为国家社会主义建设的接班人，青年应该从中学阶段起就初步了解社会职业，明确未来社会的职业要求，从而确立自身的职业理想和规划。同时，中学生除了在校学习，还要紧跟时代步伐，开阔眼界，更新学习新观念，培养基本的交际能力，激发奋发进取、积极向上的精神风貌，勇于担当责任。

科学技术为第一生产力，科技创新能力已经成为综合国力的重要组成部分，当代青少年应该牢固树立创新意识，不断培养创新精神和创新能力，发展为创新型人才，为建设创新型国家而努力。带领学生走进高科技企业，了解科技发展现状，体验科技企业职业要求，对于学生成长意义重大。

长沙高新技术产业开发区是1991年3月经国务院批准为首批27个国家级高新区之一。高新区内的长沙中联重科为全球高端装备制造企业，是工业制造业的龙头企业，拥有广泛的职业分布以及优秀的管理团队，学生可以全面体验工业相关职业，了解一个大型企业的管理运营方式。本课程案例围绕学生在中联重科开展职业体验教育展开。

（一）课程目标

责任担当：通过对中联重科的实地调研和访问，让同学们更多地了解机械科技制造的特点，正确理性地看待自己的未来，激发学习兴趣对未来职业选择形成初步印象，在调研活动中培养组织和交往能力。

问题解决：学会掌握资料收集和调查分析整理的方法，掌握初步撰写调研报告的方法；掌握一定的科学技术原理，了解中国目前的科技发展现状。

价值体认：让学生感受劳动的艰辛，并收获劳动喜悦和体验。通过了解国家重工业的发展和机器生产流程，增强时代紧迫感，激发爱国热忱，培养奉献精神，厚植职业理想的种子。

具体目标可以分解为：

序号	主题	课程目标
1	现代生产对人才成长启示	认识现代社会发展规律，培养观察社会发展能力，感悟时代飞速发展
2	产业技术操作要求呼唤蓝领带来的思考	学习现代社会生产力发展知识，培养实践动手能力，增强技术认识
3	企业文化发展与班级文化建设的对应接轨	了解企业文化理念，增强观察能力，培养文化自强意识
4	职业生涯发展提升人生幸福感	认识时代对职业的要求，提高沟通能力，加强人生规划意识
5	成为管理者需要具备的素质	了解管理的有关知识，培养和增强领导能力素质
6	销售服务技巧促进青少年人际交往	学习销售服务的有关知识，培养人际交往能力，提升礼貌素养
7	产品研发与青少年创新	学习相关产品知识，培养创新意识
8	企业形象的建立及宣传的重要性	了解文化的重要性，培养文化自信
9	人力资源部门管理对班级管理的启示	学习人力资源管理知识，培养合理安排事务的能力，懂得管理的重要性
10	经济成本控制对现代社会管理提出的要求	学习经济运营有关知识，培养科学计算能力，增强协调控制的意识

（二）课程课时安排

4 课时。

（三）课程准备

老师和家长走访和联系中联重科相关人员，制定初步活动方案；围绕各团确定调研主题（方向）实地调查研究；实地调研后分析整理相关数据或材料；以团队为单位反馈本团观察内容、汇报调研开展情况。

（四）课程过程

第一阶段：选题阶段（1 课时）

1. 教师和相关人员介绍长沙高新区和中联重科的有关情况

2. 各团队确定人员及分配，参观选择主题可从如下项目选择

（1）现代化生产对人才成长的启示

（2）产线技术支持对应变能力的需求

（3）企业文化发展与班级文化建设的对应接轨

（4）职业生涯发展提升人生幸福感

（5）成为管理者需要具备的素质

（6）销售服务技巧促进青少年人际交往

（7）产品研发与创新能力的培养

（8）企业形象的建立及宣传的重要性

（9）人力资源部门管理对班级管理的启示

（10）经济成本控制对现代社会管理的要求

【教师指导策略】

此次活动很符合学生兴趣。在小组设置时小组题目具有较强的针对性，对学生完成任务指明了方向，为设定可行性方案奠定一定基础。

第二阶段：制订方案及可行性论证阶段（1 课时）

1. 本课时在小组讨论前提下对上一课时选出的题目和活动计划进行完善，各小组制定团队行动计划

【教师指导策略】

本环节在学生填写活动计划表的时候强调如下几个方面：语言要简洁；步骤要清晰；成果要做到。对于有较强的表演天赋的同学，建议以情景剧的形式重现活动过程及成果；对于有画画和文字书写爱好的同学，建议办成展板和手抄报的形式；对于有摄影和电脑操作能力的同学，建议制作照片集和 PPT 课件来展示；对于成果不易体现的小组，可指导同学们写调查后的调研报告集。

2. 分小组进行论证并完善行动方案。

“三个臭皮匠，顶个诸葛亮。”想要顺利开展课题，那么设计的方案必须可行性强

且有研究价值，所以教师设计这个环节，要求每个活动小组派代表向全班同学展示本小组的活动设计，并接受其他小组的提问和建议。

【教师指导策略】

教师在此过程中要指导学生客观地评价他人的设计并提出中肯的意见。评价应注意：第一，语言要精练，直指核心问题，并给予合理化意见。第二，评价时重点在可行性和研究价值及最后成果是否能呈现出来。鉴于此环节要求学生的发现问题的能力和解决问题的能力较强，再加上中学生对问题的深度和广度考虑不够全面，教师适时作出引导和更正，帮助各组更加全面深入地进行论证。

第三阶段：实践、调研阶段（1 课时）

全体参与成员于确定时间在校门口集合，由班主任带队统一乘出租车或家委会安排家长陪护车辆，安全到达目的地（长沙中联重科麓谷工业园）进行参观。由该公司生产部经理给我们讲解进厂后有关注意事项，同时向我们介绍工厂生产车间的主要结构及规划。根据团队商定结果，每队安排公司专职一人进行参观学习。

由该公司的相关人员带领我们参观他们的产品和生产过程，同时讲解有关的知识。

各带队老师和家长负责本班学生的安全，活动期间任何老师、任何学生都不得擅自离岗离队，遵守企业规章制度。

参观结束并合影留念，作为此次参观活动的纪念。

第四阶段：汇报评价阶段（1 课时）

教师组织学生将本小组活动成果进行展示，发放评价表，对本组成员及其他组成员进行评价。

时间		地点		理想目标
课题		小组		
活动态度	☆☆☆☆☆☆☆☆☆☆根据表现程度涂黑			主动参与意识和能力
汇报材料	☆☆☆☆☆☆☆☆☆☆根据表现程度涂黑			文字整理和处理能力
语言表达	☆☆☆☆☆☆☆☆☆☆根据表现程度涂黑			灵活的思维、语言表达能力
团结协作	☆☆☆☆☆☆☆☆☆☆根据表现程度涂黑			团队精神培养，人际沟通能力
实践创新	☆☆☆☆☆☆☆☆☆☆根据表现程度涂黑			创造新思维，实践动手能力
活动收获	☆☆☆☆☆☆☆☆☆☆根据表现程度涂黑			整理资料和总结能力

（五）课程成果

团队汇报报告（PPT 或调查报告）；图片展示；感想心得汇报等。

例：学生心得

为祖国发展作贡献

首先映入我们眼帘的是世界工程机械发展史展览。通过一幅幅图片以及声、光、电技术展现出来的影像，我们了解到，人类从设计制作和使用简单的工具到今天大量高科技的工程机械的使用，这其实就是人类不断解放自己、人类文明不断进步和发展的历史。同时我们也看到，美国、德国、日本等国家，它们率先发明制造了世界上许多“第一台”工程机械；博物馆展现出来的工程机械发展史，让我们明白，曾经有很长一段时间，在高科技制造领域，我们国家远远落后于西方发达国家。

但是，令人欢欣鼓舞的是，从中联重科的发展历史来看，我国目前已经成为全球工程机械的大国和强国！给我们印象最深的是，中联重科的科学家们，坚持“重点突破、全面赶超”的科技创新战略，通过不断攻克工程机械行业世界性科研难题，推出许多伟大的产品：101 米碳纤维混凝土臂架泵车、2000 吨全地面起重机、3200 吨级履带式起重机等世界标志性产品。这些伟大的产品为我国的现代化建设作出了不可磨灭的贡献，比如高铁铁路的修建、核电站的修建……

中联重科的科学家们不断奋斗、攻坚克难的历史，不正是我们祖国不断复兴发展、崛起的历史的缩影吗？正是一代又一代默默无闻的科学家们的不懈奋斗，才有了我国科技的不断创新、祖国的日益强大。

奋斗成就未来

在中联重科工程机械博物馆里有两个场景是我一定要向你推荐的：一是在观影厅，博物馆采用现代科技手段，为我们全景展现了这一台台工程机械生产的全过程：它们是怎样从设计师电脑里的设计图到钢材、零部件的加工、组装，最后到涂装、下线，钢铁巨兽就是这样经过上百道工序变幻成型，简直是如梦如幻的科技大片。巨幕荧屏上有几个镜头深深地打动了我们：他们是这上百道工序上的工人和技师，他们满头大汗，衣服上有些油污，但是他们在镜头前介绍自己的工作是那么自信和自豪！

第二个场景也让我特别震撼——在巨幕显示屏上不断跳跃显示各种数据的“中联重科物联网工业云平台”，它告诉我们在世界各地有多少联网的中联重科制造的工程机械正在那里工作，运行情况怎么样，哪些设备发生了故障警报，然后工程师们第一时间去排除故障。现代科技真是魅力无穷！

看完这些，我对自己未来职业选择也有了更多思考，无论选择何种职业，都应该要奋发努力，担当责任，做出自己的贡献！

（六）课程反思

中联重科在社会上享有很高声誉，学生参与度高，互动交流热烈，提升了小组合作探究的能力。让孩子们在活动中收获，在活动中成长，增进热爱祖国，热爱家乡，热爱生活，立志为家乡建设、社会稳定贡献一分力量的决心，也进一步认识到只有学好科技本领，才能更加强大。

本次活动基本上能达成目标，但是活动还是有一些不足：设计方案还存在瑕疵，部分设计环节与实际情况脱节；在学生选题分组过程中，如果课题介绍不详细，部分学生选题就会犹豫不决，从而影响课程实施效果；评价方式过于单一，无法全面考衡学生是否顺利实现课程目标。

第五节　主题实践类实践型课程的开发与实施

党的十八大报告明确指出，“把立德树人作为教育的根本任务”。学校的主题实践类实践型课程就是在“立德树人”这一根本任务的指导下开发的以教师为主导、学生为主体、以活动为载体，有计划、有目的地指导学生进行主题实践的活动课程，是学校在国家新一轮课程改革背景下开发的新型课程。

主题实践课程以《国家中长期教育改革和发展规划纲要》、《基础教育课程改革纲要》和《中小学综合实践活动课程指导纲要》为指导，强调在主题实践中提升学生的综合素质、文明素养和道德情操，培养符合新时代社会主义建设需求的综合型、复合型人才。

一、主题实践类实践型课程实施方案

（一）课程目标

主题实践课程的开设，旨在使学生在各种实践课程中，建立道德认知，提高思维能力，丰富人生体验，促进良好习惯和优良品行的养成。

学校充分发挥学校的资源，引导学生利用校内校外资源，广泛开展各类主题实践活动，带领学生进行探究和学习。具体目标如下：

1. 学生层面

（1）通过开展主题实践课程活动，引导学生形成积极学习的态度，培养正确的世界观、人生观和价值观；通过引导主动参与主题实践课程活动，提高学生人际交往和组织沟通能力，培养学生“学会学习和健康生活”核心素养。

（2）通过主题实践课程培养学生的社会实践能力，掌握搜集资料、分析资料和整理资料的方法，提高调查研究和总结归纳的能力；培养学生“责任担当和实践创新”的核心素养，培养“爱生活、乐求知、勤修身、勇担当”的新时代长郡双语杰出青年。

（3）通过了解我国的传统文化、法律制度、国防建设以及科技发展的进程，增强学生的民族自豪感和文化自信力，增强国防安全意识和科技创新能力，培养学生“人文底蕴和科学精神”的核心素养；通过党史国情教育增强学生热爱祖国、热爱中国共产党的感情，增强为民族复兴而读书的历史使命感和责任感；通过生命安全教育增强学生的安全意识和自我保护能力。

2. 教师层面

（1）转变教学方式：让教师从单纯的课堂上的“传道授业解惑”的角色转变为实践课程的开发者、组织者和实施者，把固定的课堂搬迁到政府机关和企事业单位，在开拓学生视野的同时也开辟了教师传授知识的新课堂。

（2）密切师生关系：在学校的课堂上教师往往比较注重“师道尊严”，给学生留下了一个比较正式、严肃、刻板的印象。在主题实践基地的“第二课堂”，由于角色的转变，教师与学生有了更多语言的沟通和情感的交流，从而有效拉近师生距离，密切师生关系，这也是另一种形式的“教学相长”。

3. 学校层面

通过主题实践课程的开发和实施，构建一个“基础型、拓展型和实践型”的完整的“三型”课程体系，为学校“十三五”规划课题助力，打造一支全能型、复合型和研究型的教师队伍，提升学校办学水平，打造学校的金字招牌。

（二）课时安排

主题实践活动课程一般会安排八个课时。

第一课时：选择课题，制订方案；第二课时：行前说明，安全教育；三到六课时：主题实践，调查研究；第七课时：撰写总结和调查报告；第八课时：分团队进行汇报和展示。

各个班级可根据实际情况进行课时安排和调整，整个阶段采用弹性制度，做到课时计划与实际情况相结合，文化科目学习与综合素养提升相结合。

（三）课程设计原则与课程内容

1. 课程设计原则

其一，开放性原则。充分利用校内外资源，做到学校教育与校外教育相结合，学校教育与相关政府机关、社会团体和企事业单位的教育相结合，自然资源和社会资源相结合。

其二，群体性原则。以主题实践的内容为主，在实践过程中，培养学生的合作意识、团队精神和群体文化。

其三，互动性原则。在主题实践活动过程中，课堂之内与课堂之外优势互补，互通有无；教师与学生之间相互交流，教学相长；学生与学生之间相互合作，相互竞争，相互学习。

其四，广泛性原则。让学生充分参与到主题实践活动中，通过团队合作、分工协作，通过精心设计的课程内容，全面而深刻地体验学校之外的第二课堂，增长见识、开阔视野，全面提升综合素养。

2. 课程内容

党史国情教育：走进党史纪念馆、改革开放展览馆、革命纪念馆、烈士陵园、学工学农基地等场所开展主题学习、专题影片观看、宣传辅导等，旨在增强对党史和国情的了解，树立正确的世界观人生观价值观，增强道路自信、理论自信、制度自信，树立为实现中国梦而奋斗的伟大抱负。

传统文化教育：走进文化展览馆、物质与非物质文化遗产展示馆、文化古迹、历史博物馆等，旨在领略中华传统文化的魅力，发掘传承传统文化精髓，增强文化自信。

法制教育：走进检察院、法院、禁毒教育基地、法制教育基地、法制教育展览馆等，旨在学习法律知识，了解法治进程，提升法治意识，学会知法、遵法、守法、用法，用法律维护自身合法权益。

生命安全教育：走进消防队、急救中心、交警队、医院、地震局、防灾减灾展览馆等，旨在学习生命安全常识，提高自我保护意识，进行实操训练，掌握自救急救方法，提高自我保护能力。

国防教育：走进军事营地、飞行学院、国防教育基地、军事院校等场所开展实践活动，旨在了解国防知识，增强国防安全意识，体验军队集体生活，感受严谨的训练作风、优良的生活作风，培养爱国主义情怀。

科技探究：走进科技博物馆、科技产业园、国家超算中心，走进科技创新企业和研究型大学等，旨在了解我国科技创新动态，掌握相关科技原理，树立科技强国的理念，激发学习科学文化知识的兴趣和为国家科技发展做贡献的责任感。

（四）课程实施原则和过程

1. 课程实施原则

其一，合理性原则。确保实施方案合理有效，符合班情学情和学生的现实需要，团队分工明确，老师、家长和接待单位的角色定位清晰明了。

其二，实用性原则。课程实施过程中要确保学生能够理论联系实际，所学知识要能够运用到现实生活之中。

其三，集体性原则。主题实践活动课程一般安排在学期中的周末或者寒暑假，为确保活动的价值和不流于形式，一般需要在班主任带领下以班级为单位或者以团队为单位进行开展，在课程实施过程中增强班级凝聚力和集体主义精神。

其四，安全性原则。学校在组织活动之前，需要对活动进行事先的安全教育，以保障学生安全。

2. 课程实施过程

（1）活动准备阶段

讨论主题：一般而言，活动主题的确定应先由班委会民主讨论，广泛征集班上同学的意见和建议，再跟班主任以及任课老师沟通交流，班主任根据任课老师和学生的意见最后确定活动主题。在主题下的小课题需要发挥学生的主观能动性，便于后期调查报告和活动总结的撰写。

联系基地：确定主题后，班主任应充分挖掘家长资源，调动家长积极性，利用家长的人脉关系联系符合主题的社会实践活动基地，确保学校教育和社会教育的有效沟通和无缝对接。

制订方案：方案的制订可充分发挥学生的主观能动性，成立专门的“主题教育实践活动策划团队”，由有思想、文笔好的同学负责文案撰写，班委会负责统筹兼顾和团队分工，最后由班主任把关，并通过家委会联系实践基地对方案进行完善，确保方案既有利于培养学生的综合素养，又符合实践基地的要求。在制定方案的同时还要制定好安全预案，确保平安出行，平安返校。

（2）活动实施阶段

活动宣传：班主任利用班会或其他时间在班级宣讲本次主题实践活动的重要意义，激发学生参与活动的热情，并动员学生做好相关准备。

资料搜集：学生从多个途径搜集相关资料，对即将开展的主题实践活动进行事前调查，对实践基地有所了解，对实践内容有一个基本的认识。

团队分工：为了便于组织管理和活动开展，也为了让学生充分体验各项实践活动，班主任应积极引导学生进行团队分工。团队之间有合作有竞争，团队内部有分工有合作，有利于学生合作意识和团队精神的养成。

安全宣讲：安全重于泰山，不论主题实践活动多么精彩，多么有意义，一旦出了安全问题，一切都将黯然失色。安全问题不是由谁来承担责任的问题，而是谁都无法承担这样的责任。因此，班主任务必在出发前组织学生进行安全前置课程的学习，确保活动平安有序开展。

活动开展：在各项准备工作全部到位之后，活动开展肯定会水到渠成。

（3）活动总结阶段

学而不思则罔，为了确保学生学有所思，思有所获，活动结束后要对活动进行总结。此阶段一般可以分为两个步骤：学生对主题实践中的学习资料进行收集整理，撰写活动总结或者调查报告；召开班会，交流学习活动和心得体会，并组织学生对活动进行评价。

（五）课程管理

1. 组织结构

指挥：课程领导小组（校级领导）

统筹：教育处、教科室等处室

执行：年级组、各班班主任

2. 课程设置

学期中的主题实践课程设置时长为 4 课时；寒暑假期间的主题实践课程设置时长为 6 课时。

3. 教师配置

主题实践活动一般以班级为单位组织开展，原则上要求班主任亲自带队。如果涉及相关专业性的问题，则可邀请相关任课老师带队和指导。比如去法制教育基地开展实践活动，可以邀请道德与法治课老师等。

4. 资源开发

合理利用现有的教育资源，不管是校内资源，还是校外资源，都需要整合。一是对校内资源的整合，发挥教师资源的优势；二是鼓励利用校外资源，比如鼓励家长参与，开发社会资源。

（六）效果评价

主题实践课程活动的评价由对学生、教师和课程本身的评价组成。在对学生进行评价时，需要先让学生对自己在活动中的表现进行自我反思和自我评价，这样有利于引导学生进行自我教育。

1. 对学生的评价

一般由带队的班主任老师、学生和实践基地接待方三部分组成，主要采用激励性评价。内容主要有过程材料：小组活动方案、搜集的相关资料、观察笔记、学习心得等；学习成果：调查报告、实践日志、采访记录、手抄报展示、PPT 课件等；其他评价：以学生自己评价为主，他人评价为辅。

2. 对教师的评价

教师在主题实践活动的角色主要是统筹者、引导者和协助者，因此在对教师进行评价时，首先要评价教师的统筹和引导是否正确，对指导能力和规划能力做出评价；其次是协助学生整理资料和展示汇报的能力，这需要学生对教师做出评价，可通过调查问卷的方式来进行；再次，也需要学校对教师开发、设计和整合课程的能力做出评价，为教师以后组织其他主题实践活动或者开发主题实践课程提供参考。

3. 对课程的评价

评价内容主要有课程在提高学生核心素养方面产生了怎样的积极影响，学生通过主题实践课程的学习是否在思想认识和行为习惯上有所改变，主题实践课程有何需要改进的地方，并提出解决方案。

（七）课程保障

1. 加强理论学习

主题实践类课程的开发和实施的主体是教师，教师平时教育教学工作重，缺乏对课程理论的学习、思考和研究，这就为课程的优化设计增加了困难。因此，教师应主动加强课程理论，尤其是综合实践活动课程理论的学习，主动钻研，主动思考，主动请教，让课程的一流实践者变为一流的设计师。

2. 加大培训力度

其一，聘请课程专家对教师进行培训。教师的主动学习主要是通过书本，缺乏系统的理论指导。学校应主动联系校外的专家学者到学校为教师进行相关的专业指导，让教师在开发和建设主题实践课程的时候能够有的放矢。

其二，在主题实践课程实施前，需要对带队教师进行培训。培训内容主要是有关主题实践相关的理论与实施过程中的实施重点和注意事项。培训内容需要贴近现实，内容新颖，操作性强。带队教师对学生也需要进行培训，重点是有关安全的培训。

3. 抓好课程实施

在课程实施之前，每一位教师都需要制订活动方案和安全预案，方案需要强调活动以学生为主体，要培养学生积极性。在活动组织过程中要密切关注学生的动态，并需要根据实际情况，及时调整活动方案。

4. 加强团队建设

在主题实践课程设计和实施过程中，肯定会存在不少困难，正所谓“独行快，众行远”，学校只有加强“课程开发和实施团队建设”，才能够调动大家的积极性，借助团队的智慧和力量来解决主题实践课程中的困难。

5. 加强研究交流

活动结束后，要对此次活动进行总结思考，组织学生分团队进行交流和汇报。交流学习心得体会，并总结活动中存在的问题，及时改进工作。教师之间也需要加强交流，不仅一个班级内部的带队教师之间需要交流，还需要加强班级之间、年级之间、学校与学校之间的交流，让主题实践类活动课程向更专业、更具实效、更有利于学生的成长的方向去发展。

二、主题实践类实践型课程案例

做好禁毒教育　培育健康少年

青少年是祖国的未来、民族的希望，是社会主义现代化事业的建设者和接班人。党和政府十分关心和高度重视青少年的成长，我国青少年教育和保护工作取得了很大成绩。但近年来由于各种消极因素和不良环境的影响，我国青少年犯罪率有所上升，给社会、家庭和个人造成了严重的危害和巨大的不幸，也对实现依法治国的战略目标提出了严峻挑战。在推进依法治国，建设社会主义法治国家的进程中，加强对青少年的法制教育，促进青少年的健康成长，是学校教育不可推卸的历史责任。在法制教育中，禁毒教育尤为重要，习近平总书记指出：“禁毒工作要从青少年抓起，从广大人民群众教育和防范抓起，让广大人民群众积极追求健康文明的生活方式。”因此，设计对青少年开展禁毒教育的主题实践课程极具现实价值和意义。

（一）课程目标

价值体认：教育学生，加强学习锻炼，筑牢思想防线；教育和引导学生远离毒品，提高禁毒法制意识；启发学生，自觉树立主人翁意识，积极投身禁毒斗争。

责任担当：学会收集、记录、整理资料，培养分析和综合的能力，学会开展禁毒法制教育班会；学会与社会交往的技巧，培养与不同群体交往的能力，在社会上开展禁毒法制宣传。

问题解决：使学生了解有关毒品的知识；让学生了解毒品相关的法制知识；引导学生，当好禁毒“宣传员”和“监督员”，自觉遵守相关法律法规。

创意物化：撰写禁毒法制教育感想，绘制禁毒宣传海报。

（二）课时安排

8 课时。

（三）课程准备

禁毒法制教育班会评价表、禁毒法制教育社会宣传评价表、照相机、录音笔、手机、电脑、宣传单等。

（四）课程实施

第一阶段：准备阶段（1 课时）

1. 老师播放禁毒法制教育宣传片；

2. 让学生讨论我们关于禁毒法制教育需要了解什么；

3. 根据讨论结果，学生分小组，进行调查。

【教师指导策略】

指导学生调查渠道，可以在网上进行调查，可以去湖南省长沙禁毒教育基地参观学习，也可以去黎托强制戒毒所去参观。可以收集文字材料、图片材料、音视频材料等，还可以制作访谈提纲，对禁毒工作人员和戒毒人员进行访谈。

教师指导学生分小组选定研究方向，注意人员的分配要合理。以学生的兴趣为主。可设置预分小组方向如下：

（1）毒品种类组：调查毒品的种类与特点；

（2）毒品危害组：调查毒品对个人、家庭、社会乃至国家有何危害；

（3）禁毒防毒组：调查开展禁毒防毒的方式方法；

（4）法律法规组：调查与毒品相关的法律法规政策。

第二阶段：参观湖南长沙禁毒教育基地（黎托强制戒毒所）（4 课时）

全体参与成员于确定时间在校门口集合，由班主任带队统一乘坐大巴车或家委会主任安排家长陪护车辆，安全到达目的地（湖南长沙禁毒教育基地或者黎托强制戒毒所）进行参观。由该基地的讲解员给我们讲解基地的各个展厅、安排参观活动。4 个小组根据各自的实施建议，开展调查研究。

序号	调查研究方向	实施建议
1	毒品种类组	在参观过程中听取讲解员的介绍，并做好笔记；对各类毒品进行拍照或录制视频
2	毒品危害组	在参观过程中听取讲解员的介绍，并做好笔记；对禁毒工作人员或戒毒人员进行录音访谈
3	禁毒防毒组	在参观过程中听取讲解员的介绍，并做好笔记；对禁毒工作人员进行录音访谈
4	法律法规组	在参观过程中听取讲解员的介绍，并做好笔记；对禁毒工作人员进行录音访谈；对禁毒的法律法规拍照或录制视频记录

各带队老师和家长负责本班学生的安全，活动期间任何老师、任何学生都不得擅自离岗离队，遵守参观基地的规章制度。

参观结束并在此场地合影留念，作为此次参观活动的纪念。乘坐来时车辆返回。

【教师指导策略】

（1）各个小组同学带好笔记本、笔、照相机、录音笔，手机，具体分工协作；

（2）参观时，要勤做笔记，勤拍照、勤摄像；

（3）可对工作人员或者戒毒人员进行访谈；

（4）参观结束后回校，小组汇总整理，在小组的努力下将本小组调查的结果制作成PPT、调查报告、或是视频；

第三阶段：开展禁毒法制教育班会（1课时）

1. 教师组织学生将本小组的活动成果进行展示，发放评价表，本组成员及其他组成员按照评价表内容进行评价。

2. 对各个禁毒法制教育小组的评价从内容、语言、形式、合作、创新、效果等维度采用A、B、C等第来进行评价。

本活动重视学生的能力培养：搜索资料的能力、语言表达能力、团结协作能力。同时培养学生正确的人生观、价值观、世界观。评价实行多元、多角色评价，有生生互评、教师评价。

【教师指导策略】

（1）各个小组依次呈现小组调查的结果，同时可以与其他同学进行互动问答等；

（2）每个同学写禁毒法制教育的感悟；（可以着重从以下几个方面来写感悟：1. 毒品有哪些种类？毒品有什么危害？触犯了哪些法律法规？2. 禁毒的意义是什么？3. 我们中学生应该怎么做?）

（3）每个小组出一张所负责内容的海报，突出禁毒法制教育宣传。

第四阶段：开展社会禁毒法制教育宣传（2课时）

1. 联系社区，和社区合作进行禁毒法制教育宣传，主要是小组展示，在社区宣传栏内张贴禁毒法制教育海报、文章、倡议书。发放评价表，由参与的群众进行评价。

在社区对各个禁毒法制教育小组的评价从内容、语言、形式、合作、创新、效果等维度采用A、B、C等第来进行评价。

本活动重视学生的能力培养：搜索资料的能力、语言表达能力、团结协作能力。同时培养学生正确的人生观、价值观、世界观。评价实行多元、多角色评价，有生生互评、教师评价、群众评价。

2. 在人员多的地方（如车站、商场、大公园广场）发放防毒禁毒的法制宣传手册，并进行讲解，开展防毒禁毒法制教育大签名活动。

【教师指导策略】

（1）活动必须要有老师或家委会家长负责学生安全；

（2）参与活动过程中一定是在规定的范围内活动，切勿脱离活动范围；

（3）发放防毒禁毒的法制宣传手册时要有礼貌，讲解要精练到位。

（五）课程成果

禁毒法制教育照片展；禁毒法制教育宣传海报；禁毒法制教育感悟文章；媒体报

道宣传；写倡议书张贴在村委会和社区的宣传栏内。

例：学生心得

莫沾毒品，警钟长鸣

禁毒，一个艰巨的但又不得不进行的任务。在目前严峻的形势下，禁毒已经成为一个全国性的重要话题。本次暑期社会实践活动，我们就此话题展开了学习和探索。

我们来到了长沙市禁毒教育基地。基地内的气氛较肃穆，使我们也很快受到了感染。首先，走进第一个展厅，我们学习了我国受毒品侵害的历史。“虎门销烟”后紧接着“鸦片战争”，外国列强用鸦片撬开了我国的大门，令人义愤激昂。使人庆幸的是，我们渡过了这一次危机，走向了新中国的美好未来。要防毒品于未然，就必须对毒品有一定的了解。走进第二个展厅，我们学习了各类毒品的信息。我们了解到，毒品小到罂粟、大麻，大到海洛因、冰毒，都会对人体造成极大的不可逆转的伤害。毒品无论是旧时的鸦片，还是新型伪装性质强的合成毒品，都是会使人成瘾，沉迷于其中。新型的合成毒品外观看起来丝毫没有害处，花花绿绿各种颜色，像普通的儿童药片一样，实则包含多种致幻性强的化学成分，危害更加严重。

走进第三个展厅，我们看到了大量吸毒者的悲剧。轻者骨瘦如柴，身体极其虚弱，重者直接死亡。近几年来，各种吸毒贩毒的犯罪分子身体衰竭死亡的案例层出不穷。基本来说，吸毒多年的吸毒者，戒毒可能性极低。长期吸毒会导致大量细胞功能被破坏衰竭。除此之外，毒品极其高昂的费用也会造成整个家庭的悲剧。我们站在展厅里，长久的沉默。如果这样的毒品还不能引起我们的警戒与重视，试问，生命的意义价值何在？

在今天的禁毒教育社会实践中，我们学习到了很多预防毒品的知识，增强了法制意识，得到了一份极其重要的警戒。必须说，这是有价值的，警钟长鸣！

坚守法律底线，远离罪恶毒品

在禁毒教育基地，我们了解了什么是毒品，掌握了一些禁毒防毒的法律知识，明白了如何避免毒品对我们造成伤害。

据了解，清朝实行闭关锁国政策，逐渐落后于其他国家。英国开始向中国走私鸦片，以获取暴利。鸦片开始在达官贵人中流行，又逐渐传播到市民阶层。随后林则徐在虎门销烟，严重触犯了英国的利益。英国政府以此为由发动了鸦片战争，中国被迫签订了第一个不平等条约《南京条约》。

毒品一般是指使人形成瘾癖的药物，主要指吸毒者滥用的鸦片、海洛因、冰毒等，还包括具有依赖性的天然植物、烟、酒和溶剂等，与医用药物是不同的概念。它的价格同样不菲，一克海洛因的价钱可以达到600元，让吸食的人不择手段地凑钱。为了走私毒品，许多人也以身涉险，将毒品包装好吞食，到了目的地再取出。不幸的是，有些包装太薄，在胃中破烂，人体因过量吸收毒品而死亡。

毒品有致幻、麻醉等作用。一张张图片令人触目惊心：儿子在吸食毒品后砍死自己母亲，日本的飞行员在吸食冰毒后成为“敢死队”……一个个健康的体魄、鲜活的生命就这样被无情地夺走。

通过此次活动，我们了解了毒品基本知识，接受了禁毒法律法规教育，知晓了毒品的危害，懂得“吸毒一口，掉入虎口”的道理；树立了正确的人生观，不盲目追求享受，寻求刺激，赶时髦。如发现亲朋好友中有吸、贩毒行为的人，一要劝阻，二要远离，三要报告公安机关。

吸毒，对于人类来说，是泥潭，只要踏入一步，就必将越沉越深。因此，我们永远不能有吸食毒品的第一次，因为只要吸毒，就将万劫不复。我们要珍爱生命，远离毒品。人生路途很漫长，“毒莫沾，沾必悔”。坚守法律和道德底线，不做与法律和道德相违背的事。

（六）课程反思

青少年思想认识上渐趋成熟，但辨别能力差，以致在追求新奇刺激面前，极易受不良影响而导致违法犯罪，如吸毒。所以在学生中开展禁毒法制教育迫在眉睫。

通过参观湖南长沙禁毒教育基地（或黎托强制戒毒所）收集资料，开展禁毒法制教育班会，撰写禁毒法制教育感悟，让学生认识到毒品的危害和与毒品有关的法律法规，并且远离毒品，同时呼吁社会防毒、禁毒，不触犯法律法规！

本次活动基本上能达成目标，但是在活动中还是存在一些问题：禁毒法制教育小组找的部分资料不够典型；禁毒法制教育感悟有抄袭网上的情况；评价有些片面。针对本次活动发现的突出问题，应从以下几点予以改进：

其一，给学生提供一些相对应的网站去找资料，资料应该会更典型；

其二，参观湖南长沙禁毒教育基地（或黎托强制戒毒所）要提出明确要求做笔记，拍照片，参观完后要检查；

其三，评价指标要更加细化，尽量做到理性评价，而不是感性评价。

第五章
学生综合素质评价与学校课程建设

为顺应时代发展需求，深入落实立德树人根本任务，长郡双语从2009年建校起，依据长沙市关于初中学生综合素质评价的要求，构建了“课程支撑、过程激励、全程评价”的综合素质培养和评价思路，构建并实施了三重领导给予实施保障的包含基础型课程、拓展型课程、实践型课程的综合素质培养、评价课程体系，采取了将日常评价、阶段评价和毕业评价相结合，“定性评价”和“定量评价”相统一，学生自评互评、教师和家长评价有机融合的评价方式，通过展示性评价和结果性评价有机结合的办法，实施开展了学生综合素质评价工作。十年来，学生综合素质评价工作逐步走上正轨，并初见成效。长郡双语短短十年内迅速成长为市内首屈一指、省内知名的初中公办学校，所培养的学生广受社会好评，正是得益于坚持扎实地实施学生综合素质评价。

第一节　学生综合素质评价实施办法

一、指导思想

初中学生综合素质评价是贯彻国家教育方针，坚持立德树人，践行社会主义核心价值观，传承弘扬优秀传统文化，培育学生发展核心素养，培养学生家国情怀、创新精神和实践能力全面实施素质教育的基本要求。为落实习近平总书记在全国教育大会上“克服唯分数、唯升学、唯文凭、唯论文、唯帽子”的重要指示，按照《国务院关于深化考试招生制度改革的实施意见国发》、《教育部关于全面深化课程改革落实立德树人根本任务的意见》、教育部等九部委《中小学生减负措施》等文件精神，结合《长沙市初中毕业升学考试与高中招生制度改革方案》，促进学生全面发展，长郡双语积极开展初中学生综合素质培养和评价工作，有效推进学校课程改革向纵深发展。为切实开展该项工作，结合学校工作实际，特制定本方案。

二、实施原则

在对学生实施综合素质评价时，应力求内容全面、客观，程序科学、规范，关注学生全面协调发展，关注学生的特长和潜能，反映学生的综合素质发展情况，评价结果为学生的发展提供信息，为学生毕业提供依据，为普通高中学校录取新生提供重要条件。

（一）把握方向，注重引领

评价要符合新的人才观、教育观和质量观，培养学生高尚的道德品质、终身学习的愿望和能力、健壮的体魄、良好的心理素质以及健康的审美情趣。既要服务于学生成长需要，尊重人的发展性与特殊性，也要服务于人才选拔的需要。从思想品德、学业水平、身心健康、艺术素养、社会实践五个维度对学生进行评价，将过程性评价和毕业评价相结合，“定性评价”和“定量评价”相结合，充分反映学生全面发展情况和个性特长，注重考查学生的日常行为规范养成和行为表现，特别注重考查学生的社会责任感、实践能力和创新精神。

（二）课程支撑，涵养能力

为保障综合素质评价内容的多元性和特色性，学校从课程建设入手，以省级重点课题“基于学生核心素养培育下的初中课程重构与实施”研究为引领，构建并实施包含基础型课程、拓展型课程、实践型课程的三型活力学校课程体系。学校以课程作支撑，依靠丰富多元的课程，为学生核心素养的培养打造了形式多样的平台，为学校对学生进行综合素质评价奠定了基础。

（三）客观记录，据实评价

学校以学生日常表现为依据，对学生成长过程中的主要经历和典型事例作客观记录或写实描述，通过学校德育三刊即德育周刊、年级周刊、班级周刊平台对班级活动中学生的表现进行展示性评价；每学期末，学生将个人综合素质发展的相关材料上传人人通平台，进行有效存档，班级和学校依据客观记录和真实数据对学生综合素质做出等第评定和评语评价，与学生个人期末评优评先挂钩；在中考毕业前给予学生综合素质实施毕业等第制评价提供给高中学校招生使用。在评价过程中坚持实事求是的原则，从学生的实际出发，做出合理的评价。评价坚持主体参与，以学生、家长、教师评价相结合。

（四）注重过程，促进发展

实现评价与日常教育教学特别是德育的融合，注重发挥评价的诊断、激励功能，引导教师关注学生学习和成长过程，激发学生注重自我发展的过程，注重不断自我完善。

（五）强化监督，确保公正

规范综合素质评价程序，落实校长、学校主管部门、学校综合素质评价工作小组、专干及班主任职责，建立综合素质评价的审核、公示和复核制度，确保评价过程公开透明，评价结果可信可用。

（六）全面发展，彰显个性

通过综合素质评价，激发学生在思想品德、学业水平、身心健康、艺术素养、社会实践五个维度的全面而均衡的发展，整体提升自我成长的内动力，鼓励学生成长为全面发展的社会主义接班人。同时，引导学生充分发挥自身潜能优势，在自己擅长的领域做出更大的发展，充分发展和彰显个性。

三、组织机构

（一）成立学校综合素质评定工作委员会（以下简称为“评定委员会”）

主　任：校长

副主任：党委书记、副校长

成　员：教育处、教务处、教科室、团委主要负责人及工作人员、年级组长、各年级家委会主任代表、学生会代表

主要职责：全面规划学校学生综合素质培养和评价工作，构建学校课程体系，制定学生综合素质评定方案。落实评定方案，制定具体的评定方法和程序，培训各班级评定小组成员，组织并监督评定工作，接受申诉和组织复议，认定评定结果，对评定中出现的分歧或错误予以澄清和纠正。

（二）成立班级综合素质评定工作小组（以下简称为“评定小组”）

成员：班主任、任课老师代表、家委会代表、班长、学生代表（共计 5 人）

主要职责：协助学生搜集整理综合素质评定的数据与证据，实施各班级学生的综合素质评定工作，撰写学生综合素质评定报告书中各维度目标的内容和综合评语；回答学生、家长的质询，班主任（组长）负责组织实施小组对学生综合素质评定的全过程，并撰写学生的综合性评语。

四、评价内容及评价标准

（一）评价内容的五个维度

其一，思想品德。主要考查学生在爱党爱国、理想信念、诚实守信、仁爱友善、责任义务、遵纪守法等方面的表现。重点是从两大方面考查，一是学生参与党团（队）活动、社团活动、公益劳动、志愿服务等；二是对学生所获得的奖项方面进行评价，并对学生违规违纪行为进行记录。

其二，学业水平。主要考查学生各门课程基础知识、基本技能掌握情况以及运用

知识解决问题的能力等。重点是从三个方面考查，一是学生在每周常规操行分评定中的课堂表现、作业完成方面的表现，通过加扣分直接体现或是否获得相关荣誉来体现；二是通过学业水平考试成绩、平时及期中期末考试成绩及校本课程学习成绩等来考查；三是通过学生在具有优势的学科学习情况，以及获得各级各类学科竞赛等的奖励或证书来考查。

其三，身心健康。主要考查学生的健康生活方式、体育锻炼习惯、身体机能、运动技能、心理素质和健康的生活习惯等。重点从学生在《国家学生体质健康标准》测试中取得成绩、参加课间跑操和团体操大课间活动、体育节，以及参加各级各类体育比赛获奖情况等来考查学生的身体健康状况。心理健康主要是从学生在班级中与人交往的表现、团队评价、团队协作表现、寄宿生活中养成健康的生活习惯以及应对困难和挫折的表现方面来考查。

其四，艺术素养。主要考查学生对艺术的审美感受、理解、鉴赏和表现的能力。重点从四个方面来考查，一是学生在音乐、美术、舞蹈、戏剧、戏曲、影视、书法等方面表现出来的兴趣特长；二是学生参加各类艺术社团活动，在社团嘉年华活动中的表现；三是学生参加合唱比赛、舞蹈比赛、美术比赛等各类艺术比赛并获奖，参加各种展演活动并有一定水平的作品被收集或展示；四是学生艺术类课程上的表现和考查测试成绩。

其五，社会实践。主要考查学生在社会生活中动手操作、体验经历等情况。重点是从学生在学校组织开展的科技创新、研学旅行、综合实践、各类公益志愿服务等活动中的表现，相应的奖励证书和由社区、单位盖章证明的社会实践登记表等来考查。

（二）评价标准

依据长沙市初中毕业生综合素质评价实施办法，结合学校和班级相关管理制度和评价方案，对学生在五个维度方面所获得的考查成绩，所获得的荣誉、证书，参加活动的记录，证明材料或违纪记录等，纳入到学生的综合素质总分评比中。按照一定的测评办法，评定等第，优秀为A，比较好为B，一般为C，存在较突出问题的为D。

五、评价方式

评价方法包括日常评价、阶段评价、毕业评价。评价时应把握“日常评价是阶段评价的基础，阶段评价是毕业评价的基础”的操作原则。

（一）日常评价

班级管理方面，各班坚持开展团队评比和个人操行分评定工作，通过制定与综合素质评定方案相匹配的团队评比制度和操行分评定制度，对学生的日常行为表现、参与各项活动表现、个人进步与综合素质发展等进行量化打分，并通过班级周刊等平台每周及时公布给学生和学生家长，形成操行分评定积分和团队总评；教学方面，各学科教师在日常教学过程中，注意观察学生的进步和发展，关注学生的表现，及时做出评价，并适时做好记录和资料收集工作。日常评价的结果以班刊的形式，通过学校网站等媒介，以展示和激励为标准，公布给家长。通过日常评价，不断引导学生积极融入集体生活，进行个性上的自我完善、良好的学习和生活习惯的养成、综合素养的提升，以及人际交往能力的增强。

（二）阶段评价

学生实时将个人综合素质发展情况的相关材料上传到人人通平台个人综合素质电子档案中，每学期期末再进行整理完善。各班依据学校评价实施细则，成立评定小组，于每学期期末结束前召开主题班会，结合班级小组团队，开展学生自评和互评、家长评价。在学生自评、互评、家长评价基础上，结合个人电子档案实证材料完成情况和科任老师意见，班主任老师给予学期评价。同时，根据这些评价，评定小组按照综合素质评定内容五个维度和阶段评价具体实施办法，对全班学生的学期综合素质评定原则上按照 70% 的 A、20% 的 B 和 10% 的 C 和 D，给予学生公平、公正、公开的等第划分评定，并将评价结果填入《中学生综合素质评价报告单》，评定结果与学生期末个人评优评先相结合。如果班级整体发展非常好，班风、学风优良，被评为常规管理优秀班级、文明示范班级、文明达标班级等，由评定委员会适当提高班内 A 等学生人数比例，降低 C、D 等比例。

（三）毕业评价

毕业评价应由评定委员会组织进行，要在学生毕业离校前完成。评定时以学生阶段的综合素质评定结果为依据，结合学生在人人通平台的综合素质电子档案的完成情况（参照长沙市教育局制定的统一标准）和学科成绩确定学生的评价等级。学生综合素质评价等第是学生升学成绩的重要组成部分。

六、阶段评价实施办法

依据以上评价内容和标准，学生阶段综合素质评价由客观性评价和主观性评价两部分构成。根据具体评价实施办法，最终确定学生在五个维度的评价结果，以 A、B、C、D 等第加评语的形式呈现。

客观性评价由学科测试成绩、过程表现性评价、标志性成果评价三部分构成，是评定五个维度 A、B、C、D 等第的主要依据。主观性评价由学生自评、学生互评、班主任评价、家长评价四部分构成。评价时先组织学生自评，再组织学生互评、家长评价、班主任评价。主观性评价都是以评语的形式呈现，每学期一次。阶段评价的结果记录在《中学生综合素质评价报告单》，同时登记在学生的学籍档案表和学生手册上，作为学生阶段成长表现的重要结果反馈。阶段评价具体评价办法如下：

长郡双语实验中学、学生阶段综合素质评价办法

维度	评价要素	等级	长郡双语实验中学阶段评价指标	课程阶段评价指标	评价办法
思想品德	1. 理想信念：爱党爱国爱家乡，积极参加党团队等集体活动；了解党史国情，拥护中国共产党的领导，坚持社会主义道路，了解中国共产党、中国共青团、中国少年先锋队的历史和光荣传统；拥护党的意识和行动，具有共产主义远大理想和中国特色社会主义共同理想。2. 国家认同：具有国家意识，珍视国家荣誉，捍卫国家主权；具有文化自信，尊重中华民族的优秀文明成果，弘扬中华优秀传统文化；具有全球意识，尊重世界多元文化的多样性和差异性；关注人类面临的全球性挑战，理解人类命运共同体的内涵与价值。3. 公民素养：遵纪守法，诚实守信，明辨是非，具有规则与法治意识；尊敬老师，孝顺父母，团结同学，关爱他人，有仁爱友善和感恩之心；热爱生活，尊重自然，具有绿色生活方式和可持续发展理念与行动；积极履行公民义务，理性行使公民权利；有强烈的社会责任感，维护社会公平正义。4. 人格品质：拥有积极的人生态度，自尊自爱，自信自律；勇敢面对困难，坚韧乐观，具有抗挫折能力；正直善良，以人为本，尊重和维护人格尊严，关注人类生存、发展和幸福；甘于奉献，敢于担当，有责任心，能吃苦耐劳，生活朴素。5. 行为习惯：遵守《中学生日常行为规范》；文明礼貌，能抵制不良诱惑，有良好的行为习惯；珍视集体荣誉，积极参加公益活动，乐意为他人和社会服务；保护地球，爱护环境，爱惜花草树木；勤俭节约，低碳环保，健康生活，自觉礼让与排队，自觉遵守公共道德，自觉维护公共卫生和公共设施。	A	学生参与班队活动、党团活动、社团活动、公益劳动、志愿服务等，主动承担班级事务，参加青年团校的学习、到社区报到并提供志愿服务，获得班级表彰或被评为最美长郡人、三好学生、优秀学生干部、优秀团员（团干）、优秀少先队员（中队干部）、优胜团队（小组长和成员）、文明寝室（寝室长和寄宿生）、常规之星、文明标兵、环保小卫士、公益积极分子、优秀志愿者、优秀义工、优秀义工中队等相关德育荣誉。	在实践型课程中，社会实践课程修满10个学分，进入A等评定范畴。	根据学生提供的证书来评定，由班级综合素质评价工作小组认定。
		B	在班级中有多次违纪，在班内做过公开检讨；在班级操行分评定中表现不佳；在校内外有不良行为并被查实；在年级组层面被公开批评。	在实践型课程中，社会实践课程修满5~9个学分，进入B等评定范畴。	根据班级工作记录情况，由班级综合素质评价工作小组认定。
		C	被学校处分通报。	在实践型课程中，社会实践课程修满4个及以下学分，进入C等评定范畴。	根据教育处提供的处分记录，由班级综合素质评价工作小组认定。
		D	有违法犯罪行为记录。	在实践型课程中，未参加社会实践课程研修。	根据执法部门的犯罪记录，由班级综合素质评价工作小组认定。

（续表）

维度	评价要素	等级	长郡双语实验中学阶段评价指标	课程阶段评价指标	评价办法
学业水平	1. 学习态度：正确认识和理解学习的价值，具有积极的学习态度和浓厚的学习兴趣；崇尚真知、尊重事实，有求知意识和严谨治学态度。2. 学习方法：具有学科思维，能自主学习，养成良好的学习习惯，掌握适合自身的学习方法；能独立思考，刻苦钻研，通过自主、合作、探究等学习方式，解决学习、生活中的问题。3. 知识技能：能理解与掌握各科课程标准要求的基础知识与基本技能。4. 反思能力：对自己的学习状态有反思的意识，能大胆质疑，善于分析和总结经验教训；能根据不同情境和自身实际，选择或调整学习策略。5. 创新意识：具有探索和创新意识，能辩证分析问题，大胆提出想法，具有创新思维，能综合运用所学知识解决社会生活中的实际问题。	A	段考、期末考试成绩在班内表现好，单科每次不得有两个及以上的C，单科不得有D、E；平时学习态度认真，无旷课、严重违纪、无故缺交作业等现象；作业质量好，学习意识、自主学习能力强，学习习惯好；获得学习积极分子、勤奋之星、勤学好问之星、进步之星等荣誉，获得各级各类学科竞赛等奖励或证书，如创新作文大赛、语文能力大赛、辩论赛、政治时政演讲、诗词达人、英语演讲比赛、理化科目学科竞赛、机器人大赛、信息奥赛等方面的荣誉。	在基础型课程中，各科学业成绩单科每次不得有两个及以上的C，单科不得有D、E。	根据段考、期末考试成绩、学生上交的证书，由班级综合素质评价工作小组予以认定。
		B	段考、期末考试成绩在班内表现较好，成绩无D、E等第；学习上较为认真，无旷课、严重违纪行为，无经常缺交作业现象；作业质量、学习意识、自主学习能力、学习习惯较好。	在基础型课程中，各科学业成绩无D、E等第。	根据段考、期末考试成绩、课堂情况登记本、课代表及科任老师工作记录本，由班级综合素质评价工作小组予以认定。
		C	段考、期末考试成绩较差，成绩出现D、E等第；学习上不认真，有旷课、经常性课堂违纪行为，经常无故缺交作业，学习意识、学习能力、学习习惯均较差。	在基础型课程中，各科学业成绩出现D、E等第。	根据段考、期末考试成绩、课堂情况登记本、课代表及科任老师工作记录本，由班级综合素质评价工作小组予以认定。
		D	段考、期末考试成绩较差，成绩出现多科D、E等第；学习态度差，有旷课、经常性课堂违纪行为；学习意识、学习能力、学习习惯差。	在基础型课程中，各科学业成绩出现多科次D、E等第。	根据段考、期末考试成绩、课堂情况登记本、课代表及科任老师工作记录本，由班级综合素质评价工作小组予以认定。

（续表）

维度	评价要素	等级	长郡双语实验中学阶段评价指标	课程阶段评价指标	评价办法
社会实践	1. 实践能力：积极主动参加社会实践，如垃圾分类、社会调查、社区服务等活动。2. 合作能力：有较强的沟通能力与团队协作精神，能与小组成员共同合作完成实践活动，含研究性课题或学习任务、实践作品等。3. 探究精神：强烈的好奇心和丰富的想象力，具有坚持不懈的探究精神；不盲从权威，能运用科学的思维方式认识事物与指导自身实践行为。4. 劳动技术：尊重劳动，具有积极的劳动态度和良好的劳动习惯，掌握一定的劳动技能；主动参加学校劳动、家务劳动和社会劳动；有通过诚实合法劳动，创造幸福生活的意识和行动。5. 信息素养：能有效地获取、鉴别、加工、处理、传递和使用信息，具有数字化生存能力；主动适应“互联网＋”等社会信息化发展趋势，具有信息伦理道德与信息安全意识，学会保护个人的隐私和尊重知识产权。	A	在学校实验课中，实验完成情况好；积极参加学校组织开展的科技创新、研学旅行、综合实践、各类公益志愿服务等活动并表现优秀；被评为公益积极分子；获得各级各部门办法的志愿服务或实践活动的相应的奖励证书；在学校科技节中获奖；在研学活动中研究和汇报的研学课题成果被评为优秀；寒暑期参加各类志愿服务活动的时间和次数均较多，且按时上交参与社区、单位的志愿活动的盖章证明的社会实践登记表。	在基础型课程中，理科实验课程修满10个学分且在实践型课程中，在拓展型课程中修满10个学分，社会实践课程修满10个学分，进入到A等评定范畴。	根据班级参加活动的记录、理科老师提供的实验报告等第、学生提供的获奖证书、社会实践登记表，班级综合素质评价工作小组进行认定。
		B	在学校实验课中，较好地完成了实验；参加学校组织开展的研学旅行、综合实践、各类公益志愿服务等活动；寒暑期参加过各类志愿服务活动，且按时上交参与社区、单位的志愿活动的盖章证明的社会实践登记表。	在基础型课程中，理科实验课程修满5～9个学分且在实践型课程中，社会实践课程修满5～9个学分，在拓展型课程中修满5～9个学分，进入到B等评定范畴。	根据班级参加活动的记录、理科老师提供的实验报告等第、社会实践登记表，班级综合素质评价工作小组进行认定。
		C	在学校实验课中，基本完成了实验；参加学校组织开展的研学旅行、综合实践、各类公益志愿服务等活动，表现一般；寒暑期未按照要求参加过各类志愿服务活动，未按时上交参与社区、单位的志愿活动的盖章证明的社会实践登记表。	在基础型课程中，理科实验课程修满4个及以下学分且在实践型课程中，社会实践课程修满4个及以下学分，在拓展型课程中修满4个及以下学分进入到C等评定范畴。	根据班级参加活动的记录、理科老师提供的实验报告等第，班级综合素质评价工作小组进行认定。
		D	在学校实验课中，未完成实验；不参加学校组织的研学旅行、综合实践、公益志愿服务活动；寒暑假未按照要求参加各类志愿服务活动，未上交社会实践登记表。	在基础型课程中，未参加理科实验课程研修且未参加实践课程、拓展型课程研修。	根据班级参加活动的记录、理科老师提供的实验报告等第，班级综合素质评价工作小组进行认定。

（续表）

维度	评价要素	等级	长郡双语实验中学阶段评价指标	课程阶段评价指标	评价办法
艺术修养	1. 艺术兴趣：喜欢上艺术课（音乐、美术等），积极参加各种艺术活动，认真完成艺术学科作业，对艺术课程或艺术作品有较强的兴趣爱好。2. 审美修养：具有健康的审美价值取向，有一定的审美情趣和艺术修养，能理解与尊重我国文化艺术的多样性。3. 理解鉴赏：具有一定的艺术基本知识、技能与方法；有发现、感知、欣赏、评价美的基本能力，能在生活中拓展与升华；了解家庭、学校、社区以及国家的文化艺术。4. 表现创造：具有艺术表达和创造的意识；能够运用所学知识，创新艺术表现或创造艺术作品，包括音乐、美术、舞蹈、戏剧、影视、书法、动漫、文学艺术等艺术活动。5. 艺术特长：有艺术特长爱好、艺术成果。在音乐、美术、舞蹈、戏剧、影视、书法、动漫、文学艺术等方面拥有1~2项艺术爱好或特长。	A	学生在音乐、美术、舞蹈、戏剧、戏曲、影视、书法等方面表现出特长；在班级音乐会中主动参与表演节目；积极参加各类艺术社团活动，在社团嘉年华活动中表现好；参加合唱团、舞蹈队等艺术团体；参加舞蹈比赛、美术比赛等各类艺术比赛并获奖；参加各种展演活动并有一定水平的作品被收集或展示；在艺术类课程上，如音乐课、美术课、劳技课等课堂表现好且无旷课，艺术课堂完成效果好，测试成绩为A等或者优秀。	在实践型课程中，艺术节系列活动课程修满15个学分，且音乐、美术基础型课程中测试成绩为A等，综合素质评价进入A等评定范畴。	根据学生提供的艺术考级证书、音乐美术课程老师提供的课堂记录、学生艺术测试成绩、获奖证书、收录作品，班级综合素质评价工作小组进行认定。
		B	学生对艺术有一定的兴趣爱好，能够主动参加班级的艺术类活动，在艺术类课程上的表现一般，无旷课和经常性违纪，艺术课堂作业完成一般，艺术测试成绩为B等或者良好。	在实践型课程中，艺术节系列活动课程修满10~14个学分，且音乐、美术基础型课程中测试成绩为B等，综合素质评价进入B等评定范畴。	根据音乐美术课程老师提供的课堂记录、学生艺术测试成绩，班级综合素质评价工作小组予以认定。
		C	学生在艺术课程上表现较差，存在多次课堂违纪，经常缺交艺术课堂作业，艺术测试成绩为C等或者合格。	在实践型课程中，艺术节系列活动课程修满5~9个学分，且音乐、美术基础型课程中测试成绩为C等，综合素质评价进入C等评定范畴。	根据音乐美术课程老师提供的课堂记录、学生艺术测试成绩，由班级综合素质评价工作小组予以认定。
		D	学生在艺术课程上表现差，无故旷课，经常性课堂违纪，经常缺交艺术课堂作业，艺术测试成绩为D等或者不合格。	在实践型课程中，未参加艺术节系列活动课程研修，且音乐、美术基础型课程中测试成绩为D等，综合素质评价进入D等评定范畴。	根据音乐美术课程老师提供的课堂记录、学生艺术测试成绩，由班级综合素质评价工作小组予以认定。

（续表）

维度	评价要素	等级	长郡双语实验中学阶段评价指标	课程阶段评价指标	评价办法
身心健康	1. 珍爱生命：正确理解生命的意义和人生的价值，悦纳自我，珍爱生命，掌握急救常识，坚决远离毒品，具有安全意识和自我保护的能力。2. 人际交往：能大胆表达，友好交流，与父母、老师、同学、朋友等相处和谐融洽。3. 心理素质：具有积极、乐观心态，能调节和管理自己情绪，能应对和克服学习生活中遇到的困难；正确认识与评价自我，能根据自身个性特长和优势潜能选择适合的目标与发展方向。4. 身体机能：身高、体重、肺活量、视力以及身体运动能力等，达到《国家学生体质健康标准》要求。5. 健康生活：了解健康生活常识，养成良好的生活习惯，平衡饮食，坚持锻炼身体，兴趣广泛，积极参加各项有益活动；养成良好的用眼及卫生习惯，懂得爱眼护眼；选择适合自身的运动爱好，掌握 2 ~ 3 项体育运动技能。	A	学生在《国家学生体质健康标准》体育测试中达到优秀等第；积极按要求参加课间跑操和篮球操大课间活动，加入班级跑跑团锻炼；积极参加体育节各项活动；参加各级各类体育比赛获奖；学生在班级与人相处融洽和谐，团队评价和团队协作表现好；在寄宿生活中养成健康的生活习惯，被评为文明寄宿生或所在寝室被评为优秀寝室；应对困难和挫折的表现好，爱惜身体健康，乐观向上。	在基础型课程中，心理课研修满 15 个学分，体育基础型课程中测试成绩为 A 等，且在实践型课程中，体育节系列活动课程修满 15 个学分，且综合素质评价进入 A 等评定范畴。	根据心理课老师提供的学习记录、体育老师提供的体育测试成绩、体育竞技类获奖证书、团队互评结果、班级活动记录、教育处提供的文明寄宿生和文明寝室名单，由班级综合素质评价工作小组予以认定。
		B	学生在《国家学生体质健康标准》体育测试中达到良好等第；按要求参加课间跑操和篮球操大课间活动；学生在班级与人相处较好，团队评价和团队协作表现较好；有应对困难和挫折的能力，无自残自伤行为等。	在基础型课程中，心理课研修为 10 ~ 14 个学分，体育基础型课程中测试成绩为 B 等，且在实践型课程中，体育节系列活动课程修 10 ~ 14 个学分，且综合素质评价进入 B 等评定范畴。	根据心理课老师提供的学习记录、体育老师提供的体育测试成绩、班级活动记录、团队互评结果，由班级综合素质评价工作小组予以认定。
		C	学生在《国家学生体质健康标准》体育测试中达到合格等第；参加课间跑操和篮球操大课间活动存在多次请假行为；学生在班级与人相处存在障碍，团队评价和团队协作表现一般；情绪控制能力较差，有轻微自残自伤行为等。	在基础型课程中，心理课研修 5 ~ 9 个学分，体育基础型课程中测试成绩为 C 等，且在实践型课程中，体育节系列活动课程修 5 ~ 9 个学分，且综合素质评价进入 C 等评定范畴。	根据心理课老师提供的学习记录、体育老师提供的体育测试成绩、班级活动记录、团队互评结果，由班级综合素质评价工作小组予以认定。
		D	学生在《国家学生体质健康标准》体育测试中被评为不合格等第；经常不参加课间跑操和篮球操大课间活动；学生在班级与人相处极不融洽或难以交往，团队评价和团队协作表现较差；有严重自残自伤行为等。	在基础型课程中，心理课研修不满 5 个学分，体育基础型课程中测试成绩为 D 等，且在实践型课程中，体育节系列活动课程研修不满 5 个学分，且综合素质评价进入 D 等评定范畴。	根据心理课老师提供的学习记录、体育老师提供的体育测试成绩、班级活动记录、团队互评结果，由班级综合素质评价工作小组予以认定。

七、毕业评价实施办法

（一）明确指标

（略）

（二）明确工作流程

长沙市中小学生综合素质评价管理系统分为成长记录和档案管理两个子系统，对学生录入的典型材料和客观数据进行整理、审核、公示后，形成学生的综合素质档案。初中学生综合素质档案评价主要包括写实记录、整理遴选、录入数据、审核公示、形成档案、评定等级六个环节。

（三）前期准备阶段

成立评定小组，其成员向评定委员会签订诚信协议；教育局和学校分别组织教师、学生及家长对综合素质评价的意义、内容、方法、工作流程、程序、系统操作等进行培训。

（四）具体实施阶段

第一，学校向市教育局上报综合素质评价实施办法，同时全面启动综合素质评价工作。

第二，公示评定委员会和班级评定小组 3～5 个工作日，设立投诉电话。

第三，召开家长会、学生大会和老师会，指导学生搜集整理综合素质评价档案袋 26 条实证材料的文本档案，对初中三年过程中上传至人人通平台上的个人资料进行整理和遴选。同时，要求各班级准备好每学期末给予学生的学期综合素质评价等第表。

第四，学校依据市教育局的相关安排，组织好学生参加全市体育与健康、语文口语、英语人机对话、理化生实验操作测评。学校相关责任老师将学生英语口语、科学实验操作、体育三年平时成绩、三年阶段学业考试成绩（折成等级）的数据导入学生电子档案系统。

第五，班级评定小组成员审核学生材料，将学生每学期阶段评价等第结果、学生最终互评结果进行综合评定，确定学生综合素质等第，并将等第结果导入系统。

第六，学校将学生电子档案上传市教育局。学校、班级评定组织对学生综合素质评定结果进行公示、复核，并将学生评价结果上传市教育局抽样验证。

第七，按照市教育局抽样验证结果，确定学生综合素质毕业等第并在校内公示。

八、评价结果呈现与使用

（一）评价结果的呈现

学生综合素质阶段评价的结果采用评语加 A、B、C、D 等第评定的形式呈现，各班依据学校的相关制度进行测评和公示，记录到《中学生综合素质评价报告单》、学籍表、学生手册。

学生综合素质毕业评价结果依据长沙市教育局的统一要求，结合学生的阶段评价结果和学生综合素质电子档案及各项考查科目成绩，采用A、B、C、D等第形式呈现。学校初中毕业生综合素质各维度的最终等级比例不得超过全市抽样验证的比例。

（二）评价结果的使用

通过对学生在做好素质培养方面的过程性表现和标志性成果进行及时有效的展示、评价和反馈，对学生综合素质培养起到规范和引领作用。对学生综合素质进行日常评价和阶段评价，其结果作为学生学期评优、直升生测评、指标生测评中的重要参考依据，能够督促学生不断完善个性和人格，养成良好的学习和生活习惯，培养创新精神和实践能力，注重自身综合素养和核心素养的提升；更有助于教师和家长在实施教育的过程中，明确方向和目标，着力于培养全面发展、个性鲜明的新时代青年。

学生综合素质毕业评价等第结果，是学生初中毕业和高中招生录取的重要依据。这对于学校落实党的十九大以来的教育方针，真正实施素质教育，最大限度地提高学生的综合素质，有着巨大的推动作用。

九、建立综合素质评定相关制度

（一）公示制度

公示评定工作委员会及各班级评定小组成员名单。综合素质评定的内容、方法、程序、过程性材料及评定结果等，应通过人人通平台向学生及其家长作出明确的说明和解释。

（二）举报和申诉制度

学生、家长、教师和其他社会人士对于评定过程中可能出现的不公平、不公正的现象，或者对评定结果存在异议，可首先向评定工作委员会提出举报或申诉。如果对评定工作委员会的答复或处理不满意，可向上级综合评定领导小组提出举报或申诉。

评定工作委员会应详细记录各项举报、申诉及查处过程和结果，并根据实情进行处理和上报。

（三）评价质量监控与评估制度

在评价工作中，评定工作委员会对评价质量进行监控和监督，对各班评价工作进行抽查，对评价结果的真实性和有效性进行核查，如有重大问题要重新组织评价。同时，构建完善的评估制度。对综合素质评价下的学生发展进行档案追踪管理，对综合素质评价体系和方式作用下的学生个体发展水平进行有效评估，以进一步完善工作机制，促成育人目标的达成。

（四）诚信记录制度

评定工作委员会对其成员、各班级评定小组成员、学生建立信用记录，及在评定过程中出现的弄虚作假和舞弊行为，在当事人的信用记录中予以记载。

对于有不良信用记录的老师，学校今后将不聘其为评定小组成员，并根据情况，予以处理。对于有不良信用记录的家长及社会人士，学校将依照程序通知其主管单位。对于有不良信用记录的学生，学校可向高中阶段学校建议不录取或 降级录取。

（五）培训制度

分阶段对德育队伍进行综合素质评价工作专题培训，要求德育队伍培训修满相应学分，充分了解综合素质评价工作的全部内容。

通过召开家委会主任会议和分年级召开全体家长会，对所有家长开展学生综合素质评价工作主题培训，让家长了解综合素质评价工作的意义、内容、方案和途径，给予综合素质评价工作充分的理解和支持。

通过专题学生会议、升旗仪式主题教育、主题班会课等，分阶段对全体学生进行综合素质评价工作的解读，让全体学生了解综合素质评价工作的全部内容，激发学生自我发展的动力。

第二节　学生综合素质评价与三型活力课程发展现状

为顺应时代发展需求，落实习近平总书记在全国教育大会上“克服唯分数、唯升学、唯文凭、唯论文、唯帽子”的重要指示，深入落实立德树人根本任务，长郡双语自 2009 年建校起，即依据长沙市初中学生综合素质评价的实施方案，确立了“培养是目的，评价是手段，以评价促培养”的学校综合素质评价工作指导思想，构建了“课程支撑、过程激励、全程评价”的综合素质培养和评价的体系，有序、有效地开展了学校综合素质评价工作。十年实践，学校构建起学生综合素质评价“五三”评价体系。

一、三重领导理顺培、评关系

为了推进三型课程与综合素质评价工作的深度融合，长郡双语建立起课程领导小组、学校综合素质评价工作委员会、班级综合素质评价工作小组三位一体的工作领导机制。课程领导小组由校长担任组长，书记、副校长为副组长，学校中层干部、教研组长、德育骨干力量为主要成员；学校学生综合素质评价工作委员会以校长为组长，书记、副校长为副组长，学校中层干部、年级组长、家长代表、学生会代表为成员；各班综合素质评价小组以班主任为小组长，科任老师、家长代表、班长、普通学生代表为小组成员。三位一体的工作领导机制理顺了综合素质培、评关系，确保了学校课程体系的构建和实施，对综合素质培养和评价工作起到全面、系统的规划作用，促进了课程建设与综合素质评价的深度融合，对全面推动综合素质评价工作深入实施起到了重要作用。

二、三型课程助力素质培养

长郡双语以省级重点课题“基于学生核心素养培育的初中课程重构与实施”研究

为引领，全面规划组织了包含基础型、拓展型、实践型课程的三型活力学校课程体系。基础型课程涵盖所有国家课程，利用信息化教育手段和高效课堂培养学生的综合素质。拓展型课程涵盖人文素养、科学素养、艺术修养、创客实践、生活技能、信息技术等40门左右的课程，研制课程标准，学生自主选课、走班上课。实践型课程由志愿服务、研学旅行、职业体验和主题实践四大板块组成，涵盖城乡手拉手、社区服务、春秋研学、绿色之旅、红色之旅、生存探究、科学实践、素质拓展、专题教育等23项主题课程类别，以学生在校外开展综合实践活动和研究性学习为主，选修和必修相结合，实施个体、班内小团队、班级、年级、学校不同层面组织，提高活动实效性，增强学生社会责任感，培养学生提出问题、发现问题、解决问题的能力。

三、三级目标完善评价指标

长郡双语综合素质评价实施方案依据的第一级指标源自《教育部关于进一步推进高中阶段学校考试招生制度改革的指导意见》，将综合素质评价细化和完善为思想品德、学业水平、身心健康、艺术素养和社会实践五个维度的评价内容。

《长沙市初中生综合素质评价实施办法》将五个维度分解为理想信念、责任义务、各门课程基础知识掌握情况、艺术审美感受、体育锻炼习惯、社会生活动手操作等20个评价要素，26项实证，充实、细化了五大维度内容，作为长郡双语综合素质评价的第二级目标。

在“以人为本，激扬活力，追求卓越”的育人理念和“养正毓德，博学笃行”的育人思想下，学校进一步明确了“培是目的，评是手段，以评促培”的综合素质评价工作指导思想，致力于通过综合素质评价的全面实施，引导学生认识自我，规划人生，积极主动地发展；引导教师把握学生成长规律，切实转变人才培养模式，改革评价方式，转变以考试成绩作为唯一标准评价学生的做法，确立了长郡双语综合素质评价在思想品德、学业水平、身心健康、艺术素养、社会实践五个维度的具体考察指标。

每项评价指标具体说明都与学校课程建设、校园文化建设、校园常规和活动等紧密相关，多层次多角度反映出学生日常综合素质发展的真实状况。

四、三个平台提供便捷支持

学校充分利用现代信息技术和各类活动平台，为综合素质评价工作提供能力展示、个体激励和资料分享、存储、佐证等功能。

一是充分利用长沙市中小学生统一使用的网络学习空间“人人通”平台，学生在人人通平台上实时上传个人过程性成长材料。每学期结束，对照综合素质评价指标体系进行整理遴选，在长沙市综合素质评价云平台中形成阶段学期阶段评价材料。班级评定工作小组依据学期评价材料对学生进行学期评价，形成学期教师评语和评价档案，促进学生健康成长。

二是利用校园网站平台，展示学生过程性成长材料和标志性成果，对学生成长进行激励和引领。学校教育处每周制作德育周刊，内容包括自主执勤活动总结、德育新闻、学校各项活动总结等，呈现校级综合素质培养路径和过程。各个班级每周制作班级周刊，内容包括个人及团队操行分评定、学生自主管理、团队评价、班级活动照片等，全方位展示了班级对学生综合素质培养情况，也对学生个人表现进行客观、系统、公正的记录和展示。

三是利用“澄池大舞台”平台，开展各类汇报、讲演、表演等活动，强化学生意识，辐射综合素质评价的意义和作用。“澄池大舞台”有几个系列活动，如每学期初的“勇担当·志青春”社会实践活动汇报，从班级、年级到学校层层评选，评比出十个左右的学生社会实践活动优秀案例，组织全校学生收看汇报展示；每年年底的“秀出真风采，青春无极限”艺术节闭幕式暨优秀节目展演；每学期末的“多彩青春，个性绽放”社团活动风采展，学校组织对学生在校本拓展课和社团活动中的成果以才艺演出、学生作品和活动图片等展进行展示等。鲜活的案例和直观的呈现，让学生能近距离欣赏到全校学生的优秀作品。

五、三类评价实现多元激励

学校对评价实施流程不断地完善优化，形成了时间主线上的“日常评价”、“阶段评价”与“毕业评价”三类。第一类是利用《学生成长手册》《学生课堂情况登记本》《班级日志》《学生常规操行分评定细则》《阶段性评价实施方案》，充分利用班级周刊平台建立起日常评价；第二类是利用“人人通”平台实施每个学期末的阶段评价；第三类是利用网络学习空间“人人通”平台进行初三第二学期毕业前的毕业评价。三个不同阶段的评价反映出学生综合素质发展轨迹，既激励学生更好地自我完善，也为高中录取提供了最好的依据。

在评价主体上也有三类评价，即自评、互评、师评。自评是在实施综合素质评价过程中充分尊重学生主体地位，激发学生自我教育，引导学生做好自我评价；互评是通过开展学生团队建设，做好学生间互相评价，激励学生互相督促、互相欣赏；师评是班主任老师、科任老师、家长根据学生在教育教学过程的表现，对学生进行教师评价。

这种内容多元、方法多元、主体多元的评价模式既注重教会学生做人做事、合作学习，也指引了教师和家长树立正确的育人观，同时促使学校以人为本，尊重个体生命的发展。

十年的研究和探索，建立和明确了课程与学生综合素质评价之间的关系。学校坚持以省级重点课题“基于学生核心素养培育的初中课程重构与实施”研究为引领，成立了“学校课程规划与实施领导小组”，全面规划组织了包含基础型课程、拓展型课程、实践型课程的学校综合素质培养和评价课程体系，学校的课程建设围绕着“落实学生发展核心素养，提升课程整体育人价值”来规划和实施。

基础型课程是国家规定课程。为了提升基础型课程在学生综合素质、核心素养上的培养作用，学校狠抓教育信息化建设，积极稳妥地进行慕课和翻转课堂实验，狠抓高效课堂建设，着重强调三维目标的达成，利用课堂主渠道培养学生的综合素质。五个维度的综合素质评价内容都与基础型课程有着紧密的联系，基础型课程为学生综合素质的评定提供了丰富的实证材料。

拓展型课程是学校的特色校本选修课程，根据学生的兴趣特长，自主选课，走班上课，促进学生个性化发展，培养学生的兴趣和特长。每学期开设40门左右的拓展型课程，涵盖人文素养、科学素养、艺术修养、创客活动、生活技能、信息技术等。每位学生在校期间至少选修学习一门拓展型课程。拓展型课程与核心素养培育要求深度有机融合，且广受学生欢迎，学生的综合素质在拓展型课程中得到了全面提升。

实践型课程主要由志愿服务、研学旅行、职业体验、主题实践四大板块构成。丰富多元的实践型课程是学生综合素质培养提升的有力抓手，也是学生综合素质得到印证的有利契机。实践型课程为学生展示个性发展、实践能力和综合素质提供了广阔的天地。学生在实践型课程中通过参与、合作、竞争等，进一步形成自主发展意识，提升内动力，不断走向自我完善。

学校综合素质培养和评价课程体系表

评价维度	生命发展指向	构建与5个维度、25项评价指标相吻合的综合素质评价课程体系	
		基础型课程	拓展型、实践型课程
思想品德	正确的价值追求	道德与法治等文化课程	班会、国旗下讲话、每周国旗下主题教育、系列主题教育活动等，影像中的历史、文学社、朗诵与主持、演讲与口才、小记者站、志愿服务等课程。
学业水平	理性的思维认知	文化学科课程等、语文阅读口语、英语口语。	大家的日语、你好德国、初级法语、韩语、校园电视台、英文电影台词例析和配音模仿、英语戏剧赏析表演、外语节、职业体验、科技探究等课程。
社会实践	良好的社会适应	学科实验课、通用技术、理化生实验考查。	饱嗝烹饪课堂、乐高机器人、无人机、中鸣机器人、小创客玩转3D设计与3D打印、纸艺社、研学课程、红色之旅、绿色之旅、文化之旅、科技节、寒暑期各类社会实践课程等。
艺术素养	高尚的审美情操	音乐美术欣赏课、艺术必选课	礼仪社、合唱团、歌曲创作社、声乐表演社、舞蹈社、服装设计社、弦乐合奏、书画社团、创意手工、陶言瓷语、世界地理探秘、植物的奥秘、侦探电影与化学探秘、桥牌启蒙、校园文化艺术节、读书节等活动以及社团节。
身心健康	健康的体魄和心灵	体育课、心理课、健康教育课	阳光体育运动、体育测试、课间跑操、团体操、体育节、走进军营、篮球、足球、羽毛球、乒乓球、健美操、太极拳、武术等课程

从内容上看：基础型课程方面，学校开齐开足了所有的国家课程，利用课堂主渠道培养学生的综合素质。拓展型课程方面，每学期开设40门左右的拓展型课程，涵盖人文素养、科学素养、艺术修养、创客活动、生活技能、信息技术等。实践型课程方面，主要由志愿服务、研学旅行、职业体验和社会实践四大板块构成，涵盖城乡手拉手、社区服务、春秋研学、绿色之旅、红色之旅、生存探究、科学实践、素质拓展、专题教育等23项主题课程类别，以学生在校外开展综合实践活动和研究性学习为主。

从形式上看：基础型课程变形式，通过翻转课堂、微视频教学、云课堂等方式创新课堂形式。拓展型课程采用走班制、分层教学等形式，学生选择自己喜欢的拓展课程，开展学习，提升能力。实践型课程以个体、班内小团队、班级、年级、学校等不同层面在学期中和寒暑假灵活组织课程实施，以选修和必修相结合的形式由学生自主选择参与，切实培养学生发现问题、研究问题、解决问题的能力。

长郡双语充分利用地域资源、社会资源和家长资源，进社区、进场馆、建基地，结合长沙地域和文化资源，开设校内外各项课程。发动家长主动参与，在课程学习的同时构建和谐的亲子关系。

学校的学生综合素质评价“五三”评价体系，将学校的课程建设、综合素质评价工作有机统一，将立德树人目标、核心素养、学校特色发展内涵有机融合，贯穿于课程构建和综合素质评价实施的始终，切实扭教育转评价导向，以评价促进培养，以培养完善人格，坚持学生主体，坚持以人为本，激扬活力，为学生的终身发展奠基。

第三节　学生综合素质评价与三型活力课程建设实施成果

建校十年来，学校通过综合素质评价助推学校课程的有效实施，助推学生得到全面而有个性发展，助推教师育人观念和教学方式得到更新，学校的“活力教育”特色得到彰显，在全市、全省乃至全国产生了良好的社会影响。

一、学生综合素质全面提升

学校不断完善课程开设，组织实施社会实践活动，为学生搭建各类成长平台，学生的综合素质不断提高。每年长郡双语实验中学学生综合素质评价 A 率在长沙市同类学校中都遥遥领先。2018 年初三毕业生的综合素质评价五个维度的平均 A 率均到了 97% 以上。

（一）学生道德品质和习惯养成好

学校致力于通过综合素质评价的有效实施，将良好的道德品质要求与行为习惯规范渗透在每个学生的学习与生活中，引导学生认识自我，树立良好的世界观、人生观、价值观。在学生群体中涌现出一批优秀道德品质与习惯养成好的模范，如刘顺天同学被评为“全国最美中学生”，汪葆宁同学被评为“长沙市新时代好少年”，唐翊缘同学被评为长沙市“诚信友善好少年”等。学生在校园及社会中展现出极高的文明素养，长郡双语学子纯真质朴，恪守社会公德，在诚信、勇担责任、文明等方面，表现尤为突出，拾金不昧、资助贫困地区、爱心捐赠、志愿服务等善行，多次被媒体争相报道。

2019 年 4 月 20 日，国内报纸、电视台、各主流新闻网络媒体，包括潇湘晨报、湖南公共频道、人民日报社、光明网、腾讯新闻、网易新闻、百度新闻、中国经济网、湖南经济网、湖南在线在内的全国几十家主流媒体报道和转发了“长沙女孩就餐打碎店里碗碟，老板却表扬她！咋回事儿?”的新闻，讲述了长郡双语学子杨思睿同学感动全城的诚信故事：4 月 18 日，长郡双语实验中学 1818 班杨思睿同学独自一个人在“蒸浏记”钰龙店吃饭，不小心打碎了餐盘，店里的负责人及店员重新给她打了一份饭菜，并明确告知她不用赔偿。思睿同学吃完饭后，把书包里仅有的全部钱款总共 75 元留下来，并写下了一张感谢及致歉条后默默离开了饭店。思睿同学的行为不仅让饭店负责人和工作人员们深受感动，老师们也纷纷为她点赞。思睿同学本人认为“这是一件很小的事，每一位长郡双语学子都会这么做的”，她的父母也认为是学校的育人理念和育人文化深深地影响和教育了孩子，让孩子成长为一位善良诚信的人。网友们更是盛赞她为“新时代的好少年，值得每个人学习”，还有不少网友感慨道“一个中学生能够做得这么好。说明了一个事情，那就是她的父母和她的学校教育得很好。不愧为物质文明和精神文明的好榜样!”思睿同学的诚信之举向社会传达了“文明双语”“文明中学生”的美好形象，也让更多的人对现代中学生的发展充满信心!

这样的文明少年在长郡双语并不少见，1613 班唐伟和刘风帆同学在下晚自习回去的路上捡到 7000 元钱，第一时间交到派出所；1601 班倪浩同学捡到极为贵重的手表后，第一时间想方设法联系到失主……这样的事例不胜枚举。学校时常收到来自社会各界人士的感谢信，校园内好人好事更是从未间断。学生良好的道德素养已经是学生发展的内在自觉，更是让人肃然起敬!

（二）学生实践能力和创新精神优

培育学生实践能力与创新精神一直是学校开展各类实践活动的重要主题，引导学生积极投身实践，充分发掘自己的潜能，学会责任担当。学校通过开展内容丰富的艺术节和科技节活动，如课本剧大赛、创意编程设计大赛、3D 打印设计大赛、生物地理模型大赛、无人机大赛、地理天文知识竞赛等，为学生激发活力、施展才华、锻炼能力搭建平台，提供机会。如长郡双语学子在艺术节“活力青春 · 郡园有戏”校园剧用心用情创造出一系列剧作，聚焦改革开放四十年，演绎生动有趣又深刻，受到中国文明网头条报道。曾才展同学发明的“太阳能日夜型彩色发光、反光标志”（专利

201220527064.3)，在巴黎国际发明展览会荣获铜奖，并且已经投入生产。曾静思同学发明的“卫生调羹收纳盒”、李幕梓同学发明的“书法学习工具袋”均在“第30届长沙市青少年科技创新大赛”中荣获大奖。在全国青少年信息学奥林匹克中、机器人比赛、国际奥林匹克青少年智能机器人竞赛湖南赛区、湖南省中小学机器人竞赛中团队、个人纷纷摘金夺银。2019年初，学校建成长郡双语创客教育中心，包含众创交流吧、智能机器人社、智能无人机社、3D打印社、纸模服装社、卡魅艺术、电子实验室、智能电子制作社等实验室。创客教育中心以STEAM创客教育为载体，以任务为导向，引导学生学习机器人原理与编程控制、开源硬件的设计、CAD建模、3D打印，基本掌握激光切割、无人机智能操控等技术。学生在创客教育中心的精心指导和培育下，创新意识和创新能力得到飞速发展。在第十七届“全国中小学信息技术创新与实践大赛”湖南省赛中，信息组李明威、刘涛、曾文武、杨广以及化学组胡光华5位老师所带领的29名学生，经过激烈角逐，所有参赛选手全部获奖，学校获得优秀组织奖，并被授予“全国中小学信息技术创新与实践大赛（NOC）湖南省培训基地”称号。

（三）学生运动健康和审美意识佳

学校注重体育健康训练，增强学生审美意识，学生在体育、艺术等群体性和竞技性活动中成绩均名列全市前茅。在长沙市中考艺术考试中，长郡双语实验中学学生的合格率超过98.4%，体育中考的合格率超过99%，学生整体艺术素养和身体素质高。在近十年发展过程中，学校被评为“全国篮球特色学校”“全国体育传统项目学校”“全国乒乓球传统项目学校”，学校近十年在“阳光体育大课间”比赛中均获得长沙市一等奖，在各项赛事中摘金夺银；在长沙市历届中小学校园文化节艺术展演活动、中小学生艺术展演器乐组比赛、长沙市中小学班级演唱比赛、长沙市班级合奏比赛、长沙市三独比赛中均获一等奖，获奖人数众多；学生在“长沙市中小学校园文化艺术节美术比赛活动”、第四届、第五届“国际环保杯四联漫画大赛”“长沙市中小学漫画大赛”中收获多次金奖和一等奖，多人次获奖；荣获第十六届全国初中女子篮球锦标赛（CSBA）第一名。

除了在各项赛事中有出色表现，学生在日常生活中的锻炼意识强，审美表现佳。每天放学后，学校操场上各班组成的“跑跑锻炼团”总会自觉在操场上跑步锻炼，篮球操、足球场、羽毛球场、乒乓球场上都有挥洒汗水的身影，构成学校一道亮丽的风景。学校艺术楼到处都有学生们的作品，课间闲暇之余，也总能看到在学校钢琴前认真弹奏享受音乐的学生身影。学生们在艺术节、演讲比赛、社团节、城池大舞台等平台展现出的极高艺术素养，引得家长们和观众们赞叹连连。在“青春中国说·长郡双语实验中学学生心灵演讲大会”的直播平台上，有家长曾经这样评价道：“孩子们的出色表现让人惊叹，学校的素质教育处处彰显，全面而有个性的发展，已经不再是一场畅想，在长郡双语，得到了最有效的落实!”

（四）学生学习能力和文化基础强

学校以学生综合素质评价为导向，不断优化教师教学方式与学生学习方式，积极开展高效课堂与翻转课堂研究，强调对学生自主学习意识和合作学习能力的培养，让学生在自主探究中提升学习能力与夯实文化基础。办学以来，文化成绩整体水平高，优秀学生多，截至 2019 年，学校共有八届学生参加中考，11 个维度（文化成绩 6 个、综合素质评价 5 个，共 11 个维度）全 A 人数达 2805 人，在长沙市处于领跑位置。综合素质的培养还显示了长郡双语毕业学生良好的发展后劲，长郡双语实验中学毕业生升入各高中学校后有五届参加高考，其中北大、清华共录取学生 146 人，得到各界的广泛好评。

学生不只是在学业水平考试中表现优秀，在各类学科比赛中的表现同样令人瞩目。学校曾获第五届全国中小学生语文素养大赛湖南赛区优秀组织奖、语文素养大赛辩论赛冠军、第四届全国中小学语文素养大赛全国总决赛团体金奖等多项团体和个体荣誉。在信息竞赛、数理竞赛中，也有不俗的成绩。学生的学业水平不仅展现在义务教育阶段的各科全面均衡发展，同样也展现在优势学科的特色培养和发展上，真正顺应了时代的发展和要求。

二、教师专业发展稳步向前

综合素质评价表面上评价的是学生，实则考验的是教师。只有专业的教师，才能培育好学生的综合素质。从某种程度上来说，学生综合素质评价工作，倒逼了教师育人观念和教学方式的不断优化与完善，从而促进教师专业发展。

（一）教师育人观念与教学方式的转变

教师能及时更新自己的质量观、人才观，在日常教育教学活动中不断反思自己，扭转过多关注分数与考试的现象，实现了从关注学习成绩到关注综合素质提升的转变。在教学过程中，教师充分尊重学生认识规律与成长规律，发挥学生主体作用，建构学科高效教学模式，并充分运用信息技术与学科融合，助力学生综合素质提升。如化学学科的“2S－5C”模式，“2S”意为 self-study（自学微视频），self-test by gaming（游戏化的自我检测），“5C”意为 I can construct（我会构建），I can cooperate（我会合作），I can extend（我会拓展），I can promote（我会提升），I can introspect（我会反思），这一模式充分体现了学生学习的自主性。

（二）教师课程开发与实施能力的增强

“三型”学校课程的实施和学生综合素质的评价，对教师提出了更高的要求，教师角色必然由传统的知识传授者转化为课程资源的整合者和学生思维的引导者。如美术教研组通过构建基础型课程中的版画课程、拓展型课程中的中国画课程，到带领学生们参加各级比赛课例，致力于培养学生有“像美术家一样创作”的眼光和思维方式；历史教研组善于开发信息技术助力历史学科教学，“影像中的历史”和“与历史和前辈的对话——口述史”等自主开发课程充分调动各类资源辅助学生发展；地理教研组在基础型课程中构建起主题探究式地理教学模式，拓展型课程开发中注重与学生的兴趣爱好相结合，实践型课程开发出提升学生地理实践能力的研学活动；音乐教研组从培养、提高学生的审美感知、音乐实践、情感体验、艺术表现、文化理解等素养多角度开发音乐三型课程；英语教研组用信息技术助力英语复习课的应用研究，不断致力于小语种课程的开发与实施，打造 JUST SHOW 外语文化艺术节实践型课程等。

各教研组依据学生特点、学科特点、学校特点和地方特点，在严格遵照国家课程改革指导纲要和相关文件精神前提下，充分发挥主观能动性，开发出一系列有利于落实学生核心素养培育和综合素质评价培养要求的课程。

尤其值得一提的是，学校的校本拓展型课程与实践型课程大多为教师自主开发，研制课程标准，编写校本教材，组织课程实施，都使得教师素养不断提升。近年来研发多本校本教材，其中“民间美术”“手工之美”等获得省市优秀校本课程，《中华经典诵读本》校本教材全年级推广使用。物理学科的卡魅拓展型课程，让学生在卡魅实验室通过自主设计、切割和拼装，将薄木板制作成创意作品，学生的创新意识和动手能力都得到充分培养；化学学科的“培养垃圾分类好习惯，化学课为地球加绿”实践型课程紧随时代热点，对于提升学生的环保意识和环保能力卓有成效。

（三）教师信息技术应用能力不断提升

在“互联网 + 教育”时代里，信息技术与教育教学深度融合为大势所趋。学生是互联网的原住民，学生信息素养是学生综合素质的重要组成部分。“信息技术不会取代教师，但是不善用信息技术的教师将会被淘汰”已成为共识。无论是网络教学资源的获取与处理，教育信息技术工具的习得与运用，还是信息化教学的形式与内容的创新，都是新时代教师必备的信息素养。学校教师微视频在各类比赛中屡获佳绩，全国一等奖 9 人次，市级以上获奖 60 人次，微课作品正式出版 2 个。微课广泛应用于课堂教学和课后学生自学。翻转课堂、网络直播课、教学 App 应用等信息化教研有效开展，翻转课堂课例正式出版 4 个，有多个荣获“部级”优课，有力推动了信息技术与学科深度融合。

在此期间，学校涌现一批信息技术应用能手：湖南省信息技术发展性测评专家黄浩老师，长沙市中小学网络学习资源建设学科专家刘蓉芳、朱志华等老师，长沙市中小学教师信息技术与教育教学融合研究团队学科专家崔应忠、刘薇老师。由于在信息技术与学科融合方面的突出成就，崔应忠、刘蓉芳老师受邀在湖南、广西、河南、重庆、广东等省内外国培计划、教师培训上进行信息素养提升讲座近百场，参与培训老师六千多名，引发了热烈的反响。

随着学生综合素质评价工作推进，教师专业成长也稳步向前发展。建校以来，学校教师出版著作10本，发表论文900多篇，各类技能比赛获奖200多人次。已有4个省级课题顺利结题，目前在研课题国家级1个、省级3个、市级2个。目前有市级及以上卓越教师、骨干教师28人。仅2017年，学校教师斩获5堂部级优课，学校6个教研组获评为长沙市优秀教研组，12名教师获评市级优秀教研工作者。

三、学校特色发展不断彰显

学校的综合素质评价工作，以评价为导向，通过科学的评价体系与实践推进，形成了全方位、全过程的学生培养体系及机制，有效地促进了学生综合素质的提高，教师专业水平的提升，推动学校特色发展不断彰显。

（一）促进新的质量观和育人观形成

学生综合素质评价工作的实施，促进了学校形成新的质量观和育人观的形成与完善，即学生全面而有个性地发展；推动了学校育人时空的变化，从单一的课堂，到课堂与课后相结合、校内与校外相结合、学校与社会相结合、线上与线下相结合、书本与生活相结合。育人时空的丰富多元，使得学生综合素质更加全面扎实。每学期学校整理和分析学生综合素质评价的关键信息，关注学生学业成绩背后等因素，反思教育教学管理中的优势与不足，并及时反馈给学生、教师，引导学生正视自己的不足和明确发展方向，指导教师根据学情改进自己的教育教学行为，引导家长正确认识孩子并能有效配合学校，形成家校合力。

（二）促进学校课程建设的全面推进

课程支撑的学生综合素质评价，是在学生综合素质培育与学校课程建设之间建立实质性的联结。学校以学科课程与德育课程为两大基点，建构起基础型、拓展型、实践型课程体系。基础型课程，重在夯实基础，保障学生的基本学力。构建高效课堂，探索国家课程校本化实施，推动艺术（音乐、美术）、体育健康、英语口语、理科实验操作等落实。拓展型课程，促进学生个性化成长，满足不同兴趣爱好学生的发展需求，由教师自主申报开设，形成“课程超市”供学生自主选择，采用走班上课和多元化实施方式。实践型课程，将学生带入工作、生活的具体社会场景，引导学生在历事中锻炼实践能力，按序列分布在每年度的不同时期，最大限度地调动每位学生参与，基本为每一位学生搭建自我展示、自我发展的舞台。

（三）促进学校智慧校园建设大发展

为推进信息时代学生综合素质提升，学校积极开展智慧校园建设。2013年，长郡双语实验中学成为C20慕课联盟的创始校，开始探索信息技术与教育教学深度融合，微课、翻转课堂研究走在全省前列，学校翻转课堂教学改革探索在湖南省初中校长年会、长江中下游四省会城市教研协作体年会等教研活动推介。学校还依托人人通、班级周刊、校园一卡通等平台，对学生学习与活动的行为进行记录，积累大数据，形成学生成长“画像”。

学校自2009年建校以来，获得多项综合性荣誉，被授予“全国未成年人普法教育基地”“湖南省未成年人法治教育基地”“湖南省现代教育技术先进单位”“湖南省生态文明示范学校”“湖南省教育系统先进基层党组织”“湖南省优秀少先队集体”“长沙市文明标兵单位”“长沙市两型示范单位”“长沙市五四红旗标兵团委”“长沙市未成年人生态道德教育模范单位”“长沙市中小学德育工作项目化管理首批示范单位”等荣誉称号，体现长郡双语实验中学的办学成果和水平，得到社会各界的广泛赞誉。

第四节　学生综合素质评价与三型活力课程推进方向

近两年，学校学生综合素质评价工作得到了极大的推动和发展。2018 年 5 月 15 日，由教育部基础教育课程教材发展中心评价处张珊珊处长带领的专家团队一行 5 人，在长沙市教育局缪雅琴副局长等领导陪同下，来到长郡双语就学生综合素质评价开展实地考察，与学校教师代表、学生代表进行了深入、亲切的交流。

在座谈会上，徐铁刚校长向与会领导、专家介绍了长郡双语实验中学实施素质教育、提高学生综合素质上进行的探索。徐校长指出，长沙市实施综合素质评价的目的是促进学校实施素质教育，促进学生综合素质的提高，长郡双语从学校课程入手，以省级重点课题“基于学生核心素养培育的初中课程重构与实施”研究为引领，构建并实施了包含基础型课程、拓展型课程、实践型课程的学校课程体系，依靠丰富多元的课程培养和提升学生的综合素质。同时，学校充分利用各种展示平台，实现对学生综合素质培养过程性评价，为提高学校多元课程的开展水平发挥良好的示范引领作用。徐校长认为，长郡双语实验中学综合素质评价的实施促进了教师育人观念和育人时空多维度结合的改变，同时也促成了学生成长轨迹的转变，让学生的综合素质的发展更加全面、扎实。

教育处杨小华主任选取了实践型课程中寒暑假社会实践活动的具体实施办法，以及拓展型课程的具体操作流程做了介绍，完备的制度、规范的流程、扎实的过程、有效的反馈，使得学校课程建设对学生综合素质的培养不流于形式，不走过场，真正让学生从活动中开阔视野、提升能力、培养情趣，让学生在体验中为自己的终身发展奠基。杨主任还向调研组专家展示了学校文化建设现状和成果，校园文化建设为综合素质培养课程体系注入灵魂，实现了综合素质培养活动深度和宽度上的拓展。

在听取汇报之后，调研组专家分别与学校教师代表和学生代表，就学校在日常管理中如何切实有效推进学生综合素质培养、如何进行学生综合素质评定、如何开展班级活动等问题做了深入沟通。师生畅所欲言，把学校各方面情况如实反馈给调研组，给调研组提供了大量案例和素材。

调研座谈会结束时，调研组专家们高度肯定了长郡双语实验中学在学生综合素质培养上做出的卓有成效的努力，及长郡双语在学生综合素质评价取得的成绩，希望长郡双语能够进一步加强素质教育和学生综合素质评价实践，出思想、出思路、出方法，助力国家基础教育课程研究和发展。

2018 年 12 月 13 至 14 日，由国家教育部主办的“学生综合素质评价实验课题校开题会”在北京举行。长郡双语作为首批综合素质实验课题校，徐铁刚校长在会议上作了“基于三型学校课程的学生综合素质评价实践与研究”的汇报。

徐铁刚校长指出，学校从 2009 年建校起，依据长沙市关于初中学生综合素质评价的要求，构建了“课程支撑、过程激励、全程评价”的综合素质培养和评价的思路，构建并实施了包含基础型课程、拓展型课程、实践型课程的综合素质培养、评价课程体系，采取了将过程性评价和毕业评价相结合、“定性评价”和“定量评价”相结合的评价方式，通过展示性评价和结果性评价有机结合的办法，实施开展了学生综合素质评价工作。九年来，学生综合素质评价工作逐步走上正轨，并初见成效，长郡双语实验中学短短九年内迅速成长为市内首屈一指、省内知名的初中公办学校，所培养的学生广受社会好评，正是得益于坚持扎实地实施学生综合素质评价。

徐校长以“组织机构不断健全，课程体系不断完善，评价机制不断升级，评价特色更加鲜明，评价实施效果显著”概述了学校综合素质评价工作的现状，同时，也谈到了目前推进过程中遇到的困难及初步解决方案。徐校长还就学校综合素质评价工作下一步目标和计划进行了全面阐述，提出了“明确时间节点、明确指标落实办法、明确结果呈现形式、明确课程对应关系、明确评价方式流程”等措施，获得课题组专家的高度认可。

长郡双语实验中学作为全国仅有的 61 所学生综合素质评价实验课题校之一，迎来新的发展契机，将从以下方面纵深推进综合素质评价工作。

一、建立诚信体系保障评价结果

为了确保学生综合素质评价的公平与公正性，学校要尝试通过家校社共育体系的共同努力，建立和完善综合素质评价诚信机制。通过开展宣传教育，树立“讲诚信光荣，不讲诚信可耻”的良好风气；通过建立更加完备的制度和细则，让不诚信行为没有漏洞可钻；通过信息技术的广泛使用，如运用互联网认证技术，运用区块链技术等，堵住失信的缺口；通过开展家长学校建设、开展家长沙龙活动、党员教师进社区，学生进社区活动等，加强家庭教育、社会力量与学校教育的相互沟通联系，形成合力，促进综合素质评价工作顺利开展。

二、深化课程改革夯实评价基础

长郡双语三型活力课程在构建和实施过程中要更深层次推进课程与综合素质培养和评价工作的高度融合，打破学科间壁垒，促进课程与评价工作相辅相成。要达成此目标，一是要寻找课程的理论支撑和依据，要广泛研究教育学、心理学、学生核心素养等，使课程设计更加科学；二是要以省级重点课题“基于学生核心素养培育的初中课程重构与实施”研究为引领，建立起一支以科研、德育力量为主的专业研究队伍，把理论研究与实践有机结合起来，推动课程的开发更加系统化；三是在课程的设计过程中，要始终遵循教育的基本规律，顺应时代发展需求，为学生综合素质评价指标的落地和评价作用的发挥起到积极推动作用。

三、提高信息水平助推评价实施

目前人人通平台能够对学生的综合素质典型材料和客观数据进行一定的记录，但智能化水平仍有不少上升空间，如上传的文件格式、大小等在技术上仍有诸多限制。学校要紧紧抓住教育信息化契机，大力实施教育信息化 2.0 建设，推动智慧校园建设，加强互通互联，消除信息孤岛，提高综合素质评价平台的智能化水平，使综合素质评价平台能够在个人数据记录、分类运算、过程性记录、大数据运算分析等方面进一步提升智能化水平，实现长郡双语班级周刊展示平台与人人通平台的有效互通。同时，根据学生学情特点和学生心理特点，对平台的功能进行更加科学的功能分区和更具有吸引力的人性化页面设计，丰富平台的展示功能，使平台更加便捷，吸引学生和家长主动使用平台记录个人成长轨迹，进一步扩大和延伸综合素质评价对学生成长发展的作用，减少教师、学生上传资料时的工作量。

四、打造导师制度促成评价长效

学生综合素质评价，不仅要促成学生全面而有个性的发展，同时要促成教师的成长和发展。建立健全导师制，让每一位老师都参与到综合素质培养和评价工作中，通过班级团队与科任老师之间的互选互助、“契约关系”、“导师责任制”、“团队学生成长大数据积累和分析”等，把导师制落到实处，真正达成全员育人，推动教师专业的第二次成长，提升教师职业素养、专业能力，为学校发展和立德树人目标的实现注入新活力。

在 2018 年 12 月 21 日召开的长沙市教育局关于全市中学综合素质评价工作研讨会，长郡双语徐铁刚校长作了专题经验分享。

为了切实推动综合素质评价工作再上新台阶，学校党委班子会议、行政会上，徐铁刚校长多次就综合素质评价工作做专题讲话，提升学校领导干部、中层干部对此项工作的思想认识，并对学校德育队伍多次进行专题培训，召开专题会议，党委向星书记、教育处杨小华主任就学生综合素质评价工作做主题讲话和培训，要求德育队伍积极主动在班级中深入开展学生综合素质评价工作，并要求德育队伍认真思考综合素质评价的有关问题，积极撰写与学生综合素质评价主题有关的论文。截至 2019 年 2 月 18 日，已经收到综合素质主题原创论文超过 50 篇，德育队伍的理论研究水平和实践操作能力都有大幅度提升。

与此同时，学校召开全校家长委员会主任会议，教育处对全校 60 多位家委会主任做了学生综合素质评价工作主题报告，并就综合素质平台人人通平台的使用专题培训，通过家委会又对各个班级的家长进行宣传和教育，进一步提高了家长对此项工作的了解度和认同度。学校教育处通过升旗仪式上做综合素质评价主题讲话、召开主题班会、出主题黑板报等专题教育形式，向全校学生传达学生综合素质评价的内涵、意义、操作基本办法和学校综合素质评价工作的现状及发展趋势，让学生进一步树立培育自身综合素养，实现全面而有个性的发展的意识。家校间的联动，让综合素质评价的实施有了更加广泛的群众基础，得到了更有力的保障。

学校还成立了学生综合素质评价工作核心研究小组，共招募了 37 位德育骨干力量加入其中，并于 2019 年 1 月 21 日下午召开了核心小组成立大会。会上，徐校长对综合素质评价工作的重要性、对老师们的期许做了详细阐述。

学校 2019 年新学期教师论坛主题为“‘三型’课程与综合素质评价”，五位老师就学校综合素质评价工作的现状及发展趋向、学生综合素质评价下的书香校园建设、研学课程设置、班级德育特色项目做了发言，给全校老师以启发，引领教师们进一步提升了认识。

2018 年 12 月 27 日，重庆市南岸区第 110 中学郑文九书记带领 13 位学校干部来长郡双语实验中学，了解长郡双语实验中学综合素质评价工作开展情况，对长郡双语实验中学“课程支撑、过程激励、全程评价”的实施策略及取得的成绩给予了很高的评价。2019 年 2 月 23 日，长郡双语实验中学徐铁刚校长、教育处杨小华主任、教科室崔应忠主任应邀前往重庆第 110 中学对重庆南岸区部分学校领导及教师开展综合素质评价专题讲座。2019 年 3 月 27 日，重庆市珊瑚初级中学和南岸区玛瑙中学部分领导和教师代表到长郡双语实验中学学习和交流学生综合素质评价相关工作，徐铁刚校长、杨小华主任、崔应忠主任做了专题讲座。

各班围绕学生综合素质评价开展的特色德育研究也取得突破性进展，1820 班开展了“运用导师制实施综合素质评价”特色德育课题研究和实践，1713 班开展了“基于综合素质评价下的班级部门与团队评价管理”特色德育课题研究和实践，还有不少班级都在尝试将综合素质评价与班级特色德育项目有机融合，推动综合素质评价工作落地。

2019 年 3 月至 4 月，长郡双语第十届德育研讨会主题为“构建实践型课程标准，推动学生综合素质评价”，学校德育队伍作为实践型课程的主要构建者和实施者，通过多次开展主题研讨、撰写课程实施案例、展开修订研讨等活动，把课程实施和综合素质评价之间的关系做了更为系统的梳理。实践型课程体现了“知行合一”的教育理念和人文精神，是实施素质教育的有效方式，也是培育学生核心素养和落实教育立德树人根本任务的重要途径，更是长郡双语三型活力课程体系的重要组成部分，明晰综合素质评价在实践型课程中的引领和评价作用，对于实践型课程的有效实施和综合素质评价工作的落地，都有着重大意义。

长郡双语实验中学始终坚持认为，课程是学生综合素质评价工作的支撑，是实现综合素质评价“以评促培、培评结合”目标的重要支点、平台和途径。构建完备的三型活力课程体系，丰富和完善学校的课程内容，将课程建设和综合素质评价工作紧密结合，理清课程与综合素质评价之间的关系，并将课程建设作为推动和落实综合素质评价的重要抓手，是长郡双语近年来一直努力的方向。可喜的是，在教育部课题“基于三型学校课程的初中学生综合素质评价研究与实践”和省级重点课题“基于学生核心素养培育的初中课程重构与实施”的统领下，学校的课程建设和综合素质评价工作都取得了重大突破，综合素质评价的导向作用得到发挥，课程的培养力得到彰显，基本形成了“课程支撑、全程评价、过程激励”的健康发展模式。下一步，学校将进一步深化和细化课程与综合素质评价的对应融合关系，助力学生、教师和学校发展。

参考文献

论文类：

[1] 崔允漷，冯生尧．普通高中课程改革：世界性的课题与经验［J］．全球教育展望，2018（10）．

[2] 王玉福．内涵·逻辑·实践：习近平立德树人观三维探析［J］．实事求是，2019（5）．

[3] 李纯斌，陈小尘．习近平关于“立德树人”重要论述的三重视域探析［J］．通化师范学院学报，2019（5）．

[4] 刘翠鸿．把课堂教学质量建立在课程质量的基础上——访首都师范大学特聘教授石鸥［J］．湖南教育（D 版），2019（2）．

[5] 崔允漷．普通高中课程结构为何调整，如何调整？［J］．人民教育，2018（Z1）．

[6] 左璜．基础教育课程改革的国际趋势：走向核心素养为本［J］．课程·教材·教法，2016（2）．

[7] 孙凤华，朱珍珏．SOLO 理念与实施［J］．通化师范学院学报，2012（9）．

[8] 邢飞儿．人本主义教育的研究综述［J］．吉林省教育学院学报，2015（8）．

[9] 徐建军．基于多元智能视域下的语文教学研究综述［J］．文教资料，2017（18）．

[10] 叶翠微．“让能飞的飞起来”——基于学生发展核心素养的课程建构［J］．中小学管理，2016（10）．

[11] 郭晓明．从核心素养到课程的模式探讨——基于整体支配与部分渗透模式的比较［J］．中国教育学刊，2016（11）．

[12] 滕珺．21 世纪核心素养：国际认知及本土反思［J］．教师教育学报，2016（4）．

[13] 柳夕浪．从“素质”到“核心素养”——关于“培养什么样的人”的进一步追问［J］．教育科学研究，2014（3）．

[14] 王岚．从学科实施到课程创生：核心素养视野下的教与学［J］．中小学管理，2016（12）．

[15] 王立宽，胡玉平，张翼．构建适合学生核心素养发展的校本课程体系［J］．课

程·教材·教法，2016（7）.
[16] 王烨晖，辛涛．国际学生核心素养构建模式的启示［J］．中小学管理，2015（9）.
[17] 刘义明．国外核心素养研究及启示［J］．天津师范大学学报，2016（4）.
[18] 徐洁，马倩．核心素养“热”背后的冷思考［J］．教师教育论坛，2016，29（12）.
[19] 石鸥．核心素养的课程与教学价值［J］．华东师范大学学报（教育科学版），2016（1）.
[20] 杨德军．核心素养的落实：他方经验与本土推进［J］．中小学管理，2016（10）.
[21] 吴陈兵．核心素养研究：内涵、价值与展望［J］．教师教育论坛，2016，29（12）.
[22] 刘国飞，张莹，冯虹．核心素养研究述评［J］．教育导刊，2016（3）.
[23] 薛国凤，王亚晖．当代西方建构主义教学理论评析［J］．高等教育研究，2003（1）.
[24] 傅建明．教师与校本课程开发［J］．教育研究，2001（7）.
[25] 程晓堂．英语学习对发展学生思维能力的作用［J］．课程·教材·教法，2015（6）.
[26] 陈小芳，陆佳．拓展型课程执行的现状、问题及其反思［J］．教育参考，2016（6）.
[27] 吴俊明．中学化学中的科学方法教育与课程教材改革［J］．化学教育，2002（6）.
[28] 李薇璐．翻转课堂在初中化学教学中的实践——以“二氧化碳制取的研究”教学为例［J］．实验教学与仪器，2016，33（Z1）.
[29] 胡久华，罗滨，陈颖．指向“深度学习”的化学教学实践改进［J］．课程·教材·教法，2017，37（3）.
[30] 马婷，徐梅．基于语文学科核心素养的高中语文翻转课堂教学设计浅析［J］．语文教学之友，2019（2）.
[31] 吴星，吕琳．核心素养培养需要“教、学、评”一体化［J］．江苏教育，2019（19）.
[32] 王珏．设计微课时，知识如何表达才高效——优质微课设计的“四化”模型及其心理学原理［J］．中小学信息技术教育，2017（5）.
[33] 刘丹．增强资源意识，多角度地开发和利用语文课程资源［J］．辽宁教育，2005（5）.

[34] 段青.《基础教育信息技术课程标准(2012版)》义务教育阶段基础模块内容标准解读[J]. 中国电化教育, 2012 (10).

[35] 李艺, 钟柏昌. 信息技术课程核心素养体系设计问题讨论[J]. 电化教育研究, 2016 (4).

[36] 周婧, 王晓楠. 人工智能时代信息技术教学模式探究[J]. 计算机教育, 2017 (12).

[37] 刘蓉芳, 崔应忠. 历史微课《丝绸之路》[J]. 中国信息技术教育, 2018 (20).

[38] 崔应忠. 论"互联网+"时代教师信息素养的提升[J]. 湖南教育(D版), 2019 (2).

[39] 胡进. 王家祺. 核心素养统领下课程教学如何变革[N]. 中国教育报, 2016-09-21 (9).

[40] 崔应忠, 刘军伟. 以多元化促个性化——湖南省长沙市长郡双语实验中学多元化课程建设纪实[N]. 教育文摘周报, 2017 (15).

[41] 马文丽. 关于开展校本课程的分析——以常熟市某初级中学为研究对象[D]. 上海: 华东师范大学, 2009.

[42] 夏小军. 基于自我决定理论的地理校本课程开发研究[D]. 杭州: 浙江师范大学, 2011.

[43] 任娟. 发展性学业评价之多元评价主体的研究[D]. 重庆: 西南大学, 2012.

[44] 许丹丹. 综合素质评价背景下的初中生学业水平评价研究[D]. 开封: 河南大学, 2016.

[45] 王平. 基于科学探究的初中化学教材编制研究[D]. 济南: 山东师范大学, 2003.

著作类:

[1] 林崇德. 21世纪学生发展核心素养研究[M]. 北京: 北京师范大学出版社, 2016.

[2] 陈秀云, 陈一飞. 陈鹤琴全集(第5卷)[M]. 南京: 江苏教育出版社, 2008.

[3] 陈鹤琴. 陈鹤琴教育文集(下卷)[M]. 北京: 北京出版社, 1982.

[4] 杨九诠. 学生发展核心素养三十人谈[M]. 上海: 华东师范大学出版社, 2017.

[5] 余文森. 核心素养导向的课堂教学[M]. 上海: 上海教育出版社, 2017.

[6] 黄光熊, 蔡清田. 核心素养: 课程发展与设计新论[M]. 上海: 华东师范大学出版社, 2017.

[7] 王云生. 课堂转型与核心素养培养——中学化学课堂教学改革探索[M]. 上海: 上海教育出版社, 2016.

[8] 齐健．学校变革智慧：课程建设与教学改进（初中卷）［M］．济南：山东人民出版社，2014.

[9] 夏雪梅．课程变革实施过程的研究：学校组织的视角［M］．上海：上海教育出版社，2014.

[10] 顾明远．教育大辞典［M］．上海：上海教育出版社，1998.

[11] 郑金洲．教学方法应用指导［M］．上海：华东师范大学出版社，2006.

[12] 陈大伟．观课议课与课程建设［M］．上海：华东师范大学出版社，2017.

[13] 贝内特·雷默．音乐教育的意义与价值探秘［M］．余丹红，编．上海：上海教育出版社，2018.

[14] 余丹红．音乐教育手册［M］．上海：上海音乐学院出版社，2016.

[15] 杨文轩．体育概论［M］．北京：高等教育出版社，2005.

[16] 潘绍伟．于可红．学校体育学［M］．北京：高等教育出版社，2006.

[17] 万伟．课程的力量：学校课程规划、设计与实施［M］．上海：华东师范大学出版社，2017.

[18] 李群．学校课程建设的“知”与“行”［M］．北京：知识产权出版社，2017.

[19] 柳夕浪．学生综合素质评价：怎么看？怎么办？［M］．上海：华东师范大学出版社，2015.

[20] 张华．课程与教学论［M］．上海：上海教育出版社，2000.

[21] 钟启泉．现代课程论（新版）［M］．上海：上海教育出版社，2015.

[22] 赵桂霞．从入学到毕业——一所学校的课程建设［M］．北京：教育科学出版社，2017.

[23] 李希贵．学校转型：北京十一学校创新育人模式的探索［M］．北京：教育科学出版社，2014.

后　记

2019 年是长郡双语实验中学建校十周年。十年风雨兼程，十年不懈努力，长郡双语实验中学已成长为享誉三湘的名校。值此十年校庆之际，回眸学校十年的发展历程，总结学校办学的成功经验和不足，思考在新时代学校发展方向，是一件有意义的事情。

撰写本书的目的，在于总结长郡双语实验中学构建和实施学校课程、潜心于湖南省教育科学“十三五”规划重点课题“基于学生核心素养培育的初中课程重构与实施”（课题批准号：XJK17AZXX011）研究实践的成果。长郡双语实验中学师生十年来构建和实施学校课程、开展综合素质评价的丰富实践案例和素材，为理顺学校课程与综合素质评价的关系，实施学校课程构建、实施、评价等工作的研究，顺利完成本书的撰写奠定了基础。本书真实记录了长郡双语实验中学在课程建设方面探索的经验和不足，希望能作为一个探索样本，抛砖引玉，供兄弟学校在实施学校课程建设和综合素质评价时参考。

长郡双语实验中学在开展学校课程的构建和实施，以及撰写本书的过程中，得到了湖南省教育科学研究院和湖南师范大学出版社多位专家的热心指导和无私帮助，在此敬表谢意！长郡双语实验中学师生近十年的探索的智慧和汗水，提供了本书生长的土壤。因条件所限，有很多作出了杰出贡献的领导、老师和学生未能在本书署名，特表示歉意，在此向他们表示衷心的感谢！

由于本书成稿时间紧，笔者水平有限，不当之处在所难免，敬请各位同仁多多指教，不胜感激！

徐铁刚

2019 年 9 月 16 日